国家民委民族研究委托项目（2019-GME-039）结题

中国民族特色村寨旅游空间生产的理论与实践研究

曾 鹏 汪 玥 著

中国财经出版传媒集团

经济科学出版社

Economic Science Press

图书在版编目（CIP）数据

中国民族特色村寨旅游空间生产的理论与实践研究/曾鹏，汪玥著．—北京：经济科学出版社，2021.11
ISBN 978-7-5218-3323-2

Ⅰ.①中⋯　Ⅱ.①曾⋯②汪⋯　Ⅲ.①民族地区-乡村旅游-旅游业发展-研究-中国　Ⅳ.①F592.7

中国版本图书馆 CIP 数据核字（2021）第 258127 号

责任编辑：李晓杰
责任校对：王苗苗
责任印制：张佳裕

中国民族特色村寨旅游空间生产的理论与实践研究
曾鹏　汪玥　著
经济科学出版社出版、发行　新华书店经销
社址：北京市海淀区阜成路甲 28 号　邮编：100142
教材分社电话：010-88191645　发行部电话：010-88191522
网址：www.esp.com.cn
电子邮箱：lxj8623160@163.com
天猫网店：经济科学出版社旗舰店
网址：http://jjkxcbs.tmall.com
北京季蜂印刷有限公司印装
710×1000　16 开　23.25 印张　420000 字
2022 年 8 月第 1 版　2022 年 8 月第 1 次印刷
ISBN 978-7-5218-3323-2　定价：86.00 元
（图书出现印装问题，本社负责调换。电话：010-88191510）
（版权所有　侵权必究　打击盗版　举报热线：010-88191661
QQ：2242791300　营销中心电话：010-88191537
电子邮箱：dbts@esp.com.cn）

本书获得广西与东南亚民族研究人才小高地、民族学一流学科、中国南方与东南亚民族研究基地支持

作者简介

曾鹏，男，1981年7月生，汉族，广西桂林人，中共党员。哈尔滨工业大学管理学博士，中国社会科学院研究生院经济学博士（第二博士），中央财经大学经济学博士后，经济学二级教授，现任广西民族大学研究生院院长，重庆大学、广西民族大学博士生导师，博士后合作导师。是国家社会科学基金重大项目首席专家、教育部哲学社会科学研究重大项目首席专家、"广西五一劳动奖章"、"广西青年五四奖章"获得者，入选国家民委"民族研究优秀中青年专家"、国家旅游局"旅游业青年专家"、民政部"行政区划调整论证专家"和"全国基层政权建设和社区治理专家"、广西区党委、政府"八桂青年学者"、广西区政府"广西'十百千'人才工程第二层次人选"、广西区党委宣传部"广西文化名家暨'四个一批'人才"、广西教育厅"广西高等学校高水平创新团队及卓越学者"、广西区教育工委、广西教育厅"广西高校思想政治教育杰出人才支持计划"卓越人才、广西知识产权局"广西知识产权（专利）领军人才"等专家人才称号。

曾鹏教授主要从事城市群与区域经济可持续发展方面的教学与科研工作。主持国家社会科学基金项目5项（含重大项目1项、重点项目1项、一般项目1项、西部项目2项）、教育部哲学社会科学研究后期资助重大项目2项、省部级项目20项。出版《区域协调发展战略引领中国城市群新型城镇格局优化研究》《珠江—西江经济带城市发展研究（2010－2015）（10卷本）》《中国—东盟自由贸易区带动下的西部民族地区城镇化布局研究——基于广西和云南的比较》《区域经济发展数学模型手册：北部湾城市群的算例》《中西部地区城市群培育与人口就近城镇化研究》等著作11部（套）；在 Journal of Cleaner Production、《科研管理》、《自然辩证法研究》、《社会科学》、《国际贸易问题》、《农业经济问题》等SCI源期刊、EI源期刊、CSSCI源期刊、中文核心期刊上发表论文112篇，在省级期刊上发表论文25篇，在《中国社会科学报》《中国人口报》《中国城市报》《中国经济时报》《广西日报》的理论版发表论文43篇，在CSSCI源辑刊、国际年会和论文集上发表论文26篇。论文中有1篇被SCI检索，有9篇被EI检索，有4篇被ISTP/ISSHP检索，有96篇被CSSCI检索，有3篇被《人大复印资料》《社会科学文摘》全文转载。学术成果获省部级优秀成果奖31项，其中广西社会科学优秀成果奖一等奖 2 项、二等奖 4 项、三等奖 8 项；国家民委社会科学优秀成果奖二等奖 1 项、三等奖 1 项；商务部商务发展研究成果奖三等奖 1 项、优秀奖 1 项；团中央全国基层团建创新理论成果奖二等奖 1 项；民政部民政政策理论研究一等奖 1 项、二等奖 5 项、三等奖 3 项、优秀奖 1 项；广西高等教育自治区级教学成果奖二等奖 1 项；全国优秀博士后学术成果 1 项。

汪玥，女，1997 年 1 月出生，汉族，湖北武汉人，武汉轻工大学管理学学士，广西民族大学民族学硕士，广西民族大学博士生，主要从事中国少数民族经济、区域经济可持续发展等方面的研究。作为主创人员参与国家社会科学基金项目 2 项、国家民委委托项目 1 项，获得广西社会科学优秀成果奖二等奖 1 项，在中文核心期刊《技术经济》发表论文 1 篇。

序

20世纪60年代兴起的"空间转向"思潮对人文地理领域造成了巨大冲击，1973年，法国社会学家亨利·列斐伏尔（Henry Lefebvre）《空间的生产》的出版，提出将过去"空间中的生产"转变为"空间本身的生产"，深刻批判了"空间容器论"的传统观点，开创了以"社会空间是社会的产物"为核心观点的空间生产理论。1982年，大卫·哈维在其理论基础上出版了《资本的限度》一书，通过"社会过程决定空间结构"的过程辩证法，试图从空间角度重构马克思主义政治经济学，进而构建起"历史—地理唯物主义"，从历史—地理的角度阐述批判资本积累、空间生产与地理景观演化之间的内在逻辑。直至21世纪初，我国学术界才开始翻译并引入"空间生产"理论观点及研究方法，为分析与解决我国城乡发展中的实践问题与二元矛盾提供了新的路径与视角。近年来，我国出现了有关该理论研究的热潮，学者们将其广泛引入旅游开发、社区治理等研究领域，不断拓展其理论意义与实践价值。

自改革开放以来，民族特色村寨旅游业的建设取得了巨大成就，在地区脱贫和乡村振兴、社会民生保障、文化生态保护等方面发挥了重要作用，逐步成为民族地区经济社会发展的战略支柱性产业，并在新时代的背景下持续建设完善。理论研究的空间转向与社会现实的经验发展，为学术界展开对民族特色村寨旅游空间生产的研究奠定了坚实基础。我国关于民族村寨旅游空间生产的研究成果，大致可以分为三类：一是关于民族村寨旅游空间生产基础理论的研究，主要涵盖了"空间生产""空间正义""社会关系重构""时空修复""可持续发展"等关键词，从其概念内涵、基本特征、影响因素、核心要素构成、理论分析路径等视角切入，对民族村寨旅游空间生产展开了深入的辨析与讨论；二是关于民族村寨旅游空间生产实践的研究，主要涵盖了"村寨旅游""文化资本化""空间资本化""空间重构"等关键词，是基于国内外具体建设案例，结合文化市场营销和旅游资源开发等相关理论，对村寨空间生产现状与问题进行了深入剖析；三是关于我国当前民族特色村寨旅游空间生产问题领域的研究，主要涵盖了"空间正义""时空修复""发展模式""旅游辐射效应""发展不平衡"等关键词，主要探讨了民族村寨区位间的旅游发展不平衡、旅游开发速度与承载能力不协调、旅游资源开发不可持续和旅游空间非正义四个突出问题的特征、成因、处理方法等内容。从这三个主要研究领域不难看出，现阶段我国关于民族特色村寨旅游空间生产的研究有三个基本特点：理论研究逐步系统化，对经典理论与最新观点的借鉴模式日趋成熟深入；实践研究逐步具象化、精确化，对我国民族村寨旅游建设发展的问题阐释和经验总结愈加深刻精准；尝试构建中国化的理论体系，基于西方理论的核心观点与研究方法，构建起切合中国问题的村寨旅游空间生产分析框架。

我国关于"旅游空间生产"的研究深受理论研究背景和战略规划布局的影响。几十年来，中国民族特色村寨旅游市场建设收获了令人瞩目的成就，然而问题是普遍存在的，随着旅游空间开发进程的持续推进，又不断涌现出了新的、亟待解决的问题。而在此过程中，我们积累了大量民族村寨旅游空间建设的经验与指导理论，形成了民族村寨旅游开发的"中国方案"，为其他国家的乡村旅游空间生产建设提供了参考。

在 2021 年 8 月召开的中央民族工作会议上，习近平总书记回顾了党的百年发展历程中民族工作取得的重大成就，强调要坚决贯彻中国共产党关于加强和改进民族工作的重要思想，以筑牢中华民族共同体意识为主线，坚定不移走中国特色解决民族问题的正确道路，促进各民族交往交流交融，集全国各族人民之力为全面建成社会主义现代化强国的目标而团结奋斗。在讲话中，习近平总书记指出："党的民族工作取得的最大成就就是走出了一条中国特色解决民族问题的正确道路。""民族工作的创新发展就是要坚持正确的，调整过时的，更好地保障各民族群众的合法权益。"对于中国民族特色村寨旅游空间生产而言，就是要充分立足现阶段我国民族特色村寨旅游空间生产的现状，反思总结民族村寨旅游空间生产过程中的经验教训，结合新时代马克思主义空间理论的最新成果与时俱进更新发展理念，进而提出符合中国实际的民族特色村寨旅游空间生产理论。随着我国脱贫攻坚与乡村振兴建设进程的不断推进，民族落后村寨的空间形态和社会结构发生了许多新变化，也出现了许多亟待解决的新问题。因此，关于中国民族特色村寨旅游空间生产的理论与实践问题，在将来一段时期内会是学术界研究的热点领域。曾鹏同志一直以来对民族地区区域经济发展和空间正义问题十分关注，并基于此，带领研究团队开始对中国民族特色村寨旅游空间生产的理论与实践研究。

理论构建源于社会现实。本书在梳理总结了国内外乡村旅游开发和空间生产理论的研究成果和实践经验的基础上，以马克思主义政治经济学、新马克思主义城市学派、新经济地理学、区域经济学等领域的相关理论观点为主要理论来源，以分析阐释现阶段我国民族特色村寨旅游空间生产中的矛盾问题及其内在成因为出发点和着力点，从"底层逻辑—价值导向—开发动力—投资主体"四个维度切入，尝试构建出一套具有中国特色、符合中国实际、切合中国问题的中国民族特色村寨旅游空间生产理论体系框架，并通过结构方程数据模型与典型案例双重实证验证，从定性与定量两方面对所提出的民族特色村寨旅游空间生产理论进行了检验，为进一步指导中国民族特色村寨旅游空间的生产实践提供了科学系统的理论依据和路径参考，实现了村寨旅游空间生产"人民逻辑"与"资本逻辑""使用价值"与"交换价值""政府调控"与"市场手段""国有经济"与"民营经济"之间的协调与统一。因此，本书对探索中国民族特色村寨旅游空间生产的理论与实践，推动民族地区脱贫致富、全面振兴发展意义重大。

程恩富
2021年11月

目录

第一章 ▶ 绪论　1
一、研究背景及问题提出　1
二、研究目的及意义　11
三、研究内容、技术路线及研究方法　14

第二章 ▶ 基于文献计量学的研究综述　20
一、关于民族村寨旅游的文献计量　20
二、关于空间生产的文献计量　46
三、关于村寨旅游空间生产的文献计量　70
四、文献计量结论　95

第三章 ▶ 中国民族特色村寨旅游空间生产的理论和现实基础　101
一、中国民族特色村寨旅游空间生产的理论来源　101
二、中国民族特色村寨旅游空间生产的现实基础　120

第四章 ▶ 中国民族特色村寨旅游空间生产的内涵、构成维度及分析框架　129
一、民族特色村寨建设的内涵及构成维度　129
二、旅游空间生产的内涵界定及构成维度　139
三、中国民族特色村寨旅游空间生产理论的内涵界定及维度划分　145
四、中国民族特色村寨旅游空间生产的分析框架　158

第五章 ▶ 中国民族特色村寨旅游空间生产的研究假设及理论模型构建　165

一、优势产业引领型村寨建设中旅游商业地产空间形态变化的研究假设及理论模型构建　165

二、民族历史文化型村寨建设中文化传承示范空间形态变化的研究假设及理论模型构建　171

三、生态休闲康养型村寨建设中自然生态保护空间形态变化的研究假设及理论模型构建　177

四、研究设计与调研　183

第六章 ▶ 中国民族特色村寨旅游空间生产的实证验证　191

一、优势产业引领型民族村寨旅游空间生产的实证验证　191

二、民族历史文化型特色村寨旅游空间生产的实证验证　220

三、生态休闲康养型民族村寨旅游空间生产的实证验证　249

第七章 ▶ 中国民族特色村寨旅游空间生产的理论批判与价值回归　277

一、中国民族特色村寨旅游空间生产的理论批判　277

二、中国民族特色村寨旅游空间生产的价值回归　287

第八章 ▶ 中国民族特色村寨旅游空间生产的社会主义道路　300

一、促进区位空间平衡发展，缩小村寨旅游发展差距　300

二、协调村寨空间开发速度，优化提升旅游发展水平　308

三、转变旅游资源开发模式，突出民族村寨文化特色　313

四、平等共享村寨发展成果，实现村寨旅游空间正义　319

第九章 ▶ 结论　326

附录　330

参考文献　348

后记　360

第一章

绪 论

一、研究背景及问题提出

(一) 研究背景

我国现代民族村寨旅游业从 1978 年改革开放正式起步，自此，中国的乡村旅游发展从最初的一穷二白，通过近半个世纪不断调整发展战略，各自探索，区域联动，到如今民族村寨旅游蓬勃发展，百花齐放，实现了质的飞跃。回顾和梳理我国民族村寨旅游发展历程，历届领导集体根据不同时期的现实问题与经济状况，提出了不同的乡村旅游发展理念，制定实施了相应的战略规划，总体来看大致可以分为三个阶段：

第一阶段是从改革开放至 20 世纪末的初创探索期。其特点是受全球旅游业整体发展的影响，实行以乡村旅游促进经济增长的发展战略。在这个阶段，我国对旅游业的定位发生了重大变化。由于受到西方资本主义国家在后工业化时期以乡村休闲旅游推动农村经济发展的影响，我国把旅游业从政治接待、外交活动转变为国民经济新的增长点，我国旅游业全面兴起，广大民族地区开始出现农业、乡村观光旅游。双休制度与五一、国庆"黄金周"的实施，极大地促进了乡村旅游业的发展，广大乡村地区借助节事活动开展民俗体验与观光旅游活动，丰富了农村产业结构。桂滇黔等民族地区出现了具有代表性的民族旅游村寨。在此发展理念的推动下，乡村旅游逐步兴起，丰富了民族村寨的产业门类，提升了村民群众的收入水平，并逐渐成为广大民族农村地区经济社会发展的新动能。

第二阶段是从 21 世纪伊始至 2010 年中国成为世界第二大经济体的高速发展期。其特点是受国际经济形势与我国发展战略布局的影响，实行以生态旅游与假日休闲为主导的乡村旅游发展战略。在这个阶段，我国着力推进社会主义新农村建设，把"三农"问题提到战略高度，乡村旅游业作为地区脱贫发展与解决"三农"问题的有益尝试受到高度重视。随着我国城乡居民收入水平的不断提升，我国形成了巨大的乡村旅游消费需求，进一步推动了行业发展。国家旅游局、农业部与国家民委发布的一系列推进乡村旅游发展的政策文件为其提供了优厚的政策环境，乡村旅游进入高速发展期。在这种发展理念的推动下，广大民族地区交通与基础设施建设逐步完善，民族村寨旅游开发模式逐步成熟，旅游业得到长足发展，对传统农业转型升级、吸纳农民就业、民族文化保护发展与新农村的建设作出重大贡献。

第三阶段是 2011 年至今的转型发展期。其特点是受我国经济发展进入新常态、建设完善现代化经济体系、深化供给侧结构性改革的影响，贯彻"创新、协调、绿色、开放、共享"五大新发展理念，发挥旅游业对精准扶贫的积极作用，实行以多样化、高质量的特色乡村旅游推动乡村振兴的发展战略。在这个阶段，国家在整体布局中充分发挥乡村旅游的产业扶贫效应。"精准扶贫"思想的提出，对我国民族深度贫困地区的脱贫发展具有重大意义，旅游扶贫成为贫困治理的新引擎；"十三五"规划指出推动乡村旅游转型升级，促进农业与旅游、文化、教育产业融合，对民族村寨旅游发展提出了更高的要求。"乡村振兴"战略的实施，对进一步引导乡村旅游持续健康发展，培育农业农村经济发展新动能，实现城乡、区域协调发展提供了政策支撑。伴随着该战略的持续推进，我国民族村寨旅游转向多层次、高质量发展，产业形态日益丰富，开发模式逐步转型，进一步推动我国民族落后地区全面脱贫致富、振兴乡村、社会稳定团结，最终实现全面小康。

自 20 世纪 60 年代起，西方资本主义国家兴起大规模的城市化运动，极大地推动了工业化、信息化与全球化进程，但与此同时也涌现出了一批前所未有的社会矛盾与城市发展问题。为了阐释这些新出现的现象并解决问题，不少西方学者开始将焦点转向对空间的研究，重新审视城市化发展进程。20 世纪七八十年代，以亨利·列斐伏尔、大卫·哈维、曼纽尔·卡斯特为代表的学者们将马克思主义的观点与理论方法延伸至城市空间分析中，研究其背后的社会政治、经济动因，并提出了著名的"空间生产"理论。"空间生产"理论批判了传统马克思主义中的容器空间论，强调了城市空间的重要性，从而构建了新马克思主义空间地理学派，并在人文地理学科兴起了空间转向热潮。

亨利·列斐伏尔是"现代法国辩证法之父"、法国马克思主义空间转向的奠基人、三元空间理论的创始人。他的研究以空间三位一体理论为核心，以"时间—空间—社会"三元辩证法为主要方法论，以解释和批判空间生产的本质与问题为研究对象。在研究方法的构建方面，他在马克思主义历史唯物辩证法的基础上，强调社会生产的空间维度，创新性地构建了"时间—空间—社会"三元辩证法。在理论构建方面，他通过对城市居民日常生活的洞察，提出了"感知的空间—构想的空间—生活的空间"三元空间理论，并以此分析与批判空间生产的本质。在理论的独创性方面，他通过构建以"（社会）空间是社会的产物"为核心观点的"空间生产"理论，强调社会关系的生产与再生产为空间生产的本质。在理论价值与贡献方面，他建立的三元空间理论与包含历史、社会、空间的三元辩证法开启了对城市空间研究的新视角，拓展了马克思主义空间研究的理论视野。其后继学者将"三元空间"理论引入有关城乡二元化、乡村空间重构、古城镇旅游开发等问题的研究中，通过分析不同阶段社会关系的演变与重构，解读其空间的内在结构，寻求解决当前发展问题的新思路，进一步丰富了该理论的内涵与现实价值。

大卫·哈维是西方新马克思主义代表学者、历史—地理唯物主义的创始人、时空修复理论的提出者。他的研究以空间资本积累和时空修复理论为核心，以"过程辩证法"为主要方法论，以解释与批判城市资本积累与空间问题为研究对象。在研究方法的构建方面，他吸收借鉴了马克思历史唯物主义与列斐伏尔的空间生产理论，同时受到怀特海过程哲学的影响，坚持探索唯物主义的空间—地理维度，提出了以"社会过程决定空间结构"的过程辩证法，旨在揭示资本积累、空间生产、地理景观三者间的内在联系。在理论构建方面，他致力于将空间这一要素融入马克思主义理论，建立了历史—地理唯物主义理论，主张以历史—地理的角度阐释与批判资本主义城市化的本质及其带来的问题，并给出了可行的解决方案。他根据马克思关于资本生产与再生产的理论提出了资本的三次循环理论，借以分析城市空间生产与资本流动的联系，同时提出时空压缩与时空修复理论，指出用时间延迟与空间扩张的手段可以应对资本主义周期性过度积累的危机，此外他还对资本主义城市扩张中对空间的剥夺进行了思考，强调了空间正义的思想。在理论的独创性方面，他结合地理学背景，将马克思主义与地理学范畴巧妙结合，创建了历史—地理唯物主义，运用过程辩证法，对城市化、全球化资本积累等问题进行阐释与批判，提出了时空压缩、时空修复等理论，并对西方社会进行解读。在理论价值与贡献方面，他所创立的历史—地理唯物主义是马克思历史唯物主义在城市空间范畴的延伸，在坚持其基本原则的同时，对经典马克思理论进行了补白与升级，重构了马克思主义的当代价值。他还提供了在新的历史时期丰富与发展马克思主义的方向。其后继学者将"时空修复"与"空间正义"理论拓展应用于有关乡村社区治理、旅游地与特色城镇空间开发和扩张问题上，结合我国不同发展阶段的社会现实，分析梳理其间的资本流动、社会结构与资源分配关系，探索新的解决方案，通过具体案例不断丰富该理论的现实价值。

曼纽尔·卡斯特是全球知名社会学家、网络社会学的代表人物，同时，他前期有关城市社会学的理论使他与亨利·列斐伏尔、大卫·哈维并称为马克思主义城市空间理论的"三剑客"。他的研究以"集体消费"与"城市社会运动"理论为核心，以结构马克思主义为基本方法，以阐释与批判西方社会城市危机为研究对象。在研究方法的构建方面，他深受阿尔都塞学派结构马克思主义的影响，同时批判性地继承了列斐伏尔的城市空间生产思想，提出了新马克思主义结构辩证法，借以阐释与剖析城市系统的结构性问题。在理论构建方面，他从城市系统这个基本框架出发，从结构与实践两个维度深入剖析空间、生产、消费等要素，提炼出"集体消费"与"城市社会运动"理论，揭示了资本主义城市危机的本质与意义。他指出，国家提供的集体消费是发达资本主义阶段缓解阶级矛盾的关键手段，然而国家过度的干预会造成财政赤字危机，进而造成新的不平等问题，激化社会矛盾，引起城市抗议运动。他还建立了"集体消费—城市社会运动—政府干预"的马克思主义城市研究系统分析框架。在理论的独创性方面，他首次以消费的视角解析城市问题，围绕集体消费这一主题，借助结构马克思主义基本方法，对资产阶级城市意识形态的变迁与社会矛盾运动进行阐释与批判。在理论的价值与贡献方面，他所创立的以集体消费为核心的城市批判理论在继承马克思主义的方法论逻辑和批判性立场的同时，创造性地改造了传统城市社会学理论范式，正式确立了新马克思主义巴黎城市学派的诞生，在新的时代背景下丰富与扩展了马克思主义都市理论。其后继学者将此理论观点引入住房供给、政府—市场干预、公民权益公平等问题的分析之中，进一步丰富了该理论的现实意义与实践价值。

总的来说，随着工业化、城市化与全球化进程的深入，各国的学者们越来越多地加入对空间生产的研究中，不断丰富与完善新马克思主义城市理论。该理论通过揭示社会资本积累与城市空间变迁的实质,为城市危机日益严重的西方社会提供了分析与解决问题的新思路。同时,这一理论继承了马克思主义基本原理与方法论,在我国城市空间生产实践中也发挥了指导作用,并被广泛引入其他研究领域,如旅游开发、乡村社区治理等。

经过近半个世纪的探索,我国在民族特色村寨旅游开发进程中取得了一系列经验成果,构成了中国特色社会主义理论体系的重要组成部分。这些经验的积累源于对一段时期内,中国民族村寨旅游发展问题的应对及处理。我国借鉴多学科的理论及其他国家的建设经验,提出了一系列解决乡村旅游开发问题的中国方案,在不同时期采取不同发展理念指导民族村寨旅游开发实践。正是得益于这样一套中国理论与中国方案,我国才能在理论上和实践中共同实现民族村寨旅游的高速发展。这些理论源于实践需求,也有效指导了中国民族村寨旅游的开发实践,使得中国在广泛学习西方资本主义国家乡村旅游开发的经验与教训的基础上,走出了一条具有社会主义特色的中国道路。

在初创探索期,我国民族村寨旅游发展的特点是以旅游发展带动农村地区经济。研究者们大多从经济学视角出发,大量引入经济学理论与方法,遵循"村寨旅游带动经济发展"的指导思想,发挥各方力量建设旅游产业,增强民族地区乡村的整体经济实力,提升村民生活水平。他们通过运用价格理论、乘数理论、产权理论等经典的经济学理论,分析了村寨旅游产品与服务的供需关系、市场竞争力与定价策略、乡村旅游的乘数效应与外部效应、旅游开发中出现的公共资源利用与"公地悲剧"等问题,结合开发实际,提出了相关建议与对策,在一定程度上发挥了指导作用。经过了20多年的艰难探索发展,我国乡村旅游逐渐兴起,经济效应初步显露,农民收入水平有所提升,农村产业结构得到丰富与拓展。

在高速发展期,民族村寨旅游发展的特点是经济发展与绿色发展双管齐下,在进一步发挥旅游业经济效应的同时,关注生态文化资源的开发与保护。研究者们在参考借鉴了西方资本主义国家的发展经验后,引入生态学及可持续发展的理论与方法,遵循"旅游开发绿色可持续"的指导思想,扩大村寨旅游业的经济、社会效益,完善旅游开发理念,提升村寨旅游开发质量,实现农村经济绿色可持续增长。他们通过结合可持续发展理论、生态系统理论与景观生态学理论,针对具体实践案例,分析旅游地资源开发与保护的问题,提出民族村寨旅游规划与建设的指导意见,并形成了具有我国特色的典型开发模式与办法,引起各地效仿学习。经过了十几年的生态旅游开发实践,极大地推进了我国民族村寨旅游发展进程,旅游开发逐渐绿色化、科学化、可持续化,产业发展逐步成熟,旅游业已成为乡村经济的重要增长点。

在转型发展时期，民族村寨旅游发展的特点是注重发挥全局效应，在产业转型升级与整体战略布局的背景下，积极发挥村寨旅游业对民族落后地区政治、经济、文化、生态、民生全方位的辐射影响。研究者们相继引入了管理学、文化营销学、社会学等众多学科的理论与方法，遵循"合理规划、科学开发、促进乡村振兴"的指导思想，科学开发旅游资源，合理规划景区项目，优化完善产业结构，发掘塑造旅游地品牌，实现村寨旅游产业全方位高水平发展。他们通过结合利益相关者理论、顾客感知价值理论，对具体民族村寨旅游开发案例效果进行评估，指出发展问题并提出改进措施；运用品牌形象策划理论、生命周期理论，分析村寨旅游品牌设计与旅游产品创新开发问题，并结合具体实践给出可行性建议，培育了一系列知名的民族特色旅游村寨，引领了村寨旅游业发展道路。经过十几年的民族文化体验式旅游开发实践，我国民族村寨旅游发展的文化传播效应、经济增长效应、群众参与效应与产业扶贫效应均得到了很好的体现，产业形态内容日益丰富，持续不断为民族地区乡村发展贡献力量。

中国作为一个以马克思主义为指导思想的社会主义国家，坚持人民主体地位，发展成就全民共享是社会主义的本质要求，公平正义则是实现共享发展的内在条件。空间生产理论作为马克思主义在空间领域的延伸，"人民性"与"公平性"是其一脉相承的理论基石，与我国社会主义性质和发展要求高度契合。近年来，该理论思想在我国城市化建设过程中已经有所应用，对分析当前城市空间生产问题，反思我国城乡二元关系，理解空间生产的内在逻辑发挥了巨大作用。当前，我国民族特色村寨旅游发展过程中也出现了一系列空间开发问题，过去注重效率而忽略公平的建设思想已经不能适应新时代的发展需求，而以"社会过程决定空间结构"为方法论，从资本积累、空间生产、地理景观三者辩证关系为研究视角的空间生产理论日益受到大家的青睐，为分析与解决村寨旅游开发中出现的问题提供了新的研究视角与思考路径。

综上所述，在新的时代背景下，我国民族特色村寨旅游要想实现全面增长与根本转变，就要转换分析视角，从空间生产理论出发，并将其与已有的理论成果和现阶段村寨旅游发展的现实相结合，构建系统的村寨旅游理论框架，形成具有中国特色的民族村寨旅游发展方案。作为目前世界上发展最快、影响最大且拥有众多民族的发展中国家，中国民族特色村寨旅游空间生产的发展经验与理论成就具有超越本国本民族的重要意义与价值。也正是在行业发展的需要与各国对新理论的探索与诉求的双重作用下，越来越多的学者将目光投向对我国民族村寨旅游空间生产问题的研究，使其成为新时代马克思主义空间理论与中国现实新的结合点，对国内外经济学与地理学领域具有重要意义。

（二）问题提出

"三农"问题始终是关系国计民生的根本性问题。党的十九大报告中正式提出全面实施乡村振兴战略，报告中强调，要以习近平新时代中国特色社会主义思想为指导，坚持把解决好"三农"问题作为全党工作的重中之重，按照"产业兴旺、生态宜居、乡风文明、治理有效、生活富裕"的总要求，采取"共建共治共享"的新理念，推动实现乡村地区的全面发展振兴，走出一条中国特色社会主义乡村振兴道路。我国由于历史与地理的原因，许多少数民族村寨较为落后，为了改善少数民族同胞的生产生活条件，保护民族文化传统，国务院、国家民委也出台了一系列政策规划，推动少数民族村寨的健康发展。与此同时，我国《"十三五"旅游业发展规划》中提出，将旅游业培育成经济转型升级的重要推动力，大力发展乡村旅游，培育特色旅游功能区，充分发挥旅游业服务全局的功能。对于中国民族特色村寨旅游发展而言，要想形成一套系统的民族村寨旅游发展方案，构建起科学完整的民族村寨旅游空间生产理论体系，就要准确把握新时代中国特色社会主义的总体布局与战略目标，深入分析当前我国民族村寨旅游空间生产实践中存在的现实难题与内在机理，进而提出一套具有中国特色、符合中国实际、切合中国问题的民族村寨旅游空间生产理论。

首先，中国民族村寨旅游发展需要与时俱进的指导理论。"时代是思想之母，实践是理论之源。"任何理论都植根于时代特点，产生于实践需求，凝结了历史经验。只有与时俱进、不断更新的理论，才能做到与社会实践的即时互动、动态互补，进而实现相互促进，共同提升。一方面，我国改革开放几十年来在民族村寨旅游建设实践中不断进行理论探索，产生了一系列理论成果；另一方面，我国也在持续借鉴学习欧洲、美国、日本等发达国家乡村旅游建设发展的成功经验与先进理念，指导我国的村寨旅游开发实践。然而，随着村寨旅游发展的不断加快，各方利益相关者的观念分歧日益加深，各类新的矛盾问题层出不穷，同时由于国情制度上的本质区别，许多国家的建设经验与开发理念已经无法契合我国社会主义的特殊实际，为我国民族村寨旅游发展提供有力参考。因此，我们需要深入分析民族特色村寨旅游发展的本质，准确把握当前国际国内旅游发展定位与趋势，系统梳理与总结40年来的建设经验与理论成果的基础上，立足党的十九大提出的国家整体发展布局与战略规划，构建出一套系统、创新的理论来指导我国民族特色村寨旅游业的持续健康发展。

其次，中国民族村寨旅游发展需要符合实际的指导理论。第一，理论源于实践，同时又能指导实践，因此，我国村寨旅游发展理论必须紧跟时代发展脉搏，紧扣突出发展问题，深入分析问题的成因，提出针对性的理论方案。第二，中国民族特色村寨旅游发展理论需要立足我国的实际情况，因此，必须坚持以中国特色民族村寨旅游发展的本土实践为出发点和落脚点，结合社会主义国家的战略特点，去归纳、审视、构建符合我国国情与实践现状的指导理论。第三，我国民族村寨旅游开发指导理论必须是动态发展的，即能够保持理论与实践的持续互动，实现动态更新，因此，必须密切关注村寨旅游建设的实践经验与问题，不断吸收最新的乡村旅游建设理论思想，并根据实践现状对已有理论进行持续补充、调整、修正、创新与完善，形成具有生命力的理论指导体系。

最后，我国民族村寨旅游发展需要系统性、前瞻性的指导理论。第一，中国民族村寨旅游发展需要系统性的理论。旅游业是辐射全局的行业，村寨旅游在带动民族地区经济发展的同时，也不断影响着村寨生态环境、社会治理、文化习俗等各方面，因此，必须有一套系统完整的理论，从全局出发指导我国民族村寨旅游空间的开发实践。第二，我国民族村寨旅游发展需要具有传承性的理论。我国村寨旅游业自改革开放伊始，是在不同发展阶段、几代领导集体的规划引导下，接续不断发展起来的，因此该发展理论继承了各阶段的核心思想与理论精髓，并持续融入新时代的最新理论成果，在一脉相承的同时不断更新，紧握时代特征指导行业持续发展进步。第三，我国民族村寨旅游发展还需要具有前瞻性理论。坚持绿色发展，走可持续发展道路是旅游发展基本原则，因此所需的理论在能阐释和指导当前实践问题的同时，还必须把握时代趋势，预见到未来发展方向，提前考虑到可能出现的问题并制定相应对策，随时补充完善理论内容，实现民族村寨旅游的持续发展。

我国民族地区村寨旅游在多年的开发实践中取得了巨大的成果，积累了宝贵的经验，形成了众多指导理论，然而目前，行业的发展仍存在许多亟待解决的问题，需要新的理论提供解决思路。

首先，民族村寨旅游存在区位发展不平衡问题。我国民族地区村寨旅游区位发展不平衡问题是由内外双重因素导致的。我国民族地区地域辽阔、旅游资源丰富、自然条件与文化传统独具特色，区位发展不平衡主要是因为受到地理位置分布、地势特点、村寨规模、交通便利性、基础设施条件、知名度与辐射效应等因素的影响，主要表现为：一方面，我国民族地区历史—地理环境存在差异，旅游空间分布不平衡，民族省区主要集中于西部内陆与边境地区，地势较高，山林众多，地形复杂，气候潮湿多变，这种环境下形成的村寨规模较小、分布也较为分散，天然的地理屏障导致旅游开发的难度大、成本高。基础设施缺乏、可达性较差、旅游辐射效应不足的村寨无人问津，交通更为便利、知名度更高的老牌旅游村寨不断发展，"两极分化"情况屡见不鲜；另一方面，村寨旅游发展各维度也存在严重失衡，政府、企业对发展程度不同的旅游村寨的政策指导、资金投入、规划建设、宣传推广等方面存在差异，不同村寨村民们的生产生活结构、旅游服务意识及水平参差不齐，而这种不均衡的发展将会进一步加大同一省域内的发展差距。

其次，民族村寨旅游存在开发速度与承载能力不协调问题。我国民族特色村寨旅游发展不协调问题主要是开发速度过快与承载能力不匹配所导致的。受到乡村休闲旅游发展的积极影响，同时在产业结构转型与新农村建设的双重作用下，民族地区依托独特资源开展了大规模的民族村寨旅游开发实践。大范围的高速开发短时期内的确为村寨吸引来了客源与资本，在一定程度上丰富了生产结构，然而，目前旅游开发速度已经超出了村寨承载力限度，后续问题逐渐暴露。村寨现有的基础设施条件和产品综合水平已经无法满足持续开发扩张的现状。旅游项目缺乏规划，经营模式陈旧单一，村民旅游服务意识淡薄、参与意愿欠缺，大批村寨无法为游客提供优质独特的民俗旅游体验；同时，资本的集中开发与游客的批量流入也给村寨自然生态、人文环境、社会生活造成了巨大影响，旅游发展的不协调问题日渐凸显。

再次，民族村寨旅游存在资源开发不可持续问题。村寨旅游发展不可持续问题主要是旅游开发缺乏整体规划导致的。旅游产业地位的提升与成功典型经验的宣传，为乡村经济发展提供了新的思路。受到乡村旅游热潮的影响，民族地区大力发展特色村寨旅游以实现经济效应最大化，但是忽视了资源开发的科学规划与整体布局，造成村寨旅游业在生态、文化、社会、经济各方面发展的不可持续性。主要表现为：在生态上缺乏限制与管理，过度开发情况严重，环境污染治理缺位，自然资源及历史遗存受到无法补救的破坏；在文化方面，旅游开发导致外来人口的涌入，随之而来的是现代消费文化、网络文化与村寨传统文化的碰撞与交融，造成村民文化认同的削弱，民族特色文化不断同化流失；在社会结构上，由于市场资本的注入，村寨邻里关系、利益分配、地位权力、生计方式均发生了重大变化，引发了一系列影响村寨和谐稳定的新问题。旅游发展的可持续性近年来得到充分重视，政府转变发展理念，更新开发模式，科学规划管理，推动民族地区村寨旅游业持续稳步发展。

最后，民族村寨旅游空间非正义问题。伴随着村寨旅游业发展到一定程度，空间正义问题才逐步显露。我国民族村寨旅游空间正义问题主要是由于利益相关者间权力结构失衡，协调保障机制缺位造成的。旅游开发为村寨带来经济收益的同时，也重构了村寨内部的社会关系，侵害了普通村民平等的空间权力，引起了不同社会阶层之间的矛盾。随着民族村寨旅游开发程度日益提升，村民的空间权力区隔问题不断加剧，主要表现为：经济上无权，收益分配不均，资源财富集中，村民公共空间使用权受限，利益诉求得不到满足；社会上无力，旅游发展带来了新的职业形态与价值观念，改变了村民原有的生计方式与社会关系，宗族关系日渐淡薄，就业隔离与社会分层现象日益严重，村民个人发展受阻；情感上无奈，现代商业文化不断冲击着村寨传统，村民们的身份认同与文化自信不断削弱，资源开发与使用过程中的不公平现象使村民感到无助与挫败。这也导致村民们消极被动，甚至出现了较为激进的抵制行为，村民与政府及旅游开发者关系日渐紧张，一定程度上阻碍了产业发展。

针对这些典型问题，我们虽然已经在借鉴学习其他国家成功经验的基础上制定了相应的指导方案与对策，然而目前仍缺少具有时代性、系统性和中国特色的民族村寨旅游开发理论分析框架，没有形成一套完整可行的民族特色村寨旅游建设发展的"中国方案"。不难发现，无论是理论困境还是实践需求都反映出，现阶段关于我国民族特色村寨旅游空间生产的研究既重要又紧迫，我们必须尽快解答这一系列相关问题，即中国民族特色村寨旅游空间生产的理论来源与现实基础是什么？中国民族特色村寨旅游空间生产与资本主义国家乡村旅游空间生产的异同在哪里？中国民族特色村寨旅游空间生产的内涵和分析框架是怎样构建的？中国民族特色村寨旅游空间生产的理论批判与价值回归是什么？基于该理论框架与实证结果，我们需要提出怎样的路径规划和政策建议，从而推动民族村寨旅游业可持续高质量发展等。

前文提到的在民族村寨旅游空间生产过程中存在的实践问题，大部分都可以归结为旅游发展理念的偏差，具体表现为过度关注旅游发展的经济效用，一味追逐资本，强调"交换价值"，从而弱化了人的主体地位，忽视了要素资源的"使用价值"，导致民族村寨旅游发展与空间生产落入新自由主义经济陷阱的危机。而针对上述理论与现实问题展开的分析阐释，就是本书构建中国民族特色村寨旅游空间生产理论的出发点与切入点。

因此，针对新时代中国民族村寨旅游空间生产的实践困境与现实经验所进行的理论总结，有关中国特色社会主义民族村寨旅游空间生产规律及道路的探索，以及中国民族特色村寨旅游空间生产理论体系的构建，将成为日后一段时期内中国特色社会主义政治经济学、经济地理学、文化旅游学等领域的研究重点与热点内容。

二、研究目的及意义

（一）研究目的

本书以中国民族特色村寨旅游空间生产为研究对象，借鉴了马克思主义政治经济学经典理论、区域经济发展理论、新经济地理学理论、新马克思主义城市空间理论和文化旅游学相关理论的理论基础，通过分析日本、泰国、中国三个不同发展阶段国家的村寨旅游空间生产特点、问题，来对发达资本主义国家、欠发达资本主义国家和社会主义国家的异同处进行分析总结。同时，以其对我国民族特色村寨旅游空间生产的借鉴意义作为理论构建的现实基础，深度剖析当前我国民族特色村寨旅游空间生产的现实问题，综合构建起一套中国民族特色村寨旅游空间生产理论体系框架，指导我国民族村寨旅游空间生产高质量可持续发展。

在对国内外关于乡村旅游开发和空间生产理论的研究成果与实践经验进行归纳梳理的基础上，本书结合中国民族村寨旅游空间建设发展的历史和现实问题，从底层逻辑与理论体系的层面对指导过我国民族特色村寨旅游空间开发的相关理论进行回顾与梳理，明确阐释在我国特殊国情——中国特色社会主义市场经济体制下的民族村寨旅游空间生产的基本内涵、特征和组成维度，进而构建起一套以"人民逻辑"为根本、"使用价值"为核心、历史—地理唯物主义为视角的中国特色社会主义民族村寨旅游空间生产理论体系与分析框架，实现村寨旅游空间生产"人民逻辑"与"资本逻辑""使用价值"与"交换价值"、政府调控与市场手段、国有经济与民营经济之间的协调与统一。本书将以上理论作为主要逻辑框架，并进一步对中国民族村寨建设进程中村寨旅游空间形态变化存在的突出问题、产生背景、内在原因和发展趋势展开现实批判，深入剖析当前我国民族特色村寨旅游空间生产实践中凸显出的区位发展不平衡问题、开发速度与承载能力不协调问题、资源开发不可持续问题以及村寨旅游空间非正义问题的形成机理，提出可供参考的解决措施，进而构建出以马克思主义思想与中国特色社会主义理论体系为基础的中国民族特色村寨旅游空间生产理论体系，形成一套推动民族特色村寨旅游空间生产实践高质量、可持续协调发展的"中国方案"。

（二）理论意义

第一，以空间生产为研究主题，提出了全新的概念。本书分析阐释了中国民族特色村寨旅游空间生产的基本内涵和特征，归纳了中国特色社会主义市场经济体制下民族村寨旅游空间生产的特征，并与其他政治制度下的国家进行了对比，为中国特色社会主义民族村寨旅游空间生产理论体系与分析框架的构建奠定了理论基础。本书进一步拓展丰富了马克思历史唯物主义理论的研究范畴，以"社会过程决定空间形式"的方法论作为指导原则，力图揭示出村寨旅游建设进程中资本积累、空间生产及地理景观三者之间的内在逻辑关联，为中国特色社会主义市场经济体制下民族特色村寨旅游空间生产实践中人本逻辑和使用价值的回归提供理论支撑。

第二，对现今已有的国内外乡村旅游空间生产理论进行了梳理，力求拓宽现有理论边界。本书归纳整理了马克思主义政治经济学、区域经济发展理论、新经济地理学理论、新马克思主义城市空间理论以及文化旅游学等经典理论中关于"乡村旅游空间生产"的基本内容，同时对以日本、泰国、中国三种不同发展阶段国家的乡村旅游空间生产进行对比分析。本书基于本土国情，对现阶段我国民族特色村寨旅游空间生产实战中村寨地理景观形态变化的现实情况与存在问题展开分析，拓宽了空间生产理论现有的边界，同时也有利于构建中国民族特色村寨旅游空间生产理论体系。

第三，以"理论批判和价值回归"为研究视角，为分析民族村寨旅游空间生产提供了新的思路。本书在充分吸收现有成果的基础上，尝试揭示中国民族特色村寨旅游空间生产的作用机理与动力机制，并构建了理论分析框架，结合数据模型与现实案例对当前我国民族村寨旅游空间生产实践中存在的"资本逻辑"过度、"交换价值"过度、"市场力量"过度和"民营经济"过度等突出问题的内在动因进行了深入阐述和批判，同时提出历史—地理唯物主义视角下以"人民逻辑"与"资本逻辑""使用价值"与"交换价值""政府调控"与"市场手段"和"国有经济"与"民营经济"共同作用为核心的民族特色村寨旅游空间生产理论体系与分析框架，推动我国民族村寨旅游空间生产演化过程中"人民逻辑"和"资本逻辑""使用价值"和"交换价值"的协调与回归，同时为中国特色政治经济学、空间经济学和文化旅游学等学科研究的理论观点、方法内涵与适用范围的更新拓展提供了新的思路，进一步丰富与完善了中国特色社会主义理论体系。

第四，以中国民族特色村寨旅游空间生产的基本内涵和构成维度为逻辑起点，提出了高质量可持续发展的中国方案。本书立足我国民族村寨旅游发展的现状，运用空间生产理论的核心内容，明确了中国民族特色村寨空间生产的基本理论内涵，对实践经验与现实难题展开深入剖析，尝试构建出中国民族特色村寨旅游空间生产的分析框架，进而为实现村寨旅游持续健康发展贡献出中国智慧。这对在新时代背景下，进一步推动城乡协调发展，助力区域协调发展战略、乡村振兴战略、产业精准扶贫战略的实施，加快完善社会主义市场经济体制，全面建成小康社会、形成"产业兴旺、生态宜居、乡风文明、治理有效、生活富裕"的乡村新格局具有极其重要的理论与现实指导意义。

（三）现实意义

第一，为解决中国民族特色村寨建设进程中旅游区位发展不平衡问题提供理论指导。本书对现阶段我国民族特色村寨旅游空间生产实践中存在的区位发展不平衡问题展开了深入调查分析，结合我国民族村寨旅游空间生产的基本特征和价值规律，对我国民族村寨旅游区位空间发展不平衡问题的历史由来和形成机理进行研究判断，从而为政府科学规划村寨旅游空间开发、优化村寨旅游空间布局、推动民族地区城乡协调发展机制，进而为解决我国社会基本问题提供了具有现实意义的理论指导。

第二，为解决中国民族特色村寨建设进程中旅游开发速度与承载能力不协调问题提供理论指导。本书以马克思主义基本原理与中国特色社会主义理论体系为基础，对村寨旅游发展不协调、旅游空间承载力危机等问题的成因与内在机理展开了深入剖析，从生产建设的底层逻辑与价值导向两个根本层面出发阐释，进行了"政府—市场—社会"三位一体的多层次整体性研究，实现了民族村寨旅游开发"人民逻辑+资本逻辑""使用价值+交换价值"的协调统一，批判了当下我国民族村寨旅游空间开发建设中不合理的政策规划，提出了中国民族特色村寨旅游空间全面协调发展的实践路径和理论框架，对破解当前民族特色村寨旅游承载力危机等难题具有十分关键的决策价值。

第三，为解决中国民族特色村寨建设进程中旅游资源开发不可持续问题提供理论指导。本书针对我国民族特色村寨旅游开发过程中，村寨旅游空间生产的商品化、符号化、同质化等不良趋势、资本逻辑和市场力量过度的开发现状，以及以交换价值优先和利益最大化为目标的新自由主义经济思想进行批判，着重强调我国以人民为中心的建设发展逻辑和以"使用价值"为优先的生产价值导向；对我国在党的十九大以来着力推进乡村振兴与旅游产业扶贫战略的背景下，出现并不断加剧的资源浪费与环境破坏、村寨空间规划布局问题不合理、民族文化传统同化流失等民族村寨旅游资源开发利用不可持续问题的内在逻辑关联展开深入分析，为相关政府部门处理化解该现实难题提出政策建议，进而整合形成以使用价值和人民权益优先为核心的民族特色村寨旅游空间生产的"中国方案"，为科学规划开发村寨旅游资源、继承与保护民族特色文化提供了理论与现实相结合的逻辑关系依据。

第四，为解决中国民族特色村寨建设进程中旅游空间非正义的现实问题提供理论指导。本书通过对我国民族特色村寨建设进程中旅游空间经济市场发展、民生服务建设、民族交往团结、生态环境保护及特色文化传承等关键环节的实践现状的深度考察分析，推动新时代背景下我国民族特色村寨旅游空间生产"人民逻辑"和"使用价值"的回归，进而建立起中国特色社会主义市场经济体制下"人民逻辑"和"资本逻辑"相统一、"使用价值"与"交换价值"相融合、"政府调控"和"市场手段"相协调、"国有经济"和"民营经济"相补充的民族特色村寨旅游空间生产实践的运行机制和理论指导体系，为新时代巩固和发展中国民族特色村寨旅游空间生产的已有成果，坚持全民共享发展成果提供了理论指导。

三、研究内容、技术路线及研究方法

（一）研究内容

本书以中国民族特色村寨旅游空间生产的理论与实践问题为主要研究内容，依据提出问题—分析问题—解决问题的研究逻辑，在理论分析与实践分析、定量分析与定性分析相结合的基础上，提出一套系统的中国少数民族特色村寨旅游空间生产方案，构建一套民族村寨旅游空间开发理论体系。具体来说，研究主要包括七部分内容。

第一部分是中国民族特色村寨旅游空间生产的理论来源和现实基础。主要通过对马克思主义政治经济学、区域经济发展理论、新经济地理学、新马克思主义城市学派和文化旅游学理论中的核心观点、方法路径、代表人物及有关乡村旅游发展的理论成果进行归纳梳理，总结筛选出对构建我国民族特色村寨旅游空间生产理论体系的经验启示，进而积累形成中国民族特色村寨旅游空间生产的理论基础；通过深入对比研究，分析日本、泰国、中国三个不同发展阶段国家的村寨旅游空间生产特点、问题，来对发达资本主义国家、欠发达资本主义国家和社会主义国家的异同处进行分析总结，将对我国民族特色村寨旅游空间生产的借鉴意义作为理论构建的现实基础，为构建起一套中国特色社会主义民族村寨旅游空间生产理论体系奠定了现实基础。

  第二部分是中国民族特色村寨旅游空间生产的内涵、构成维度和分析框架。分别对中国民族特色村寨建设模式与旅游空间生产类型进行内涵界定与维度划分，将民族特色村寨建设归纳为优势产业引领型、民族历史文化型和生态康养型三种典型建设模式，提出民族特色村寨建设的构成维度并对其进行解析；将旅游空间生产演化归纳为旅游商业地产空间形态变化、文化传承示范空间形态变化和自然生态保护空间形态变化三种类型，提出旅游空间生产演化的构成维度并对其进行解析。通过对国内外文献的梳理，明晰中国民族特色村寨旅游空间生产的内涵和特征，以"社会过程决定空间形式"的方法论为指导原则，从揭示资本积累、空间生产和地理景观三者之间的内在逻辑关联入手，以分析与解决中国民族村寨旅游空间生产演化进程中出现的区域发展不平衡、资源开发不可持续、开发速度与承载能力不协调和村寨旅游空间非正义的问题为导向，提出中国民族特色村寨旅游空间生产的构成维度划分并进行解析。在此基础上，构建出中国民族特色村寨旅游空间生产的分析框架，并对其进行解释。

  第三部分是中国民族特色村寨旅游空间生产的研究假设和理论模型构建。在充分参考相关文献及已有研究成果的基础上，对中国民族特色村寨建设和旅游空间形态变化的自变量和因变量进行解释与筛选，分别提出优势产业引领型民族村寨建设进程中旅游商业地产空间形态变化的研究假设及概念模型、民族历史文化型特色村寨建设进程中文化传承示范空间形态变化的研究假设及概念模型和生态康养旅游型民族村寨建设进程中自然生态保护空间形态变化的研究假设和概念模型。

  第四部分是中国民族特色村寨旅游空间生产的实证验证。首先是结构方程实证验证。在调查问卷设计和数据收集的基础上，分别对优势产业引领型民族村寨建设进程中旅游商业地产空间形态变化、民族历史文化型特色村寨建设进程中文化传承示范空间形态变化和生态康养旅游型民族村寨建设进程中自然生态保护空间形态变化进行了结构方程实证验证，每个部分都主要包括研究设计、变量度量、样本数据分析、结构方程模型分析、假设检验和结果讨论五个部分。其次是SPS案例验证。其中，以新疆维吾尔自治区吐鲁番市葡萄沟为例，对优势产业引领型民族村寨建设进程中旅游商业地产空间形态变化进行验证；以云南大理白族自治州喜洲镇喜洲村为例，对民族历史文化型村寨建设进程中文化传承示范空间形态变化进行验证；以广西巴马瑶族自治县甲篆乡平安村为例，对生态康养旅游型民族村寨建设进程中自然生态保护空间形态变化进行验证。每个案例分析主要包括案例选取与材料收集、案例描述分析、案例发现与讨论、案例验证结果四个部分。

第五部分是中国民族特色村寨旅游空间生产的理论批判与价值回归。从中国民族特色村寨旅游空间生产理论的四个构成维度出发，深入剖析我国民族特色村寨旅游空间生产演化过程中，因"资本逻辑"过度、"交换价值"过度、"市场力量"过度和"民营经济"过度而造成的一系列村寨旅游空间生产矛盾和现实困境，阐述其中的内在逻辑和影响机理，进而对中国民族特色村寨旅游空间生产实践中已有的指导理论进行批判。立足中国特色社会主义理论的核心价值理念，提出"人民逻辑+资本逻辑""使用价值+交换价值""政府调控+市场手段""国有经济+民营经济"协同作用、互为补充的实践路径与价值体系，为我国民族特色村寨旅游空间生产持续健康发展提供了理论支撑与逻辑保障，为分析解决民族村寨旅游空间生产演化中的矛盾问题贡献了中国智慧。

第六部分是中国民族特色村寨旅游空间生产的路径规划和政策建议。从中国民族特色村寨旅游空间生产理论的四个构成维度出发，结合实证模型与案例经验，在针对现阶段我国民族村寨旅游开发过程中凸显出的区位发展不平衡、开发速度与承载能力不协调、资源开发不可持续和旅游空间非正义等问题的形成机理与内在逻辑深刻剖析的基础上，提出以"人民逻辑+资本逻辑""使用价值+交换价值""政府调控+市场手段""国有经济+民营经济"协同作用的旅游空间生产路径和政策实施建议，进而总结得出中国特色社会主义民族村寨旅游空间生产模式。

（二）技术路线

本书的技术路线如图1-1所示。

研究目的	研究内容	研究方法	研究思路
为分析中国民族特色村寨旅游空间生产奠定文献与现实基础	中国民族特色村寨旅游空间生产的研究综述	文献研究	提出问题
	中国民族特色村寨旅游空间生产的理论来源 ●马克思主义政治经济学理论及其启示 ●区域经济发展理论及其启示 ●新经济地理学理论及其启示 ●新马克思主义城市学派理论及其启示	理论分析	
	中国民族特色村寨旅游空间生产的现实基础 ●以日本为代表的发达资本主义国家的乡村旅游空间生产实践及其启示 ●以泰国为代表的欠发达资本主义国家的乡村旅游空间生产实践及其启示 ●以中国为代表的社会主义国家的民族特色村寨旅游空间生产的特点及其共性	案例分析	
分析中国民族特色村寨旅游空间生产理论及其演化关系	中国民族特色村寨旅游空间生产的维度划分与分析框架 ●民族特色村寨建设的内涵界定与维度划分 ●旅游空间生产的内涵界定与维度划分 ●中国民族特色村寨旅游空间生产的内涵界定与维度划分 ●中国民族特色村寨建设进程中旅游空间生产演化的分析框架构建与解释	理论分析	分析问题
	中国民族特色村寨建设进程中旅游空间生产演化的研究假设与理论模型 ●优势产业引领型村寨建设对旅游商业地产空间形态变化的研究假设与理论模型 ●民族历史文化型村寨建设对文化传承示范空间形态变化的研究假设与理论模型 ●生态康养旅游型村寨建设对自然生态保护空间形态变化的研究假设与理论模型	理论模型构建	
	中国民族特色村寨建设进程中旅游空间生产演化的实证验证 ●优势产业引领型村寨建设对旅游商业地产空间形态变化作用的实证分析 ●民族历史文化型村寨建设对文化传承示范空间形态变化作用的实证分析 ●生态康养旅游型村寨建设对自然生态保护空间形态变化作用的实证分析	实证模型检验	
	中国民族特色村寨建设进程中旅游空间生产演化的案例验证 ●优势产业引领型民族村寨建设对旅游商业地产空间形态变化的作用：以新疆维吾尔自治区吐鲁番市葡萄沟为例 ●民族历史文化特色型村寨建设对文化传承示范空间形态变化的作用：以云南大理白族自治州喜洲镇喜洲村为例 ●生态康养旅游型民族村寨建设对自然生态保护空间形态变化的作用：以广西巴马瑶族自治县甲篆乡平安村为例	实证模型检验	
提出相关政策建议	中国民族特色村寨旅游空间生产的理论批判与价值回归 ●中国民族特色村寨旅游区位发展不平衡问题的批判与回归 ●中国民族特色村寨旅游资源开发不可持续问题的批判与回归 ●中国民族特色村寨旅游开发速度与承载能力不协调问题的批判与回归 ●中国民族特色村寨旅游空间非正义问题的批判与回归	理论批判与回归	解决问题
	中国民族特色村寨旅游空间生产的政策建议 ●促进区位空间平衡发展，缩小村寨旅游发展差距 ●协调旅游开发规模速度，完善优化村寨旅游产业 ●科学规划开发旅游资源，打造民族村寨文化品牌 ●平等共享村寨发展成果，实现村寨旅游空间正义	政策系统设计分析	

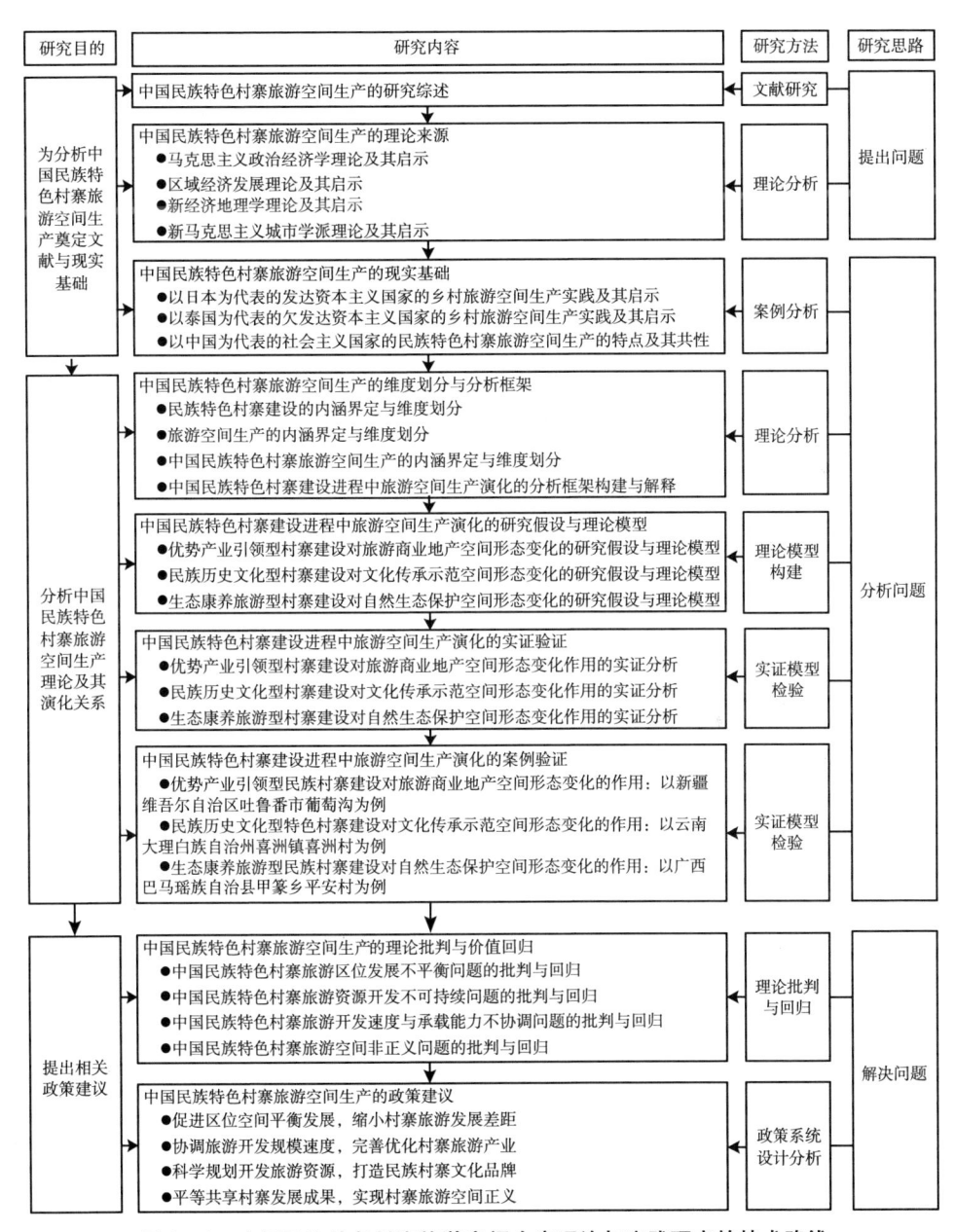

图1－1 中国民族特色村寨旅游空间生产理论与实践研究的技术路线

（三）研究方法

本书以中国民族特色村寨旅游空间生产的理论与实践作为研究对象，采用的研究方法主要包括文献研究法、案例分析法、理论分析法、实证模型检验法、政策系统设计分析法等。

（1）文献研究法。通过对相关文献成果和学科发展趋势的归纳梳理，展开民族村寨旅游空间生产理论的文献计量学分析，主要包括国内外学者对民族村寨旅游开发模式、旅游空间生产实践演化和民族村寨旅游可持续发展等问题的基础理论与实践经验进行文献研究分析，总结评述国内外学界的研究趋势和不足，并结合我国社会主义基本国情下民族特色村寨旅游空间开发现状与实践特征，为构建中国民族特色村寨旅游空间生产理论体系提供参考借鉴。

（2）理论分析法。通过分析总结马克思主义政治经济学、区域经济发展、新经济地理学、新马克思主义城市学派和文化旅游学相关理论观点和模型方法，对中国民族特色村寨旅游空间生产的理论来源进行梳理，从理论层面为中国民族特色村寨旅游空间生产理论体系的构建提供支撑。在对相关理论来源进行总结分析的基础上，结合中国民族特色村寨建设实践与村寨旅游空间生产演化现状，尝试对中国民族特色村寨旅游空间生产的概念、基本特征与构成维度进行界定，详细阐述中国民族特色村寨旅游空间生产维度划分的依据，进而构建出中国民族特色村寨旅游空间生产的理论分析框架，并深入阐述该模型的研究路径和实践意义。基于本书提出的中国民族特色村寨旅游空间生产理论体系，从底层逻辑、价值导向、开发动力和实施主体四个基本维度出发，对村寨旅游建设过程中出现的问题进行深入分析，对由于"资本逻辑"过度、"交换价值"过度、"市场力量"过度、"私有经济"过度而导致的村寨旅游空间生产矛盾和现实问题展开深入剖析与批判，明晰其中的内在作用机理，借鉴成功案例的经验针对性地提出政策建议，为实现中国民族特色村寨旅游空间生产中"人民逻辑""使用价值""政府调控"和"国有经济"价值地位的回归提供理论支撑，共同推动我国民族村寨旅游的可持续协调发展。

（3）实证模型检验法。根据本书提出的中国民族特色村寨旅游空间生产理论体系，对现阶段我国形成的优势产业引领型、民族历史文化型和生态休闲康养型三种典型的民族村寨建设模式和旅游商业地产空间、文化传承示范空间和自然生态保护空间三类典型旅游空间形态变化的过程进行特征维度和实践路径划分，构建中国民族特色村寨建设进程中旅游空间生产演化的结构方程实证模型，并通过参数估计与反复多次模型校正,展开对我国民族特色村寨旅游空间生产演化的定量分析。同时,基于中国民族特色村寨旅游空间生产理论的研究路径与分析框架,以新疆维吾尔自治区吐鲁番市葡萄沟、云南大理白族自治州喜洲镇喜洲村和广西巴马瑶族自治县甲篆乡平安村为例,分别对优势产业引领型村寨建设中旅游商业地产空间形态变化、民族历史文化型村寨建设中文化传承示范空间形态变化和生态休闲康养型村寨建设中自然生态保护空间形态变化进行案例实证分析,为我国民族特色村寨旅游空间持续健康发展提供案例经验。

(4)案例分析法。本书通过比较分析日本、泰国、中国三个不同发展阶段国家的村寨旅游空间生产特点、问题,来对发达资本主义国家、欠发达资本主义国家和社会主义国家的异同处进行分析总结,将对我国民族特色村寨旅游空间生产的借鉴意义作为理论构建的现实基础。

(5)政策系统设计分析法。依据本书构建的中国民族特色村寨旅游空间生产理论分析框架,从底层逻辑、价值基础、开发动力、实施主体四个维度出发,立足我国民族村寨建设进程中旅游空间生产演化的基本特征,以分析和解决现阶段我国民族村寨旅游空间生产实践中存在的区位发展不平衡、旅游开发速度与承载能力不协调、旅游资源开发不可持续和旅游空间非正义四个突出问题为导向,提出"人民逻辑+资本逻辑""使用价值+交换价值""政府调控+市场手段""国有经济+民营经济"的协同作用模式,始终牢记"一切为了人民,一切依靠人民"的根本遵循,共同推动民族特色村寨旅游市场高质量、可持续协调发展,优化提升民族村寨旅游空间的承载能力,实现村寨旅游空间的全面公平正义,进而不断丰富与完善中国特色社会主义理论体系和马克思主义中国化的解释范畴。

第二章

基于文献计量学的研究综述

一、关于民族村寨旅游的文献计量

民族特色村寨旅游充分利用了当地特色的自然风光和人文景观，以让游客感受民族文化，满足其"求异、求新、求知、求乐"的心理动机。我国现代民族村寨旅游业兴起于20世纪80年代，多年来通过拓宽发展道路、整合产业结构，如今不仅成为民族地区经济发展的重要支柱，带动广大乡村脱贫致富，同时也为保护与传承民族文化传统、保障与维护民族稳定团结贡献力量。随着民族村寨旅游建设的持续推进，其发展效应与联动机制引起了社会各界的关注，国内外学者针对民族村寨旅游展开了广泛的研究与讨论，以更好地推动民族村寨旅游的发展。

（一）研究数据及发文量的初步分析

外文数据以 WOS（Web of Science）来源，由于通过所有数据库进行文献收集会存在字段缺失的现象，因此通过核心数据库（Web of Science Core Collection）进行文献收集。构建检索式：主题 = "Ethnic community tourism" 或主题 = "Indigenous tourism"或主题="Ethnic tourism";语种:外文;文献类型:期刊;时间跨度:1986年1月~2021年12月,检索时间为2021年12月31日,对检索出的文献进行筛选后,得到1172条检索信息并导出相关文献信息,将文献数据导入Cite Space中对数据进行初步检验,发现字段缺失数据有286条,最终进行知识产权链条领域文献计量分析所用有效数据为886条。

中文数据以中国知网(CNKI)为来源,构建检索式:主题="民族村寨旅游"或主题="民族乡村旅游"或主题="民族旅游村寨"。时间跨度:1986年1月~2021年12月,检索时间为2021年12月31日;对检索出的文献进行筛选后,得到有效文献数量为812篇,将文献数据导入Cite Space中对数据进行初步检验,软件运行结果良好,没有数据丢失,最终进行民族村寨旅游领域文献计量分析所用有效数据共有799条。

将上述文献数据再次导出,按照发文年份以及发文数量将对应信息提取出来并放入Excel中进行分析,可以得到1986年1月至2021年12月民族村寨旅游领域外文文献与中文文献的发文数量趋势比较图,如图2-1所示。

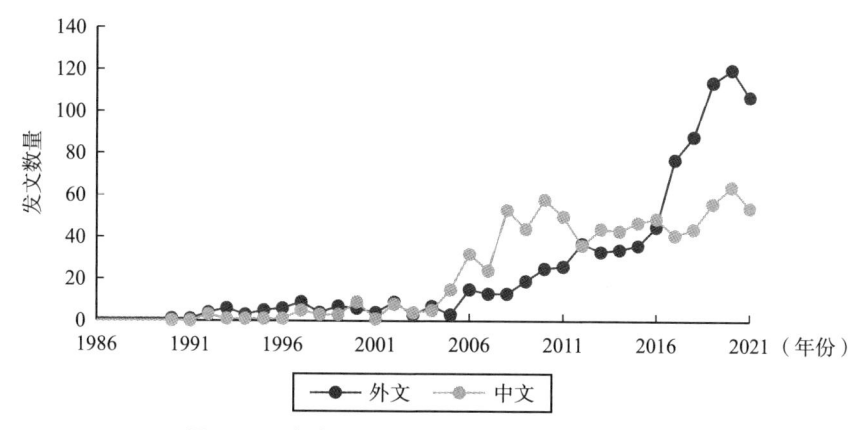

图2-1 中外文民族村寨旅游领域研究文献分析

通过图2-1可以看出,关于民族村寨旅游的中外文献发文量从2005年开始出现较大差异。1986~2004年,民族村寨旅游领域各年度的中文文献发文量均低于外文文献,发文量的增长趋势大致相同,均大体呈现较为缓慢的增长趋势,说明在这一时期,中国对于民族村寨旅游领域的研究还处于起步阶段,并且发展还较为缓慢,需要与国际相关方面接轨。2005~2016年,民族村寨旅游领域各年度的外文文献发文量低于中文文献,说明在这一时期,中国对于民族村寨旅游领域的研究开始逐渐步入正轨，对于民族村寨旅游领域的研究在国内学术研究领域中迅速发展。2017~2021 年，民族村寨旅游领域的外文文献发文量激增，大幅超过中文文献发文数量，中文文献发文量平稳增长，说明这一时期中国对于民族村寨旅游的研究热度大体不变。总体而言，1986~2004 年，区域协调发展研究中，中文文献发文量的增长较为稳定，2005~2021 年，民族村寨旅游中外文文献发文量的增长趋势开始出现明显差异，其中中文文献发文量的增长呈现波动状态，外文文献发文量的增长速度更快，但国际上对旅游市场的研究受到疫情的影响均有所下降。

（二）民族村寨旅游研究的国家分析

在对所研究课题领域进行文献计量的过程中，可以通过文献国家进行分析，以便学者能够更好地掌握其研究领域在国际上较为权威的国家。一个国家在某科研领域的发文量以及与其他国家合作的密切程度，反映出该国家在该领域的国际影响力。可以通过对国家共现网络可视化研究和对各国在某科研领域国家共现网络各节点中心性的分析，得出该研究领域的国家共现网络的关键节点，进而分析出具有较大影响力的国家，能够为学者在该领域方面的研究提供一定的指导，从而帮助学者能够正确地认识自己所在的国家在自己研究领域方面的国际地位，也为今后的发展提供了很好的方向。

将 WOS 数据库文献数据导入 Cite Space 软件中，节点类型设置为国家，首选标准数量 N 设置为 60，其余设置均选用默认值，再将 Cite Space 软件所整理的数据表格导入 Excel 中，提取"国家"和"发文量"两个字段下的数据，得到不同国家在民族村寨旅游研究领域发文量排名如图 2-2 所示。发文量排名前十的国家除了中国和墨西哥之外，其余八个国家均为发达国家。民族村寨旅游研究领域发文量排名前三的国家分别为美国、中国、澳大利亚，其中，发文量排名第一的是美国，发文数量为 161 篇，约占发文总量的 18.17%；发文量排名并列第二的是中国和澳大利亚，发文数量为 136 篇，约占发文总量的 15.35%。

通过把将 WOS 数据库文献数据导入 Cite Space 软件中，节点类型设置为国家，首选标准数量 N 设置为 60，其余设置均选用默认值，进行可视化分析，得到民族村寨旅游领域的国家知识图谱，如图 2-3 所示。

图 2-2　国际民族村寨旅游研究领域国家分布

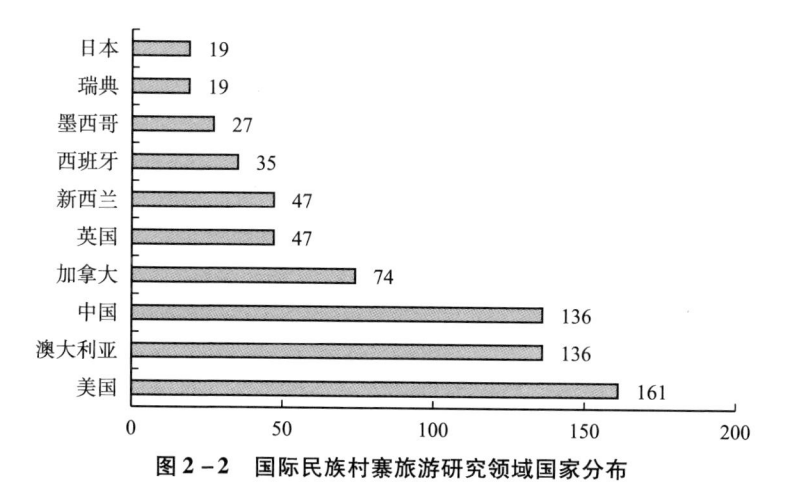

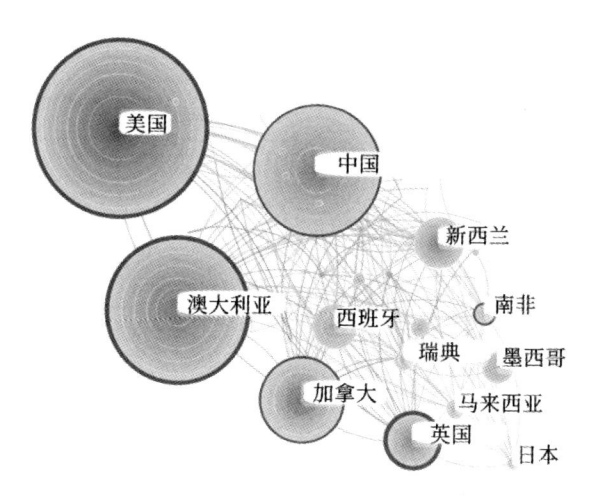

图 2-3　民族村寨旅游领域的国家共现可视化分析结果

由图 2-3 可知，民族村寨旅游领域的研究国家中，美国居于核心地位，与大部分国家的合作比较紧密，说明美国在该领域的研究地位较高，仅次于美国的国家是中国和澳大利亚，中国与美国、英国、澳大利亚、加拿大等国家也均有合作。

在 Cite Space 软件的分析结果中，中心性的数值大小代表该节点关键性的大小，因而通过对各个国家发文量中心性的分析，来得出各个国家所在节点的关键性，进而表明该国家与其他国家合作的紧密性，及在空间生产领域的国际研究中所处的地位。通常认为中心度大于 0.1 的节点，可以被看作关键节点，中心度大于 0.05 的国家如表 2-1 所示。

表 2-1　　　　　民族村寨旅游领域国家发文中心度排名

发文量（篇）	国家	首次发文年份	中心度
136	澳大利亚	1996	0.30
47	英国	1999	0.25
161	美国	1984	0.21
17	南非	2008	0.13
136	中国	2005	0.12
74	加拿大	1999	0.11
47	新西兰	2002	0.09
11	意大利	2009	0.08
5	波兰	2004	0.08
16	荷兰	2007	0.07
15	厄瓜多尔	2008	0.07
35	西班牙	2010	0.06
17	马来西亚	2014	0.06

由表 2-1 可以看出，只有 13 个国家的中心度大于 0.05，剩余国家的中心度均小于 0.05，说明只有澳大利亚、英国、美国等 13 个国家与其他国家在民族村寨旅游领域有一定的合作，中心度排名前三的国家均为发达国家，说明发达国家在民族村寨旅游领域研究中的国际地位比较高，与其他国家合作更为紧密。中心度大于 0.1 的国家为澳大利亚、英国、美国、南非、中国和加拿大 6 个国家，表明这 6 个国家在民族村寨旅游领域国家合作网络中位于关键节点。首次发文年份最早的是美国，其中心度不仅位于前三且发文量也较多，说明美国在民族村寨旅游方面的理念形成较早，再通过与其他国家合作，其在民族村寨旅游研究的国际地位也在不断提高。中国的发文量在所有的国家中排名第二，其中心度的监测值为 0.12，说明中国民族村寨旅游的研究文献在国际上具有一定影响力，但其中心度数值相对较低，其国际影响力还有待提高。

（三）民族村寨旅游研究的期刊分析

通过对期刊文献进行分析来帮助学者更加准确地把握研究领域较有权威的期

刊，有利于学者筛选合适有效的期刊，也为后期研究奠定基础。期刊共被引分析方法是文献计量学和科学计量学中的一种定量研究方法，现已被国内外学者广泛应用在多个学科领域的研究。期刊的共被引是指两本期刊被同一篇文献引用的现象，可以通过共被引关系的强弱来确定期刊之间关系的紧密程度，进而来探索期刊之间的内部联系，再通过分析期刊的共被引，来对期刊进行定位和分类，从而确定其在学科领域中的位置，以便对学术期刊进行评价。在此过程中，还可以通过对区域协调发展领域期刊共被引网络各节点的中心性进行分析，得出网络中的关键节点，也为进一步确定载文质量高的期刊提供一定帮助。此外，期刊载文量反映出某一期刊在一定时间段内刊载论文数量的多少，载文量的大小在一定程度上也能够反映出期刊的信息占有、传递和输出能力。

因此，对期刊进行分析时可通过期刊共被引可视化分析，并综合中心性分析以及载文量分析两方面来确定在这一领域的权威期刊。

首先，对民族村寨旅游研究领域的外文期刊进行分析。将检索得到的 WOS 的数据导入 Cite Space 软件中，节点类型栏选择引用期刊，首选标准数量 N 设置为 30。由于数据量较大，涉及期刊较多，直接进行可视化所得图像不够直观，因此需对网络进行修剪后进行可视化分析，得到外文民族村寨旅游研究期刊共被引可视图，如图 2-4 所示。

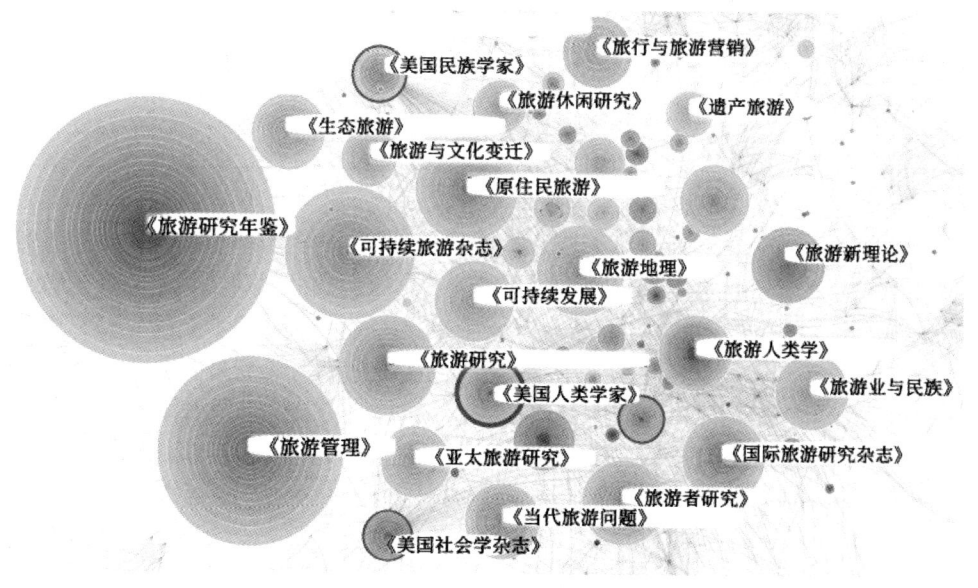

图 2-4　民族村寨旅游领域外文期刊共被引可视化分析结果

由图2-4可知，民族村寨旅游领域外文期刊被引频次排名较为靠前的期刊明显多于其他期刊，其中《旅游研究年鉴》（Annals of Tourism Research）是被引频次最高的期刊，该期刊是一本以旅游学术视角为主题的社会科学期刊，其旅游研究理论、综述、实践问题分析等部分具有一定的权威性。其在2021年共发表论文203篇，影响因子9.011，在149种社会学刊物中排在第2位。同时可以发现外文民族村寨旅游研究的被引期刊还集中在《旅游管理》《可持续旅游》《当代旅游问题》《原住民旅游》《旅游研究》《旅游地理》《旅游者研究》《国际旅游研究》《美国人类学家》等。期刊的研究方向多分布在环境科学、经济学、管理学、社会学，以及酒店休闲体育及旅游领域。

从被引期刊中心性的角度分析，将Cite Space对外文民族村寨旅游领域期刊共被引分析所得数据导出至Excel，按照中心度大于0.1的标准提取数据，得到外文民族村寨旅游领域期刊共被引网络的关键节点，如表2-2所示。

表2-2　　　　　民族村寨旅游领域外文期刊共被引网络关键节点

期刊名称（简称）	被引频次	首次出现年份	中心度
《美国人类学家》	67	1992	0.27
《美国社会学杂志》	65	1992	0.17
《美国民族学家》	50	1993	0.15
《人类学年度回顾》	47	1997	0.15
《人类组织》	31	1984	0.1
《旅游研究年鉴》	569	1990	0.1

通过表2-2可以看出，《美国人类学家》（American Anthropologist）、《美国社会学杂志》（American Journal of Sociology）、《美国民族学家》（American Ethnologist）、《人类学年度回顾》（Annual Review of Anthropology）的中心度较高，表明这三个期刊所刊载的民族村寨旅游研究论文质量较高，对民族村寨旅游领域的学术研究起到重要作用。因此，从中心性的角度出发，《美国人类学家》《美国社会学杂志》《美国民族学家》《人类学年度回顾》四个期刊在民族村寨旅游研究领域居于核心地位。

下面对民族村寨旅游研究的中文期刊进行分析：

由于通过中国知网（CNKI）导出的论文文献数据，缺少"参考文献"字段，无法通过Cite Space软件对导出的论文文献数据进行共被引分析，因此对于中文民族村寨旅游研究的期刊分析，将从该领域期刊的载文量以及学科研究层次展开研究。

首先，将检索得到的知网数据导入 Excel 中对期刊名称进行计数，得到 1992~2021 年民族村寨旅游文献期刊分布，其中载文量排名前 10 的期刊如表 2-3 所示。

表 2-3　　　　　1992~2021 年民族村寨旅游中文期刊分布（前十）

期刊名称（简称）	载文量（篇）	占比（%）	期刊名称（简称）	载文量（篇）	占比（%）
《贵州民族研究》	103	12.90	《社会科学家》	23	2.88
《黑龙江民族丛刊》	32	4.01	《西南民族大学学报》	23	2.88
《广西民族研究》	31	3.88	《旅游学刊》	22	2.75
《农业经济》	30	3.75	《资源开发与市场》	15	1.88
《安徽农业科学》	24	3.00	《生态经济》	14	1.75

由表 2-3 可知，民族村寨旅游领域发文量排名前 10 的中文期刊共发文数量为 317 篇，占比约为 39.68%，远高于其他期刊的数量，说明国内民族村寨旅游的论文在期刊上面的集中度比较高，区域协调发展相关领域的研究在国内形成了较为稳定的期刊群和比较有代表性的期刊。其中，《贵州民族研究》在该领域刊登 103 篇文章，数量是最多的，该期刊刊登的民族村寨旅游领域的文章主要集中在民族历史与宗教、民族语言与文字、民族教育、民族经济、民族法学与治理研究等方面，涉及的学科主要有行政管理、民族学、文学文化、旅游经济、农业经济等学科，是研究民族村寨旅游领域最为核心的期刊。《黑龙江民族丛刊》是排名第二的期刊，发文量为 32 篇，该期刊刊登的民族村寨旅游领域文章主要集中在民族地区经济与现代化、民族问题研究、非物质文化遗产、民族文化保护与传承等方面，涉及的学科主要有行政管理、民族学、文学、旅游经济、农业经济、经济体制改革等学科，也是研究民族村寨旅游领域较为核心的期刊。排名第三的期刊为《广西民族研究》，发文量为 31 篇，该期刊刊登的民族村寨旅游领域的文章主要集中在民族经济理论、民族发展研究、非物质文化遗产保护、民族历史与文化研究等方面，涉及的学科主要有行政管理、民族学、历史学、经济学、社会学与统计学等学科。其他期刊的发文量较低，均低于 30 篇。由此看出排名前三的期刊在民族村寨旅游研究领域具有一定的权威性，能够较好地把握民族村寨旅游研究方向和研究状态。

将发文前 10 的期刊按照中国知网期刊检索之后的研究层次分组来进行分类，以便进一步确认在民族村寨旅游研究领域比较权威期刊的文献研究层次，也为研究选取参考文献提出指导意见。分类结果如表 2-4 所示。

表 2-4　　　　　民族村寨旅游领域研究核心中文期刊研究层次

研究层次	期刊名称
民族学（社会科学）	《贵州民族研究》《黑龙江民族丛刊》《广西民族研究》
教育综合（社会科学）	《社会科学家》《西南民族大学学报》
农业经济（经济与管理科学）	《农业经济》
资源科学（经济与管理科学）	《资源开发与市场》
宏观经济管理与可持续发展（经济与管理科学）	《生态经济》
旅游（经济与管理科学）	《旅游学刊》
农业综合（农业科技）	《安徽农业科学》

由表 2-4 可知，国内民族村寨旅游研究主要集中分布在社会科学领域的民族学与教育综合层次、经济与管理科学领域的农业经济、资源科学、宏观经济管理与可持续发展、旅游层次以及农业科技领域的农业经济等研究层次中，其中《贵州民族研究》《黑龙江民族丛刊》《广西民族研究》《社会科学家》《西南民族大学学报》的研究集中在社会科学领域，因此在进行有关民族村寨旅游领域的社会科学研究时可重点参考。《农业经济》《资源开发与市场》《生态经济》《旅游学刊》的研究集中在经济与管理科学，所以在进行有关民族村寨旅游领域的经济与管理科学研究时可以重点参考。《安徽农业科学》的研究集中在农业科技领域，所以在进行有关民族村寨旅游领域的农业综合问题时也可参考。

根据对中外文期刊研究的发现，在民族村寨旅游的研究领域中，外文文献可重点选取《旅游研究年鉴》《旅游管理》《美国社会学杂志》等期刊中的文献作参考；中文文献可以重点选取《贵州民族研究》《黑龙江民族丛刊》《广西民族研究》《农业经济》《旅游学刊》等期刊中的文献作参考。

（四）民族村寨旅游领域的研究团队分析

本研究将研究团队分为个人作者和机构两类进行分析。其中，根据 WOS 数据库导出数据和中国知网（CNKI）数据库导出数据信息的适用范围，对外文文献的研究，作者分析主要通过共被引分析来进行，机构分析主要通过合作网络分析来进行；对中文文献的研究，仅通过合作网络进行分析。首先，对外文民族村寨路由领域的作者团队及机构团队进行分析。

民族村寨旅游领域的外文文献作者分析：

将检索得到的 WOS 的数据导入 Cite Space 软件中，节点类型选择引用作者，首选标准数量 N 设置为 30，修剪片状网络使图像更加简明易读，对数据进行可视化分析，得到外文民族村寨旅游研究作者共被引可视化结果，如图 2-5 所示。

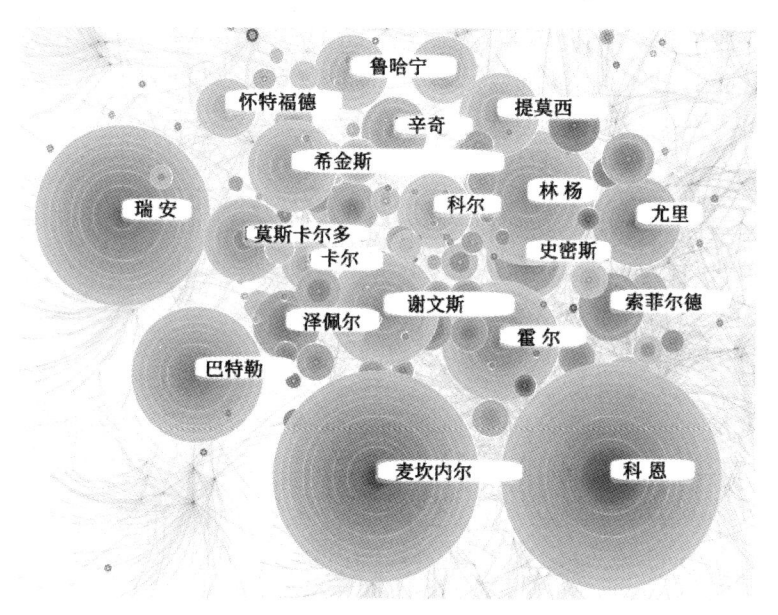

图 2-5 民族村寨旅游领域外文文献作者共被引可视化结果

由图 2-5 可知，在国际上民族村寨旅游研究领域的被引频次较高的作者为科恩、麦坎内尔、瑞安、林杨等人将 Cite Space 软件运行结果导出，得到民族村寨旅游外文文献作者被引频次排名，被引频次高的作者可被认为在这一领域具有一定的权威。按照中心度大于 0.1 则视为关键节点的标准，将民族村寨旅游领域外文文献作者共被引网络关键节点提取出来，如表 2-5 所示。

表2-5 民族村寨旅游领域外文文献作者共被引网络关键节点

作者	被引频次	中心度	首次出现年份
阿尔特曼	13	0.14	1992
怀特福德	6	0.13	1984
安德森·本尼迪克特	5	0.11	1984
亚当斯	4	0.10	1997

由表2-5可以可知，阿尔特曼、怀特福德、安德森·本尼迪克特、亚当斯与其他作者的关联程度较高，形成以这些作者为中心的多个学术研究联盟。从这一角度出发，也可认为以上作者在民族村寨旅游领域的研究具有一定的权威性。

民族村寨旅游研究领域的外文文献机构团队分析：

将检索得到的WOS的数据导入Cite Space软件中，节点类型选择机构，首选标准数量N设置为30，其余选项均保持默认后进行可视化分析，得到民族村寨旅游外文文献研究机构合作可视化结果，如图2-6所示。

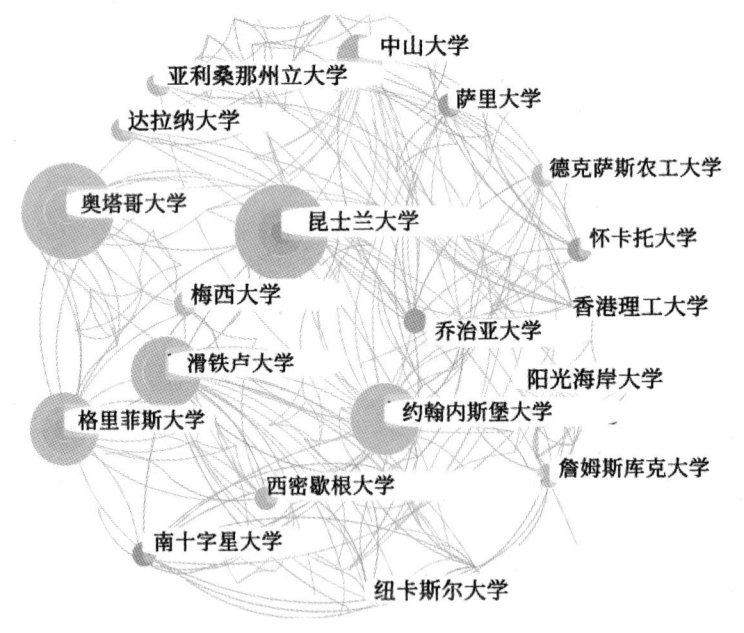

图2-6 民族村寨旅游领域外文文献机构研究团队合作可视化结果

通过图2-6可以看出，昆士兰大学的发文量最高，并与多个机构有合作，整体来看，机构之间的连线有685条，节点（即发文机构）有807个，贡献网络密度仅为0.0021，说明在国际上机构间合作较少，仍需要加强国际间的研究合作，建立适度规模化的研究机构群体。将Cite Space软件运行的数据导出，得到民族村寨旅游研究外文文献发文量10篇以上的机构如表2-6所示。

表2-6　　　　民族村寨旅游领域外文文献发文量高的机构研究团队

发文量	机构名称	机构性质	地区
23	昆士兰大学	高校	澳大利亚
23	滑铁卢大学	高校	加拿大
18	奥塔哥大学	高校	新西兰
16	格里菲斯大学	高校	澳大利亚
13	约翰内斯堡大学	高校	南非
13	怀卡托大学	高校	新西兰
13	中山大学	高校	中国
11	詹姆斯库克大学	高校	澳大利亚
11	德克萨斯农工大学	高校	美国

根据表2-6可以看出，民族村寨旅游领域外文文献发文量排在前3位的机构为昆士兰大学、滑铁卢大学以及奥塔哥大学。从研究机构的类别上看，民族村寨旅游研究机构较为单一，发文的研究机构集中在高校，表明目前在国际上对民族村寨旅游研究的主力为世界范围内各大高校。从地域上看，澳大利亚在民族村寨旅游方面的研究规模较大，前9位中有1/3的机构全位于澳大利亚，说明澳大利亚高校在民族村寨旅游研究领域具有一定的国际影响力。

下面，对民族村寨旅游领域的中文文献作者团队及机构团队进行分析。

首先是对民族村寨旅游领域的中文文献作者分析。

将检索得到的中国知网（CNKI）的数据导入Cite Space软件中，节点类型选择作者，首选标准数量N设置为30，修剪片状网络使图像更加简明易读，此后进行可视化分析，得到民族村寨旅游研究中文文献作者合作网络可视化结果，如图2-7所示。

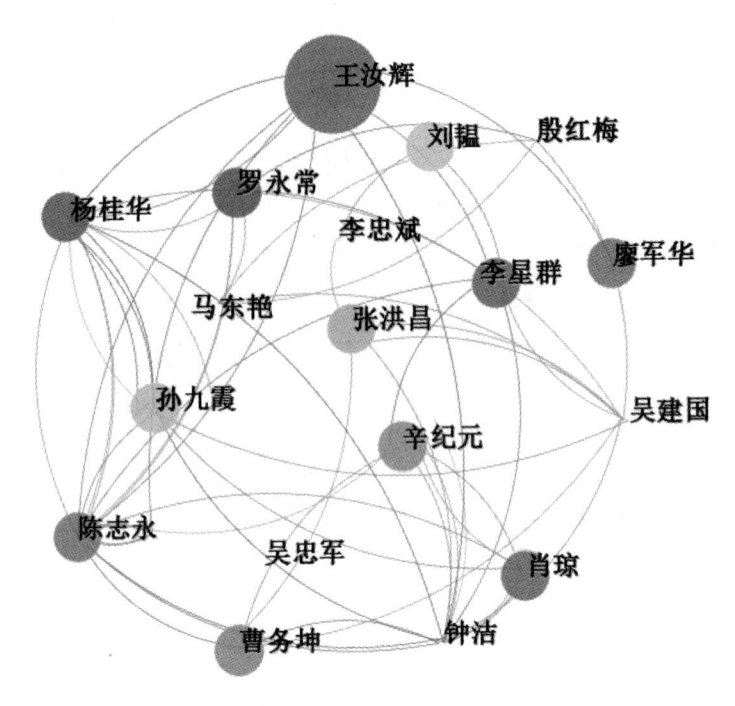

图 2-7　民族村寨旅游领域中文文献作者研究团队合作可视化结果

通过观察图 2-7 可以看出，陈志永的发文量最高，与其他学者也有所合作，整体来看，作者之间的连线仅有 764 条，而节点（即作者）有 1071 个，共现网络密度为 0.0013，说明在国内，作者间联系较弱，大多为形成科研合作团队。将 Cite Space 软件运行的数据导出，得到民族村寨旅游研究中文文献发文量排名前 5 位的作者，如表 2-7 所示。

表 2-7　民族村寨旅游领域中文文献发文量高的作者研究团队

作者	发文量（篇）	单位
陈志永	11	贵州师范大学
罗永常	11	凯里学院
殷红梅	10	贵州师范大学
吴忠军	10	桂林理工大学
孙九霞	8	中山大学

如表 2-7 所示，陈志永、罗永常、吴忠军等是民族村寨旅游研究领域的重要学者，在民族村寨旅游研究领域具有较强影响力，因此可以重点选取以上学者的文章进行参考。其中，来自贵州师范大学的陈志永致力于乡村旅游发展模式、民族村寨旅游组织管理、村民的旅游增权感知等；来自凯里学院的罗永常致力于民族村寨旅游的社区参与、利益保障机制、旅游开发理念与原则等；来自桂林理工大学的吴忠军致力于村寨旅游开发的居民满意度感知、旅游开发与民族文化保护、旅游发展与村民增收等；中山大学的孙九霞致力于研究民族村寨旅游可持续发展、民族地区经济发展的旅游人类学分析等；贵州师范大学的殷红梅致力于民族村寨旅游环境承载力、民族地区旅游发展的时空演化等研究。

民族村寨旅游研究领域的中文文献机构团队分析：

将检索得到的中国知网的数据导入 Cite Space 软件中，节点类型选择机构，首选标准数量 N 设置为 30，其余选项均保持默认，此后进行可视化分析，得到民族村寨旅游中文文献研究机构合作可视化结果，如图 2-8 所示。

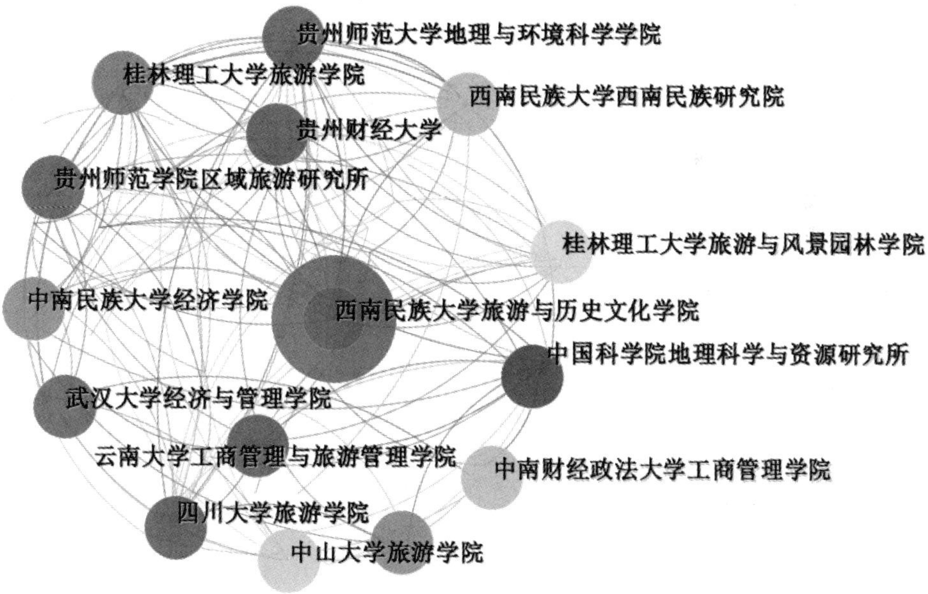

图 2-8 民族村寨旅游领域中文文献机构研究团队合作可视化结果

通过图 2-8 可以看出，西南民族大学有关民族村寨旅游的发文量最高，同时其与多个机构有合作，桂林理工大学旅游学院和贵州师范大学的发文量也较多。整体来看,机构之间的连线有364条,节点(即发文机构)有740个,贡献网络密度仅为0.0013,说明在国内各机构间合作较弱,仍需要大力加强与国际间的研究合作,还可以建立适度规模化的合作研究机构群体。将Cite Space软件运行的数据导出,得到民族村寨旅游研究中文文献发文量排名前5位的机构如表2-8所示。

表2-8 民族村寨旅游领域中文文献发文量排名

发文量(篇)	机构名称	机构性质	地区
12	西南民族大学旅游与历史文化学院	高校	西南地区
11	桂林理工大学旅游学院	高校	华南地区
10	贵州师范大学地理与环境科学学院	高校	西南地区
10	西南民族大学西南民族研究院	研究机构	西南地区
9	贵州财经大学	高校	西南地区
9	中山大学旅游学院	高校	华南地区

根据表2-8可以看出,民族村寨旅游领域中文文献发文量排在前3位的机构为西南民族大学、桂林理工大学和贵州师范大学。从研究机构的类别上看,民族村寨旅游的研究机构较为单一,发文的研究机构主要集中在高校,表明目前国内对民族村寨旅游研究的主力为各大高校,表内唯一一家研究机构西南民族研究院是挂靠在西南民族大学。从地域上看,我国民族村寨旅游研究主要集中在西南、华南地区,华中、华东等地区对民族村寨旅游的研究规模较小。

(五)民族村寨旅游领域的重要文献分析

对重要文献进行分析,可以为进行更加详细的文献综述提供帮助,可以直观展示民族村寨旅游领域研究发展过程中的重要文献,从而准确地梳理出民族村寨旅游领域研究发展过程中的重要研究成果,为后续研究提供参考。

民族村寨旅游领域重要外文文献分析:

将检索得到的WOS文献数据导入Cite Space软件中,节点类型选择参考文献,首选标准数量N设置为30,时间切片选择为2,其余选项均保持默认,此后进行可视化分析,得到民族村寨旅游外文文献共被引可视化结果,在可视图中按照关键词进行聚类后显示,得到图2-9。

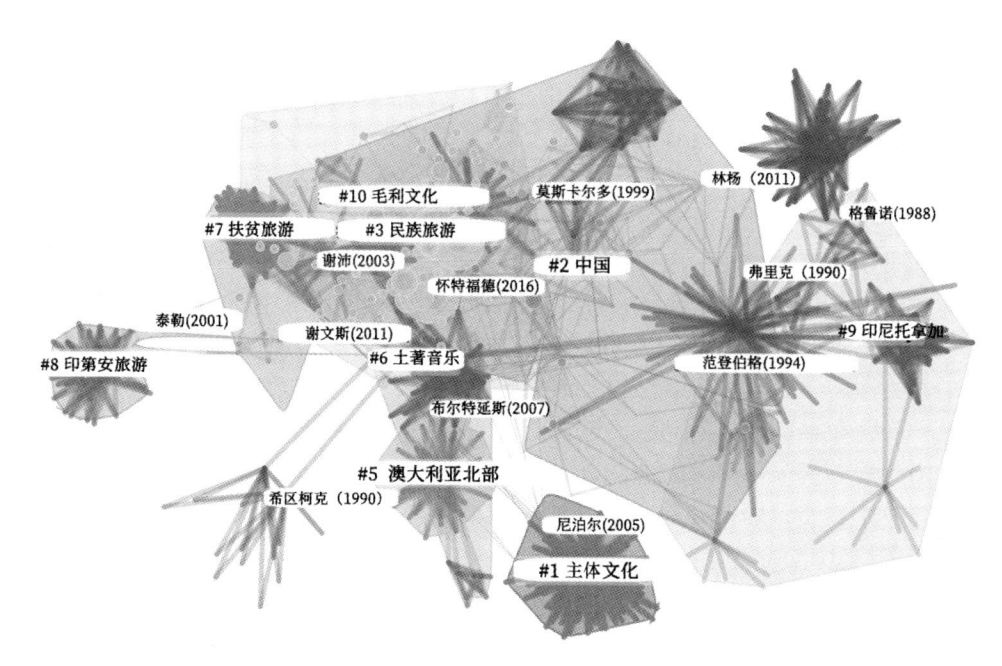

图 2-9　民族村寨旅游领域外文文献共被引参考文献聚类分析

由图 2-9 可知，民族村寨旅游领域外文文献共被引参考文献知识图谱中有节 2355 个、链接 7325 条，密度值为 0.0026。WOS 核心合集期刊的文献共被引网络中有多个突出的节点，这直观反映了民族村寨旅游的基础，高被引文献发挥了较为良好的媒介作用，也是网络连接中一个时间到另一个时间段过渡的关键点。

按照中心度大于 0.05 则视为关键节点的标准，提取民族村寨旅游外文文献共被引网络的关键节点，得到民族村寨旅游领域外文核心文献，如表 2-9 所示。

表 2-9　　　　　　　　　民族村寨旅游领域外文核心文献

中心度	作者	题目
0.11	泽普尔；希瑟	土著文化和土著旅游
0.1	罗杰克	旅游文化：旅行和理论的转变
0.07	巴特勒	旅游业与土著人民：问题和影响
0.07	桑杰·尼泊尔	土著人民参与保护区管理：尼泊尔、泰国和中国的比较视角
0.06	林杨；沃尔	民族旅游的真实性：国内游客的视角

由表2-9可知，中心度最高的文章为泽普尔和希瑟发表于2001年的《土著文化和土著旅游》，该文以澳大利亚的土著旅游业发展历程为例，对包括最近的土著旅游战略、土著文化体验、游客感知等关键问题进行了研究。研究结论表明，在澳大利亚土著群体正在从族裔旅游业向土著旅游业发展，从异国情调旅游景点到控制土著土地上的旅游企业。中心度排名第二的文章为罗杰克于1997年发表的书评《旅游文化：旅行和理论的转变》，该研究汇集了该领域一些最有影响力的作家，分析了民族社区旅行的当前概念和理论工作等主题，以研究旅游与文化变革之间的复杂联系，以及旅游体验与当前关于空间、时间和身份的理论辩论的相关性。中心度排名第三的文章为巴特勒发表于2007年的《旅游业与土著人民：问题和影响》，该书是一本散文集，考虑了土著人民可用的旅游发展选择，对土著旅游发展带来的多方影响给予关注，重点放在已经出现的问题和冲突上。其中提出，跨文化旅游发展的观点被呈现为综合所描述的见解和问题的一种手段。

民族村寨旅游领域重要中文文献分析：

由于中国知网导出文献信息的残缺性，无法使用Cite Space软件对中文文献做共被引分析，因此对中文的重要文献主要从文献的被引频次进行分析，如表2-10所示。

表2-10　　　　　　　　民族村寨旅游领域中文核心文献

排名	被引频次	作者	题目
1	266	罗永常	民族村寨社区参与旅游开发的利益保障机制
1	266	罗永常	民族村寨旅游发展问题与对策研究
3	169	张遵东、章立峰	贵州民族地区乡村旅游扶贫对农民收入的影响研究——以雷山县西江苗寨为例
4	160	何景明	边远贫困地区民族村寨旅游发展的省思——以贵州西江千户苗寨为中心的考察
5	139	金颖若	试论贵州民族文化村寨旅游
6	137	黄亮、陆林、丁雨莲	少数民族村寨的旅游发展模式研究——以西双版纳傣族园为例
7	123	程海帆、李楠、毛志睿	传统村落更新的动力机制初探——基于当前旅游发展背景之下

续表

排名	被引频次	作者	题目
8	107	林锦屏、周鸿、何云红	纳西东巴民族文化传统传承与乡村旅游发展研究——以云南丽江三元村乡村旅游开发为例
9	72	张洁、杨桂华	社区居民参与旅游积极性的影响因素调查研究
10	70	王耀斌、陆路正、魏宝祥、杨玲	多维贫困视角下民族地区乡村旅游精准扶贫效应评价研究——以扎尕那村为例

通过表2-10可知，被引频次最高的是罗永常于2003年6月和2006年10月发表的《民族村寨社区参与旅游开发的利益保障机制》和《民族村寨旅游发展问题与对策研究》，被引频次均为266次，两篇文章分别从参与性发展理念和社会性的旅游发展观点出发，针对中国民族村寨旅游发展的现状与问题和旅游利益分配现状及其原因出发，基于开发的基本理念和目标，提出了民族村寨社区参与旅游的利益保障机制，探讨了民族村寨旅游的未来发展对策。被引频次排名第三的是张遵东、章立峰于2011年12月发表的《贵州民族地区乡村旅游扶贫对农民收入的影响研究——以雷山县西江苗寨为例》，本研究基于对黔东南州雷山县西江苗寨旅游开发的实地调研，发现旅游发展在一定程度上增加了村民的收入，但仍受到某些因素的限制。因此作者认为，为了切实让贵州民族村寨村民从旅游发展中脱贫致富，必须充分发挥政府在乡村旅游扶贫中的主导作用，提高少数民族村民的文化素质及能力。被引频次排名第四的文章为何景明2010年2月发表的《边远贫困地区民族村寨旅游发展的省思——以贵州西江千户苗寨为中心的考察》，本研究中作者通过深入的田野调查，认为旅游并非造成当地传统文化变迁的主要因素。在民族村寨旅游开发中应当将地方性知识融入现代景区管理体系中，审慎地选择旅游开发的方式，进而实现地方文化保护与经济发展的双赢。

（六）民族村寨旅游领域的研究热点及前沿分析

通过对文献关键词的共现分析以及突变分析可以直观反映出民族村寨旅游领域的研究热点及前沿，从而准确把握这一领域的学术研究范式，更易从中发现目前该领域研究中的学术空白，为更好地选择学术研究方向提供帮助。

首先对民族村寨旅游领域的研究热点进行分析。

外文文献方面，将检索得到的WOS文献数据导入Cite Space软件中，节点类型选择关键词，首选标准数量 N 设置为 20，修剪片状网络使图像更加简明易读，其余选项均保持默认，此后进行可视化分析，得到民族村寨旅游外文文献关键词共现图，选择时间轴显示，采用关键词聚类，选择 LLR 对数极大近似率分析方法，调整图像后得到结果图 2-10 所示。

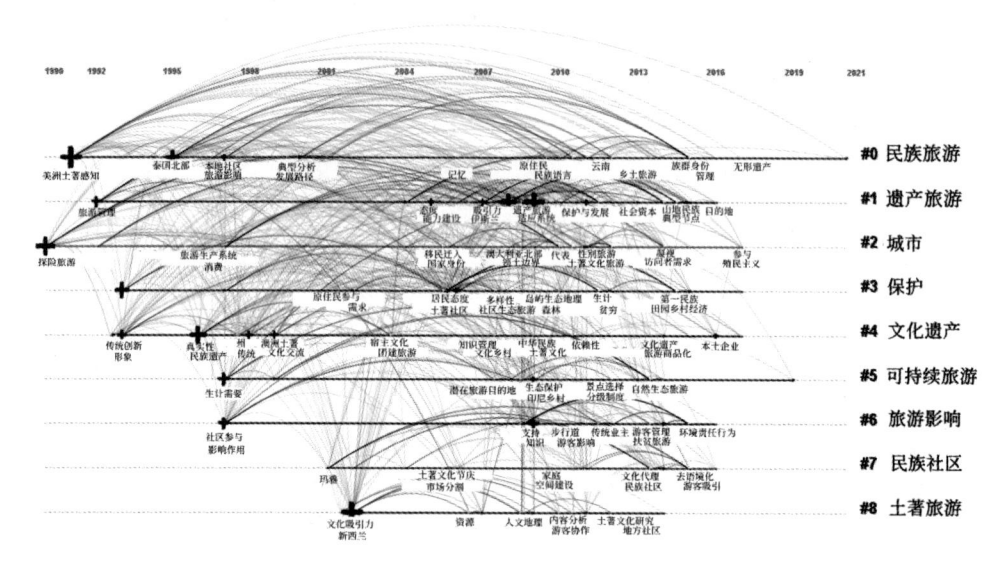

图 2-10 民族村寨旅游外文文献研究热点

由图 2-10 可知，民族村寨旅游领域高频关键词聚类分 9 个类别，即民族旅游、遗产旅游、城市、保护、文化遗产、可持续旅游、旅游影响、民族身份和土著旅游。这 9 个类别代表了民族村寨旅游领域的具体研究热点。在聚类图中，通过对关键词提取，并按照时间顺序梳理，可以清晰地分析外文民族村寨旅游学术研究热点脉络，如表 2-11 所示。

表 2-11　　　　　1991~2021 年民族村寨旅游领域外文文献研究热点

年份	关键词
1991	民族旅游，对美洲原住民的认知
1992	管理，各民族劳动分工，探险旅行，国家干预，度假周期，生命周期，岛屿
1993	土著居民、形象、文化政治、旅游营销、知识产权、传统创新、旅游政策、拉丁美洲、文化生存、文化挪用、大众旅游

续表

年份	关键词
1994	循环,民族,泰国北部
1995	身份、舞台真实性、土著男性、小规模社会、浪漫主义误解、民族形象塑造、土地利用和使用权、工艺生产、高尚的原住民、内部殖民主义、旅游影响、性别关系
1996	真实性,第三世界,国际旅游,泰国,社区参与,地方代表,社会意义,旅游生产体系,农村发展政策,美国印第安人保护区,消费
1997	影响、可持续旅游、保护区、经济发展、当地社区、起源、政策、社会经济和环境影响、政策选择、生计需求
1998	遗产,少数民族,传统,人类学,民族主义,文化认同,塔纳托拉加,边境贸易,商业农业,后现代主义
1999	文化旅游、社区参与、政治冲突、埃及旅游、族群关系、环境保护、复兴、澳大利亚土著居民、跨文化接触、城市复兴
2000	可持续发展,道德影响,矛盾问题,传统舞蹈,类型分析,发展过程,玛雅
2001	民族认同,回归,宿主社区,调停抵抗,媒体形象
2002	土著旅游、国家公园、新西兰、考古学、文化变化、土著参与、澳大利亚土著居民、民族景观、文化吸引力、土著居民旅游
2003	记忆,旅行方式,家庭行为,文化商品,鲁凯部落
2004	态度、乡村发展、音乐、民族餐厅、游客、国家、旅游路线、舞蹈、旅游体验
2005	乡村旅游,教训,宿主文化
2006	保护、土著社区、居民态度、土著旅游、经济、参与、动机、生物多样性、指标、民族认同、综合保护
2007	模式、地理、资源、新加坡、社会影响、信息搜索、交织学习交流、香港和土耳其、高等教育、家庭/工作平衡、农村领土发展
2008	生态旅游、遗产旅游、多样性、社会资本、森林、民族遗产、土著知识、管理多样性、菲律宾、土著工作人员和学生,自然旅游
2009	社区,感知,经验,观点,知识,支持,澳大利亚,民族文化,支持贫困旅游,北澳大利亚,旅游目的地
2010	可持续发展,社区发展,中国,社区旅游,典型,语言复兴,黄金旅游,主题公园,公共政策,提供－需求问题

续表

年份	关键词
2011	旅游发展、空间、问题、授权、代表、唐人街、动态、自我、性别、移民、种族、仪式表演
2012	满意度,世界遗产遗址,艺术,文化可持续性,贫困,资本资产,查询,意图,巴布亚新几内亚,计划
2013	权力,创业精神,共同管理,网络
2014	以社区为基础的旅游、乡村、民族社区、商品化、演变、旅游影响、文化中介、治理、文化公园、志愿旅游
2015	土地、框架、目的地、价值、居民感知、世界遗产、土著权利、民族社区旅游、传统实践、混合旅游、水资源管理、娱乐体验
2016	文化遗产,北极旅游,劳动力,洞察力,网络信息学,居民态度,遗产管理
2017	妇女、社区旅游、历史、物质文化、情感团结、参与、移民式殖民主义、社会交换理论、本土企业家精神
2018	本土认知,旅游纪念品,生态足迹,地方领袖
2019	重新思考真实性,幽灵传说,当地身份,游客和主人的偶遇
2020	跨文化管理、少数群体、环境责任行为
2021	场地、典型空间、生计

由表2-11可以看出各个时期民族村寨旅游领域的研究方向,在1991年民族村寨旅游正式成为热点,研究学者在这一阶段主要对民族旅游本身的研究,研究各国原住民文化相关的话题;随着研究学者的增多,各个研究学者的研究视角各有不同,学者们开始关注民族村寨旅游所带来的其他影响;2002年,民族景观和土著旅游等首次成为研究热点,在一定程度上反映了国际上民族村寨旅游领域的研究逐渐成熟。此后的研究热点逐渐向民族社区旅游参与和文化遗产保护方面转移,如资源开发管理、民族文化可持续性、原住民参与感知等方面。近两年来受到新冠疫情的影响,全球旅游产业都受到了巨大冲击,学界对民族村寨旅游领域的研究也大幅减少,根据2020年研究热点词,发现民族村寨旅游的研究目前正受到各个领域学者的重视,涉及文化产业、生态环境、制度研究等多个领域。

中文文献方面,将检索得到的中国知网文献数据导入Cite Space软件中,节点类型选择关键词，首选标准数量 N 设置为 20，修剪片状网络使图像更加简明易读，其余选项均保持默认，此后进行可视化分析，得到中文民族村寨旅游关键词共现结果后选择时间轴显示，采用关键词聚类，选择 LLR 对数极大近似率分析方式，调整后得到图像如图 2-11 所示。

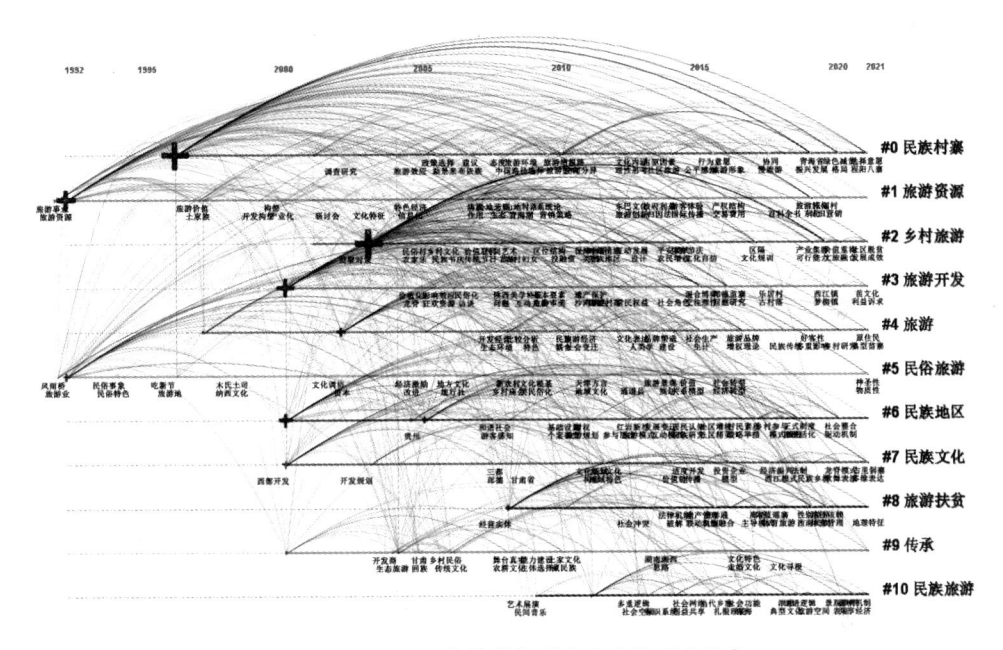

图 2-11　民族村寨旅游领域中文文献研究热点

由图 2-11 可知，民族村寨旅游领域中文文献的高频关键词聚类分为 11 类，分别为民族村寨、旅游资源、乡村旅游、旅游开发、民俗旅游、民族地区、民族文化、旅游扶贫、传承、民族旅游，且均在过去二十年间保持稳定热度。在聚类图中，通过对关键词提取，并按照时间顺序梳理，可以得到 2000 年以来民族村寨旅游领域中文文献的研究热点，如表 2-12 所示。

表 2-12　　　　2000~2021 年民族村寨旅游领域中文文献研究热点

年份	研究热点
2000	旅游开发、民族地区、民族文化、开发利用、产业化、环境保护、西部开发
2001	旅游发展、存在问题、民族特色、传统食品

续表

年份	研究热点
2002	旅游、休闲农业、资本、现代性、宁夏、景区规划、权力、文化调协、保护发展
2003	乡村旅游、旅游产品、发展对策、文化特征、
2004	保护、生态旅游、开发模式、政府、居民、文化反思、戏剧、开发主体
2005	社区参与、贵州、旅游影响、真实性、广西、郎德模式、布洛陀、民俗村、湘南地区旅游效应
2006	少数民族、传承、传统文化、傣族园、民族节庆、体验营销、资源优势、新疆、文化符号、人文旅游
2007	民族社区、甲居藏寨、体育文化、镇山村、居民参与、布依族、民族经济、合理规划、活态文化
2008	旅游扶贫、开发模式、黔东南、文化产业、文化遗产、苗族、居民感知、优化路径、生态环境、协调发展、消费文化
2009	桃坪羌寨、研究综述、文化保护、动力机制、文化展示、互动关系、治理路径、特殊性、文化变迁
2010	西江苗寨、旅游增权、壮族、营销策略、投融资、利益分配、文化资源、产权制度、耦合、利益补偿
2011	民族村落、社会变迁、旅游文化、感知互动、肇兴侗寨、旅游经济、创意产业、保障体系、空间分异、影响因素
2012	产业发展、箐口村、白马藏族、产品包装、旅游传播、麦当劳化、村寨边界、游艺民俗、藏彝走廊、游憩体验、空间格局
2013	村寨旅游、西藏、空间生产、融合发展、人类学、模式演变、资源开发、利益冲突、矛盾疏解、文化传承、旅游展演
2014	创新发展、满意度、产业融合、武陵山区、评价体系、社区旅游、互动模式、品牌塑造、漓江
2015	渝东南、民俗主义、旅游管理、文化自信、支持态度、文化重构、旅游扶贫、生计方式、社会分工、居民认知
2016	精准扶贫、特色村寨、扎根理论、郎德苗寨、内生动力、旅游形象、社会符号、文化内核、农旅融合、利益协调、生态文明、社会资本、文化空间

续表

年份	研究热点
2017	传统村落、地方依恋、特色小镇、全域旅游、开发策略、脱贫致富、产权关系、村民素质、时空分离、文化依恋、空间重构、时空演变
2018	乡村振兴、协同发展、多维贫困、效应评价、体育旅游、经济振兴、模式演进、村民参与、社区治理、地方性、文化寻根、精准帮扶、周边凝视
2019	旅游空间、边境旅游、民族乡村、千户苗寨、景观生产、城乡融合、形象感知、好客性、状态评估、文化叙事、情绪劳动、多重影响
2020	创新研究、郎德上寨、价值重构、纳西族、文旅融合、地方政府、同质化、乡村聚落、龙脊模式、苗绣、产业振兴、乡村重构、泸沽湖、绿色减贫
2021	民宿旅游、文化交流、延边边疆、开发原则、选择意愿、景观艺术、全球化、原住民、国家公园、生计变化、基层组织、共享发展

由表 2-12 可以看出，民族村寨旅游领域中文文献热点脉络相对于外文更多，这与中国的发展战略有很大的关系，民族特色村寨作为我国民族地区重要的组成单元，因自身兼具的经济社会建设振兴与文化生态保护传承双重特征，其发展一直以来备受国家的关注。尤其党中央提出了一系列有关"乡村振兴"的重要方针政策，全力建设扶持民族地区、边疆地区、贫困地区，加快推进少数民族和民族地区农业农村现代化。2011 年以来每年的热点凸显关键词较以前每年（除了 2014 年）热点凸显关键词数量明显增多。同时，可以看出，在过去二十年间，每年均有热点凸显的关键词出现，说明在过去二十年间中国的民族村寨旅游研究持续保持热度，与外文民族村寨旅游的研究不同，中国在 2011~2020 年间已经针对民族村寨旅游与空间格局的关系开展了大量研究，同时已开始逐渐出现民族村寨全域旅游、时空演化、空间重构等关于民族村寨旅游空间发展方面的研究；在民族村寨旅游的研究视角上比国外研究丰富许多，具有一定的前瞻性。此外，中文研究热点的发展也遵循着中国国情的发展，其中"旅游扶贫""乡村振兴"一系列关键词在 2015 至 2020 年连续成为热点凸显关键词，说明随着中国民族特色村寨旅游的全面推进，逐步成为"精准扶贫"与"乡村振兴"的重要抓手，因而对于这方面民族村寨旅游的研究也逐渐发展起来。

下面对民族村寨旅游领域的研究前沿进行分析。

研究前沿可以反映科学研究的新进展和新趋势，以及研究中具有创新性、发展性和学科交叉性的主题等。运用 Cite Space 来对研究前沿的新趋势和突变特征进行分析，其膨胀词探测算法可以将词频变化率高的词从大量的主题词中提取出来，以便确定研究领域的前沿。

民族村寨旅游领域外文文献的研究前沿分析：将检索得到的 WOS 文献数据导入 Cite Space 软件中，节点类型选择关键词，首选标准数量 N 设置为 20，其余选项均保持默认，此后可视化分析，下一步进行突变分析，由于研究时间跨度较大，涉及关键词较多，故将突发性栏下的最短持续时段设置为 3，提取突变最少保持 3 年的关键词，得到表 2 – 13。

表 2 – 13　　　　　　民族村寨旅游领域外文文献前沿术语

关键词	强度	开始年份	结束年份	突变年度分布（2010～2021 年）
生态旅游	5.68	2016	2021	
亲身经历	5.05	2016	2019	
土著旅游	12.97	2017	2021	
知觉	8.54	2017	2021	
社区	7.08	2017	2021	
身份	7.02	2018	2021	
影响	6.86	2018	2021	
原住民	5.98	2018	2021	
遗产	4.51	2018	2021	

注："▬▬▬"为关键词频次突然增加的年份，"━━━"为关键词频次无显著变化的年份。

如表 2 – 13 所示，2016 年以前没有出现民族村寨旅游领域文献突现关键词，说明在 2016 年以前，国外对于民族村寨旅游的研究尚处在起步阶段，还没有形成较为鲜明的学术前沿。2016～2021 年民族村寨旅游外文文献突现关键词为生态旅游（ecotourism）、亲身经历（experience），说明在民族村寨旅游在国际上成为热点的初期，学者们重点研究民族村寨所在区域本身的生态旅游以及旅游经历等问题；2017 年后突现关键词在生态旅游和经历的基础上新出现了土著旅游（indigenous tourism）、知觉（perception）、社区（community）、身份（identity）、原住民（indigenous people）、遗产（heritage）等，说明在这一阶段学者开始关注民族村寨旅游相关村寨治理、旅游参与以及旅游开发的文化影响等应用问题，在这一过程中，学者们对民族村寨旅游的研究不断深入，民族村寨旅游的经济社会影响及文化遗产传承保护等内容已经成为学者们新的研究重点。通过对民族村寨旅游领域外文文献研究前沿的分析可知,在国际环境下目前对于民族村寨旅游的研究前沿在于民族村寨文化遗产保护开发、民族村寨旅游社区参与以及原住民感知影响等方面的研究,近年的民族村寨旅游领域外文文献对中国学者研究中国民族村寨旅游领域具有参考价值。

民族村寨旅游领域中文文献的研究前沿分析。将检索到的中国知网文献数据导入 Cite Space 软件中,节点类型选择关键词,首选标准数量 N 设置为20,其余选项均保持默认,此后进行可视化分析,下一步进行突变分析,由于研究时间跨度较大,将突发性栏下的最短持续时段设置为3,提取突变最少保持3年的关键词,得到表 2-14。

表 2-14　　　　　　　民族村寨旅游领域中文文献前沿术语

关键词	强度	开始年份	结束年份	突变年份分布（1992~2021年）
民俗旅游	10.08	1992	2009	
民俗文化	7.4	1992	2007	
旅游资源	6.06	1992	2007	
开发	3.48	2000	2010	
旅游扶贫	4.5	2014	2021	
乡村振兴	18.69	2018	2021	

注:"▬▬▬▬"为关键词频次突然增加的年份,"――――"为关键词频次无显著变化的年份。

如表 2-14 所示,1992~2021 年民族村寨旅游中文文献突现关键词为民俗旅游、民俗文化、旅游资源,说明国内民族村寨旅游产生学术前沿领域的初期,学者们重点研究民族村寨旅游相关的民俗文化保护以及旅游资源开发问题;2000~2010 年突现关键词为开发(模式),说明在这一阶段学者开始关注民族村寨旅游的开发理念与模式问题;2014 年至今,突现关键词为旅游扶贫、乡村振兴,说明中国民族村寨旅游发展对"精准扶贫"及"乡村振兴"战略的实施起到了至关重要的作用,因此引起了各领域学者的广泛研究,也为本书选取民族特色村寨旅游空间生产作为研究主体提供了一定的思路。

二、关于空间生产的文献计量

"空间生产"起源于20世纪60年代西方理论界的"空间转向"思潮。过去有关社会生产活动的理论研究往往更偏重于时间维度中的梳理，关注其历史发展演变规律，而从这一时期起，人们逐步意识到社会生产活动在空间维度上也产生了复杂的影响，进而开始对"空间是什么"这个哲学问题展开了深入思考。法国哲学与社会学家亨利·列斐伏尔（Henry Lefebvre）是这场空间转向运动中极具影响力的理论先驱者之一。在他的著作《空间的生产》中，列斐伏尔（1991）首创了以"（社会）空间是（社会）的产物"为核心观点的空间生产理论，将过去"空间中的生产"转变为"空间本身的生产"，深刻地批判了仅仅将空间视为容器的传统观点，在上世纪资本主义城市危机爆发时，列斐伏尔从社会空间生产的角度揭示出资本主义城市化的掠夺本质。随后，哈维（Harvey）、卡斯特（Castells）、苏贾（Soja）等学者对空间生产理论展开了进一步讨论。

国内有关空间生产理论的研究要明显落后于西方国家，21世纪初我国学术界才开始出现对空间生产理论的讨论。近年来，为分析与解决我国建设发展进程中出现的各类问题，不少学者选择以空间生产理论作为指导，相关理论观点在我国城乡建设实践中发挥了指导作用，同时也将其广泛引入诸如旅游开发、乡村社区治理等研究领域，不断拓展其理论意义与实践价值。

（一）研究数据及发文量的初步分析

外文数据以WOS为来源，由于通过所有数据库进行文献收集会存在字段缺失的现象，因此通过核心数据库（Web of Science Core Collection）进行文献收集。构建检索式：主题="Production of Space"，或主题="Space Production"，或主题="Spatial reconstruction"；语种为英文；文献类型为期刊；时间跨度为1986年1月~2021年12月，检索时间为2021年12月31日，对检索出的文献进行筛选，删除与之不相关的文献，得到1286条检索信息并导出相关文献信息，将文献数据导入Cite Space中对数据进行初步检验，发现字段缺失及重复的数据有552条，最终进行空间生产领域文献计量分析所用有效数据为734条。

中文数据以中国知网为来源，构建检索式为：主题="空间生产"或主题=

"空间重构"。时间限定为：1986年1月~2021年12月，检索时间为2021年12月31日；对检索出的文献进行筛选，将不相关的文献剔除之后，得到有效文献数量为1286篇，将文献数据导入Cite Space中对数据进行初步检验，软件运行结果良好，没有数据丢失，最终进行空间生产领域文献计量分析所用有效的数据有1286条。

将上述空间生产领域的文献数据再次导出，按照发文年份以及发文数量将对应信息提取出来并放入Excel中进行分析，可以得到1981年1月至2021年12月空间生产领域外文文献与中文文献的发文数量趋势比较图，如图2-12所示。

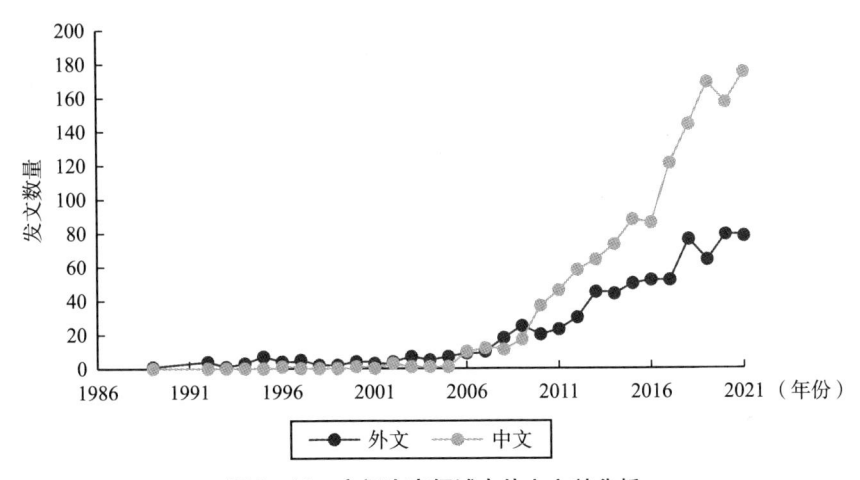

图2-12 空间生产领域中外文文献分析

通过图2-12可以看出，关于空间生产的中外文文献发文量在2010年开始出现较大差异。1990~2005年，空间生产各年度的中文文献发文量均低于外文文献，发文量的增长趋势大致相同，均大体呈现较为缓慢的增长趋势，说明在这一时期，中国对于空间生产领域的研究还处在起步阶段，并且发展还较为缓慢，需要与国际相关方面接轨。2006~2021年，空间生产各年度的外文文献发文量均少于中文文献，说明在这一时期，中国对于空间生产领域的研究开始逐渐步入正轨，对于空间生产领域的研究在国内学术研究领域中迅速发展起来。与此同时，2010~2021年，在空间生产领域中外文文献发文量的增长趋势开始出现明显差异，中外文文献发文量均呈现增长趋势，其中，中文文献发文量的增长速度更快且在未来仍具有增长的趋势。

(二) 空间生产研究的国家分析

将 WOS 数据库文献数据导入 Cite Space 软件中，节点类型设置为国家，首选标准数量 N 设置为 60，其余设置均选用默认值，再将 Cite Space 软件所整理的数据表格导入 Excel 中，提取"国家"和"发文量"两个字段下的数据，得到不同国家在空间生产研究领域发文量排名如图 2-13 所示。发文量排名前十的国家除了中国、巴西和阿根廷之外，其余均为发达国家。空间生产研究领域发文量排名前三的国家分别为美国、英国、巴西，其中，发文量排名第一的是美国，发文数量为 119 篇，约占发文总量的 16.21%；发文量排名第二的是英国，发文数量为 73 篇，约占发文总量的 9.95%；发文量排名第三的是巴西，发文数量为 67 篇，占发文总量的 9.13%。

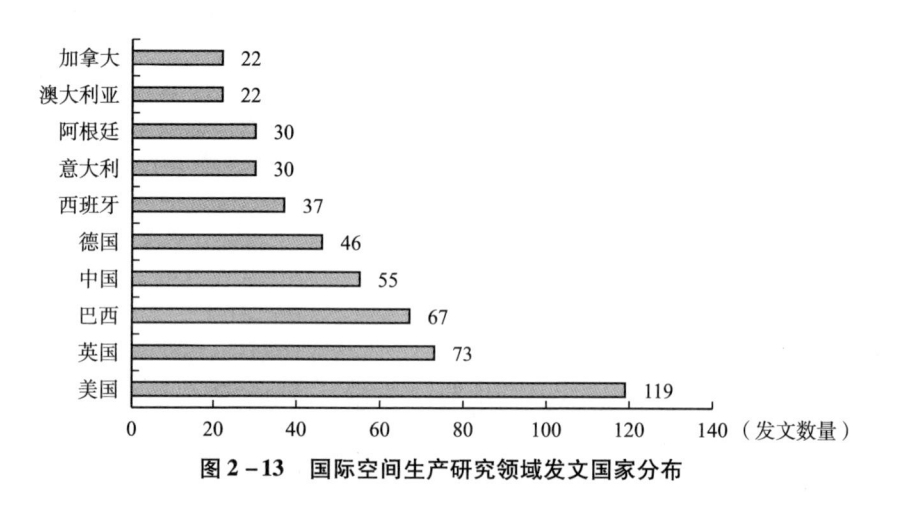

图 2-13 国际空间生产研究领域发文国家分布

通过把将 WOS 数据库文献数据导入 Cite Space 软件中，节点类型设置为国家，首选标准数量 N 设置为 60，其余设置均选用默认值，进行可视化分析，得到空间生产研究的国家知识图谱，如图 2-14 所示。

由图 2-14 可知，空间生产领域的研究国家中，美国居于核心地位，与大部分国家的合作比较紧密，说明美国在空间生产领域的研究地位较高，仅次于美国的国家是英国和巴西，中国与美国、英国、澳大利亚、加拿大等国家也均有合作。

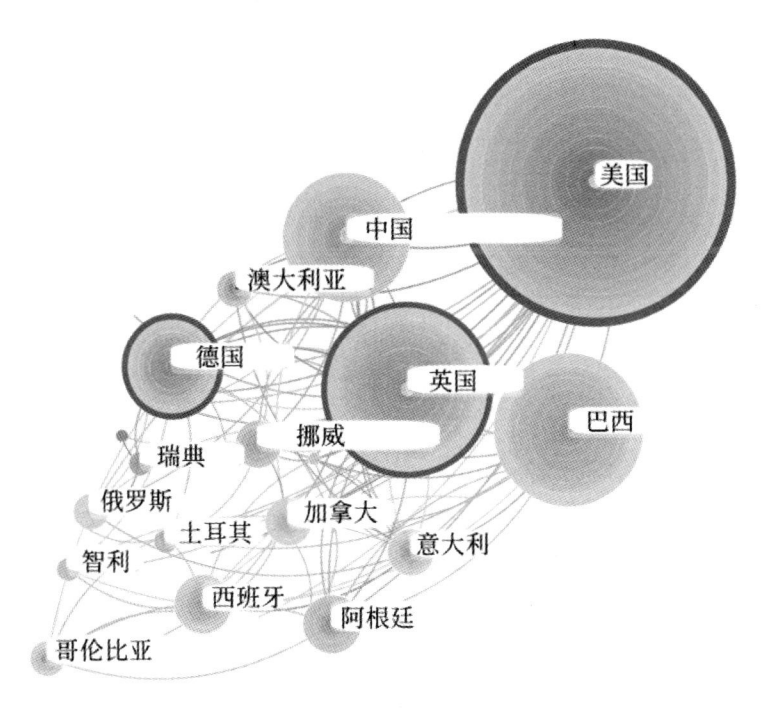

图 2-14 空间生产的国家共现可视化分析结果

在 Cite Space 软件的分析结果中，中心性的数值大小代表该节点关键性的大小，因而通过对各个国家发文量中心性的分析，来得出各个国家所在节点的关键性，进而表明该国家与其他国家合作的紧密性，及在空间生产领域的国际研究中所处的地位。通常认为中心度大于 0.1 的节点，可以被看作关键节点，中心度大于及等于 0.05 的国家如表 2-15 所示。

表 2-15　　　　　　　　空间生产领域国家发文中心度排名

发文量（篇）	国家	首次发文年份	中心度
119	美国	1996	0.43
73	英国	1992	0.23
46	德国	1994	0.22
11	爱尔兰	2009	0.1
67	巴西	2003	0.08
13	葡萄牙	2011	0.06

续表

发文量（篇）	国家	首次发文年份	中心度
18	荷兰	2012	0.06
30	意大利	2004	0.06
6	丹麦	2001	0.05
14	南非	2012	0.05

由表2-15可以看出，只有10个国家的中心度大于（或等于）0.05，剩余国家的中心度均小于0.05，说明只有美国、英国、德国等10个国家与其他国家在空间生产领域有一定的合作，中心度排名前三的国家均为发达国家，说明发达国家在空间生产领域研究的国际地位比较高，与其他国家合作更为紧密。中心度大于0.1的国家为美国、英国、德国和爱尔兰4个国家，表明这4个国家在空间生产领域国家合作网络中位于关键节点。首次发文年份最早的是英国，其中心度不仅位于前三且发文量也较多，说明英国在空间生产领域的研究体系形成的比较早，再通过与各国家深入的合作，其在空间生产领域研究的国际地位也在不断提高。中国的发文量在所有的国家中排名第四，其中心度的监测值为0.03，说明中国空间生产的研究文献在国际上具有一定影响力，但其中心度数值相对较低，其国家的影响力还有待继续提高。

（三）空间生产研究的期刊分析

期刊文献分析可帮助学者更加准确把握所研究领域较有权威性的期刊，有利于指导学者选择合适有效的期刊，也为后期的研究奠定了基础。

首先，对空间生产研究领域的外文期刊进行分析。将检索得到的WOS的数据导入Cite Space软件中，节点类型栏选择引用期刊，首选标准数量N设置为30。由于数据量较大，涉及期刊较多，直接进行可视化所得图像将不够直观易读，修建片状网使图像更加简明易读，其余选项均保持默认，此后进行可视化分析，得到空间生产外文期刊共被引可视化结果，如图2-15所示。

图 2-15 空间生产领域外文期刊共被引可视化结果

由图 2-15 可知，空间生产领域外文期刊被引频次排名较为靠前的期刊明显多于其他期刊，其中《城市研究》(Uuban Studies) 是被引频次最高的期刊。该期刊是国际领先的城市学术期刊，自 1964 年创刊以来一直处于全球城市知识、政策变化和社会问题研究的最前沿，接受了来自社会科学学科的实证与理论文章与报道。其在 2021 年共发表论文 187 篇，影响因子 5.551，在 40 种城市社会学刊物中排在第 7 位。同时可以发现空间生产外文文献的被引期刊还集中在《国际城市与区域研究》《空间生产》《环境与规划》《对极》《城市地理》《人文地理学进展》《经济与空间》《城市》《经济地理》等。期刊的研究方向多分布在环境科学、经济学、地理学学、社会学，以及城市区域规划领域。

从被引期刊中心性的角度分析，将 Cite Space 对空间生产领域外文期刊共被引分析所得数据导出至 Excel，按照中心度大于 0.1 的标准提取数据，得到空间生产领域外文期刊共被引网络的关键节点，如表 2-16 所示。

表 2-16　　　　　空间生产领域外文期刊共被引网络关键节点

期刊名称（简称）	被引频次	首次发文年份	中心度
《对极》	147	1992	0.24
《美国民族学家》	3	1995	0.2
《美国地理学家协会年鉴》	97	1995	0.19
《美国社会学杂志》	24	1992	0.17
《生产空间》	164	1995	0.16
《新左派评论》	20	1992	0.14
《城市地理学》	116	1992	0.11

通过表 2-16 可以看出，《对极》（Antipode）、《美国民族学家》（American Ethnologist）、《美国地理学家协会年鉴》（Annals of the Association of American Geographers）、《美国社会学杂志》（American Journal of Sociology）的中心度较高，表明这四个期刊所刊载的空间生产研究论文质量较高，对空间生产研究领域的学术研究起到重要作用。因此，从中心性的角度出发，《对极》《美国社会学杂志》《美国民族学家》《美国地理学家协会年鉴》四个期刊在空间生产研究领域居于核心地位。

下面对空间生产研究的中文期刊进行分析。

由于通过中国知网导出的论文文献数据，缺少"参考文献"字段，无法通过 Cite Space 软件对中国知网导出的论文文献数据进行共被引分析，因此对于空间生产研究的中文期刊分析，将从该领域期刊的载文量以及学科研究层次展开研究。

首先，将检索得到的知网数据导入 Excel 中对期刊名称进行计数，得到 1996~2021 年空间生产文献期刊分布，其中载文量排名前 10 的期刊如表 2-17 所示。

表 2-17　　　　　1996 年~2021 年空间生产领域中文文献期刊分布

期刊名称（简称）	载文量（篇）	占比（%）	期刊名称（简称）	载文量（篇）	占比（%）
《人文地理》	43	3.37	《国际城市规划》	22	1.72
《城市发展研究》	41	3.21	《经济地理》	21	1.64
《地理研究》	33	2.58	《规划师》	20	1.57
《现代城市研究》	32	2.51	《旅游学刊》	20	1.57
《城市规划》	25	1.96	《地理科学》	18	1.41

由表 2-17 可知，空间生产领域发文量排在前 10 位的中文期刊共发文数量为 275 篇，占比 21.53%，要高于其他期刊的数量，说明国内空间生产研究的论文在期刊上面的集中度比较高，空间生产相关领域的研究在国内形成了较为稳定的期刊群和比较有代表性的期刊。其中，《人文地理》在该领域刊登 43 篇文章，数量是最多的，该期刊刊登的空间生产领域的文章主要集中在我国时空行为、社会文化地理、地缘环境、城市环境与健康、城市区域治理、社会空间格局研究等方面，涉及的学科主要有地理学、社会学、统计学、经济学与可持续发展、旅游以及政治等学科，是研究空间生产领域最为核心的期刊。《城市发展研究》是发文量排名第 2 的期刊，发文量为 41 篇，该期刊刊登的现有空间生产领域文章主要集中在城市规划、城市经济、城市治理、城市空间、城市更新、城市时空行为研究等方面，涉及的学科主要有经济体制改革、环境科学与资源利用、宏观经济管理与可持续发展、国家行政管理、经济学等学科，也是空间生产研究领域较为核心的期刊。发文排名第 3 的期刊为《地理研究》，发文量为 33 篇，该期刊刊登的空间生产领域的文章主要集中在经济与区域发展、城市与社区研究、城市地理、文化传承与空间治理、国外城市地理动态、文化与旅游地理研究等方面，涉及的学科主要有地理学、环境科学与资源利用、宏观经济管理与可持续发展、社会学与统计学、经济体制改革等学科。发文排名第 4 的期刊是《现代城市研究》，发文量为 32 篇，该期刊刊登的现有空间生产领域文章主要集中在生态与环境、规划与建设、人文与社会、城市发展与治理、产业与经济研究等方面，涉及的学科主要有宏观经济管理与可持续发展、农业经济、工业经济、旅游经济、环境科学与资源利用、国家行政管理等学科。其他期刊的发文量较低，均低于 30 篇。由此看出排名前四的期刊在空间生产研究领域具有一定的权威性，能够较好地把握空间生产研究方向和研究状态。

接下来将发文量前 10 的期刊按照中国知网期刊检索之后的研究层次分组来进行分类，以便进一步的确认在空间生产研究领域比较权威期刊的文献研究层次，也为研究选取参考文献指导意见。分类结果如表 2-18 所示。

表 2-18　　　　　　　　空间生产领域中文核心期刊研究层次

研究层次	期刊名称
地理（哲学与人文科学）	《人文地理》《地理研究》
宏观经济管理与可持续发展（经济与管理科学）	《城市发展研究》《现代城市研究》《经济地理》
建筑科学与工程（工程科技）	《城市规划》《国际城市规划》《规划师》

续表

研究层次	期刊名称
自然地理学和测绘学（基础科学）	《地理科学》
旅游（经济与管理科学）	《旅游学刊》

由表 2-18 可知，国内空间生产研究主要集中分布在哲学与人文科学领域的地理研究层次、经济与管理科学领域的宏观经济管理与可持续发展、旅游层次、基础科学领域的自然地理学与测绘学层次以及工程科技领域的建筑科学与工程层次中，其中《人文地理》《地理研究》的研究集中在哲学与人文科学领域，学者在进行有关空间生产研究的哲学与人文科学领域研究时可重点参考；《城市发展研究》《现代城市研究》《经济地理》《旅游学刊》的研究集中在经济与管理科学，学者在进行有关空间生产的经济与管理科学领域研究时可以重点参考；《城市规划》《国际城市规划》《规划师》的研究集中在工程科技领域，学者在进行有关空间生产的工程规划科学领域研究时可重点参考；《地理科学》的研究则集中在基础科学领域，学者在进行空间生产的自然地理科学领域研究时应重点参考。

根据对中外文期刊研究的发现，在空间生产的研究领域，外文文献可重点选取《对极》《美国地理学家协会年鉴》《美国社会学杂志》《城市地理学》等期刊中的文献作参考，中文文献可以重点选取《人文地理》《城市发展研究》《地理研究》《经济地理》《城市规划》等期刊中的文献作参考。

（四）空间生产领域的研究团队分析

本书将研究团队分为个人作者和机构两类进行分析，其中，根据 WOS 数据库导出数据和中国知网数据库导出数据信息的适用范围，对外文文献的研究，作者分析主要通过共被引分析来进行，机构分析主要通过合作网络分析来进行，对中文文献的研究，仅通过合作网络进行分析。首先，对外文民族村寨路由领域的作者团队及机构团队进行分析。

空间生产领域外文文献的作者分析。

将检索得到的 WOS 的数据导入 Cite Space 软件中，节点类型选择引用作者，首选标准数量 N 设置为 30，修剪片状网络使图像更加简明易读，其余选项均保持默认，进行可视化分析，得到外文空间生产研究作者共被引可视化结果，如图 2-16 所示。

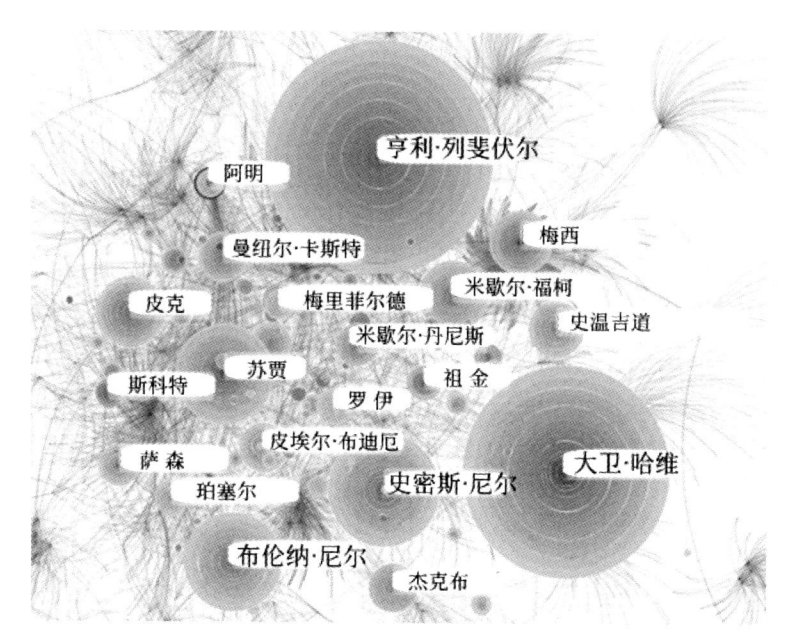

图 2-16 空间生产领域外文文献作者共被引可视化结果

由图 2-16 可知，在国际上空间生产研究领域的被引频次较高的作者为亨利·列斐伏尔、大卫·哈维、史密斯·尼尔、爱德华·苏贾等人，将 CiteSpace 软件运行结果导出，得到空间生产外文文献作者被引频次排名，被引频次高的作者可被认为在这一领域具有一定权威。按照中心度大于 0.1 则视为关键节点的标准，将空间生产领域外文文献作者共被引网络关键节点提取出来，如表 2-19 所示。

表 2-19　　空间生产领域外文文献作者共被引网络关键节点

作者	被引频次	中心度	首次发文年份
亨利·列斐伏尔	262	0.13	1995
大卫·哈维	236	0.08	1992
史密斯·尼尔	91	0.06	1992
布伦纳·尼尔	82	0.06	2004
爱德华·苏贾	74	0.06	1995
米歇尔·福柯	56	0.06	1995

由表2-19可知，亨利·列斐伏尔、大卫·哈维、史密斯·尼尔、爱德华·苏贾、米歇尔·福柯与其他作者的关联程度较高，形成以这些作者为中心的多个学术研究联盟。从这一角度出发，也可认为以上作者在空间生产领域的研究具有一定权威性。

空间生产领域外文文献的机构团队分析。

将检索得到的WOS的数据导入Cite Space软件中，节点类型选择机构，首选标准数量N设置为30，其余选项均保持默认，进行可视化分析，得到空间生产外文文献研究机构合作可视化结果，如图2-17所示。

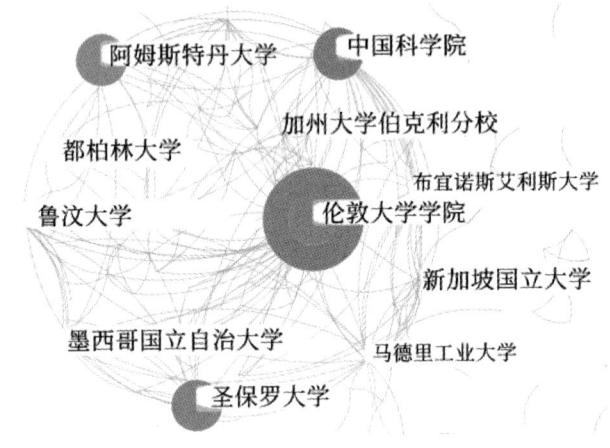

图2-17　空间生产领域外文文献研究机构合作可视化结果

通过图2-17可以看出，伦敦大学学院的发文量最高，并与多个机构合作，整体来看，机构之间的连线有523条，节点（即发文机构）有710个，贡献网络密度仅为0.0021，说明在国际上，机构间合作较少，仍需要加强与国际间的研究合作，建立适度规模化的研究机构群体。将Cite Space软件运行的数据导出，得到空间生产外文文献发文量5篇以上的机构如表2-20所示。

表2-20　　　　空间生产领域外文文献发文量高的研究机构

发文量（篇）	机构名称	机构性质	地区
15	伦敦大学学院	高校	英国
14	圣保罗大学	高校	巴西
10	中国科学院	研究机构	中国

续表

发文量（篇）	机构名称	机构性质	地区
8	新加坡国立大学	高校	新加坡
7	加利福尼亚大学伯克利分校	高校	美国
7	阿姆斯特丹大学	高校	荷兰
6	墨西哥国立自治大学	高校	墨西哥
6	都柏林大学	高校	爱尔兰
6	布宜诺斯艾利斯大学	高校	阿根廷
6	鲁汶大学	高校	比利时

根据表 2-20 可以看出，空间生产领域外文文献发文量排名前 3 位的机构为伦敦大学学院、圣保罗大学以及中国科学院。从研究机构的类别上看，空间生产研究机构较为单一，发文的研究机构集中在高校，表明目前在国际上对空间生产研究的主力为世界范围内各大高校。从地域上看，欧美国家对空间生产领域的研究较为集中，其余各国在此领域也进行了一定研究，目前并没有形成较为集中的研究区域与合作网络。

下面，对空间生产领域中文文献的作者团队及机构团队进行分析。首先是对空间生产领域中文文献的作者分析。

将检索得到的中国知网的数据导入 Cite Space 软件中，节点类型选择作者，首选标准数量 N 设置为 30，修剪片状网络使图像更加简明易读，其余选项均保持默认，进行可视化分析，得到空间生产中文文献作者合作网络可视化结果，如图 2-18 所示。

通过观察图 2-18 可以看出，张京祥的发文量最高，与其他学者也有所合作。整体来看，作者之间的连线仅有 1693 条，而节点（即作者）有 1588 个，共现网络密度为 0.0013，说明在国内，各个作者之间联系较弱，大多已经形成了较为固定的科研合作团队。将 Cite Space 软件运行的数据导出，得到空间生产中文文献发文量排名前 5 的作者如表 2-21 所示。

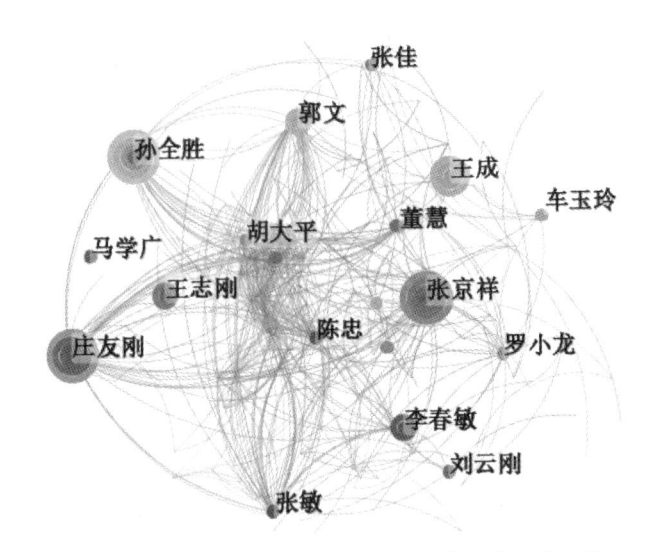

图 2-18　空间生产领域中文文献作者合作网络可视化结果

表 2-21　　　　　　　空间生产研究中文文献发文量高的作者

作者	发文量（篇）	单位
张京祥	23	南京大学
郭文	19	南京农业大学
庄友刚	19	苏州大学
孙全胜	19	中国政法大学
王志刚	15	江苏大学

如表 2-21 中所示，张京祥、郭文、庄友刚等学者是空间生产研究领域的重要学者，在空间生产研究领域具有较强影响力，因此可以重点选取以上学者的文章进行参考。其中，来自南京大学的张京祥致力于空间生产、城市规划、城市更新、乡村治理、区域竞争力等领域；来自南京农业大学的郭文致力于旅游空间生产、人地关系、文化遗产地、城市空间认同、民族村寨旅游等领域；来自苏州大学的庄友刚致力于历史唯物主义、马克思主义哲学、现代城市发展、资本批判、城市空间生产等领域；中国政法大学的孙全胜致力于研究中国城市化、马克思主义哲学、空间伦理、空间正义、空间生产、资本批判等领域；江苏大学的王志刚致力于历史地理唯物主义、城市权、空间正义、主体性、空间生产知识等研究。

空间生产领域中文文献的机构团队分析。

将检索得到的中国知网的数据导入 Cite Space 软件中,节点类型选择机构,首选标准数量 N 设置为 30,其余选项均保持默认,进行可视化分析,得到空间生产中文文献研究机构合作可视化结果,如图 2-19 所示。

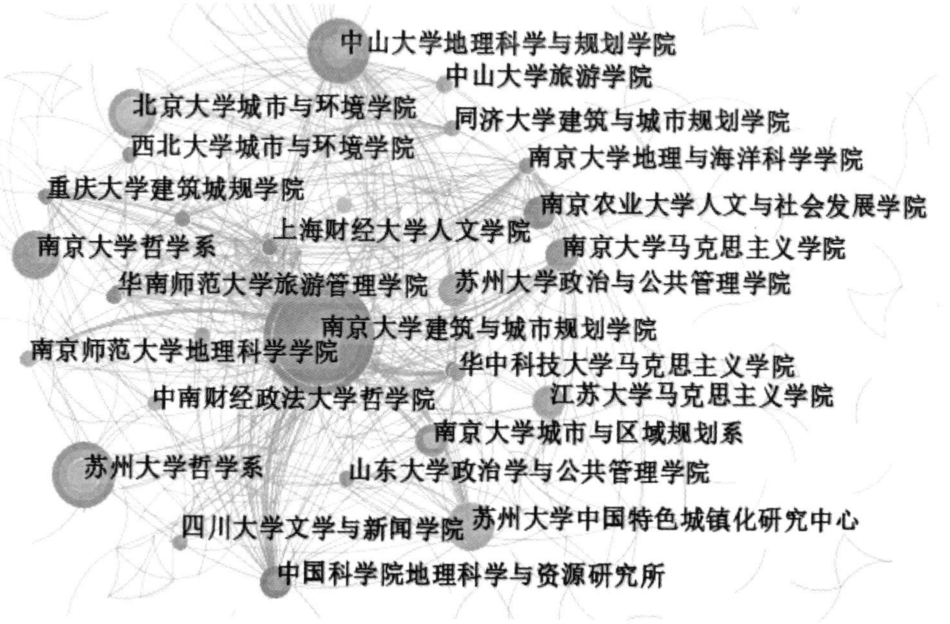

图 2-19 空间生产研究中文文献研究机构合作可视化结果

通过图 2-19 可以看出,南京大学有关空间生产的发文量最高,同时其与多个机构合作,中山大学和苏州大学的发文量也较多。整体来看,机构之间的连线有 1172 条,节点(即发文机构)有 1146 个,贡献网络密度仅为 0.0018,说明在国内各机构间合作较弱,仍需要大力加强与国际的研究合作,还可以建立适度规模化的合作研究机构群体。将 Cite Space 软件运行的数据导出,得到中文空间生产研究发文量排名前 5 位的机构如表 2-22 所示。

表 2-22　　　　　　　　空间生产中文文献发文量较高的机构

发文量(篇)	机构名称	机构性质	地区
39	南京大学建筑与城市规划学院	高校	华东地区
23	中山大学地理科学与规划学院	高校	华南地区

续表

发文量（篇）	机构名称	机构性质	地区
23	苏州大学哲学系	高校	华东地区
20	南京大学哲学系	高校	华东地区
16	江苏大学马克思主义学院	高校	华东地区
16	北京大学城市与环境学院	高校	华北地区

根据表2-22可以看出，空间生产领域中文文献发文量排在前3位的机构为南京大学、中山大学和苏州大学。从研究机构的类别上看，空间生产的研究机构较为单一，发文的研究机构主要集中在高校，表明目前国内对空间生产研究的主力为各大高校。从地域上看，空间生产中文文献主要集中在华东、华南地区，华中、华北等地区对空间生产的研究规模较小。

（五）空间生产领域的重要文献分析

对重要文献进行分析，可为更加详细的文献综述提供帮助，可以直观展示空间生产领域研究发展过程中的重要文献，从而准确地梳理出空间生产领域研究发展过程中的重要研究成果，为后续研究提供重要参考。

空间生产领域外文重要文献分析：

将检索得到的Web of Science文献数据导入Cite Space软件中，节点类型选择参考文献，首选标准数量N设置为30，时间切片选择为2，其余选项均保持默认，进行可视化分析，得到空间生产外文文献共被引可视化结果，在可视图中按照关键词进行聚类后显示，得到图2-20。

由图2-20可知，空间生产领域外文文献的共被引参考文献知识图谱中有节点4306个、链接13006条，密度值为0.0014。WOS核心合集期刊的文献共被引网络中有多个突出的节点，这直观反映了空间生产的研究基础，高被引文献发挥了较为良好的媒介作用，也是网络连接中从一个时间到另一个时间段过渡的关键点。所以挖掘出关键节点对区域协调发展的研究具有非常重要的意义。将Cite Space软件运行的数据导出，得到空间生产外文文献被引频次排名前5的文献，将其文提取为空间生产领域外文文献共被引网络的关键节点，得到空间生产领域外文核心文献，如表2-23所示。

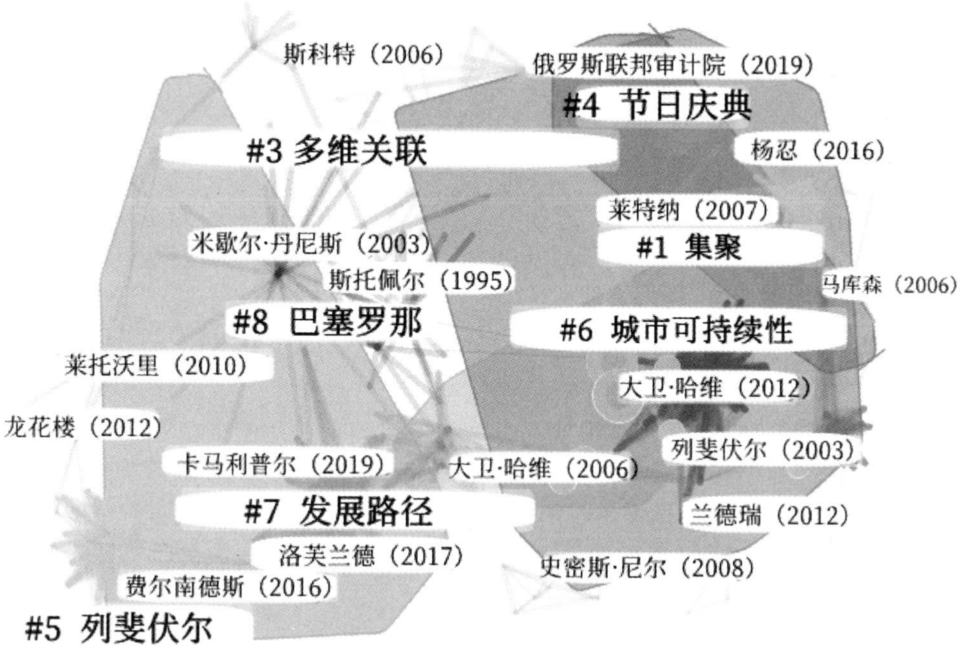

图 2-20 空间生产领域外文文献共被引参考文献聚类分析

表 2-23 空间生产领域外文核心文献

被引频次	作者	题目
11	大卫·哈维	反叛城市：阶级斗争的城市化
10	列斐伏尔	空间的生产
8	布伦纳	迈向城市的新认识论
8	迈克尔	二十一世纪的城市：城市公共政策、流离失所和争论
8	杨忍	中国农村居民区空间分布特征及优化重构分析

由表 2-23 可知，被引频次最高的文章是大卫·哈维发表于 2012 年的《反叛城市：阶级斗争的城市化》，哈维认为长期以来城市一直是政治革命的关键场所，因而可以成为反资本主义抵抗的焦点，反叛城市便是将城市置于首都和阶级斗争的中心。该文中他着眼于从约翰内斯堡到孟买，从纽约市到圣保罗的城市空间，探索如何以更公平正义和生态理智的方式重组城市。被引频次排名第二的为列斐伏尔于 2012 年再版的著作《空间的生产》，该书首发于 1974 年，集中了列

斐伏尔城市理论的核心内容，书中通过对资本主义城市空间日常生活的批判提出了空间是社会的产物，空间的生产包容一切的世界观和实践活动，进而尝试重建关于空间的三元理论，因而本书也成为20世纪后半期开始的"空间转向"的理论基础和奠基性文献，也是城市研究领域引用率高的著作之一。被引频次排名第三的为尼尔·布伦纳发表于2015年的《迈向城市的新认识论》，该书在全球广泛展开新的城市化形式的背景下，重新审视了城市认识论的问题：如何理解城市生活，主张从根本上重新思考关于城市和城市化的遗传认识论假设。基于批判性社会理论的方法构建了一种新的城市认识论。这个认识论框架旨在澄清当代关于城市问题的辩论的知识和政治利害关系，并为破译21世纪初资本主义下快速变化的城市化和城市斗争地理提供分析基础。

空间生产领域中文重要文献分析：

由于中国知网导出文献信息的残缺性，无法使用 Cite Space 软件对中文文献做共被引分析，因此对中文的重要文献主要从文献的被引频次进行分析，如表2-24所示。

表2-24　　　　　　　　空间生产领域中文核心文献

排名	被引频次	作者	题目
1	342	任平	空间的正义——当代中国可持续城市化的基本走向
2	328	叶超；柴彦威；张小林	"空间的生产"理论、研究进展及其对中国城市研究的启示
3	270	吴宁	列斐伏尔的城市空间社会学理论及其中国意义
4	257	张京祥；邓化媛	解读城市近现代风貌型消费空间的塑造——基于空间生产理论的分析视角
5	247	王丰龙；刘云刚	空间的生产研究综述与展望
6	241	汪民安	空间生产的政治经济学
7	223	曹现强；张福磊	空间正义：形成、内涵及意义
8	203	包亚明	消费文化与城市空间的生产
9	197	张京祥；胡毅；孙东琪	空间生产视角下的城中村物质空间与社会变迁——南京市江东村的实证研究
10	179	陆扬	社会空间的生产——析列斐伏尔《空间的生产》

通过表2-24可知，被引频次第一的文章是任平于2006年9月发表的《空

间的正义——当代中国可持续城市化的基本走向》，被引频次均为342次，该文章从空间正义的角度出发，指出空间生产与空间资源在中国高速城市化阶段已经逐步成为资本逐利、公民空间权益、政府制度设计三方博弈的主战场，并对此过程中出现的以资本为核心、以利润率最大化为导向而造成的多重损害公众空间权益的底层导向性问题进行批判，呼唤学者们加以思考。被引频次第二的文章是叶超、柴彦威于2011年3月发表的《"空间的生产"理论、研究进展及其对中国城市研究的启示》，通过梳理发现目前西方地理学界和城市学界在空间的生产问题上已经积累了丰富的理论成果和实践经验，而国内学界对它的研究较为迟滞，而城市空间的生产问题在中国逐渐变得突出，因此认为城市空间生产将是一个重要而有潜力的研究方向。被引频次排名第三的文章为吴宁于2008年3月发表的《列斐伏尔的城市空间社会学理论及其中国意义》，在本书中作者通过对列斐伏尔的空间生产理论进行了系统阐述，并指出其城市空间社会学理论继承和发展了马克思主义的理论与方法，填补了以往社会理论对空间研究的空白，因此对于理解当代中国社会具有很强的解释和说明意义。

（六）空间生产领域的研究热点及前沿分析

通过对文献关键词的共现分析以及突变分析可以直观反映出空间生产领域的研究热点及前沿，从而准确把握这一领域的学术研究范式，更易从中发现目前该领域研究中的学术空白，为更好的选择学术研究方向提供帮助。

首先对空间生产领域的研究热点进行分析。

外文文献方面，将检索得到的WOS文献数据导入Cite Space软件中，节点类型选择关键词，首选标准数量N设置为20，修剪片状网络使图像更加简明易读，其余选项均保持默认，进行可视化分析，得到外文空间生产关键词共现图后，选择时间轴显示，采用关键词聚类，选择LLR对数极大近似率分析方法，调整图像后得到结果图2-21所示。

由图2-21可知，空间生产领域高频关键词聚类分为7个类别，即经济、城市政治、社会空间、公共空间、空间生产、经济地理和城市空间。这7个类别代表了空间生产领域的具体研究热点。在聚类图中，通过对关键词的提取，并按照时间顺序梳理，如表2-25所示，可以清晰地分析外文空间生产学术研究热点脉络。

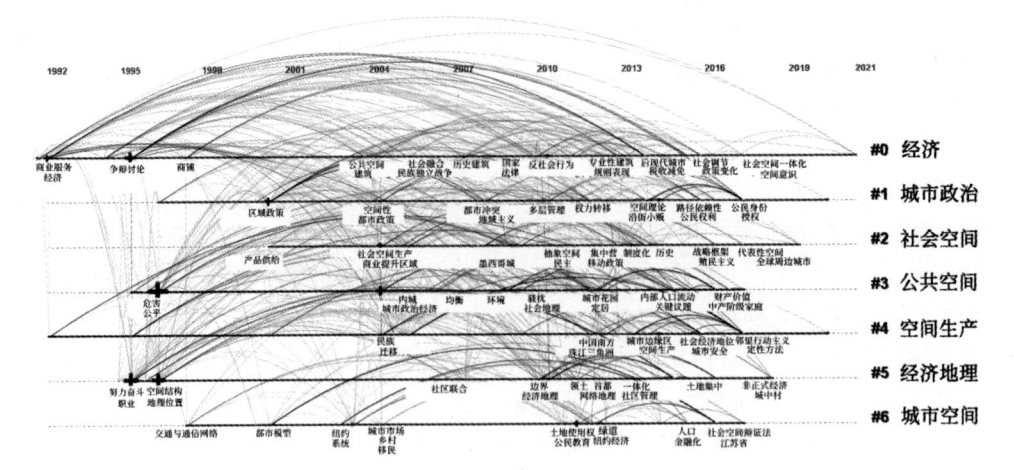

图 2-21　空间生产领域研究外文文献热点

表 2-25　　　　　　　　　空间生产领域外文文献研究热点

年份	关键词
1992	政策；经济；生产系统
1994	州；地方空间；实际监管；地租
1995	空间；地理；领土；后福特主义
1996	城市；政治；地点；公平；家园；工作场所
1997	增长；文化；社会运动；比较视角
1998	东欧；管制理论；经济转型
1999	投资
2000	治理；土地利用；城市农业；区域政策；拉丁美洲；城市模型
2001	轨迹；产业活动、国家空间模型；区域指标
2002	转型；改革；上海；中西部地区
2003	城市规划；全球化；模式；文化经济；地方战略规划；城市管理模式；列斐伏尔
2004	公共空间；空间生产；城市治理；规模；城市政治；地方化；新城市主义；城市政治经济
2005	农业运动；集聚；再生；空间社会生产；世界城市；地方化
2006	正义；城市政治生态；准入；内城；环境不公正；集群
2007	城市设计；知识生产；建筑；空间实践；前现代英格兰；竞争型城市

续表

年份	关键词
2008	封闭社区；社会空间；政治经济；城市空间生产；城市区域；抽象空间；墨西哥城；城市非正式性；不均衡发展
2009	影响；环境；种族隔离；大都市地区；城市贫困；公民社会；城市冲突；环境正义；城市公园
2010	城市主义；演化；边界；经济地理学；模式；贸易国家
2011	城市空间；创新；移民；重建；城市历史；欧洲；抗议；机会；土地覆盖
2012	城市发展；定居；治理；关系空间；空间变化；城市管理；开放空间；农村
2013	中产阶级化；列斐伏尔；城市转型；房地产市场；纽约市创意城市；城市政策；城市复兴；危机
2014	城市权利；城市化；中国；土地开发；空间转型；公民权；资本主义；城市改革
2015	城市碎片化；郊区化；生态系统服务；扩张；空间句法；技术创新；历史中心；新城面积
2016	空间生产；挑战；城市绿地；城市周边；鬼城；城市景观；公共住房；社区变化；社会不平等；开放性公共空间
2017	生活；城市扩张；文化生产；公共领域；集体效能；城市社会学；居住位置
2018	情感；经验；香港；空间生产；城市村镇；健康城市
2019	圣地亚哥；列斐伏尔思想分析
2020	智慧城市；非正式定居
2021	城市基础设施；城市流动性；农田转型

由表2-25可以看出各个时期空间生产领域的研究方向，在1992年（社会）空间正式成为热点，研究学者在这一阶段主要是对空间本身的研究，专注空间政策、发展理论、社会运动相关的话题；随着研究学者的增多、研究视角各有不同，学者们开始关注民族村寨旅游所带来的其他影响；2004年，空间生产和城市规划等首次成为研究热点，在一定程度上反映了国际上空间生产领域的研究逐渐成熟。此后的研究热点逐渐向新城市主义和城市空间转型的方面转移，如空间社会生产、城市复兴、空间转型、空间正义等方面。根据2020年研究热点词，发现空间生产研究目前正受到各个领域学者的重视，涉及智慧城市、基础设施建设、文化生产、生态景观等多个领域。

可以看出，空间生产领域的外文文献正朝着实践、跨学科研究以及理论等多个角度发展，同时也可以看出三十年的发展以来，对空间生产领域的研究成果已经形成了一定规模，未来还有待继续丰富。

中文文献方面，将检索得到的中国知网文献数据导入 Cite Space 软件中，节点类型选择关键词，首选标准数量 N 设置为 20，修剪片状网络使图像更加简明易读，其余选项均保持默认，进行可视化分析，得到空间生产中文文献关键词共现结果后选择时间轴显示，采用关键词聚类，选择 LLR 对数极大近似率分析方式，调整图像后得到图 2-22 所示。

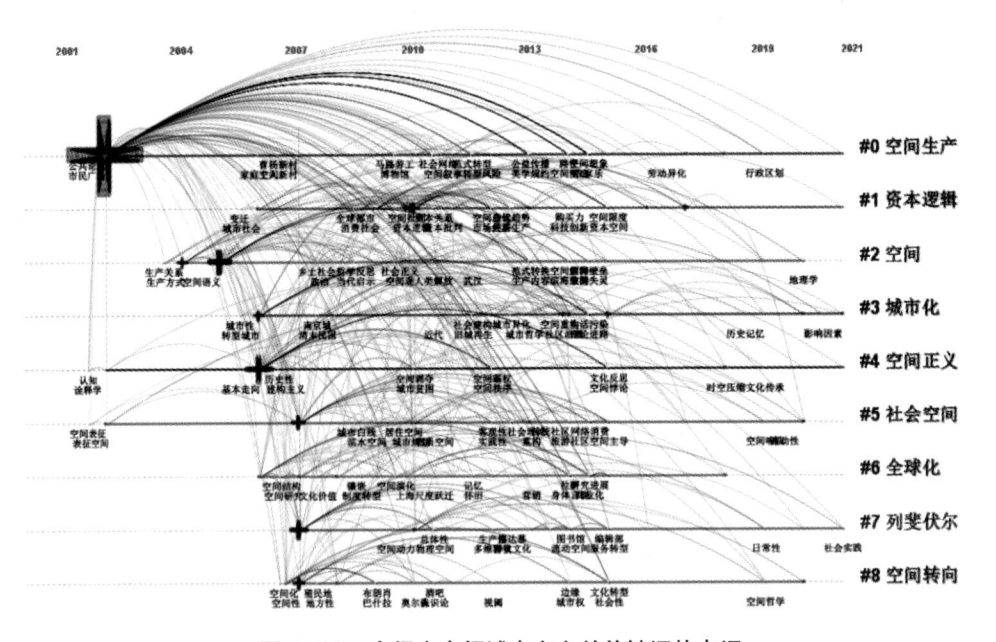

图 2-22　空间生产领域中文文献关键词热点词

由图 2-22 可知，空间生产领域中文文献的高频关键词聚类分为 9 类，分别为空间生产、资本逻辑、空间、城市化、空间正义、社会空间、全球化、列斐伏尔、空间转向，且均在过去二十年间保持稳定热度。在聚类图中，通过对关键词提取，并按照时间顺序梳理，可以得到 2000 年以来空间生产领域中文文献的研究热点，如表 2-26 所示。

表 2-26　　　　　　　空间生产领域中文文献研究热点

年份	关键词
2000	空间生产、数字地球
2002	空间实践、市民广场、城市改造、表征空间、公共领域
2003	空间政治、意识形态、公共性、权力意志
2004	马克思、生产方式、生产关系、潜在空间
2005	空间、空间语义
2006	空间正义、城市化、全球化、资本主义、资本循环、消费主义、变迁、后现代、空间资源
2007	列斐伏尔、社会空间、空间转向、现代性、空间性、空间结构、社区、主体性、空间权益、社会学
2008	第三空间、公共空间、异化、城市、文化价值、空间转型、网络空间、地方性
2009	消费空间、历史街区、治理、垄断地租、哲学反思、消费社会、城市意象、社会结构、恩格斯
2010	城市空间、资本逻辑、资本、空间批判、城市更新、空间理论、资本积累、城市正义、发展伦理、城中村、消费文化、城市规划
2011	社会关系、哈维、城市发展、尺度重组、资本批判、唯物史观、空间叙事、都市化、空间分布、社会运动、旧城改造
2012	城镇化、空间权利、权力、动力机制、文化景观、正义、文化资本、苏南、民族文化、风景园林、转型、空间逻辑、文化生产、空间权力、社会转型
2013	日常生活、重构、深圳、社会理论、城乡关系、时间、城市哲学、经济空间、南京市、福柯、空间反抗、后现代性、空间再造、场域、景观社会
2014	文化空间、城市权利、社区治理、空间重构、生产空间、制度空间、转型、旅游社区、旅游影响、空间经济、流动空间、空间规训、生态逻辑、社会整合
2015	城市治理、旅游地、辩证法、城市景观、空间主导、融合、耦合互动、符号学、网络性、旅游业、演进机制、符号化、移动媒体、住区更新、价值认同
2016	文化记忆、现实启示
2017	空间治理、旅游空间、土地利用、国家空间、空间分配、劳动异化
2018	开发区、"地方"、时空压缩、时空修复
2019	行政区划、空间哲学、文化传承、都市革命、演化、乡村空间、民族地区、特色小镇、三生空间、空间革命、空间特征、日常性、景观、历史记忆

续表

年份	关键词
2020	乡村振兴、城乡融合、生产逻辑、社会治理、社区营造、空间异化、地理学、空间规划、人地关系、空间解放、空间格局、恋地情结、传统村落、空间修复
2021	空间媒介、社会组织、审美实践、知识生产、社会实践、人与自然、影响因素

由表2-26可以看出，空间生产领域中文文献研究热点脉络相对于外文文献更多，这与中国的发展战略有很大的关系。自2000年开始，空间生产理论被引入中国学界并逐步发展成研究热点，2006年以来每年的热点凸显关键词较以前每年（除了2016年）热点凸显关键词数量明显增多。在过去二十年间，每年均有热点凸显的关键词出现，说明在过去二十年间中国空间生产研究持续保持热度，与外文空间生产的研究不同，中国在2010~2020年间已经针对空间转型、资本批判、时空修复等领域展开了大量研究，同时已开始逐渐出现城市空间哲学、时空演化、空间重构等关于空间生产方面的研究，在空间生产的研究视角上比国外研究丰富许多，具有一定的前瞻性。此外，中文研究热点的发展也遵循着中国国情的发展，其中"城乡融合""乡村振兴"一系列关键词在2017年至2021年连续成为热点凸显关键词，说明随着中国城乡空间生产的全面推进，逐步成为"精准扶贫"与"乡村振兴"的重要抓手，因而对于这方面空间生产的研究也逐渐发展起来。

下面对空间生产领域的研究前沿进行分析。

研究前沿可以反映科学研究的新进展和新趋势，以及研究中具有创新性、发展性和学科交叉性的主题等。运用Cite Space来对研究前沿的新趋势和突变特征进行分析，其膨胀词探测算法可以将词频变化率高的词从大量的主题词中提取出来，以便确定研究领域的前沿。

空间生产领域外文文献的研究前沿分析：将检索得到的WOS文献数据导入Cite Space软件中，节点类型选择关键词，首选标准数量N设置为20，其余选项均保持默认，进行可视化分析，下一步进行突变分析，由于研究时间跨度较大，涉及关键词较多，故将突发性栏下的最短持续时段设置为3，提取突变最少保持3年的关键词，得到表2-27。

表 2-27　　　　　　　空间生产领域外文文献前沿术语

关键词	强度	开始年份	结束年份	突变年份分布（2010~2021年）
城市	16.43	2016	2021	
城市空间	7.45	2018	2021	
地理	6.36	2017	2021	
空间	6.22	2018	2021	
城市化	6.11	2018	2021	
亨利·列斐伏尔	5.86	2018	2020	
公共空间	5.36	2017	2019	
都市	4.9	2017	2021	
绅士化	3.88	2018	2021	
中国	3.83	2018	2021	

注："▬▬▬"为关键词频次突然增加的年份，"─────"为关键词频次无显著变化的年份。

如表 2-27 所示，2016 年以前没有出现空间生产领域文献突现关键词，说明在 2016 年以前，国外对于空间生产的研究还没有形成较为鲜明的学术前沿。2016~2021 年空间生产领域外文文献突现关键词为城市（city）、城市空间（urban space）、地理（geography）、公共空间（public space）、都市（urban），说明空间生产在国际上成为热点的初期，学者们重点研究城市空间规划、城市地理空间和公共空间规划等问题；2018 年后突现关键词在城市空间的基础上新出现了城市化（urbanization）、绅士化（gentrification）、列斐伏尔（Lefebvre）、中国（China）等，说明在这一阶段学者开始关注空间生产相关的都市化进程、空间绅士化问题以及列斐伏尔所提出的城市空间理论等应用问题，在这一过程中，学者们对空间生产的研究不断深入，资本主义城市空间生产的经济社会影响及城市权力公平分配等内容已经成为学者们新的研究重点。通过对空间生产领域外文文献研究前沿的分析可知，在国际环境下目前对于空间生产的研究前沿在于新型城市发展模式、空间绅士化、公共空间发展等方面的研究，这也符合目前中国对城乡空间发展的战略部署，近年的外文空间生产领域文献对中国学者研究中国空间生产领域具有参考价值。

空间生产领域中文文献的研究前沿分析：将检索得到的中国知网文献数据导入 Cite Space 软件中，节点类型选择关键词，首选标准数量 N 设置为 20，其余选项均保持默认，进行可视化分析，下一步进行突变分析，由于研究时间跨度较大，将突发性栏下的最短持续时段设置为3，提取突变最少保持3年的关键词，得到表2-28。

表2-28　　　　　　　　空间生产领域中文文献前沿术语

关键词	强度	开始年份	结束年份	突变年份分布（2010~2021年）
空间正义	12.74	2016	2021	
城市空间	6.28	2016	2021	
城市权利	4.97	2016	2018	
城镇化	4.81	2016	2018	
空间生产	13.48	2017	2018	
城市治理	4.91	2017	2019	
空间治理	3.99	2017	2021	
文化空间	3.96	2018	2021	

注："▃▃▃"为关键词频次突然增加的年份，"――――"为关键词频次无显著变化的年份。

如表2-28所示，2016~2021年空间生产中文文献突现关键词为空间正义、城市空间、空间权利、城镇化，说明在国内空间生产学术前沿领域产生的初期，学者们重点研究空间生产相关的城市空间规划布局以及权力分配问题；2017~2020年突现关键词为城市治理和空间治理，说明在这一阶段学者开始关注城市空间治理的问题；2018年至今，突现关键词为空间正义和文化空间，说明中国（城市）社会空间生产对"空间正义"及"文化重构"等方面起到了至关重要的作用，因此引起了各领域学者的广泛研究，也为本书选取民族特色村寨旅游空间生产作为研究主体提供了一定的思路。

三、关于村寨旅游空间生产的文献计量

2012年以来，学界逐渐将空间生产理论的研究重点从城市转向乡村，出现了一批有关乡村聚落、古镇开发和文化旅游建设发展的研究成果。旅游本质上是一种非日常性的活动，因此相比较而言旅游目的地空间的生产开发活动更为复杂多元，原住居民、市场开发商、地方政府和广大游客等多方异质主体的行为都会

对其产生影响，在此背景下的关键问题就是如何实现主体间的利益平衡、发挥旅游产业的地方价值、统筹空间资源的规划构成、维护地方社会的团结稳定，最终实现旅游空间的全面发展与不断提升；而空间生产理论主要是通过对社会生产实践中景观形态变化、文化变迁、权力重组、资本流动等内在作用机理的阐述，展开对空间资本化现象的自我剖析与反思，推动经济社会的持续公平发展，因此对分析处理此类微观层面的具体实践问题的指导作用较为明显。

（一）研究数据及发文量的初步分析

英文数据以 WOS 来源，由于通过所有数据库进行文献收集会存在字段缺失的现象，因此通过核心数据库（Web of Science Core Collection）进行文献收集。构建检索式为：主题 = "Production of Tourism Space"，或主题 = "Tourism Space Production"，或主题 = "Tourism Spatial reconstruction"；语种为英文；文献类型为期刊；时间跨度为 1991 年 1 月~2021 年 12 月，检索时间为 2021 年 12 月 31 日，对检索出的文献进行筛选，删除与之不相关的文献，得到 433 条检索信息并导出相关文献信息，将文献数据导入 Cite Space 中对数据进行初步检验，发现字段缺失及重复的数据有 67 条，最终进行空间生产领域文献计量分析所用有效 Web of Science 数据为 366 条。

中文数据以中国知网为来源，构建检索式为：主题 = "村寨旅游空间生产"或主题 = "旅游空间生产"或主题 = "旅游空间重构"。时间限定为：1995 年 1 月~2021 年 12 月，检索时间为 2021 年 12 月 31 日；对检索出的文献进行筛选，将不相关的文献剔除之后，得到有效文献数量为 463 篇，将文献数据导入 Cite Space 中对数据进行初步检验，软件运行结果良好，没有数据丢失，最终进行空间生产领域文献计量分析所用有效的 CNKI 文献数据有 462 条。

将上述旅游空间生产领域的文献数据再次导出，按照发文年份以及发文数量将对应信息提取出来并放入 Excel 中进行分析，可以得到 1995 年 1 月至 2021 年 12 月旅游空间生产领域外文文献与中文文献的发文数量趋势比较，如图 2 - 23 所示。

通过图 2 - 23 可以看出，关于旅游空间生产中外文文献的发文量从 2015 年开始出现较大差异。1995~2006 年，旅游空间生产中文文献各年度的发文量均低于外文文献，发文量的增长趋势大致相同，大体呈现较为缓慢的增长趋势，说明在这一时期，中国对于旅游空间生产领域的研究还处在起步阶段，并且发展还较为缓慢，需要与国际相关方面接轨。2007~2015 年，旅游空间生产中外文文献各年度的发文量较为接近，说明这一时期中国在旅游空间生产领域的研究开始逐渐步入正轨，对于村寨旅游空间生产领域的研究在国内学术研究领域中迅速发展起来。2016~2021年，旅游领域空间生产的中文文献发文量激增，大幅超过外文文献数量，外文文献数量平稳增长，说明这一时期国际上对于旅游空间生产的研究热度大体不变。总体而言，1995~2015年，旅游空间生产领域中，中文文献发文量的增长较为稳定，2016~2021年，旅游空间生产中外文文献发文量的增长趋势开始出现明显差异，其中外文文献发文量的增长呈现波动状态，中文文献发文量的增长速度更快，但国际上对旅游市场的研究受到疫情的影响都有所下降。

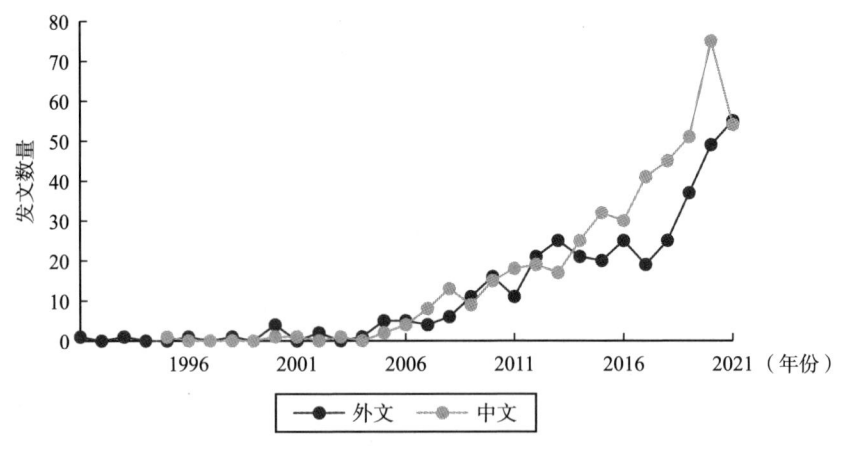

图2-23 旅游空间生产领域中外文文献分布

（二）旅游空间生产研究的国家分析

将WOS数据库文献数据导入Cite Space软件中，节点类型设置为国家，首选标准数量N设置为60，其余设置均选用默认值，再将Cite Space软件所整理的数据表格导入Excel中，提取"国家"和"发文量"两个字段下的数据，得到不同国家在旅游空间生产研究领域发文量排名如图2-24所示。发文量排名前十的国家除了中国、巴西、阿根廷和墨西哥之外，其余均为发达国家。旅游空间生产研究领域发文量排名前三的国家分别为巴西、西班牙和美国，其中，发文量排名第一的是巴西，发文数量为48篇，约占发文总量的11.32%；发文量排名第二的是西班牙，发文数量为44篇，约占发文总量的10.38%；发文量排名第三的是美国，发文数量为42篇，占发文总量的9.91%。

图 2-24 旅游空间生产领域中外文文献国家分布

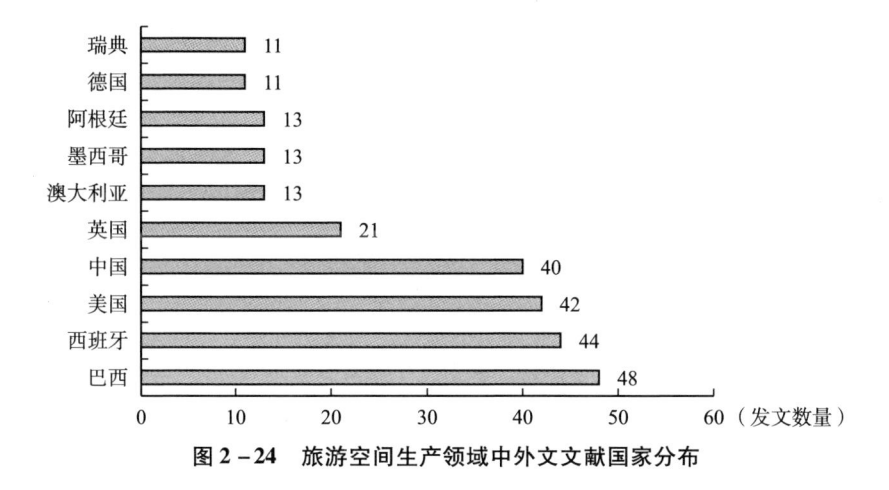

通过把将 WOS 数据库文献数据导入 Cite Space 软件中，节点类型设置为国家，首选标准数量 N 设置为 60，其余设置均选用默认值，进行可视化分析，得到旅游空间生产研究的国家知识图谱，如图 2-25 所示。

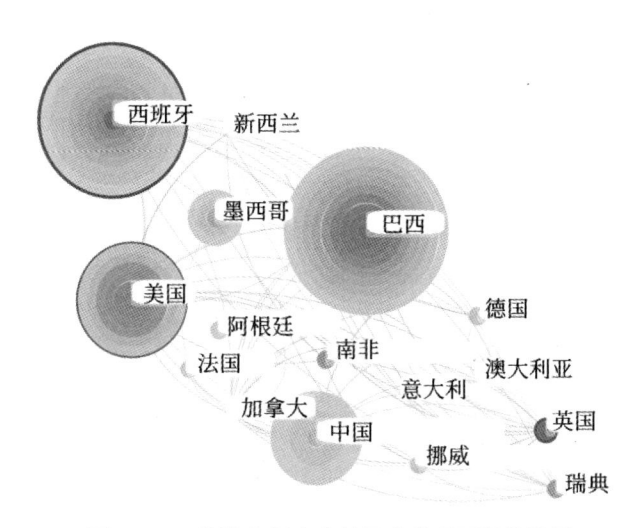

图 2-25 旅游空间生产的国家共现可视化结果

由图 2-25 可知，旅游空间生产领域的研究国家中，西班牙居于核心地位，与大部分国家的合作比较紧密，说明西班牙在旅游空间生产领域的研究地位较高，仅次于西班牙的国家是美国和巴西，中国与美国、英国、澳大利亚、加拿大等国家也均有合作。

73

在 Cite Space 软件的分析结果中，中心性的数值大小代表该节点关键性的大小，因而通过对各个国家发文量中心性的分析，可得出各个国家所在节点的关键性，进而表明该国家与其他国家合作的紧密性，及在旅游空间生产领域的国际研究中所处的地位。通常认为中心度大于 0.1 的节点，可以被看作关键节点，中心度大于 0.05 的国家如表 2-29 所示。

表 2-29　　　　　　　　旅游空间生产领域国家发文中心度排名

发文量（篇）	国家	首次发文年份	中心度
44	西班牙	2006	0.22
21	英国	2000	0.22
10	加拿大	2007	0.2
42	美国	1998	0.13
40	中国	2006	0.09
13	澳大利亚	2010	0.08
11	德国	2010	0.08
8	法国	2011	0.08
10	意大利	2010	0.06
10	荷兰	2010	0.06

由表 2-29 可以看出，只有 10 个国家的中心度大于 0.05，剩余国家的中心度均小于 0.05，说明只有西班牙、英国、加拿大等 10 个国家与其他国家在空间生产领域有一定的合作，中心度排名前三的国家均为发达国家，说明发达国家在旅游空间生产领域研究的国际地位比较高，与其他国家合作更为紧密。中心度大于 0.1 的国家为西班牙、英国、加拿大和美国 4 个国家，表明这 4 个国家在旅游空间生产领域国家合作网络中位于关键节点。首次发文年份最早的是美国，其中心度不仅位于前四且发文量也较多，说明美国在旅游空间生产领域的研究体系形成的比较早，再通过与各国家深入的合作，其在空间生产领域研究的国际地位也在不断提高。中国的发文量在所有的国家中排名第五，其中心度的监测值为 0.09，说明中国村寨旅游空间生产的研究文献在国际上具有一定影响力，但其中心度数值相对较低，其国家的影响力还有待继续提高。

（三）旅游空间生产研究的期刊分析

首先，对旅游空间生产领域的外文期刊进行分析。将检索得到的 WOS 的数据导入 Cite Space 软件中，节点类型栏选择引用期刊，首选标准数量 N 设置为 30。同时，由于数据量较大，涉及期刊较多，需对网络进行修剪使图像更加简明易读，其余选项均保持默认，进行可视化分析，得到外文旅游空间生产研究期刊共被引可视化结果，如图 2-26 所示。

图 2-26　旅游空间生产领域外文期刊共被引可视化结果

由图 2-26 可知，旅游空间生产领域外文期刊被引频次排名较为靠前的期刊明显多于其他期刊，其中《旅游研究年鉴》（Annals of Tourism Research）是被引频次最高的期刊。该期刊是一本以旅游学术视角为主题的社会科学期刊，其旅游研究理论、综述、实践问题分析等部分具有一定的权威性。其在 2021 年共发表论文 203 篇，影响因子 9.011，在 149 种社会学刊物中排名第 2。同时可以发现外文旅游空间生产研究的被引期刊还集中在《旅游管理》《可持续旅游》《旅游地理》《环境规划与社会空间》《人文地理学进展》《当代旅游问题》《旅游者研究》《社会环境规划》《文化地理》等。期刊的研究方向多分布在环境科学、经济学、地理学、社会学，以及旅游市场规划领域中。

从被引期刊中心性的角度分析，将 Cite Space 对外文旅游空间生产领域期刊共被引分析所得数据导出至 Excel，按照中心度大于 0.1 的标准提取数据，得到外文旅游空间生产领域期刊共被引网络的关键节点，如表 2 - 30 所示。

表 2 - 30　　　　旅游空间生产领域外文期刊共被引网络关键节点

期刊名称（简称）	被引频次	首次出现年份	中心度
《旅游研究年鉴》	141	1991	0.27
《美国社会学杂志》	11	2000	0.19
《旅游管理》	103	2005	0.17
《可持续旅游》	90	2005	0.17
《文化地理》	6	1998	0.12
《环境规划与社会空间》	56	2000	0.11
《对极》	28	1991	0.10

通过表 2 - 30 可以看出，《旅游研究年鉴》（Annals of Tourism Research）、《美国社会学杂志》（American Journal of Sociology）、《旅游管理》（Tourism Manage）、《可持续旅游》（Journal of Sustainable Tourism）的中心度较高，表明这四个期刊所刊载的旅游空间生产研究论文质量较高，对旅游空间生产研究领域的学术研究起到重要作用，因此，从中心性的角度出发，《旅游研究年鉴》《美国社会学杂志》《旅游管理》《可持续旅游》四个期刊在旅游空间生产研究领域居于核心地位。

下面对空间生产研究的中文期刊进行分析。由于通过中国知网（CNKI）导出的论文文献数据，缺少"参考文献"字段，无法通过 Cite Space 软件对中国知网（CNKI）导出的论文文献数据进行共被引分析，因此对于村寨旅游空间生产研究的中文期刊分析，将从该领域期刊的载文量以及学科研究层次展开研究。

首先，将检索得到的知网数据导入 Excel 中对期刊名称进行计数，得到 2000~2021 年空间生产文献期刊分布，其中载文量排名前 10 的期刊如表 2 - 31 所示。

表 2-31　　　　　2000~2021 年中文旅游空间生产研究文献期刊分布

期刊名称（简称）	载文量（篇）	占比（%）	期刊名称（简称）	载文量（篇）	占比（%）
《经济地理》	46	9.96	《地域研究与开发》	14	3.03
《旅游学刊》	38	8.23	《资源开发与市场》	11	2.38
《地理科学》	26	5.63	《地理研究》	11	2.38
《中国农业资源与区划》	25	5.43	《资源科学》	10	2.16
《人文地理》	23	4.98	《生态经济》	9	1.95

由表 2-31 可知，旅游空间生产领域发文量排名前 10 中文期刊共发文数量为 213 篇，占比约为 46.10%，要高于其他期刊的数量，说明国内（村寨）旅游空间生产研究的论文在期刊上面的集中度比较高，旅游空间生产相关领域的研究在国内形成了较为稳定的期刊群和比较有代表性的期刊。其中，《经济地理》在该领域刊登 46 篇文章，数量是最多的，该期刊刊登的旅游空间生产领域的文章主要集中在旅游开发与管理、城市地理与产业创新、区域经济与理论方法、社会空间格局研究、产业经济与乡村振兴等方面，涉及的学科主要有地理学、社会学、农业经济、服务业经济、宏观经济管理与可持续发展、资源科学以及旅游等学科，是研究村寨旅游空间生产领域最为核心的期刊。《旅游学刊》是排名第 2 的期刊，发文量为 38 篇，该期刊刊登的现有旅游空间生产领域文章主要集中在国内外旅游产业发展理论与实践、旅游空间正义伦理、全域旅游规划、乡村旅游振兴、文化遗产空间活化、旅游时空行为研究等方面，涉及的学科主要有环境科学与资源利用、宏观经济管理与可持续发展、旅游经济、服务业经济、经济法、社会学和统计学等学科，也是旅游空间生产研究领域较为核心的期刊。排名第 3 的期刊为《地理科学》，发文量为 26 篇，该期刊刊登的旅游空间生产领域的文章主要集中在空间格局、时空演变、空间治理、空间分异、可达性、文化与旅游地理研究等方面，涉及的学科主要有地理学、环境科学与资源利用、宏观经济管理与可持续发展、旅游经济、社会学与统计学、经济体制改革等学科。由此看出排名前三的期刊在村寨旅游空间生产研究领域具有一定的权威性，能够较好地把握旅游空间生产研究方向和研究状态。

接下来将发文量前 10 的期刊按照中国知网期刊检索之后的研究层次分组来进行分类，以便进一步的确认在空间生产研究领域比较权威期刊的文献研究层次，也为研究选取参考文献指导意见。分类结果如表 2-32 所示。

表2-32　　　　　　旅游空间生产领域中文核心期刊研究层次

研究层次	期刊名称
宏观经济管理与可持续发展（经济与管理科学）	《经济地理》《生态经济》
旅游（经济与管理科学）	《旅游学刊》
自然地理学和测绘学（基础科学）	《地理科学》《地理研究》
农业经济（经济与管理科学）	《中国农业资源与区划》
地理（哲学与人文科学）	《人文地理》
经济体制改革（经济与管理科学）	《地域研究与开发》
资源科学（基础科学）	《资源开发与市场》《资源科学》

由表2-32可知，国内旅游空间生产研究主要集中分布在哲学与人文科学领域的地理研究层次、经济与管理科学领域的宏观经济管理与可持续发展、旅游、农业经济层次，以及基础科学领域的自然地理学与测绘学、资源科学层次中，其中《人文地理》的研究集中在哲学与人文科学领域，学者在进行有关旅游空间生产研究的哲学与人文科学领域研究时可以重点参考此期刊；《经济地理》《旅游学刊》《中国农业资源与区划》《生态经济》的研究集中在经济与管理科学，学者在进行有关旅游空间生产的经济与管理科学领域研究时可重点参考；《地理科学》《地理研究》《资源开发与市场》的研究则集中在基础科学领域，学者在进行旅游空间生产的基础科学领域研究可重点参考。

根据对中外文期刊研究的发现，在旅游空间生产的研究领域，外文文献可重点选取《旅游研究年鉴》《美国社会学杂志》《旅游管理》等期刊中的文献作参考，中文文献可以重点选取《经济地理》《旅游学刊》《人文地理》《地理科学》等期刊中的文献作参考。

（四）旅游空间生产领域的研究团队分析

根据WOS数据库导出数据和中国知网数据库导出数据信息的适用范围，对外文文献的研究，作者分析主要通过共被引分析来进行，机构分析主要通过合作网络分析来进行，对中文文献的研究，仅通过合作网络进行分析。

首先，对旅游空间生产领域的外文文献作者团队及机构团队进行分析。将检索得到的Web of Science的数据导入Cite Space软件中，节点类型选择引用作者，首选标准数量N设置为30，修剪片状网络使图像更加简明易读，其余选项均保持默认，进行可视化分析，得到旅游空间生产外文文献作者共被引可视化结果，如图 2-27 所示。

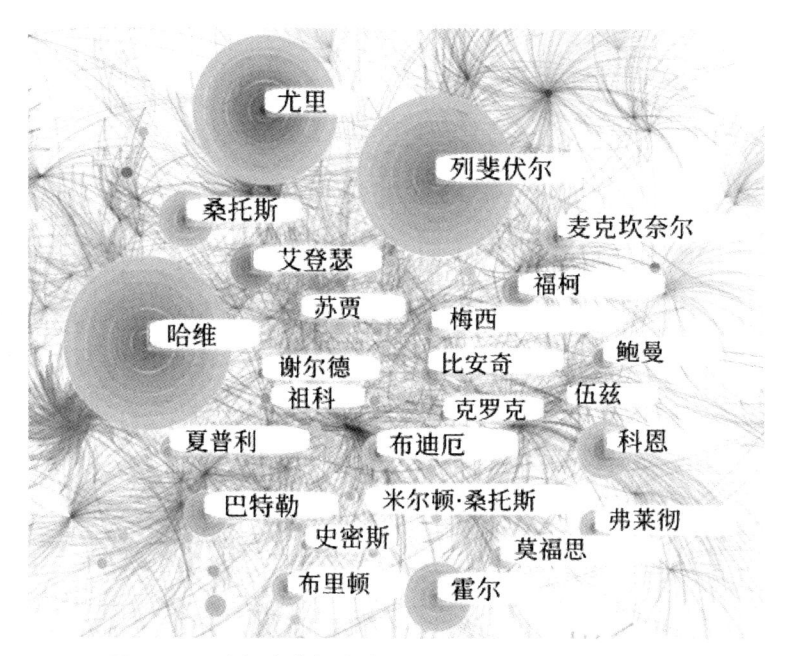

图 2-27 空间生产领域外文文献作者共被引可视化结果

由图 2-27 可知，在国际上旅游空间生产研究领域的被引频次较高的作者为尤里、哈维、列斐伏尔、巴特勒、科恩等人，将 Cite Space 软件运行结果导出，得到旅游空间生产外文文献作者被引频次排名，被引频次高的作者可被认为在这一领域具有一定权威。按照中心度大于 0.1 则视为关键节点的标准，将旅游空间生产领域外文文献作者共被引网络关键节点提取出来，如表 2-33 所示。

表 2-33　　　　旅游空间生产领域外文文献作者共被引网络关键节点

作者	被引频次	中心度	首次出现年份
安德森	7	0.21	1998
巴尔达奇诺	6	0.11	2004
阿什沃思	4	0.10	1991
巴特勒	21	0.08	2005

续表

作者	被引频次	中心度	首次出现年份
尤里	72	0.07	1991
麦克坎奈尔	26	0.07	1998
哈维	90	0.06	1991
科恩	34	0.06	1996

由表2-33可以可知，尤里、哈维、列斐伏尔、巴特勒、科恩与其他作者的关联程度较高，形成以这些作者为中心的多个学术研究联盟。从这一角度出发，也可认为以上作者在旅游空间生产领域的研究具有一定权威性。

旅游空间生产研究领域外文文献的机构团队分析。将检索得到的WOS的数据导入Cite Space软件中，节点类型选择机构，首选标准数量N设置为30，其余选项均保持默认，进行可视化分析，得到外文旅游空间生产研究机构合作可视化结果，如图2-28所示。

图2-28 旅游空间生产领域外文文献研究机构合作可视化结果

通过图2-28可以看出，约翰内斯堡大学的发文量最高，并且与多个机构有所合作，整体来看，机构之间的连线有300条，节点（即发文机构）有440个，贡献网络密度仅为0.0031，说明在国际上，各机构间合作较少，仍需要加强与国际间的研究合作，建立适度规模化的研究机构群体。将Cite Space软件运行的数据导出，得到旅游空间生产外文文献发文量4篇以上的机构如表2-34所示。

表2-34 旅游空间生产研究外文文献发文量高的机构团队

发文量（篇）	机构名称	机构性质	国家
6	约翰内斯堡大学	高校	南非
6	中国科学院	科研机构	中国
5	中山大学	高校	中国
5	拉古纳大学	高校	西班牙
4	塞阿拉联邦大学	高校	巴西
4	新加坡国立大学	高校	新加坡
4	瑞典中部大学	高校	瑞典
4	巴利阿里群岛大学	高校	西班牙
4	墨西哥国立自治大学	高校	墨西哥
4	奥鲁大学	高校	芬兰

根据表2-34可以看出，旅游空间生产领域外文文献发文量排名前3位的机构为约翰内斯堡大学、中国科学院以及中山大学。从研究机构的类别上看，旅游空间生产研究机构较为单一，发文的研究机构集中在高校，表明目前在国际上对旅游空间生产研究的主力为世界范围内各大高校。从地域上看，欧美国家对旅游空间生产领域的研究较为集中，其余各国在此领域也进行了一定研究，目前并没有形成较为集中研究区域与合作网络。

对中文旅游空间生产领域的作者团队及机构团队进行分析。首先是对旅游空间生产领域的中文文献作者分析。将检索得到的中国知网的数据导入Cite Space软件中，节点类型选择作者，首选标准数量N设置为30，修剪片状网络使图像更加简明易读，其余选项均保持默认，进行可视化分析，得到中文旅游空间生产研究作者合作网络可视化结果，如图2-29所示。

观察图2-29可以看出，郭文的发文量最高，与其他学者也有所合作，整体来看，作者之间的连线仅有1335条，而节点（即作者）有984个，共现网络密度为0.0028，说明在国内，各个作者联系较弱，大多已经形成了较为固定的科研合作团队。将Cite Space软件运行的数据导出，得到旅游空间生产领域中文文献发文量排名前5的作者如表2-35所示。

图 2-29　旅游空间生产领域中文文献作者合作网络可视化结果

表 2-35　　　　　　　　旅游空间生产研究中文文献发文量高的作者

作者	发文量（篇）	单位
郭文	13	南京农业大学
明庆忠	12	云南财经大学
黄震方	12	南京师范大学
陆林	11	安徽师范大学
孙九霞	7	中山大学

如表 2-35 中所示，郭文、明庆忠、黄震方等学者是旅游空间生产研究领域的重要学者，在旅游空间生产研究领域具有较强影响力，因此可以重点选取以上学者的文章进行参考。其中，来自南京农业大学的郭文致力于旅游空间生产、人地关系、文化遗产地、城市空间认同、民族村寨旅游等领域；来自云南财经大学的明庆忠致力于旅游循环经济、旅游空间结构、旅游产业生态化、旅游可持续发展、全域旅游等领域；来自南京师范大学的黄震方致力于研究旅游资源、旅游经济、文化旅游、旅游空间形态、目的地形象、时空演变等领域；安徽师范大学的陆林致力于研究旅游开发、旅游资源、旅游影响、空间特征、旅游者空间行为、本地居民旅游感知等领域；而中山大学的孙九霞则致力于民族旅游、旅游人类学、空间生产、社会空间、社区参与、族群关系等领域的研究。

旅游空间生产领域中文文献的机构团队分析。将检索得到的 CNKI 的数据导入 Cite Space 软件中，节点类型选择机构，首选标准数量 N 设置为 30，其余选项均保持默认，进行可视化分析，得到旅游空间生产领域中文文献研究机构合作可视化结果，如图 2-30 所示。

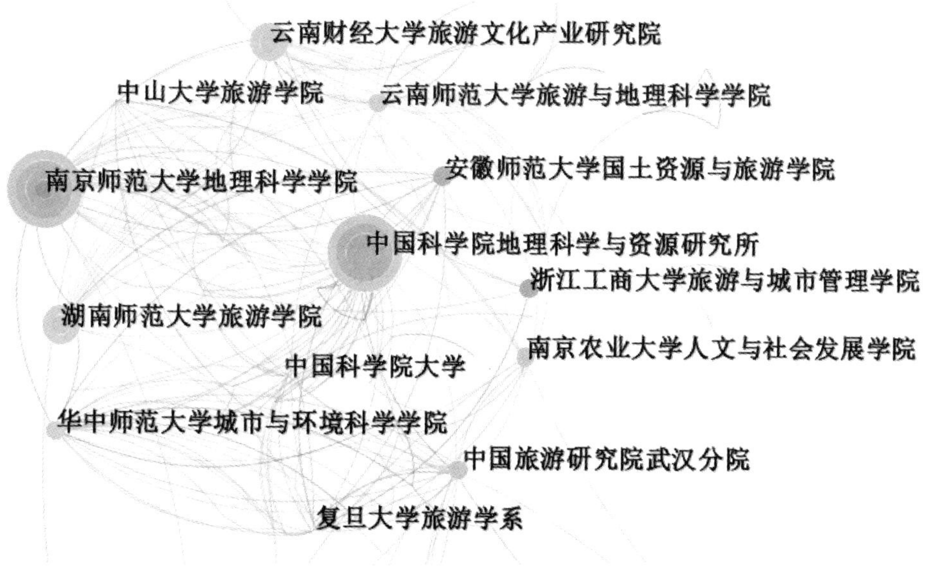

图 2-30　旅游空间生产研究中文文献研究机构合作可视化结果

通过图 2-30 可以看出，中国科学院地理科学研究所有关旅游空间生产的发文量最高，同时其与多个机构有所合作，南京师范大学和云南财经大学大学的发文量也较多。整体来看，机构之间的连线有 527 条，节点（即发文机构）有 542 个，贡献网络密度仅为 0.0036，说明在国内各机构间合作较弱，仍需要大力加强与国际的研究合作，还可以建立适度规模化的合作研究机构群体。将 Cite Space 软件运行的数据导出，得到中文旅游空间生产研究发文量排名前 5 的机构如表 2-36 所示。

表 2-36　　　　旅游空间生产研究中文文献发文量高的研究机构

发文量（篇）	机构名称	机构性质	地区
25	中国科学院地理科学与资源研究所	科研机构	华北地区
21	南京师范大学地理科学学院	高校	华东地区

续表

发文量（篇）	机构名称	机构性质	地区
15	华中师范大学城市与环境科学学院	高校	华中地区
9	湖南师范大学旅游学院	高校	华中地区
9	云南师范大学旅游与地理科学学院	高校	西南地区

根据表2-36可以看出，旅游空间生产领域中文文献发文量排名前3位的机构为中国科学院、南京师范大学和华中师范大学。从研究机构的类别上看，旅游空间生产的研究机构较为单一，发文的研究机构主要集中在高校，表明目前国内对旅游空间生产研究的主力为各大高校。从地域上看，中文旅游空间生产研究主要集中在华东、华中地区，华南、华北、西北等地区对旅游空间生产也展开了一定规模的研究。

（五）旅游空间生产领域的重要文献分析

对重要文献进行分析，可以为进行更加详细的文献综述提供帮助，可以直观展示空间生产领域研究发展过程中的重要文献，从而准确地梳理出旅游空间生产领域研究发展过程中的重要研究成果，为后续研究提供重要参考。

首先对旅游空间生产领域重要外文文献进行分析。将检索得到的WOS文献数据导入Cite Space软件中，节点类型选择参考文献，首选标准数量N设置为30，时间切片选择为2，其余选项均保持默认，进行可视化分析，得到旅游空间生产外文文献共被引可视化结果，在可视图中按照关键词进行聚类后显示，得到图2-31所示。

由图2-31可知，旅游空间生产领域外文文献的共被引参考文献知识图谱中有节5374个、链接16459条，密度值为0.0011。WOS核心合集期刊的文献共被引网络中有多个突出的节点，这直观地反映了空间生产的研究基础，高被引文献发挥了较为良好的媒介作用，也是网络连接中一个时间到另一个时间段过渡的关键点。所以挖掘出关键节点对旅游空间生产的研究具有非常重要的意义。将Cite Space软件运行的数据导出，得到旅游空间生产领域外文文献被引频次排名前5的文献，将其文提取为旅游空间生产领域外文文献共被引网络的关键节点，得到外文旅游空间生产领域研究核心文献表，如表2-37所示。

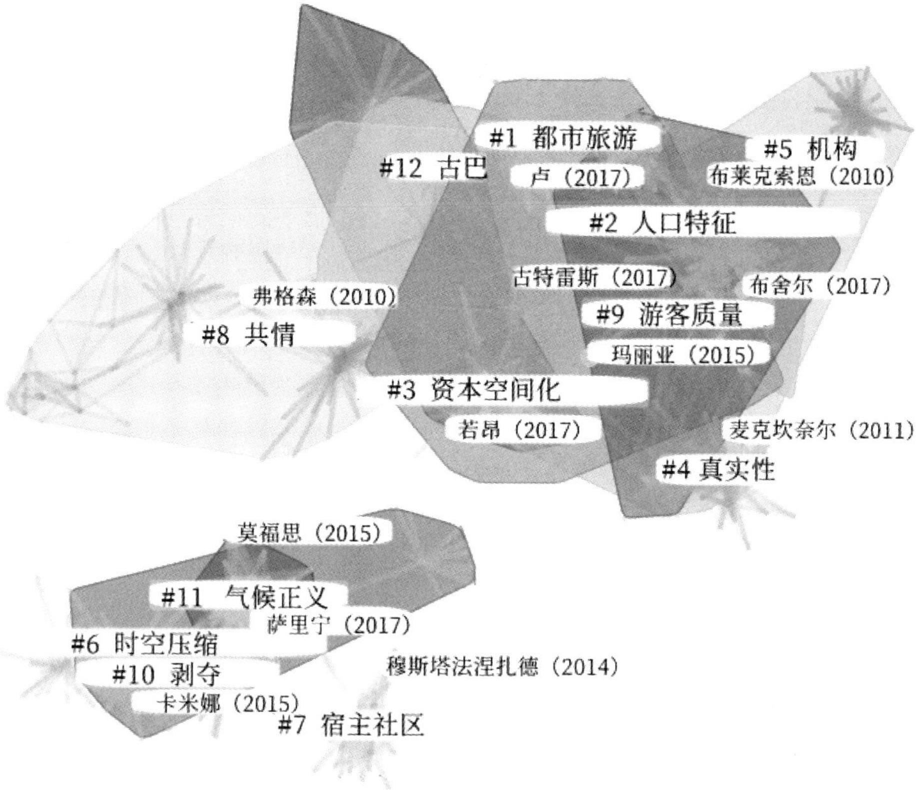

第二章 基于文献计量学的研究综述

图 2-31 旅游空间生产领域外文文献共被引参考文献聚类分析

表 2-37　　　　　　　　旅游空间生产领域外文核心文献

被引频次	作者	题目
6	玛丽亚·梅拉多	旅游与资本主义：西班牙国家的批判性观点
5	布舍尔·布拉姆	破坏性创造：资本积累和旅游业的结构性暴力
5	古特雷斯	旅游城市 Airbnb 的爆发：比较巴塞罗那酒店和点对点住宿的空间模式
4	艾伦；卢	旅游规划和场所营造：场所中的生产还是场所的生产？
4	默里	危机在旅游空间的生产，破坏和重组中的作用：巴利阿里群岛的情况
4	比安奇·怀特	旅游业发展的政治经济学：批判性评论

85

由表 2-37 可知，被引频次最高的文章是玛丽亚·梅拉多发表于 2015 年的书评《旅游与资本主义：西班牙国家的批判性观点》，梅拉多认为该书通过对自 20 世纪 50 年代以来西班牙资本主义和旅游业发展历程的梳理，发现旅游市场逐步从该国的"经济奇迹"转变为"大危机"。文中她从资本主义进入西班牙的历史背景出发，阐述了旅游业对西班牙产业布局、资本市场、空间规划的一系列影响，进而指出在资本主义逻辑的长期作用下，目前出现的社会空间非正义、生态环境等一系列问题是必然的结果，从全局的角度展开了批判。被引频次排名第二的文章为布舍尔·布拉姆于 2017 年发表的《破坏性创造：资本积累和旅游业的结构性暴力》，文中指出，旅游业不仅是一种资本主义经济实践，更是资本主义维持自身的中心实践，然而，旅游"产品"是如何成为资本以及这一过程所涉及的暴力类型，尚未得到系统的理论或调查。因此作者根据对南部非洲和拉丁美洲旅游环境的研究以及国际旅游的总体趋势，基于诺埃尔·卡斯特里商品化的六大原则，系统性地探讨了旅游空间如何成为资本，以及这一过程如何不仅引发各种形式的物质暴力的。最终的结论是，旅游空间生产独特地结合了三种结构性暴力形式，使熊彼特著名的创造性破坏转向"破坏性创造"，进而成为资本主义下的关键暴力形式。排名第三的为古特雷斯发表于 2017 年的《旅游城市爱彼迎（Airbnb）的爆发：比较巴塞罗那酒店和 P2P 住宿的空间模式》，近年来，协作消费通过点对点（P2P）平台迅速扩张。在旅游领域，一个特别值得注意的最为典型的例子就是爱彼迎（Airbnb）。该文分析了巴塞罗那爱彼迎的空间发展模式，并将其与酒店和观光景点进行了比较。通过对二元空间自相关分析揭示了爱彼迎与酒店之间已经形成了明显的中心—外围模式，同时与酒店业相比，爱彼迎更多地利用了靠近城市主要旅游景点的优势。最终发现，爱彼迎的持续扩张给地区旅游业带来了巨大的压力。

旅游空间生产领域重要中文文献分析。由于中国知网导出文献信息的残缺性，无法使用 Cite Space 软件对中文文献做共被引分析，因此对中文的重要文献主要从文献的被引频次进行分析，如表 2-38 所示。

表 2-38　　　　　　　　旅游空间生产领域中文核心文献

排名	被引频次	作者	题目
1	266	席建超；王首琨；张瑞英	旅游乡村聚落"生产—生活—生态"空间重构与优化——河北野三坡旅游区苟各庄村的案例实证

续表

排名	被引频次	作者	题目
2	162	孙九霞；苏静	旅游影响下传统社区空间变迁的理论探讨——基于空间生产理论的反思
3	157	郭文；王丽；黄震方	旅游空间生产及社区居民体验研究——江南水乡周庄古镇案例
4	146	郭文；黄震方	基于场域理论的文化遗产旅游地多维空间生产研究——以江南水乡周庄古镇为例
5	108	桂榕；吕宛青	民族文化旅游空间生产刍论
6	97	明庆忠；段超	基于空间生产理论的古镇旅游景观空间重构
7	92	郭文；王丽	文化遗产旅游地的空间生产与认同研究——以无锡惠山古镇为例
8	78	郭文	空间的生产与分析：旅游空间实践和研究的新视角
9	68	吴忠军；代猛；吴思睿	少数民族村寨文化变迁与空间重构——基于平等侗寨旅游特色小镇规划设计研究
10	59	桂榕；吕宛青	符号表征与主客同位景观：民族文化旅游空间的一种后现代性——以"彝人古镇"为例

通过表2-38可知，被引频次第一的文章是席建超和王首琨于2016年3月发表的《旅游乡村聚落"生产—生活—生态"空间重构与优化——河北野三坡旅游区苟各庄村的案例实证》，被引频次为266次。优化乡村聚落"生产—生活—生态"三生空间格局是新发展阶段，加快乡村生态文明建设和推进乡村新型城镇化进程的重要途径。该文章综合采用了参与性农村评估PRA、Arc GIS空间分析和高清遥感影像等方法，以典型旅游村落苟各庄村为案例系统分析了乡村聚落"三生"空间的重构过程。研究发现，乡村旅游空间的全面推进加快了村寨空间重构过程，代表着未来乡村城镇化进程的一种理想模式。被引频次第二的文章是孙九霞和苏静于2014年5月发表的《旅游影响下传统社区空间变迁的理论探讨——基于空间生产理论的反思》，该文章以传统社区（社会）空间为研究对象，以列斐伏尔（Lefebvre）的三元空间理论为指导，对旅游与传统社区空间生产之间的关系进行理论上的探讨。研究发现：旅游引起传统社区空间变迁的根本原因在于游客成了传统社区空间生产的主体之一，而空间生产主体的多元化、各方主体生产目标和行动的错位也是导致传统社区旅游空间生产过程中矛盾多发的主要原因之一。被引频次排名第三的文章为郭文、王丽和黄震方于2012年4月

发表的《旅游空间生产及社区居民体验研究——江南水乡周庄古镇案例》，本书中提出，当旅游者的凝视和空间生产者的实践使空间原有物质属性更加倾向于社会属性时，空间叙事便应该成为旅游空间研究的新方式，进而拓展传统研究视角。通过问卷调查，从资本、生产、权力、阶层、生活和社会6个维度切入，对周庄古镇旅游开发对其原有空间所根植的社会环境造成的影响进行了研究。结果表明旅游空间生产效率取决于开发模式，以实践问题为主导更应关注社会效能，突出人文关怀；而旅游空间优化得关键则在于提高空间质量。

（六）旅游空间生产领域的研究热点及前沿分析

通过对文献关键词的共现分析以及突变分析可以直观反映出旅游空间生产领域的研究热点及前沿，从而准确把握这一领域的学术研究范式，更易从中发现目前该领域研究中的学术空白，更好地为选择学术研究方向提供帮助。

首先对旅游空间生产领域的研究热点进行分析。外文文献方面，将检索得到的 WOS 文献数据导入 Cite Space 软件中，节点类型选择关键词，首选标准数量 N 设置为 20，修剪片状网络使图像更加简明易读，其余选项均保持默认，进行可视化分析，得到外文旅游空间生产关键词共现结果后，选择时间轴显示，采用关键词聚类，选择 LLR 对数极大近似率分析方法，调整图像后得到结果如图 2-32 所示。

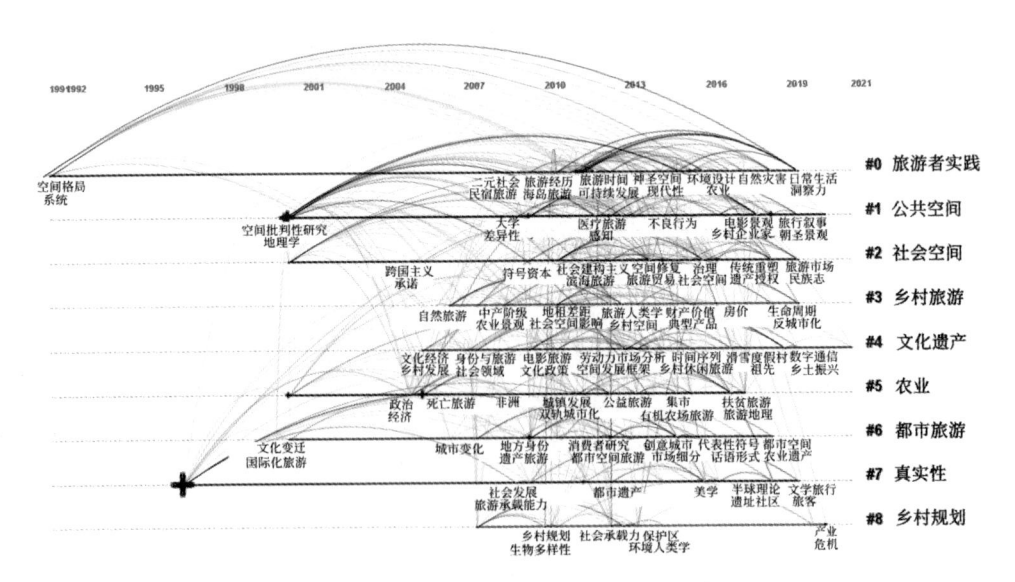

图 2-32　空间生产领域研究外文文献热点图

由图 2-32 可知，旅游空间生产领域高频关键词聚类分 9 个类别，即游客实践、公共空间、社会空间、乡村旅游、文化遗产、农业生产、城市旅游、真实性和乡村规划。这 9 个类别代表了旅游空间生产领域的具体研究热点。在聚类图中，通过对关键词提取，并按照时间顺序梳理，如表 2-40 所示，可以清晰地分析旅游空间生产外文文献研究热点脉络。

表 2-40　　　　　　　旅游空间生产领域外文文献研究热点

年份	关键词
1991	文化消费；系统；组织；空间格局
1996	旅游空间
1998	文化场所；再现；后现代主义；旅行的新叙述；身份认同；新兴种族
2000	地点；地理；民族认同；东南亚；文化变化；国际旅游；地图空间；模糊性；批判性旅游研究
2004	政治生态学；岛屿研究；文化多样性；马达加斯加
2005	空间经济；人类学；再生产；全球化；建筑；新加坡
2006	乡村旅游；旅游空间；战略规划；领土发展；可持续发展；道德地理；自然旅游
2007	农村发展；文化经济；嵌入性；空间遗产；保护；综合农村旅游；落后农村地区
2008	重要意义；古战场旅游；象征意义；人性关系；都市规划；地中海景观；景观类型学；农业景观；社会不平等；东北部（巴西）
2009	城市旅游；文化遗产；遗产旅游；文化认同；海滨旅游；岛屿生态系统；可持续平衡发展；社会发展；文学目的地；国际退休移民；旅游经历；住宅旅游；文化原始主义；地方身份；承载能力和旅游
2010	政治经济；土地利用；移民；生物多样性；美国西部农村规划；象征性资本；乡村景观；葡萄酒窖；乡村遗产；挪威北部；地理教育；农场路线
2011	可持续发展；体验真实性；景观；土地改革；家庭农业；旅游实践；旅游场所；宗教旅游；竞争目的地；荒野建设；环境危机；旅游全球化；人口流动
2012	身份；文化景观；气候变化；权力；旅游城市化；文化旅游、3d 重建；社会经济振兴；环境影响；城乡冲突；遗产名录；意象农场旅游
2013	遗产；可持续旅游；公共空间；乡村田园风光；旅游空间；新自由主义自然；重建；保护区；黑暗旅游；志愿者旅游；国家公园；后重建后生产主义转型；旅游承载能力

续表

年份	关键词
2014	中国；生态旅游；地方社区；公共政策；城市空间；城市遗产；旅游景点保护；旅游住宿地图；种族
2015	空间生产；消费文化；社会空间；土著居民；商业情绪指标；开放空间；小型旅游公司；列斐伏尔；荷兰；流动性差距；历史中心
2016	保护治理；房地产泡沫；沿海旅游空间；国家森林公园；社会生态系统；农村旅游休闲空间；文化与消费
2017	社区进化；日常生活；资本主义；城市再生；空间重建；背包客旅游；海滨再开发；电影景观；考古保护；景观因素；多元地理；空间数据；历史悠久的城市中心
2018	空间感知；历史中心；农村地理；旅游沿海地区；人类中心主义；数字遗产；目的地转型；住宅使用；新兴市场；建筑遗产
2019	空间生产；沿海旅游；批判地理；地方认同；创意城市；另类空间；邮轮旅游；自然遗产；旅游美学；葡萄牙；旅游差距的领土性；可持续增长
2020	空间更新；城市化；房地产市场；权力关系；大众旅游；灾难
2021	空间扩张；文化空间；殖民想象；空间重建；旅游政策；人口

由表2-40可以看出各个时期旅游空间生产领域的研究方向，1996年旅游空间正式成为热点，研究学者在这一阶段主要是针对旅游空间本身的研究，主要涉及文化消费、空间格局、空间经济、文化遗产景观等相关话题；随着研究学者的增多、研究视角各有不同，学者们开始关注到旅游空间生产所带来的其他影响；2009年，景观遗产保护与重建、旅游承载力、旅游空间感知等首次成为研究热点，在一定程度上反映了国际上在旅游空间生产领域的研究逐渐成熟。此后的研究热点逐渐向旅游空间重建与治理和环境影响等方面转移，如可持续平衡发展、目的地转型、地方认同、领土发展差异等方面。根据2020年研究热点词，发现旅游空间生产研究目前正受到各个领域学者的重视，涉及创意空间、权力关系、空间更新域扩张、人口流动、房产市场等多个领域。

可以看出，旅游空间生产领域外文文献正朝着实践、跨学科研究以及理论等多个角度发展，同时也可以看出近三十年的发展以来，旅游空间生产领域的研究成果已经形成了一定规模。

中文文献方面，将检索得到的中国知网文献数据导入Cite Space软件中，节点类型选择关键词，首选标准数量N设置为20，修剪片状网络使图像更加简明易读，其余选项均保持默认，进行可视化分析，得到旅游空间生产中文文献关键词共现结果后选择时间轴显示，采用关键词聚类，选择 LLR 对数极大近似率分析方式，调整图像后得到图 2-33。

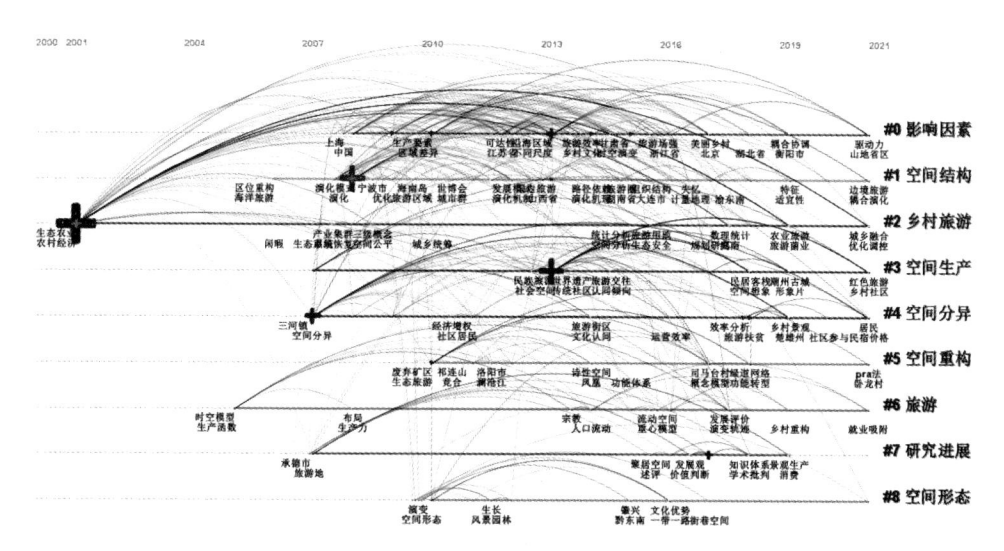

图 2-33 空间生产领域中文文献关键词热点词

由图 2-33 可知，空间生产领域中文文献的高频关键词聚类分为 9 类，分别为影响因素、空间结构、乡村旅游、空间生产、空间分异、空间重构、旅游、研究进展、空间形态，且均在过去二十年间保持稳定热度。在聚类图中，通过对关键词提取，并按照时间顺序梳理，可以得到 2000 年以来空间生产领域中文文献的研究热点，如表 2-41 所示。

表 2-41　　　　　　旅游空间生产领域中文文献研究热点

年份	关键词
2000	旅行模式；旅游行为；空间规律
2001	乡村旅游；生态农业；农村经济
2003	云南省；土地利用；景观格局
2005	旅游；空间竞争；温泉旅游；演化态势；时空模型
2006	旅游业；舟山群岛；示范点；区位重构；乡村游；海洋旅游；旅游强县

续表

年份	关键词
2007	空间分布；空间分异；旅游空间；动力机制；客源市场；时空缩减；生态足迹；理想模型；旅游协作
2008	空间结构；空间演化；空间布局；旅游系统；预留空间；消费需求；比较优势；文化保护；市场恢复；村寨空间
2009	驱动机制；旅游景区；聚集维数；开发思维；空间公平；演化过程；聚集分形
2010	空间重构；旅游经济；文化空间；空间形态；区域差异；旅游合作；少数民族；传统聚落；城乡统筹；生态旅游；资源特点；空间类型；生产要素
2011	西江苗寨；文化旅游；公共空间；文化变迁；桃坪羌寨；旅游增权；空间模式；共生理论；系统演化；空间形式
2012	空间格局；可达性；民族文化；发展模式；演化机制；形成机理；系统功能；整合优化；周庄古镇；旅游利益；景观形态；社区空间
2013	空间生产；影响因素；入境旅游；社会空间；空间集聚；空间依赖；创意产业；边缘化；多重逻辑；符号表征；文化经济；原住民；空间再造
2014	乡村聚落；空间演变；旅游效率；乡村文化；人口流动；社会关系；文化重构；保护开发；全球化；利益主体；用地格局；共同演化；路径依赖；演化机理；旅游街区
2015	空间差异；时空演变；惠山古镇；演化特征；社区；旅游政策；旅游圈；居民认知；三亚回族；网络特征；第三空间；文化安全；扩散强度；旅游交往；时空叠合
2016	空间特征；时空演化；流动空间；空间句法；影响机制；旅游场强；空间错位；民俗旅游；旅游用地；聚居空间；旅游市场；语言景观；优化模式；规划设计
2017	空间正义；休闲农业；旅游社区；精准扶贫；乡村空间；地理空间；旅游驱动；美丽乡村；水域景观；特色小镇；乡村集市；文化情境；平等侗寨；哲学关系；街巷空间
2018	乡村振兴；传统村落；旅游扶贫；民族村寨；优化路径；时空格局；产业融合；地方性；空间优化；评价体系；熟人网络；结构主义；滨海空间；民宿发展；文化创新；融合潜力
2019	全域旅游；旅游体验；分布特征；政策供给；旅游网评；山地旅游；旅游治理；乡村重构；个性化景区；驱动模式；主题公园；地域活化；村庄转型；场所制造；侗族鼓楼；文化再造
2020	网络结构；时空特征；社区参与；多维贫困；乡村民宿；千户苗寨；特色村镇；潜力评价；乡愁；消费定位；结构优化；空间规划；乡村文创；景观符号
2021	边境旅游；景观艺术；共建共享；民族地区；景观价值；游客体验；地理特征；网络空间；就业吸附；三生空间；动态演进；空间场域；集聚类型；社会演化；民宿旅游；文化生产

由表 2-41 可以看出，旅游空间生产领域中文文献研究热点脉络相对于外文更多，这与中国的发展战略有很大的关系。自 2000 年开始，空间生产理论被引入中国学界并逐步发展成研究热点，2006 年以来每年的热点凸显关键词较以前每年（除了 2009 年）热点凸显关键词数量明显增多。同时，可以看出，在过去二十年间，每年均有热点凸显的关键词出现，说明在过去二十年间中国在旅游空间生产研究领域持续保持热度，与外文旅游空间生产的研究不同，中国在 2010~2020 年间已经针对空间形态演变、时空格局优化、时空修复等领域展开了大量研究，同时已开始逐渐出现城市空间哲学、时空演化、空间重构、文化重构等关于村寨旅游空间生产方面的研究，在旅游空间生产的研究视角上比国外研究丰富许多，具有一定的前瞻性。此外，还可以看出，中文文献研究热点的发展也遵循着中国国情的发展，其中"城乡融合""全域旅游""旅游扶贫""乡村振兴"一系列关键词在 2018 至 2021 年连续成为热点凸显关键词，说明随着中国村寨旅游空间生产的全面推进，逐步成为"精准扶贫"与"乡村振兴"的重要抓手，因而对于这方面空间生产的研究成果也逐渐壮大起来。

下面对旅游空间生产领域的研究前沿进行分析。研究前沿可以反映科学研究的新进展和新趋势，以及研究中具有创新性、发展性和学科交叉性的主题等。运用 Cite Space 来对研究前沿的新趋势和突变特征进行分析，其膨胀词探测算法可以将词频变化率高的词从大量的主题词中提取出来，以便确定研究领域的前沿。

旅游空间生产领域外文文献的研究前沿分析。将检索得到的 WOS 文献数据导入 Cite Space 软件中，节点类型选择关键词，首选标准数量 N 设置为 20，其余选项均保持默认，进行可视化分析，下一步进行突变分析，由于研究时间跨度较大，涉及关键词较多，故将突变性栏下的最短持续时段设置为 2，提取突变最少保持 2 年的关键词，得到表 2-42。

表 2-42　　　　　旅游空间生产领域外文文献前沿术语

关键词	强度	开始年份	结束年份	突变年份分布（2011~2021 年）
空间知觉	6.23	2017	2020	
城市空间	4.89	2019	2021	
旅游景观	3.94	2020	2021	

注："▬▬"为关键词频次突然增加的年份，"▬▬"为关键词频次无显著变化的年份。

如表 2-42 所示，2017 年以前没有出现旅游空间生产领域文献突现关键词，说明在 2017 年以前，国外对于旅游空间生产的研究还没有形成鲜明的学术前沿。

2017年旅游空间生产领域外文文献突现关键词为空间知觉（space perception），说明旅游空间生产在国际上成为热点的初期，学者们重点关注旅游目的地各方主体的空间感知问题；2019年后突现关键词在此基础上新出现了城市空间（urban space）与旅游景观（tourism landscape），说明在这一阶段学者开始关注旅游空间生产相关的景观环境变化、城镇化进程以及城乡旅游空间建设过程中出现的一系列应用问题，在这一过程中，学者们对旅游空间生产的研究不断深入，资本主义城市空间生产的经济社会影响及空间权益公平分配等内容已经成为学者们新的研究重点。通过对旅游空间生产领域外文文献研究前沿的分析可知，目前在国际环境下对于旅游空间生产的研究前沿在于新型旅游空间发展模式、空间绅士化、公共空间发展等方面的研究，这也符合目前中国对城乡空间发展的战略部署，近年的外文旅游空间生产领域文献对中国学者研究中国村寨旅游空间生产领域具有参考价值。

旅游空间生产领域中文文献的研究前沿分析。将检索得到的中国知网（CNKI）文献数据导入Cite Space软件中，节点类型选择关键词，首选标准数量N设置为20，其余选项均保持默认，进行可视化分析，下一步进行突变分析，由于研究时间跨度较大，将突发性栏下的最短持续时段设置为2，提取突变最少保持2年的关键词，得到表2-43。

表2-43　　　　　　　旅游空间生产领域中文文献前沿术语

关键词	强度	开始年份	结束年份	突变年份分布（2009~2021年）
空间结构	5.71	2009	2012	▬▬▬▬▬▬▬▬▬▬▬▬▬
空间分布	7.05	2017	2021	▬▬▬▬▬▬▬▬▬▬▬▬▬
乡村振兴	4.55	2019	2021	▬▬▬▬▬▬▬▬▬▬▬▬▬

注："▬▬▬"为关键词频次突然增加的年份，"━━━"为关键词频次无显著变化的年份。

如表2-43所示，2009~2012年旅游空间生产中文文献突现关键词为空间结构，说明在国内旅游空间生产学术前沿领域产生的初期，学者们重点研究空间生产相关的旅游空间规划布局问题；2017~2020年突现关键词为空间分布，说明在这一阶段学者开始关注我国城乡旅游空间建设过程中的区位差异及空间治理的问题；2019年至今，突现关键词为乡村振兴，说明我国乡村旅游空间生产对乡村扶贫振兴及文化重构等方面起到了至关重要的作用，因此引起了各领域学者的广泛研究，也为本书选取民族特色村寨旅游空间生产作为研究主题提供了一定的思路。

四、文献计量结论

（一）民族村寨旅游的研究文献计量结论

（1）通过对国内外民族村寨旅游研究发文量进行分析，发现外文文献数量高于国内文献数量，说明目前在民族村寨旅游领域的研究，国外的研究比国内的研究热度高，但中国在该领域的研究热度持续上升，在目前中国旅游产业发展中处于关键地位；同时，中国的发文量在所有的国家中排名第二，居于重要地位，大部分国家学术合作较为紧密，说明中国在国际民族村寨旅游领域的文献具有一定影响力，但其中心度数值相对较低，国家的影响力还有待提高。

（2）通过对民族村寨旅游领域的载文期刊进行分析，发现的民族村寨旅游外文文献多分布在环境科学、经济学、管理学、社会学以及酒店休闲体育及旅游等领域的期刊中，国内民族村寨旅游领域的文献主要集中在社会科学领域的民族学与教育综合、经济与管理科学领域的农业经济、资源科学、宏观经济管理与可持续发展、旅游层次以及农业科技领域的农业经济等研究层次。

（3）通过对民族村寨旅游领域的研究团队进行分析，发现外文文献作者共被引网络构建情况较好，其中阿尔特曼、怀特福德、安德森·本尼迪克特、亚当斯与其他作者的关联程度较高，形成以这些作者为中心的多个学术研究联盟；通过对外文文献机构发文方面的分析可以发现民族村寨旅游研究机构较为单一，发文的研究机构集中在高校，表明目前国际上对民族村寨旅游研究的主力为世界范围内各大高校，并且中国在民族村寨旅游领域的研究规模较大，说明中国高校在民族村寨旅游研究领域具有一定国际影响力。通过对民族村寨旅游中文文献作者的共现分析可以发现，陈志永、罗永常、吴忠军等学者是民族村寨旅游研究领域的重要学者，在民族村寨旅游研究领域具有较强影响力，这些重要学者主要致力于民族村寨旅游的社区参与、利益保障机制、旅游开发理念与原则、旅游环境承载力、民族地区旅游发展的时空演化等方面的研究。对中文文献发文机构进行分析可以发现，各研究机构应加强机构间合作。

（4）对民族村寨旅游领域重要文献的分析可以发现，外文重要文献多涉及在土著旅游战略、土著文化体验、土著旅游影响、游客感知等关键问题；中文重要文献多分布于民族村寨旅游的开发模式、辐射效应等方面的研究。

（5）通过对民族村寨旅游领域的研究热点及前沿分析可以发现，外文文献研究热点侧重于民族旅游、遗产旅游、城市、保护、文化遗产、可持续旅游、旅游影响、民族身份和土著旅游等方面，中文研究的热点侧重于民族村寨、旅游资源、乡村旅游、旅游开发、民俗旅游、民族地区、民族文化、旅游扶贫、传承、民族旅游等方面；对学术前沿的发展分析可以看出，目前国内外对于民族村寨旅游的研究趋于多样化与细化的同时，均开始注重国家政策影响方面的研究，说明对于民族村寨旅游的更全面研究对于中国发展具有重要意义。

（二）空间生产研究的文献计量结论

（1）通过对国内外空间生产领域研究发文量进行分析，发现外文文献数量低于国内文献数量，其中美国居于核心地位，与大部分国家的合作比较紧密，说明美国在空间生产领域的研究地位较高，仅次于美国的国家是英国、巴西和中国，中国发文量处于第四位，且与意大利、德国、澳大利亚、英国等国家也均有合作；同时，通过对外文文献的国家发文量分析发现美国的发文量最高，居于核心地位，中国发文量处于第四位，说明中国在空间生产领域的研究也具有较高的国际影响力。

（2）通过对空间生产领域的载文期刊进行分析，发现空间生产外文文献多分布在环境科学、经济学、地理学学、社会学以及城市区域规划等领域的期刊中，国内空间生产领域的期刊集中度较低，在中国城镇化进程不断推进的背景下，将逐步形成稳定的期刊群以及代表性期刊，同时该领域文献主要集中在分布在哲学与人文科学领域的地理研究、经济与管理科学领域的宏观经济管理与可持续发展、旅游、基础科学领域的自然地理学与测绘学以及工程科技领域的建筑科学与工程等研究领域。

（3）通过对空间生产领域的研究团队进行分析，发现在空间生产研究方面，国外已形成以亨利·列斐伏尔、大卫·哈维、史密斯·尼尔、爱德华·苏贾、米歇尔·福柯等作者为中心的多个学术研究联盟；通过外文文献机构发文方面的分析可以发现空间生产领域的研究机构相对单一，发文的研究机构集中在高校，表明目前在国际上对空间生产研究的主力为世界各大高校，同时还可以发现近年来中国科学院在空间生产领域的国际影响力不断上升；通过对空间生产领域中文文献作者的共现分析可以发现，作者间联系较弱，大多未形成科研合作团队；分析中文发文机构可发现，对于空间生产领域的研究不仅受到学术研究机构的重视，同时受到政府部门的关注,说明通过城市空间生产理论的研究来完善城乡空间格局的研究理论符合中国目前的发展需求。

(4)通过对空间生产领域重要文献的分析可以发现,国外重要文献多分布在城市扩张、空间批判和新型城市化等方面,中文重要文献多分布于新马克思主义城市空间理论分析框架、城镇化进程城市空间生产实践及相关现实问题等方面的研究。

(5)通过对空间生产领域的研究热点及前沿分析可以发现,外文文献的研究热点侧重于城市政治、社会空间、公共空间、空间生产、经济地理和城市空间等方面,中文文献的研究热点侧重于空间生产、资本逻辑、空间、城市化、空间正义、社会空间、全球化、列斐伏尔、空间转向等方面;对学术前沿的发展可以看出,目前对于空间生产研究的前沿领域在于空间正义、空间权利、城市空间治理、文化重构等方面,从而可以推理出新时期对于空间生产方面研究具有必要性。

(三)村寨旅游空间生产研究的文献计量结论

(1)通过对国内外村寨旅游空间生产研究发文量进行分析,发现国内外对于旅游空间生产的研究发文量趋势大致相同,且数量均较低,可以初步推断国内外对于旅游空间生产的研究不够深入、广泛。对外文文献进行发文国家分析可以发现,中国在该领域具有一定国际影响。

(2)通过对旅游空间生产领域的载文期刊进行分析,发现旅游空间生产外文文献多分布在地理学、经济学、社会学、环境科学以及旅游市场规划等领域中,国内旅游空间生产领域的期刊集中度较低,该领域文献主要集中在哲学与人文科学领域的地理研究层次、经济与管理科学领域的宏观经济管理与可持续发展、旅游、农业经济层次,以及基础科学领域的自然地理学与测绘学、资源科学层次中,主要涉及旅游开发与管理、社会空间格局、旅游空间正义伦理、旅游时空行为、环境科学与资源利用等方面,可以看出国内外期刊的关注点存在一定差异。

(3)通过对旅游空间生产领域的研究团队进行分析,国外已形成以尤里、哈维、列斐伏尔、巴特勒、科恩为中心的多个学术研究联盟;通过对外文文献的研究机构发文方面的分析可以发现旅游空间生产研究机构较为单一,研究机构集中在高校,且机构间合作不够紧密,这一点与旅游空间生产的研究尚未深入有关;通过对旅游空间生产中文文献作者的共现分析可以发现,各个作者联系较弱,大多未形成科研合作团队,在旅游空间生产领域各学者较为平均,没有明显权威的学者；对中文文献发文机构进行分析可以发现，机构类型单一，研究主力为各大高校。

（4）通过对旅游空间生产领域重要文献的分析可以发现，国外重要文献在旅游空间生产领域的研究在近几年并未形成聚类，说明在这一领域的研究需要更加深入；所检索到的旅游空间生产领域中文文献，多侧重于民族村寨旅游空间生产的理论构建、时空演变与影响作用等方面的研究。

（5）通过对旅游空间生产领域的研究热点及前沿分析可以发现，外文文献的研究热点侧重于游客实践、公共空间、社会空间、乡村旅游、文化遗产和乡村规划等方面，在旅游空间生产方面的研究，外文学术研究前沿侧重于市场、企业竞争与管理、各方主体的行为模式与动机等方面；旅游空间生产中文文献的研究热点则侧重于影响因素、空间结构、乡村旅游、空间生产、空间分异、空间重构、旅游、研究进展、空间形态等方面的研究；对学术前沿的发展可以看出，目前对于旅游空间生产研究的前沿术语为空间知觉、旅游景观、空间规划，说明目前在该领域的研究多侧重于村寨旅游空间生产辐射影响作用。

（四）研究述评

通过对民族特色村寨旅游空间生产研究成果的梳理归纳可以发现，现阶段国内外学者针对民族村寨旅游空间生产实践、旅游空间规划布局以及旅游空间生产矛盾问题与优化解决措施等相关内容进行了研究讨论，并取得了一定数量的理论成果，为本书尝试构建中国民族特色村寨旅游空间生产理论体系奠定了理论基础。

从整体来看，现阶段学者们关于民族村寨旅游空间开发实践在理论方法、发展模式、影响路径、案例经验等方面已经积累了大量宝贵成果，然而在民族特色村寨旅游空间权益冲突与可持续发展等现实困境的研究上，大多仍停留在对某一特定村寨或特定民族地区村寨旅游发展个案的调研分析，过于关注问题表象，少有从全局视角对我国少数民族特色村寨旅游空间开发进程中出现的共性问题与现实困境展开系统性阐述，深入剖析其内在本质与逻辑机理；在村寨旅游空间生产路径的优化选择上，也是以梳理总结某一类型的民族特色村寨旅游市场建设经验为主，同时辅之以国外最新乡村旅游发展模式与理论方法的借鉴引入与对比分析，相关研究成果较为零散，不成体系，因而在民族村寨旅游空间发展的路径规划上大同小异且抽象笼统，对指导各民族村寨旅游空间的具体建设缺乏针对性与实操性，与我国社会主义特征的结合也不够紧密。与此同时，在现有的研究成果中关于村寨旅游空间生产理论建构，尤其是针对中国特色社会主义民族村寨旅游空间生产理论体系的建构研究的成果较少，运用旅游空间生产理论分析并指导产业生产实践的研究成果数量不多且较为分散。

从理论基础来看，学者们最初对价格理论、产权理论经典经济学理论，之后对可持续发展理论、文化生态理论，近来对管理学、文化营销学、社会学理论，对民族特色村寨旅游建设实践展开了研究。空间生产理论提出较晚，国外学者们结合对资本主义城市空间生产矛盾的深入分析阐述，产出了一批有关空间生产实质、后果影响、分析框架等内容为代表的原创研究成果，进而形成了以"三元一体"空间生产理论、历史—地理唯物主义城市空间理论、第三空间理论等为典型代表的新马克思主义城市学派；而我国学者们的相关研究成果在初期大多翻译引进国外理论并进行分析，以介绍性和评述性成果为主，直到近十年才广泛出现以空间生产理论为基础而展开的城乡统筹发展、旅游市场建设等具体行业实践相关的理论分析研究。当前我国关于空间生产的研究大多还是以西方新马克思主义城市学派的相关理论为基础，从"空间正义""社会关系重构""时空修复""可持续发展"等主题出发，进行了一定的研究和探索。但是目前的研究成果理论基础仍较为薄弱且单一，研究视野有待开阔，鲜有将经典马克思主义思想与中国特色社会主义理论体系下的民族村寨旅游空间生产实践相结合的研究成果，缺少我国原创性的新理论，对我国社会主义特征影响下的空间生产实践提出的理论性指导、我国具体场景下应用的经验总结和村寨旅游空间生产关系理论中国化的尝试不足。

从研究领域来看，我国的学者们主要是从理论构建、发展模式、社区参与、市场运营和旅游辐射效应五个角度展开，如对民族特色村寨旅游开发的扶贫效应和文化保护效应，以及对民族村寨旅游建设中的社区参与路径的研究等；而国外学者则对民族旅游建设与文化变迁之间的相互作用较为重视，对他们的一般利用模式进行分析并提出建议。目前，大多研究成果仅仅关注研究现象，但寻究本质不足，仍停留在对研究现象或问题的总结上，未能从更宽理论视野"跳出"现象或问题看本质。

从研究方法来说，目前我国民族特色村寨旅游空间生产的研究更多地侧重于实证分析、个案研究和定性研究，全局性的系统研究、对比分析和定量研究相对较少，与国外研究相比，构建理论模式和利用模型进行实证研究的情况更为罕见。本书以构建理论模型为核心，对中国民族特色村寨旅游空间生产进行研究，同时辅之以实证模型对理论模型进行检验，以更好校验理论模型的科学性和准确度。

从研究范式来说，目前我国民族村寨旅游空间生产的研究成果中，还没有出现完全符合我国社会主义特征和旅游市场发展实际的体系化的分析框架。本书对中国民族特色村寨旅游空间生产理论的探索研究，应当从中国民族特色村寨旅游空间生产的内涵、特征、构成维度和划分依据等方向进行全方位的理论内涵分析。所以构建起一套完整的、以问题为导向的、分析中国民族特色村寨旅游空间生产特征的、能够提出针对性建议的理论体系，是本书编写的初衷。

从价值判断来说，基于当前学界研究缺少机制体系和对应的逻辑体系的现实情况，本书尝试从"理论批判"和"价值回归"两个角度对中国民族特色村寨旅游空间生产进行理论分析，并基于此提出明确的发展建议，最终实现整体的价值判断。

当前，无论是从乡村振兴建设、文旅融合发展，民族团结进步，还是从空间生产理论发展看，我国民族特色村寨旅游空间生产的研究迎来难得的历史契机，因此我们必须更为全面深入地理解民族特色村寨旅游空间生产的科学内涵，厘清民族特色村寨旅游空间生产问题及现实困境的逻辑机理，针对不同研究对象的特征，综合使用跨学科的研究理论与方法，定性与定量分析相结合，将马克思主义基本理论与中国特色社会主义理论体系结合，综合引入了新马克思主义政治经济学经济学、新经济地理学、人类学、旅游学等相关学派的经典理论与研究方法，立足中国本土实际，提出"人民逻辑"与"资本逻辑""使用价值"与"交换价值""政府调控"与"市场手段""国有经济"与"民营经济"相统一的民族村寨旅游空间生产理论，建立起一套中国特色社会主义民族特色村寨旅游空间生产理论体系。

第三章

中国民族特色村寨旅游空间生产的理论和现实基础

一、中国民族特色村寨旅游空间生产的理论来源

理论来源于实践又指导着实践，理论的科学性与正确性将对实践的成功产生深刻影响。正是在马克思主义政治经济学、区域经济发展理论、新经济地理学、新马克思主义城市理论和文化旅游学等经典区域空间开发和文化旅游建设理论的指导下，我国民族特色村寨旅游空间才得以实现改革开放以来到如今的逐步演化发展。作为社会主义国家，中国在民族村寨旅游空间建设进程中始终坚持将马克思主义政治经济学的核心观点作为理论指导与价值遵循，而伴随着国家不断地发展，还需要借鉴世界其他先进的理论，推动我国民族村寨旅游市场的持续发展。中国改革开放前20多年是初创探索时期，在改革开放的背景下，受到全球旅游业整体发展的影响，中国学习西方国家乡村旅游的建设经验，根据区域经济发展理论展开乡村旅游建设，奠定了我国民族村寨旅游发展的基础，为乡村经济发展提供了新的增长点。2000~2010年，我国高速发展成为世界第二大经济体，由于民族特色村寨有着特色的人文景观和秀丽的自然风光，能够满足生态观光和假日休闲的市场需求，民族特色村寨旅游市场实现了迅猛的发展。在此阶段，我国主

要借鉴学习了西方发达国家乡村旅游建设经验和新经济地理学、区域经济学与旅游市场开发等相关理论的指导，形成了一批具有代表性的民族特色旅游村寨，加快了民族村寨旅游开发的开发进程，其市场影响也大大增强，整体建设水平有了较为明显的提升。从2011年至今的产业结构深化发展与转型升级时期，国家持续加强对"三农"问题和民族地区脱贫发展的重视，积极发挥民族村寨旅游业的全面辐射效应，结合新时期我国民族村寨旅游发展现状和实践问题，对地理空间规划、区域经济发展和旅游市场开发运营的理论进行扬弃，基于新马克思主义城市学派的基本理论和分析手段，构建起一套具有中国特色的、适应中国现阶段发展特点的全新的中国民族特色村寨旅游空间生产理论体系，为新时期我国民族特色村寨旅游的高质量可持续发展提供理论支撑和参考路径。

（一）马克思主义政治经济学理论及其启示

马克思主义政治经济学是马克思、恩格斯于19世纪40年代初所创立的无产阶级政治经济学，伴随着无产阶级的革命斗争，马克思主义政治经济学发展十分迅速。以往资产阶级政治经济学只注重研究资本主义社会经济现象与运动规律，而有关无产阶级政治经济发展的理论长期缺位。19世纪无产阶级运动日益高涨的社会现实催生了指导无产阶级进行政治经济建设的理论纲领。马克思主义政治经济学是以特定社会制度与阶级关系中的社会生产活动作为研究视角，以物质生产的相关研究为出发点，并以随之产生的生产力与生产关系的发展为主线，来阐释社会历史进程中的经济发展规律。在理论来源上，其核心是资产阶级古典政治经济学和19世纪三四十年代英、法等国的空想社会主义。从理论主题的角度来看，马克思主义政治经济学以"社会生产关系"为主要研究对象，着重研究社会经济现象及其发展规律，进而揭示资本主义经济的本质。从理论目标的角度来看，马克思主义政治经济学通过对特定社会制度下不同阶级之间的生产关系进行研究分析，尝试揭示出历史进程中经济社会发展运动的价值逻辑与路径规律，进而为无产阶级革命提供理论武器。从理论贡献的角度来看，马克思主义政治经济学的出现有效指导了无产阶级争取自身阶级利益，创立了以劳动价值论为基础的剩余价值学说、资本积累理论、经济周期与经济危机理论等经典理论，对无产阶级和资产阶级间的矛盾进行了揭露，填补了立足无产阶级发展特征和利益诉求的政治经济理论研究的缺位，为无产阶级社会的建设发展提供了理论遵循，并勾勒了全民自由发展、共同富裕的最终蓝图。

马克思主义政治经济学理论的首要代表人物是卡尔·马克思。在其思想来源上，马克思批判学习了众多古典经济学理论与著作，为构建其无产阶级政治经济学理论做出了充分的理论准备。他主要基于自己所提出的辩证唯物主义与历史唯物主义理论框架和分析路径，深入剖析了当时资本主义社会出现的阶级矛盾、经济结构和生产关系之间的内在逻辑关联，展开了对资本主义古典经济学思想的系统批判，构建了适用于无产阶级生产发展的政治经济学理论与阐释路径。同时，他通过对资本主义社会发展历程的梳理和资本主义生产过程中本质矛盾的阐释，尝试对资本主义社会发展的最终趋向做出预测，进而建立起科学社会主义理论。其主要观点包括：（1）劳动二重性，马克思在对商品二重性研究的过程中，发现了具体劳动与抽象劳动的二重性，并分析得出了商品二重性与劳动二重性之间的辩证关系；（2）剩余价值学说，劳动价值论和剩余价值论是马克思主义政治经济学最核心的观点，马克思通过对包括"劳动与劳动力""使用价值与价值""资本与剩余价值"等几组概念进行深入剖析，解释其间的辩证关系，揭示出资产阶级无偿占有劳动者生产的"剩余价值"的剥削本质，创立了"剩余价值学说"；（3）资本积累与循环的规律，资本积累即剩余价值的资本化，马克思通过分析资本积累实质、形式与后果等内容，进一步得出资本的运动过程与资本主义的必然结果。在学科影响上，马克思从无产阶级劳动者的立场与诉求出发，创立了以剩余价值论为核心的马克思主义政治经济学，从历史的角度梳理得出资本主义社会经济发展的规律与周期性危机，揭露了资本主义制度的剥削本质和阶级斗争的经济根源，填补了针对无产阶级政治经济发展的理论空白，为无产阶级生产实践提供了理论指导与基本遵循。

从理论本身而言，马克思主义政治经济学的经典理论中几乎没有涉及乡村旅游发展的内容，然而从开发实践来看，中华人民共和国作为人民民主专政的社会主义国家，历届领导核心始终秉承马克思主义政治经济学的基本理念，立足不同发展时期的战略重点，对民族特色村寨旅游建设发展都进行了卓有成效的规划与调整。

第一个阶段是改革开放到20世纪末的二十多年初创探索期，主要是以邓小平理论中有关乡村经济建设与民族地区旅游发展的思想作为马克思主义政治经济学中国化的指导理论，引领我国民族村寨建设与旅游市场开发实践。

回顾改革开放以来村寨旅游发展的历史不难发现，在邓小平同志提出的"先富带后富"的经济发展理念和城乡旅游市场布局的推动引导下，我国民族村寨旅游开发建设全面兴起。这些指导思想和政策措施极大地促进了乡村旅游业战略地位的转变，拓宽了民族村寨经济社会发展的路径，推动了民族地区乡村旅游业的建设与居民收入水平和生活质量的提升。解决好三农问题对改革开放初期维持社会稳定和国民经济发展有着至关重要的意义,同时,这一时期我国民族村寨建设和旅游产业培育实践,也为后来社会主义新农村和全面小康社会的建设提供了宝贵经验与启示。邓小平同志关于旅游经济发展与农业农村改革的具体思想就是在党的十一届三中全会前后提出的。关于民族村寨旅游的开发与建设,邓小平的指导思想主要有以下几点。

第一,注重人民群众的切身利益和实际需求。以人民利益为核心是我国农村经济体制改革的根本宗旨,因此在民族地区村寨旅游建设进程中,必须牢固树立全心全意为人民服务的理念。"农民没有积极性,国家就发展不起来。"在乡村旅游业发展过程中,邓小平同志特别强调了发挥农民的积极性、主动性和创造性,调整不合理的生产关系和生产结构,聚焦人民群众最为关注的温饱问题、生计问题和收入问题,争取在乡村旅游开发建设中做到目标明确、合力解决、准确把握,实现民族地区村民收入水平和生活质量的确实提升。改革开放以来的农村经济体制改革和乡村旅游开发实践充分说明,只有乡村旅游业的开发符合广大人民群众的切身利益,才能够进一步推进乡村旅游业带动民族地区的经济建设和社会发展。在此当中,乡镇企业和乡村旅游业作为农村发展的新兴力量,在丰富产业结构、吸纳剩余劳动力、增加村民收入方面发挥了重要作用。邓小平同志明确指出,"乡镇企业为我国农村克服耕地有限、劳力过多、资金短缺的困难,为建立新的城乡关系,找到了一条有效的途径"。

第二,注重从实际出发,坚持实事求是。在我国民族村寨建设和乡村旅游市场开发进程中,党和政府坚持从当地的资源特点和实际情况出发,以分析处理现实发展问题为主线,制定的一切政策规划和指导意见都源于实践。因此可以说,邓小平的城乡发展观、旅游经济思想以及乡村旅游业的发展布局,自始至终都贯彻了实事求是的指导精神。实事求是是中国共产党思想路线的核心,也是改革开放以来我国民族村寨建设与旅游市场开发的根本性指导精神。改革开放以后,随着我国乡村旅游市场建设的逐步推进,民族地区大小村寨为了改变闭塞落后的社会现状,缩小地区间、城乡间的发展差异,立足自身的资源优势、文化特色和产业基础,积极发展村寨特色旅游业,取得了一系列令人瞩目的成果,村寨经济得到了切实的提升,人民生活得到了切实的改善。然而在村寨旅游市场建设进程中,地方领导干部或市场主体思想观念僵化落后、决策水平不足和自身能力限制,一味追求经济利益,刻板照搬典型经验,资源开发利用盲目粗放,不尊重客观规律,严重脱离了当地发展实际,对地方生态文化造成了巨大破坏。邓小平同志认为,应当进一步解放农村工作的思想,因地制宜进行发展。

第三,注重旅游业的辐射效应与乡村经济的多样化。党的十一届三中全会成功召开后，经济建设成为党和国家的工作重心，由此开始推进城乡改革，大力发展旅游业，并由此拉开了我国改革开放的序幕。在此之前，受"文化大革命"和集体生产、平均分配制度的影响，我国农村经济已处于崩溃的边缘，农村、农民处于极端困苦之中；旅游业长期处于"政治接待"的定位，对国民经济的贡献微不足道。1978~1979年，邓小平针对我国旅游业发展提出了一系列思路与想法，其核心在于阐述为什么要发展旅游业与怎样发展旅游业两个问题。他认为，发展旅游经济是加速中国社会主义现代化建设、解放思想、对内搞活、对外开放的突破口。他把旅游摆到了经济产业的位置，同时，也要把旅游业办成综合性行业，带动相关产业的发展，特别是调动各部门、各地方的积极性。

"九五"时期，我国旅游的发展不仅满足了人民群众的需求，为推动国民经济的发展作出了贡献，而且对经济、社会和文化综合发展的作用日益显著（段强，2002）。一批西部贫困山区依靠生态资源、民族特色优势大力发展旅游业，提升了地区经济活力，改善了村民的生产生活，产生了良好的示范效应。这些思想政策和综合举措的制定与实施，始终贯彻着"以人民为中心"的发展理念，立足人民群众的现实需求，进而实现了民族村寨旅游业的迅猛发展，对民族地区经济转型、民族村寨社会发展繁荣和团结稳定起到了重要作用，同时为党和政府民族地区产业发展的全新布局赢得了人民的广泛支持与配合。

第二个阶段是从21世纪伊始至2010年中国成为世界第二大经济体的高速发展期，主要是以科学发展观和社会主义新农村建设方针中关于乡村经济与民族旅游发展的思想作为马克思主义政治经济学中国化的指导理论，引领我国民族村寨建设与旅游市场开发实践。

回顾21世纪初的10年村寨旅游建设实践可以发现，在科学发展观和社会主义新农村建设思想的指导下，我国民族村寨旅游开发模式逐渐成熟，发展速度与建设水平均实现大幅提升，对我国民族地区农村经济社会发展、产业结构优化、农民脱贫致富产生了极其深远的影响。21世纪初，西部大开发战略的实施为民族地区的经济建设提供了重要的政策支撑。党的十六届三中全会上提出"坚持以人为本，树立全面、协调、可持续"的科学发展观；十六届五中全会作出了"建设社会主义新农村"的重大战略决策；2009年，国家民委、文化部、国务院等多部门制定了《关于繁荣发展少数民族文化事业的若干意见》和《关于做好少数民族特色村寨保护与发展试点工作的指导意见》，对民族村寨产业市场发展、优秀文化保护和民族团结进步提出了新的要求。旅游业作为综合性的绿色产业，在民族特色村寨经济社会发展和资源环境保护的过程中发挥了重要作用，成为民族地区新农村建设的关键途径。为了充分发挥旅游产业的全局辐射作用，国家旅游局也策划了一系列主题活动大力推动我国乡村休闲旅游市场发展。在此阶段，民族村寨旅游开发建设工作主要包括以下几个要点。

第一，以人为本，培养高素质人才队伍。"以人为本，全面协调可持续"的发展观的核心是提高人类劳动的生产力，目的是实现人与社会的全面发展。人才培养是推动民族村寨旅游发展的重要因素，高素质的专业人才队伍才能创造出优质的旅游产品，提供高水平的旅游服务。因此，在民族村寨旅游建设过程中要始终坚持以人为本，牢记广大村民的实际利益与发展诉求，既要提高其收入水平，拓宽其收入来源，又要提升其文化素质和认知水平，培养一支归属于当地的高素质旅游业人才队伍。在乡村旅游建设中，村民是乡村旅游开发的主体，他们既是村寨中自然资源和人文资源的所有者，也是创造者。因此，想把乡村旅游做大做强，就必须牢记以人为本，向他们展示旅游业在农闲时带来的额外收益，调动村民办旅游的积极性。一方面，要充分展现村民热情淳朴的性格，村寨独具特色的文化景观和自然风貌；另一方面，还要加强对村民的教育培训，增强他们的文化素质和开放意识，提高他们的经营管理能力与服务意识。只有这样，才能实现乡村旅游的持续发展，更好发挥旅游业在民族地区的经济效应。在不断的发展过程中，我国乡村旅游发展有效提升了村民收入，促进了当地经济的发展，缩小了地区之间的发展差距，同时还提升了村民的文化水平素质，为新农村建设提供了重要的助力。

第二，科学规划，实现协调发展。科学发展观的基本要求便是全面性、协调性和可持续性，要求必须处理好环境、经济和社会的关系。旅游业是综合性产业，乡村旅游发展要通过科学系统的规划，有机整合乡村旅游资源，将生态、民俗、文化融为一体，因地制宜，有序推进，逐步完善，打造优质旅游产品，实现乡村旅游和谐、有序、健康发展。在乡村旅游开发中，不可避免地要兴建一些旅游基础设施与服务设施，必然会对村寨的生态环境和村民生活造成影响。因而，在建设之初就应该立足长远，充分考虑与当地自然文化的兼容协调，因地制宜、分步骤有序实施开发计划，尽力避免出现急于求成、盲目发展的情况。然而在现实中，我国民族地区虽然具备得天独厚的资源优势，但村寨旅游业发展不尽如人意，资源开发盲目粗糙，产业结构不合理，对生态环境和人文景观甚至起到了反作用。造成这种情况的主要原因在于民族地区部分领导干部规划能力不足，发展观念有误。由此可见，以科学发展观为指导全面规划、合理布局、因地制宜的乡村旅游建设思路对提升行业发展水平、发挥旅游业在新农村建设中的带动作用意义重大。

第三，突出特色，开发宣传优势资源。在以旅促农、着力推动乡村旅游发展的过程中，应主要着重突出特色、发挥优势，加强宣传推介，打造品牌项目，提升乡村旅游业的竞争力与生命力。我国优质乡村旅游资源种类丰富、特色鲜明，且呈现一定规模，对国内外的游客具有巨大吸引力。在乡村旅游产品的开发和设计中，应当充分利用好民族特色文化和民俗文化，树立品牌意识，推动乡村经济社会文化的全面发展。对于如何发挥资源优势，突出地方特色，相关政策文件中也提供了指导思路：一是着眼独特的自然景观、田园风貌，满足游客的审美需求；二是立足传统文化优势，挖掘村寨的文化历史，满足游客的精神享受；三是突出地方民族特色，在食住行游购娱六要素中充分体现民族元素，满足游客对跨文化体验的需求。自西部大开发战略实施以来，民族地区旅游业迅猛发展，成为地区的支柱性产业或重点发展产业。在科学发展观和建设新农村的战略布局下，民族村寨遵循全面协调可持续的发展原则，依托资源优势大力推进村寨旅游开发，挖掘并保护特色文化景观，加强对民族特色产品的宣传推广，提升其知名度与辐射效应。在这些政策思想的作用下，民族村寨旅游发展取得了令人瞩目的成绩，促进了民族地区村民收入增加、产业结构调整与经济社会全面发展。

第三个阶段是2011年至今的转型发展期，主要是以习近平新时代中国特色社会主义思想中有关乡村振兴和旅游扶贫的理论作为马克思主义政治经济学中国化的最新成果，对民族村寨旅游开发实践进行指导。

习近平总书记立足当前我国经济社会发展全局，先后提出了精准扶贫与乡村振兴战略思想，将旅游业作为广大乡村地区振兴的重要引擎，强调科学规划部署，推动各方综合发力，实现产业融合发展，不断凸显乡村在旅游业的优势和价值，在世界范围内提供了乡村旅游的中国方案。我国大多民族村寨交通相对闭塞，因而发展较为落后，是乡村脱贫建设进程中的重要内容，2012年，国家民委制定了《关于少数民族特色村寨保护与发展规划纲要》，主要任务之一就是实现民族特色村寨的经济社会发展与文化传统保护。与此同时，随着大众旅游、全域旅游时代的到来，《"十三五"脱贫攻坚规划》中提出因地制宜发展乡村旅游、大力发展休闲农业、积极发展特色文化旅游，旅游扶贫逐步成为民族特色村寨脱贫发展的一条重要路径。乡村振兴战略是以习近平新时代中国特色社会主义思想为指导，坚持从乡村建设的全局出发，牢固树立新发展理念，落实高质量发展的要求，最终实现"产业兴旺、生态宜居、乡风文明、治理有效、生活富裕"的全面乡村振兴。现如今我国的民族村寨旅游开发建设具有更强的科学性、整体性与系统性，同时也极富中国特色，为其他国家的乡村发展与脱贫实践提供了经验参考。在2018年1月发布的《国务院关于实施乡村振兴战略的意见》中，习近平强调："三农问题是关系国计民生的根本性问题。""坚持稳中求进工作总基调，牢固树立和贯彻落实创新、协调、绿色、开放、共享的新发展理念……走中国特色社会主义乡村振兴道路。"[①] 进入新时代,我国民族村寨旅游发展主要遵循以下原则。

第一,以"人民性"为核心。习近平多次强调以人民为中心,并以此为指导思想开展民族村寨旅游建设。在民族村寨旅游开发过程中,坚持将以人为本的理念贯穿始终,具体体现在以下几个方面。首先,新时代大力推进的是以人为核心的民族村寨旅游发展。我国广袤的农村土地、庞大的农民基数与复杂的社会情况决定了乡村旅游业的发展必定是一项长期性、系统性、全局性的工程。其次,新时代全面推进民族村寨旅游开发,就是为了服务于广大农民群众。自 2011 年起,国务院、国家旅游局、农业部、发改委等多部委多次发布相关政策文件,指导推进乡村旅游的发展,充分展现了国家对"三农"问题与旅游扶贫的高度重视。在十九大报告中,习近平总书记提出乡村振兴战略,并指出"最终发展目标是乡村全面振兴,农业强、农村美、农民富全面实现"。围绕农民群众的现实利益问题,不断提升农民的收入水平,拓宽农民的就业渠道,提升农村劳动力的技能素质和竞争力,推动村寨基础设施条件与公共服务水平的全面升级,持续改善村寨的民生保障水平和人居环境,把民族村寨建设成为和谐美丽的新家园。这些举措都是为了提升村民的获得感和幸福感,将以人为本、执政为民的工作思想贯彻到底。除此以外,习近平总书记多次强调乡村旅游的扶贫效用,即带动乡村产业链的联动发展,拓宽村民收入渠道,提升村民的文化水平,激发贫困人口内生动力。扶贫先扶智,在旅游开发过程中,应汇聚全社会力量为乡村振兴提供智力支持,大力培育复合型农民,鼓励各界人才驻村帮扶,提升贫困群众的基本技能,推动其通过自身努力脱贫致富。对于这些问题,总书记既提出了大方向的指导思想,也指出了微观层面的工作要点,将"以人为本"的核心观念融入了民族村寨旅游发展的全部环节。

第二,以"科学性"为准则。旅游扶贫作为一项帮助民族地区农民脱贫致富的民心工程,习近平总书记十分重视其开发建设的科学性,坚持因地制宜、循序渐进,立足特色旅游资源,遵循客观规律,以"科学性"为准则进行村寨旅游规划开发。首先,顶层设计要科学。民族村寨旅游是涉及农业、交通、金融、文化、商贸等诸多部门和行业的综合性产业,关联效应显著,因而要强调规划先行,实现乡村旅游的带动作用,促进乡村地区产业融合,人民生活幸福。其次,资源开发要科学。民族地区发展乡村旅游的突出优势在于其独具特色自然生态与

[①] 国务院关于印发"十三五"脱贫攻坚规划的通知。

民族文化资源，这些异文化体验对游客有巨大吸引力，是民族特色村寨旅游发展的基础和关键推动力。对于历史文化景观，要在保护传承的基础上创造性地发展与转化，循序渐进地进行旅游开发，切忌盲目无序地改造与建设，从而实现乡村旅游持续发展。那些急功近利、不惜牺牲生态和人文环境换取经济收入的旅游开发模式对于整个乡村旅游经济的影响是致命的。最后，发展定位要科学。习近平总书记在《"十三五"旅游业发展规划》中提出，乡村旅游开发要处理好保护与开发的关系，形成人与自然和谐发展的现代旅游业新格局。乡村旅游发展要植根于当地的自然禀赋与特色文化，尊重客观规律，准确定位村寨旅游的核心竞争力，科学规划旅游产品，提升品牌知名度，实现高质量融合发展。

第三，以"可持续性"为目标。在党的第十八届五中全会上，习近平总书记立足我国国情，鲜明地提出了"创新、协调、绿色、开放、共享"的新发展理念，指明了未来一段时期我国的发展思路、方向和着力点。一是创新。创新是引领发展的第一动力，能够提升发展的速度，保障发展质量，实现可持续发展。由于我国的特殊国情和现阶段的城乡发展现状，我们很难再从西方发达国家的乡村旅游建设中找到相关参考经验，或是合适的发展模式，因此必须自主创新。在新时代实施乡村振兴的战略背景下，乡村旅游作为农业农村发展新动能，对民族地区脱贫攻坚、产业融合与业态创新的推动作用尤为显著，必须充分发挥旅游业的驱动力，转变发展理念与思路，拓展民族村寨建设的新路径，加强新型技术的应用推广和创新人才的引进培养，探索民族村寨旅游发展的新模式。二是协调。协调既是民族村寨旅游发展的内在要求，又是其发展的目标，还是评价其发展的标准。我国民族村寨旅游要实现全面协调可持续的发展，既要包括城乡间的协调、区域间的协调、人与自然的协调，同时也要注意产业结构的协调、物质文明和精神文明的协调、利益主体间的协调。在旅游开发过程中合理利用优质资源，发挥优势，补齐短板，以此推动民族村寨的开发保护与全面振兴。三是绿色。绿色发展关注的是人与自然和谐的问题，是永续发展的必要条件。民族村寨丰富多彩的自然生态资源和人文资源是乡村振兴和旅游业发展的基础，要时刻牢记习近平总书记提出的"绿水青山就是金山银山"的理念，落实保护优先、自然恢复为主的建设方针，将民族村寨打造成生态宜居的美丽家园，实现人与自然、人与人的和谐共生，以及民族村寨旅游业的持续健康发展。四是开放。开放是实现内外联动、繁荣发展的必由之路。从封闭走向开放、从自给自足的小农经济走向"一带一路"国际合作是我国民族地区乡村振兴的重要途径。要充分发挥村寨旅游的全局辐射效应，打开民族村寨的大门，借助"一带一路"倡议与打造跨区域特色旅游功能区和精品旅游带的重要契机，依托独特的生态文化资源，尤其是边境地区

"同族同教"的现实基础，克服民族地区"边缘化"区位劣势，实现区域间、国内外联动发展，互惠共赢，充分释放乡村旅游业的发展活力，从而促进民族地区乡村全面振兴。五是共享。共享是中国特色社会主义的本质要求，关注的是社会公平正义问题。共享发展最终要实现的是全民共享、全面共享、共建共享、渐进共享。新时代要大力发展乡村旅游，发挥旅游扶贫效应，在以旅促农实现乡村振兴的过程中要贯彻落实公平共享的原则，民族村寨旅游开发在政治、经济、文化、社会各方面取得的建设成果一定要惠及全体人民，切实保障人民各方面的合法权益，努力缩小区域间、城乡间的发展差距，进而推动民族地区乡村旅游健康可持续发展。

改革开放以来，我国几代领导集体秉承马克思主义政治经济学理念，为民族村寨旅游业的发展贡献了一系列极具启发的思考与典型的开发实践，这些观点对中国民族特色村寨旅游空间生产理论构建的作用与启示有以下几点。

第一，加强组织领导，协调民族地区各区域间村寨旅游发展水平，对解决我国民族特色村寨旅游区位发展不平衡的问题具有一定的参考价值。从现实来看，我国民族村寨旅游业在各个发展阶段都存在区位发展不平衡的问题，区域间旅游发展的差距较大。在初创探索期，邓小平主张村寨旅游开发建设要从实际出发，立足村寨自身基本条件、特色资源和发展现状制定旅游开发战略，统筹各地区旅游发展；在高速发展期，胡锦涛提出"全面协调可持续"的科学发展观，强调村寨旅游在开发过程中要合理规划、科学布局，在一定程度上实现了区域间村寨旅游的统筹发展；在转型发展期，习近平提出"五大发展理念"，指出以"科学性"原则进行乡村旅游开发，逐步缩小不同地区间的村寨旅游发展差距，实现统筹协调发展。由此可见，村寨旅游要实现区位间的协调发展，必须加强组织领导，从各村寨发展实际出发，统筹全局，科学规划。因此，我国民族特色村寨旅游的建设与发展要以全局性的眼光进行统筹规划，在政策的指导下，尽快妥善解决村寨旅游区位发展不平衡的问题。

第二，科学系统规划，控制村寨旅游开发速度，提升旅游承载服务力，对妥善处理我国民族特色村寨旅游开发速度与承载能力不协调的问题具有一定的参考价值。从现实来看，我国民族村寨旅游在各个发展阶段都存在因开发速度过快而带来了一系列问题，村寨中的自然生态资源、历史人文景观、收入生计结构、社会文化习惯等方面在旅游发展的过程中都出现了矛盾，给村寨空间承载力和旅游服务能力带来了不小的考验。在初创探索期，邓小平强调实事求是地进行村寨旅游开发，切忌发展脱离实际、脱离人民、盲目跟风，在一定程度上减轻了村寨旅游承载力危机；在高速发展期，胡锦涛提倡全面协调可持续的发展，通过科学规划、合理布局、逐步推进村寨旅游建设，注重人与人、与自然的协调，提高了村民的服务意识与文化素质，很大程度上缓解了开发速度过快所造成的不利影响；在转型发展期，习近平多次明确提到农村发展加强统筹规划，推进产业融合，发挥旅游业的带动作用，培养经济发展新动能，提升村民的认知水平，实现村寨全面协调发展，努力解决旅游开发速度过快与村寨承载能力间的矛盾。由此可见，只有做到实事求是、系统规划、全面协调，才能提升村寨承载力和旅游服务能力，实现村寨旅游的高质量发展。因此，我国民族特色村寨旅游的建设与发展要科学规划、合理布局，注意处理好速度与规模间的关系，实现旅游开发速度和质量的最优协调。

第三，加强规划引领，因地制宜制定方案，牢记保护优先绿色发展，对解决我国民族特色村寨旅游资源开发不可持续的问题具有一定的参考价值。从现实来看，我国民族村寨旅游在各个发展阶段都存在为快速获得旅游经济收益而盲目短视地进行资源开发的现象，这对村寨生态环境、历史人文景观、社会交往结构、文化身份认同等方面产生了难以复原的巨大影响，阻碍了村寨旅游业的可持续发展。在初创探索期，邓小平强调村寨旅游开发要从实际出发，因地制宜制定科学规划，切忌盲目无序大兴土木，减少对资源的浪费，使旅游业在民族地区健康发展；在高速发展期，胡锦涛提出的科学发展观将"全面、协调、可持续"作为新时期的发展要求，指出村寨旅游开发要科学规范布局，加强监督保护，注重开发建设与村寨文化环境协调性，立足长远，一定程度上减少了急于求成、盲目发展的情况；在转型发展期，习近平明确指出村寨旅游发展要牢固树立并贯彻落实"五大发展理念"，将健康可持续作为发展目标，处理好开发与保护的关系，科学合理利用村寨资源，实现村寨旅游绿色发展，尽力处理好民族村寨旅游资源开发不可持续的问题。由此可见，在充分发挥村寨旅游业经济效应的同时，也要注意科学合理开发与利用村寨资源，以绿色发展引领乡村振兴。因此，我国民族特色村寨旅游规划与建设务必遵循发展现实与客观规律，因地制宜、科学规划、稳步推进，实现旅游业的持续健康发展。

第四，保障人民主体地位，维护旅游开发空间正义，对处理与解决我国民族特色村寨旅游空间非正义的问题具有一定参考价值。从现实来看，我国民族村寨旅游业整体发展速度较快，规模影响较大，尤其在新农村建设与乡村振兴的战略背景下，不断推动村寨旅游建设的过程中存在的空间正义问题日益明显，村民的经济社会地位、个人情感诉求等多种权益都受到不同程度的侵害。针对这一问题，在初创探索期，邓小平指出村寨旅游发展要注重人民群众的利益诉求，发挥村民们的积极性与主动性，通过旅游发展带动村寨经济，改善民族地区人民的生活；在高速发展期，胡锦涛坚持以人为本的科学发展观，倡导通过发展旅游业推动建成生产发展、生活富裕、乡风文明的新农村；在转型发展期，习近平多次强调以人民为中心的发展思想，明确提出以人为本、执政为民是中国共产党根本性质的集中体现，坚持村寨旅游发展要惠及全民，发展成果由全体村民公平共享。由此可见，重视尊重村民发展意愿，切实发挥村民主体作用，对缓解现阶段村寨旅游发展中凸显出来的利益分配不公平、空间非正义问题有重要启示意义。因此，我国民族特色村寨旅游的开发建设要牢记并贯彻以人民为中心的思想，把以人为本和空间正义作为村寨旅游发展的根本价值取向，彻底解决旅游空间非正义的问题。

（二）区域经济发展理论及其启示

区域经济发展理论是20世纪50年代以来，西方经济学家为寻求区域间资源要素的最优分配方案而演化出的理论学说。区域经济发展理论的兴起和发展与"二战"后西方资本主义国家国内日益显著的地区间经济发展不平衡问题密切相关，传统的新古典经济学区位理论已经无法适应发展现状，新时代亟须能够解释区域经济二元结构成因、提出化解方案的研究理论。区域经济发展理论在凯恩斯主义的影响下，通过引入宏观经济学的方法对劳动就业、要素流动、区域经济政策等问题进行分析，试图揭示区域经济两极分化的内在成因，解决地区间资源合理配置和产业最优布局问题。

区域经济发展理论的代表人物包括佩鲁、缪尔达尔和赫尔曼。其中，在思想来源上，佩鲁深受当时流行的发展经济学理论和熊彼特创新理论的影响，认为经济的增长是由经济增长极不断扩散其影响导致的。经济发展的主要动因是技术进步或创新，而增长极就是创新的发源地。同时，"现代区位论"的创始人沃尔特·艾萨德对区域经济开发理论与方法的研究，也为区域经济发展理论的形成奠定了基础。在路径阐释上，区域经济发展理论主要从区域空间结构和资源配置的角度出发，对资本主义国家内部出现的区域经济二元发展现象进行深入解读，分析区域间资源劳动力流动、产业结构演变的规律，为制定经济政策和发展规划提供参考依据。在主要观点上，该理论一方面指出在市场机制下，经济增长依赖于区域发展的非均衡性，但市场机制本身并不能使区域差距自动消失；另一方面，该理论从宏观经济的角度对区域发展差异进行分析，间接地表明了政府在促进区域经济均衡协调发展中的重要作用。在学科影响上，第一，区域经济发展理论作为区域经济学和发展经济学的重要成果，拓宽了研究内容，改进了分析方法，开创了区域经济发展新的研究范式；第二，区域经济发展理论弥补了传统区位理论微观分析的局限，从宏观视角出发分析区域经济总体结构与政策制度的作用效果，为区域经济发展分析提供了新思路与视角；第三，区域经济发展理论采用动态非均衡的结构主义分析方法来研究区域发展问题，构建了区别于传统区域理论静态均衡分析的新研究范式，为解决区域经济发展两极分化现象提供了理论依据和方法指导。

区域经济发展理论中关于城乡协调发展的观点认为，在理论主题上，区域经济发展理论从"产业布局、资源分配和规划"的视角，将区域不均衡发展的成因分析以及资源合理配置、优化产业布局等问题作为重要理论主题。在理论目标上，区域经济发展理论通过对现实中区域经济二元结构的成因进行剖析，为资源要素合理配置和地区产业分工布局提供理论指导。在理论贡献上，区域经济发展理论一改传统区位理论过于强调经济发展的内在规律和市场作用，却忽略了生产力布局、经济政策等宏观要素，从总体出发，通过发挥政府力量，调整政策手段实现各类经济要素在区域内的最优布局，为其他国家区域经济健康发展提供了理论借鉴。

区域经济发展理论中关于城乡经济协调发展的重要观点对我国民族特色村寨旅游空间生产理论构建的作用和启示有以下几点。

第一，制定整体战略规划，协调各区域间村寨旅游发展水平，对化解我国民族村寨旅游区位发展不平衡的问题具有一定的参考价值。从现实来看，改革开放以来，邓小平立足我国经济发展的区位差别，提出区域经济非均衡协调发展的战略，主张"先富带后富"，合理发展地方经济，以地方特色产业带动经济发展。旅游业作为民族地区经济发展的重要驱动力，对民族村寨脱贫致富作用明显，在特色资源、区位优势和优惠政策的推动下形成了一批典型民族特色旅游村寨；与此同时，由于地理位置、资源禀赋和基础设施的差距，一部分地处偏远的民族村寨仍发展较为落后，鲜少涉足旅游开发与投资。由此可见，民族村寨旅游要实现全面协调，就要减少因自然条件、开发投入、政策不平衡而造成的影响。因此，我国民族特色村寨旅游建设与发展要放眼全局，制定整体规划，综合分析地区旅游发展潜力，发挥优势产业的带动作用，在政策引导下合理协调与分配民族地区产业开发投入，缩小区域间村寨旅游发展水平，尽力化解区位发展不平衡的问题。

第二，科学配置资源要素，渐次推进旅游开发，提升村寨旅游承载能力，对解决我国民族村寨旅游开发速度与承载能力不协调的问题具有一定的参考价值。从现实来看，我国民族地区旅游业虽起步较晚，但发展迅猛，极大促进了当地经济社会发展，成为几乎所有民族地区的支柱性产业。然而高速推进的旅游开发建设对区域自然生态和文化环境都产生了不同程度的冲击，部分地区旅游开发急功近利、缺乏规划，超出了村寨的承载能力，产品服务质量粗糙、雷同，对村寨发展造成了一系列负面影响。由此可见，只有合理规划利用资源，稳步推进开发进程，完善基础设施建设，提升产品开发和旅游服务质量，才能实现旅游开发速度与村寨承载能力的协调，取得最佳经济社会效益。因此，中国民族特色村寨旅游开发建设要在全面考察地区资源、人口素质、服务质量等要素的基础上，科学规划村寨旅游发展路径，合理运用资源要素，处理好开发速度与规模质量的关系，努力实现村寨旅游开发速度与服务质量的最优协调。

（三）新经济地理学理论及其启示

新经济地理学是 20 世纪 90 年代，以美国和日本为代表的资本主义国家经济学家所开创的新学说。新经济地理学研究的兴起和发展与经济全球化和区域化的发展趋势密切相关，新古典经济学和传统区位理论已经无法充分解释各国间的贸易活动和经济关系，新时代亟须一套解释经济活动与区位关系的研究理论。新经济地理学的发展正值报酬递增理论革命的大背景，该理论通过引入非线性的动态研究方法深入分析空间中产业集聚的产生原因，试图揭示出区域经济发展差异的内生影响因素以及这些要素的作用机理。

新经济地理学的代表人物是保罗·克鲁格曼。在思想来源上，克鲁格曼在杜能、韦伯、克里斯泰勒、廖什、艾萨德等的传统区位理论思想的基础上，充分吸收了主流经济学在收益递增与外部经济、内生增长理论、新贸易理论等理论成果，将迪克西特和斯蒂格利茨的垄断竞争理论和萨缪尔森提出的"冰山成本"引入经济地理学，构建了内生发展模型，拓展了内生的空间集聚与分散理论，为进一步研究空间均衡问题和理论奠定了基础。在主要观点上，他认为在全球市场与国际贸易活动中，经济发展的空间状态存在多重均衡，而不再是传统理论中所追求的唯一稳定的均衡状态；同时，他提出产业的空间聚集效应，产业或生产活动为缩减运输成本而不断趋于集中，而这种空间集聚同时也遵循路径依赖原理，从而导致产业的长期聚集，最终形成新的经济地理格局；此外，他首次将规模经济和垄断竞争带入经济地理学，基于不完全竞争和规模报酬递增的假设，构建了新的理论模型。在学科影响上，第一，新经济地理学丰富了经济地理学理论内容，开创了经济地理学新的研究范式，为新的时代背景下经济地理学区位分析建模提供了启发性的思路和方法；第二，新经济地理学充分借鉴了新贸易的增长理论和分析方法，以不完全竞争、报酬递增和多样化需求作为基本假设构建了区位分析的新理论与方法，对经典理论进行了继承、发展和完善；第三，新经济地理学通过引入最新理论成果与研究方法，解决了许多传统区位理论未能解决的难题，在经济全球化的背景下对区域发展的指导意义更加明显。

从指导思想的角度来看，新经济地理学在新古典经济学和传统区位理论的基础上，借鉴融入了新贸易理论、产业组织理论、非线性动力学理论等理论成果与分析框架，是为更好地研究经济活动的空间区位问题而建立的新理论。从理论主题的角度来看，新经济地理学以收益递增和外部经济为核心，从产业内生发展结构出发，着重研究分析经济活动的空间分布以及区域经济增长动力。从理论目标的角度来看，新经济地理学强调经济增长在空间区位上存在多重均衡，是非连续、非单调的，通过对向心力与离心力相互作用的分析，揭示造成区位经济发展差异的内生力量，为经济全球化背景下区域经济发展规划提供了重要的学理支撑。从理论贡献的角度来看，新经济地理学将空间因素纳入西方主流经济学的分析框架中，通过建立不完全竞争市场结构下的规模报酬递增模型，将产业聚集与国际贸易因素紧密联系起来，解释了多种空间尺度的经济现象。

新经济地理学中有关城乡协调和产业发展的重要观点对中国民族特色村寨旅游空间生产理论构建的作用与启示有以下几点。

第一，进一步推进生产要素的快速流动，加强区域间合作，对化解我国民族村寨旅游区位发展不平衡的问题具有一定的参考价值。从现实角度来看，改革开放以来，我国一大批拥有区位优势、特色资源和政策优惠的典型民族特色旅游村寨迅速崛起，资本、生产要素和劳动力不断涌入，村民的收入状况、生活水平与文化认知大幅提升，村寨产业结构得到丰富，实现了经济社会共同发展；与此同时，西南广大民族地区还存在众多特色村寨由于地理位置不够便利、交通基础设施不完善、品牌知名度较低的问题，旅游发展滞后，村寨产业结构单一，经济发展缓慢，村民仍主要依靠传统农业种植为生。由此可见，民族村寨旅游要想实现区位平衡发展，就要加强区域间的交流合作，促进劳动力和生产要素的流动，做到"先富带后富"。因此，为了缩小民族地区旅游发展的区位差距，实现区域协调发展，应该充分发挥典型村寨的辐射带动效应，加强村寨间的沟通合作，打造一体化旅游线路，培育民族特色旅游聚集区，重构村寨空间，整合地区资源，优化配置，促进资源要素与劳动力在区域间相互流动，深化各村寨的旅游分工与合作，充分发挥村寨自身特色与产业优势，依靠内生力量实现民族地区旅游全面协同发展。

第二，加强村寨旅游开发的监管力度，健全旅游管理体制，动态追踪产业联动效果，对解决我国民族村寨旅游开发速度与承载能力不协调的问题具有一定的参考价值。从现实来看，我国村寨旅游开发过程中长期都存在因开发速度过快而与村寨空间承载力和旅游服务能力产生的大小矛盾，给村寨生态资源、人文景观、社会结构等方面带来了一系列问题。由此可见，民族地区发展村寨旅游时要注意科学把控开发进度，合理规划特色资源，政府要强化对旅游开发的监督和管理，实现产业全面协调、可持续健康发展。因此，要完善相关政策法令，设置专门机构进行宏观调控与监管，充分发挥公共政策的规范作用，动态追踪并分析旅游发展现状，加强本地旅游人才素质培育，通过与专业研究机构合作，分析评估各项公共政策与产业发展的协调情况，尽力平衡村寨旅游承载力与旅游发展质量之间的矛盾，以绿色协调发展引领民族村寨的建设与乡村振兴。

（四）新马克思主义城市学派理论及其启示

新马克思主义城市学派是以法国、美国为代表的资本主义国家的学者们自20世纪60年代以来创立发展的新学说。由于传统的实证主义地理学和城市社会学无法解决资本主义国家出现的城市危机，新时代亟须能够揭开城市发展问题与社会矛盾成因、构建出系统分析路径、提出解决方案的全新研究理论，新马克思主义城市学派应运而生。新马克思主义城市学派从马克思主义经典理论与基本立场出发，将历史唯物主义思想与唯物辩证法引入地理学和城市分析，基于资本主义生产方式对城市空间问题展开讨论，对其深层的政治经济动因进行分析与批判，试图揭开造成资本主义城市危机与空间矛盾的根本原因。

亨利·列斐伏尔、大卫·哈维和曼纽尔·卡斯特是新马克思主义城市学派的代表人物。

从思想来源的角度来看，列斐伏尔深受黑格尔、马克思和尼采三位大师思想的影响，一生致力于把三位的思想融为一体，首创性地将"空间"概念系统地引入马克思主义历史唯物辩证思想中，从劳动与生产的角度出发，综合运用马克思主义政治经济学理论与方法对当代资本主义城市社会问题展开系统研究。大卫·哈维在哲学空间转向、地理学人文转向的背景下，充分吸收了马克思主义历史唯物主义理论与列斐伏尔的空间生产思想，同时受到了怀海特过程哲学和尼尔·史密斯不平衡发展思想的影响，构建了历史—地理唯物主义理论体系；曼纽尔·卡斯特则受到阿尔都塞学派结构主义思想的启发，以结构主义马克思主义方法为切入点，同时借鉴引入了阿兰·杜兰的社会运动理论与列斐伏尔的空间生产理论，试图把社会生产历史过程的空间联系起来，并贯彻国家权力，建立"结构主义马克思主义"理论的城市体系。

从路径阐释的角度来看,列斐伏尔从空间的社会性出发,对资本主义空间思想进行系统梳理与历史批判,试图恢复马克思主义在城市科学中的话语权,进而探讨差异空间的生产及社会主义空间的可能性,为马克思主义理论发展的"空间转向"奠定了基础;哈维从地理学的角度切入,秉承了马克思主义理论的基本观点,尝试将空间作为一个积极的因素纳入历史唯物主义的分析框架之中,探讨了空间和资本积累与城市危机之间的关联,进而揭露资本主义不平衡地理发展的本质;卡斯特从城市社会学的视角出发,综合运用了结构主义马克思主义理论方法,围绕城市社会运动与集体消费问题展开论述,进而揭示"消费社会"历史情境下城市的本质、功能、过程、意义与城市社会运动和阶级斗争的本质及成因。

从主要观点的角度来看,列斐伏尔提出"空间中的生产"与"空间的生产"两个概念,指出空间是社会关系的产物,一经形成又制约着社会关系的发展,强调空间生产的本质即社会关系的生产与再生产;同时,他认为"政治性"是空间生产的本质属性,空间是权力斗争的媒介和最终场所,各种政治与意识形态、矛盾与斗争等贯穿全过程;而且,他还认为"空间正义"是空间生产的伦理诉求,人们对空间资源和空间产品的生产交换活动应当公平合理,在此基础上"城市权利"的概念应运而生;此外,他指出"差异空间"是空间生产的理论归宿,并提出"都市革命"的主张,打破同质化的空间压制,以争取差异的空间权利。哈维则从地理学的视角阐释并挖掘马克思主义理论中蕴含的空间思想,对资本主义不平衡地理发展造成的空间生产问题进行深入解读,进一步发展了不平衡地理发展理论;同时,他继承了马克思对资本主义的批判,揭示了资本主义社会通过空间扩张实现资本过度积累的修复,并据此提出了"资本三级循环"和"时空修复"理论;此外,他还从社会学与哲学层面对城市空间问题展开讨论,提出了"空间正义"思想,揭示了资本主义社会空间分配不均的根源。卡斯特提出"集体消费"这个核心概念,指出城市本质上是集体消费的空间单位,现阶段出现的住房、医疗短缺等集体消费危机即资本主义城市问题的具体表现;同时,他对城市社会运动问题进行了深入研究,揭示了其本质是由集体消费问题引发的民众对城市空间使用的反抗和斗争;而且,他还强调国家动员与政府的危机干预作用,同时对资本主义国家城市集体消费的经济危机与国家干预的政治限度进行了考察;此外,他对芝加哥学派社会达尔文主义思想进行了批判,试图构建"结构主义马克思主义"城市理论体系,进而解释资本主义城市形成与发展的进程。

从学科影响的角度来看,列斐伏尔站在空间问题的角度上对社会现实进行了研究分析，丰富了马克思主义的空间视角，为新马克思主义城市学派奠定了理论基础；同时，他在历史唯物辩证法的基础上引入空间视角，试图构建"时间—空间—社会"三元辩证法，并据此提出"三元空间理论"，开辟了马克思主义城市问题研究的全新路径和理论视角；此外，他对传统容器空间观进行了批判，为分析和解决全球都市化时代资本主义国家出现的理论和实践难题提供了思考路径，对发展马克思主义城市理论、改善当代中国城乡发展实践具有重要价值和意义。哈维从地理学和社会学视角深入分析资本主义经济社会发展与全球化资本积累问题，从"空间"的角度对新的现实问题进行分析与批判，进一步推动了城市空间矛盾的研究；同时，他把马克思主义与空间范畴巧妙地结合在一起，对马克思主义哲学与政治经济学进行了升级与重构，继承和发展了马克思主义经典理论，形成了属于他的新马克思主义空间观，进而有效地丰富了传统马克思主义思想的内涵；此外，他在历史唯物主义的基础上加上地理维度，在"过程哲学"的影响下提出了过程辩证法，构建了历史—地理唯物主义，开辟了空间研究新的理论路径与研究方法，为全球化与城市化浪潮中城市空间发展实践提供了参考理论。卡斯特提出了"新都市社会学"，独创性地将传统城市社会学拆分为消费社会学与空间政治经济学两个组成部分，实现了城市社会学的研究转向，并对社会学发展作出了开创性贡献；同时，他以"集体消费"为逻辑起点，以城市社会运动与城市变迁为现实旨向，实现了马克思主义政治经济学批判理论在城市空间问题领域由"生产逻辑"到"消费逻辑"的转向，构建了"集体消费—城市社会运动—政府干预"新马克思主义城市研究框架，弥补了马克思主义研究在该领域的不足；最后，他创造性地接受和改造了传统理论，将马克思主义结构辩证法作为城市发展基本分析方法，带动了结构主义与城市研究相互融合。

新马克思主义城市学派中有关城乡区域协调发展的观点表明，从指导思想的角度来看，新马克思主义城市学派基于马克思主义经典理论，综合引入了地理学和城市社会学思想与分析手段，通过对资本主义城市化危机的政治经济动因分析与批判，进而构建起了城市空间生产理论体系。从理论主题的角度来看，空间视角这一新型研究视角重新阐释了现代城市的基本性质和功能，从资本主义社会生产模式下城市空间生产的过程及其背后的经济、政治、社会动因进行了分析与批判，以城市危机的根源、城市革命的本质以及资本积累与全球化的关系等作为理论主题。从理论目标的角度来看，该学派着力于分析现代城市的发展规律以及资本在此过程中的作用，在资本主义生产方式的框架下，从空间生产、资本积累、集体消费等多重视角阐释城市社会运动和阶级矛盾的根源。从理论贡献的角度来看，该学派依旧将阶级斗争看作解决问题的核心路径，同时以"空间"的视角对城市形成过程中进行阶级斗争的重要性进行了阐述，开辟了马克思主义理论研究的新领域，为进一步丰富和拓展马克思主义城市理论的解释范畴和方法路径作出了十分关键的贡献。

新马克思主义城市学派中有关城乡协调和产业发展的重要观点对中国民族特色村寨旅游空间生产理论构建的作用与启示有以下几点。

第一，转变村寨旅游空间生产理念，科学合理规划旅游空间，对化解我国民族特色村寨旅游开发速度与旅游空间承载能力不协调的问题具有一定借鉴意义。从现实来看，随着我国民族村寨旅游业的持续发展，大量资源、技术、劳动力和外来游客向民族村寨空间进行集聚，日渐加快的开发进度与扩大的旅游市场逐渐超出了村寨的承载限度。村寨的基础设施条件与公共服务水平未达到市场标准，旅游产品与服务的同质化严重，质量参差不齐，村民们的旅游服务意识与技术水平严重不足，无法为游客提供满意的民族文化旅游体验；同时，过快的开发速度也对民族村寨的生态、人文环境造成了一定影响，旅游开发速度与村寨空间承载能力之间的不协调问题日益加剧。由此可见，只有做到合理规划村寨旅游空间，控制村寨旅游开发速度，提升村寨旅游承载能力，才能实现村寨旅游业全面协调发展。因此，我国民族特色村寨旅游空间生产应该转变原有的发展理念，向着科学、整体、协调的方向迈进，从全局出发统筹旅游空间生产领域的开发进度与规模，尽力避免因规划不当、进度过快而导致的民族村寨旅游发展不协调问题。

第二，加强政府对资本的协调与管控，全面统筹优质旅游资源，完善健全市场监管体系，对解决我国民族特色村寨旅游资源开发不可持续的问题具有一定参考意义。新马克思主义城市学派通过对资本主义城市空间生产过程的分析，发现在资本逻辑的影响下，各方社会生产者更关注空间的交换价值而不是使用价值，这种情况并没有产生宜居的空间环境，取而代之的是对环境破坏造成的一系列恶果。从现实来看，我国民族村寨旅游发展过程中出现了大量急功近利、盲目无序的实践案例，开发者为了尽快获取村寨旅游的红利，对生态、人文资源进行粗放、无节制的开发，最终导致村寨自然环境受到破坏，历史景观被无情改造，文化习俗受到冲击，展示流于表面，民族特色旅游资源开发在生态、人文、社会各方面都存在不可持续的问题。由此可见，只有全面合理规划旅游资源，树立正确的旅游开发思想，加强政府对资本的协调与管控，不断完善健全市场监管体系，才能保障优质旅游资源的可持续性，实现民族特色村寨旅游健康长效发展。因此，在我国民族特色村寨旅游空间生产实践中，要充分发挥政府的引导与管控作用，处理好文化资源保护与开发的关系，推动民族地区村寨旅游业持续向好发展。

第三，坚持以人民性为核心，尊重村民的利益诉求，促进村寨旅游空间正义的实现，将十分有利于从空间的角度破解我国民族特色村寨在发展过程中有关空间正义的难题。新马克思主义城市学派认为，受资本重物轻人逻辑的支配，社会资源与权力在地理空间上无法公平分配，进而产生了空间正义问题。从现实的角度来看，随着我国民族特色村寨旅游开发的深入，村民的空间权利区隔问题日益凸显，资源财富相对集中，旅游收益分配不均，村民生计结构与社会关系受到影响，出现就业隔离与社会分层现象；同时，现代消费思潮冲击着村寨传统观念，村民的文化认同感日渐削弱。由此可见，民族村寨旅游空间开发在经济、社会、文化各方面都出现了资源权利非正义的情况，严重降低了村民的积极性，限制着行业的健康发展。因此，要实现民族特色村寨旅游发展的空间正义，我国必须坚持以人民为中心的根本价值取向，摒弃重物轻人的错误思想，尊重村民的利益诉求和群体差异，公平配置旅游空间资源与收益。

二、中国民族特色村寨旅游空间生产的现实基础

（一）以日本为代表的发达资本主义国家乡村旅游空间生产实践及其启示

日本作为发达资本主义国家的代表，其乡村旅游空间生产实践具有以下特点。

第一，乡村旅游业发展迅猛，类型丰富，定位明确。旅游发展建立在经济社会高度发达的基础之上，日本的乡村旅游正是在其工业化与城市化取得重大进展、国民收入水平大幅提升的背景下发展起来的。一方面，从发展历程来看，在政府部门的支持引导下，日本的乡村旅游发展迅猛，成就颇丰，目前已经形成了乡村观光、休闲娱乐、康养保健、文化体验等形式多样、类型丰富的旅游发展模式，以旅游带动农业经济振兴，丰富乡村经济结构，进而促进了乡村地区经济社会的发展。从客源市场来看，日本本土乡村旅游的游客大多是那些不太熟悉乡村生活的城市居民，或是为他们提供了亲身体验农业采摘、感受乡村风貌的机会，或是为城市中高压快节奏的工作者们提供了一个释放压力、放松心情的场所，抑或是为那些背井离乡奋斗了半辈子的人们提供了一个重温旧日时光、享受乡村的宁静与安逸的方式；与此同时，日本作为文化旅游强国，赴日外国游客也非常热

衷于体验日本的乡村风情。在这种情况下，日本乡村旅游业持续稳步发展，不断发挥着对乡村经济社会的带动作用。

第二，发挥乡村精英的示范作用，充分调动村民的积极性。乡村精英的示范带动作用是日本乡村旅游发展的一个重要特点。乡村旅游的主体是村民，因而调动起村民们的主动性与创造性在旅游开发建设中至关重要。这些乡村精英在经济、政治、文化、社会等方面都有很强的影响力，在村民中威望较高。在乡村旅游发展初期，传统农业日渐衰落，村民生活状况日益走低，他们转换发展思路，勇于创新，依托当地自然资源、特色农产品或是传统民俗活动，带领村民们建立起果蔬种植园，开办了特色农家乐，筹办了传统民俗祭典，组织起传统手艺工坊，鼓励周边村民积极发展乡村旅游经济，取得了良好的效应，最终实现了乡村经济的复苏。村民是乡村旅游发展的根本，乡村精英们凭借在政策触觉、长远视野、经营管理能力等方面的相对优势，始终带领着广大村民们参与到旅游建设中来，发挥出他们的主观能动性与创造性，实现乡村旅游内在的持续发展。

第三，立足本地文化优势，开发特色旅游产品，形成地区品牌。建立富有自身特色的乡村旅游是日本政府长期以来坚持的目标。日本乡村旅游成功之道在于其发展和规划始终立足于当地特色风貌与文化习俗，同时充分考虑旅游者的需求与习惯，开发出多样化的特色旅游产品，打造乡村旅游文化品牌。具体而言，日本具有丰富多彩的乡村旅游资源、创新多元的产品与服务，形成了诸如"雪地童话"白川合掌村、以"舟屋"闻名的京都伊根町的历史文化名村；以温泉资源闻名的山梨早川町、以樱花闻名的奈良吉野町的自然风貌名村；以特色农副产品为依托发展的北海道富田第一花世界、静冈绿茶景观种植园、青森田馆舍村艺术稻田等旅游村落，进而形成了各具特色的乡村旅游品牌。

通过对日本多年建设进程的梳理分析，不难发现日本乡村旅游空间生产实践上存在的问题也十分明显。

第一，过度开发导致了乡村资源环境问题。依据哈维在资本积累与循环理论中的论述，资本家们为了获取利润的最大化，不断通过地理上的扩张开发新的市场，以新的资源与劳动力来实现资本的空间转移。日本在乡村旅游开发过程中一度出现了片面追求经济效益的做法，过度开发与扩张最终对乡村生态造成了破坏，并引发了资源、环境等一系列后续问题。在乡村旅游开发的热潮下，部分乡村为了搭上旅游经济的顺风车，全然脱离实际，大兴土木，对经济、社会、生态等均造成了严重的后果。一方面，这种盲目无序的开发大规模吞噬了乡村土地和生态资源，突破了自然承受边界，进而造成了资源的枯竭和村落的落败；另一方面，这种目光短浅、缺乏整体规划的开发反而加剧了村寨的经济社会问题，资源滥用引发的生态危害使得村民正常生活受到影响，更多人为了生计不得不远走他乡。

第二，旅游开发加速了传统文化的嬗变。依据哈维在资本三级循环和时空修复理论中的论述，资本先后由物质生产领域进入基础设施等领域，最后流向社会公共服务领域，通过长期社会性投入与新型市场开发等时空修复手段转移过剩的资本，缓解过度积累危机。而资本在不断循环流动的过程中，也将资本主义的思想逻辑向外传播拓展，进而对文化传统与社会伦理造成了压制与破坏。日本乡村文化属于稻作文化，乡村意象大多也与稻田相关，包括一些艺术形式、节庆活动、传统住宅、宗教信仰等，而乡村旅游恰好可以满足人们对故乡、家园的期望。然而随着乡村旅游的快速发展，现代城市文明、消费主义思想进入了村落中，影响了传统文化的真实性，许多具有神圣性的祭祀庆典为了迎合市场需求可以随时开展，相关文化产品、护身符也被肆意开发售卖，这些仪式产品失去了原本的历史内涵，从而加速了传统文化的嬗变，逐渐演变成"乡村舞台中的快餐文化"。

第三，乡村旅游开发引发了社会空间的矛盾。依据哈维在不平衡地理发展和空间正义理论中的相关论述，资本在空间中的生产、流通和分配一直处于不平衡的状态中，在空间中的集聚、对地理景观的破坏与重建、对优质资源的垄断等行为有效地实现了资本积累，但同时出现的资源与权力分配的不公平现象，激化了空间中的阶级矛盾，埋下了影响社会安定团结的隐患。日本的乡村旅游发展究其根本还是依靠当地的特色资源。因此，在乡村旅游开发进程中，大型企业与资本率先垄断了优质资源，并对乡村空间进行了市场化改造，娱乐休闲产业越来越多地取代了传统的农村活动，从而导致村民们的生存空间被压缩，生计方式被迫更改，村落的社会结构被重塑，文化传统被忽视。在资本力量和消费主义的影响下，农耕社会传统的行为逻辑被打破，村民们的权利诉求得不到重视，乡村社会的家园感日渐流失，进而导致村民与开发者、游客之间的矛盾日益加剧。而这个问题只能依靠政府解决，政府必须保障弱势群体的权益，在乡村旅游空间开发时兼顾效益与公平，才能最大限度地化解社会阶级矛盾。

日本作为发达资本主义国家的代表，其乡村旅游空间生产实践对中国民族特色村寨旅游空间生产理论构建的作用与启示有以下几点。

第一，政府规划引导，合理配置旅游资源。日本乡村旅游的发展成就离不开政府的支持与引导。在农业发展低迷、青年劳动力外流的背景下，日本政府将乡村旅游业作为吸纳人员就业、振兴乡村经济的新动能，给予了高度重视。中央政府放眼全局，从整体层面提供技术和财政方面的支持，制定了详细的发展规划，对旅游资源进行了合理配置；各级地方政府各司其职，具体落实宣传、营销等细节性工作。同时，制定了产品与服务质量标准，并以立法的方式推动行业有序规范发展，避免资源浪费的现象出现，最终形成了日本目前多元缤纷、健康有序的乡村旅游发展图景，带动了乡村经济的发展与进步。因此，我国在民族村寨旅游开发过程中要充分发挥政府的作用，合理规划配置旅游资源，制定相关法律规章，各级政府有关部门协调合作，保障乡村旅游规范健康发展。

第二，重视专业人才培养，提升旅游服务水平。日本在乡村旅游开发建设过程中十分重视乡村精英的示范作用，充分调动村民参与的主动性，同时强调对人才的专业化培养以提升旅游产品开发质量与服务水平，推动乡村旅游业的高质量发展。我国民族地区村寨旅游开发实践中对专业人才的重视程度近年来也不断提升，专业人才将现代经营管理思想与村寨特色资源相融合，充分发挥自身专业技能，开发出许多有创意、高质量的旅游产品与服务。由此可见，我国民族特色村寨旅游发展过程中需要十分重视专业技术人才的选拔与培养，加强二次培训，同时鼓励村民们转变观念，积极参与到旅游建设中来，将乡风淳朴、风景宜人、文化独特的民族村寨展示给各方来客，进而推动村寨经济社会全方位发展。

第三，强调农户主体地位，注意旅游开发的空间正义。在日本乡村旅游的开发过程中，也出现了对空间资源的垄断占用，这对乡村的生态环境、人文景观等都造成了一定程度的破坏。村民的生产生活也受到了影响，乡村社会的权力结构与文化传统也产生了变化，社会空间的异化导致旅游空间非正义问题日益凸显。我国民族特色村寨旅游开发速度近年来稳步上升，规模也在不断扩大，目前已经出现了旅游收益与空间权力分配不均的问题，因此，我们更应注意处理好旅游开发的空间正义问题，强调农户的主体地位，维护村民的正当权益，保障村民的生活水平，尽量避免出现空间开发的矛盾，从而实现村寨旅游全面协调发展。

（二）以泰国为代表的欠发达资本主义国家乡村旅游空间生产实践及其启示

泰国作为欠发达资本主义国家的代表，其乡村旅游空间生产实践具有以下特点。

第一，乡村旅游蓬勃发展，助力经济社会全方位提升。泰国旅游业在国际上极负盛名，迷人的热带风情、丰富的历史古迹和多彩的民族文化吸引着全球游客。得天独厚的条件推动民族生态旅游蓬勃发展，旅游经济带动乡村经济社会的全面提升。旅游业作为辐射全局的综合性产业,为泰国赚取了大量外汇,为交通运输、酒店服务、轻工业等注入了发展活力,成为经济发展的重要支柱。乡村旅游开发一方面吸纳了大量闲散劳动力,提供了就业机会,提升了村民们的收入水平,对社会稳定发展作出了积极贡献;另一方面,促进了社会公共服务与基础设施建设,交通、教育、医疗水平大幅提升,改善了乡村地区人民生活。

第二,充分发挥价格优势,不断提升旅游服务质量。泰国旅游发展的一个重要优势就是物美价廉。在泰国政府的大力支持下,各地打造了丰富多样的旅游项目,建成了方便快捷的交通服务,为游客们提供了热情周到的优质服务,充分展现了高性价比。首先,泰国旅游的价格优势与汇率有关。自亚洲金融危机以来,泰铢汇率大跌,因此,与同区域的邻国相比,泰国从各个方面来看都具有很高的旅游性价比。其次,游客被赋予了高度自主性,各类旅游产品与服务基于不同档次制定了不同价格,餐饮住宿明码标价,游客可以根据个人消费意向与能力自由选择,但总体而言均能享受到优质的旅游体验。同时,泰国政府以高质量软硬件打下良好的知名度,通过社区互助组不断提升自身技能与服务质量,自下而上促进乡村特色旅游进一步发展。

第三,扎根民族传统文化,设计推出地域特色旅游产品。泰国是一个多民族国家,这些保留着各自传统文化、风情各异的民族村落每年都吸引着来自世界各地的游客。这些村寨将民族文化、传统风俗与生态风光有机结合起来,不断推出具有地域特色的旅游产品与体验项目,让游客在日常生产生活过程中深度体验异国他乡的文化风情,进而将民族文化推向世界。具体而言,泰国的民族村落主要集中在北部山区,包括帕东的"长脖村"、塔山的苗族村、清莱府的黎敦山区等,它们都保存了传统的部落生活方式、民族风俗、文化、语言与宗教信仰。在乡村旅游发展过程中,泰国号召村民们融入发展,建造家庭旅馆,深入挖掘当地特有资源与文化底蕴,继承发扬传统手工技艺,如编织、刺绣、银器打造,设计制作特色手工艺品和农副产品,因此受到游客们的广泛好评,在改善村民们收入水平的同时,也提升了他们的文化自豪感。

在多年的发展进程中,泰国乡村旅游空间生产实践上存在的问题也十分明显。

第一,过度开发破坏了乡村人文生态。泰国村寨旅游发展过程中不乏投机、短视的开发商,他们只关注经济效益,全然不顾环境问题,无节制的开发建设对村寨的自然环境和人文景观造成了无法挽回的破坏。由于缺乏正确的文物保护意识与手段,许多村寨的古迹遭到了"修复性破坏",文化内涵已然不复存在;同时,每天蜂拥而至的游客也远超这些文物古迹的承载负荷。资源的过度开发严重损坏了村寨的自然景致和人文特色,村民们赖以生存的家园被无情破坏,可能进一步导致村民与开发商、游客之间的矛盾。

第二,区域旅游发展不协调,市场资源相对集中。随着泰国乡村旅游开发的不断深入,区域发展不协调的问题日益凸显,曼谷、清迈等大都市以及邻近地区发展比较快,东北部地区发展较落后。尽管有丰富优质的旅游资源,但由于产业内部布局不协调,生产要素分配不合理,最终的效果与预期大打折扣。这种情况下,资本和劳动力进一步向发达地区集中,区域差距不断扩大,势必会引起区域发展矛盾,因此政府必须通过政策手段统筹调配旅游资源,引导旅游市场协调稳定发展。

第三,村民权利自尊受损,空间矛盾日益突出。泰国旅游虽发展迅猛,但旅游收益并没有真正做到惠及全民,优质的旅游资源与服务大多只供入境游客享用,普通民众的生活并没有得到应有的改善,却深受其负面影响。首先,色情行业、毒品贩卖泛滥,对村民们的身心健康造成了巨大伤害,人妖秀的噱头、机械的民俗展示,不仅损害了村民们的个人尊严,也破坏了游客对泰国旅游的整体印象;其次,旅游业的高速发展促使当地的消费水平与物价上涨,而村民们的收入没有实现同比上升,因而引起了阶级矛盾;最后,乡村旅游市场秩序混乱、无证经营强买强卖的情况时有发生,也进一步激化了村民与游客之间的矛盾。这些问题都影响了泰国村寨旅游业的发展,威胁着经济社会的和谐稳定。

以泰国为代表的欠发达资本主义国家的乡村旅游空间生产实践对中国民族特色村寨旅游空间生产理论构建的作用与启示有以下几点。

第一,统筹规划旅游资源,推动地区协调可持续发展。随着泰国旅游的不断发展,资源环境破坏和地区发展不平衡等问题日益严重,限制着旅游效益的全面提升。虽然拥有丰富的旅游资源,但资金与人力的投入较为集中,地区差距日渐加深;同时,盲目无度的开发超出了村寨空间的承载范围,对资源环境造成了巨大影响。因此,泰国政府需要对旅游资源进行统筹规划,通过相关政策优惠与产业手段实现生产要素的合理分配,完善落后地区的基础设施建设,促进旅游业的全面协调发展。对于中国民族特色村寨旅游开发而言,同样需要注意区位发展不平衡的问题,通过对资本要素的统筹规划与合理分配,加大对落后地区的投入与帮扶,推动各地区经济社会协同发展。

第二,加强行业监管力度,实现乡村旅游规范化。在泰国,旅游行业的进入门槛较低,开发主体良莠不齐,违规经营、强买强卖、低价欺客、高价宰客的行为屡见不鲜,使得市场秩序十分混乱。近年来,泰国政府联合各部门严肃整顿旅游市场,建立行业规范,完善监管体系,已经取得了一定成效,然而要实现乡村旅游规范化发展仍需政府的持续关注与努力。针对这一问题,我国在民族村寨旅游开发过程中应充分发挥政府的主导作用,加强对行业的指导与监督,各地政府设置专门旅游监管部门,制定行业发展标准,引进专业人才团队,完善市场监管体系,推动指引村寨旅游业专业化、规范化发展。

第三,尊重村民权利诉求,注意旅游空间正义问题。在泰国旅游发展进程中,消费主义思潮冲击着当地民族文化,持续深入的空间扩张对乡村生态资源、村民的日常生活造成了严重影响,乡村社会的权力结构被打破,村民的利益诉求得不到重视,旅游空间开发的非正义问题日益加剧。民族村寨旅游的核心主体是村民,因此,在我国民族特色村寨旅游开发过程中一定要处理好空间正义问题,尊重当地文化传统,听取村民的利益诉求,维护村民的空间权利,公平合理分配旅游收益,促进村寨旅游业全面协调发展。

(三) 以中国为代表的社会主义国家民族特色村寨旅游空间生产实践的特点及共性

中国民族特色村寨旅游空间生产实践上具有以下特点。

第一,民族村寨旅游发展迅速,成果显著。改革开放实施以来,我国旅游业全面启动,民族地区特色旅游发展迅猛,优质景区遍地开花,村寨经济社会发展得到巨大提升。首先,从经济效应来看,中国民族特色村寨旅游业引领民族地区经济不断发展,村寨经济结构得到改善,村民收入水平与生活质量进一步提升,旅游业几乎成为民族地区的重要支柱产业;其次,旅游业作为综合性产业,对民族地区社会稳定、文化繁荣也发挥了重要作用。村寨旅游开发吸纳了大批青年劳动力,改善了村寨人力流失的状况;最后,旅游建设过程中交通、医疗、卫生、教育等基础设施的完善,也在一定程度上改善了村民的生活条件。

第二,政府主导旅游开发进程,统筹全局。中国民族特色村寨旅游业的快速发展与政府的主导紧密相关。作为社会主义国家,与其他资本主义国家不同的是,中央政府在我国民族村寨旅游发展进程中始终占据着主导地位。在我国特殊的国情下,政府的指示规划对民族村寨旅游发展具有重大影响。具体而言,我国以政府为主导的民族村寨旅游业,中央政府统筹全局,制定发展规划,分配资源要素,协调开发进程;各级政府有序执行中央指示,积极组织开展村寨旅游建设工作,落实各项规划要求。因此,我国民族村寨旅游业发展能实现有序推进,开发过程中资源要素的提供与市场规模的扩张也能保持相对协调。

第三,立足民族特色文化,形成地区品牌。民族特色是民族村寨旅游业的核心竞争力，因此，我国在民族特色村寨旅游发展过程中，应深入挖掘与保持民族文化内涵，着力宣传民族特色文化，打造地区旅游品牌。目前我国已经形成了多个民族特色旅游功能区和众多典型的民族特色旅游示范村寨，具有较强的吸引力和辐射力，指引着村寨旅游业的健康发展。这些特色鲜明的村寨将民族传统文化与生活环境巧妙融合，从衣食住行全方位给游客沉浸式的异文化体验，在宣传民族文化，打造地区文化品牌的同时，提升了村民们的文化自豪感，增进了村寨的凝聚力。

通过分析中国民族特色村寨旅游空间生产实践的特点可以看到，中国与日本和泰国在乡村旅游空间生产实践上有一些相似的地方。

第一，村寨旅游开发存在区位发展失衡的现象。不论是日本、泰国还是中国，在村寨旅游空间生产的过程中都出现了不同程度的发展失衡的问题。日本的失衡是乡村传统与现代消费思潮间的不平衡造成的；泰国的失衡则是由于旅游生产力布局不协调，资源要素分配不合理造成的；中国的失衡是特殊发展背景与各地支持投入的差异共同造成的。由此可见，资本主义国家和社会主义国家在乡村旅游空间生产过程中，尽管原因不同，但都面临过或面临着发展失衡的问题。所以，解决失衡问题，促进地区平衡发展，是村寨旅游空间生产的应有之义。

第二，旅游开发速度与村寨承载能力之间不协调。日本、泰国和中国在村寨旅游空间生产过程中都出现过一定程度的资源环境承载能力与旅游开发速度和规模不协调的问题。在村寨旅游空间开发过程中，不断加快的开发速度和日益扩张的市场规模推动村寨经济快速发展，同时也给村寨生态、人文环境带来了巨大挑战。旅游开发吸引了大量的游客，村寨的基础设施条件与村民的旅游服务水平无法满足游客们的需求，进而导致村寨内部空间资源日渐紧张，村民的日常生活受到影响。因此，需要对村寨的开发速度和开发质量进行协调，全面提升整体服务水平，重点关注村寨内部空间承载能力与开发速度的矛盾。

第三，村寨旅游发展中存在资源开发不可持续的问题。日本、泰国和中国在村寨旅游空间生产过程中都出现了资源环境破坏，旅游开发不可持续的问题。急功近利、盲目短视的无序开发对村寨的生态环境和人文景观造成了不可逆转的破坏，优质资源日渐短缺与枯竭、特色文化不断流失与同化，这些都是粗放式旅游开发造成的一系列严重后果。因此，日本、泰国和中国都需要合理规划旅游资源、完善健全行业监管，实现村寨旅游的健康可持续发展。

第四，民族村寨旅游开发过程中需要注意做到空间正义。在村寨旅游空间生产过程中，日本、泰国和中国也都存在一定程度的空间非正义问题。日本、泰国等资本主义国家空间正义问题的出现是受到资本逻辑的影响，资本家为了获得更大利益，实现资本积累，不断扩大乡村旅游市场，使得村寨空间出现了过度资本化、阶级矛盾日益凸显、空间权益平等性受到损害等问题。中国空间正义问题的出现主要是由于利益相关者间权力结构失衡，协调保障机制缺位造成的，村寨旅游收益分配不均、村民利益诉求得不到满足，村寨空间不公平现象日益严重，造成了村民的消极挫败，进而激化了与外来者之间的矛盾。所以，日本、泰国和中国在村寨旅游开发过程中都需要注意空间正义问题。

第四章

中国民族特色村寨旅游空间生产的内涵、构成维度及分析框架

一、民族特色村寨建设的内涵及构成维度

（一）民族特色村寨建设的内涵界定

民族特色村寨一般是指少数民族人口相对聚居，生产生活功能较为完备，民族文化特征明显的自然村或行政村。中国少数民族特色村寨建设是党和国家推进基层治理改革、扶持民族地区经济社会发展、促进民族地区团结稳定、落实民族文化遗产保护等工作所关注的重要内容，也是我国全面实现乡村振兴、共同建设小康社会的必然要求与庄严承诺。

从整体来看，我国从21世纪初就将少数民族地区的建设开发作为一项重要战略任务。2000年制定通过的《国民经济和社会发展第十个五年计划》中，明确提出了主要针对我国西南民族聚居省区的西部大开发战略；2010年制定的《深入实施西部大开发战略的若干意见》，进一步强调优先解决民族地区的贫困问题，实现各民族的共同发展进步。民族特色村寨由于历史或地理原因，信息相对

闭塞、发展也较为落后,虽拥有许多优质原真的生态、人文资源和珍贵的历史传统,但相关建设工作则一直是民族地区全面发展进程中的短板。国家相关部门十分关注民族特色村寨的保护与开发,2009年9月,国家民委与财政部联合发布了《关于做好少数民族特色村寨保护与发展试点工作的指导意见》,2012年,国家民委印发了《少数民族特色村寨保护与发展规划纲要(2011—2015)》,国家民委又于2014年、2017年多次出台《关于命名挂牌中国少数民族特色村寨的通知》。随着我国边境贸易的发展与"一带一路"倡议的提出,国务院也愈加重视边境少数民族村寨的发展与稳定,发布了一系列"兴边富民行动规划",提出建设一批特色突出、产业繁荣、环境友好、团结和谐的民族特色村镇,促进边境地区民族特色村寨的全面发展。近年来,为了消除我国的绝对贫困,实现全面小康,以习近平同志为核心的党中央提出了"精准扶贫"与"乡村振兴"两项重大发展战略,为新时期我国民族特色村寨的建设发展提供了绝佳的机遇。"全面建成小康社会,一个民族都不能少",2015年国务院印发的《关于打赢脱贫攻坚战的决定》中重点强调了民族贫困村镇的综合扶贫工程;2018年,《关于实施乡村振兴战略的意见》再次指出,要在发展中不断提升农村优秀传统文化,尤其要重视文物古迹、传统村落、民族村寨等的传承和保护。

由于我国少数民族特色村寨大多处于地理位置相对边远、发展相对滞后的西部内陆或边境山地区域,因此,在自然形态、传统文化、特色产业、社会环境建设改善过程中更应强调保护和传承少数民族特色的重要意义。近十年来,全国各地的民族特色村寨建设取得了广泛而明显的效果。总体而言,我国民族特色村寨建设工作在具体实践中既要促进当地的经济社会发展,同时还要对特色文化资源进行保护与传承,这会是一项长期且复杂的工程,也是解决我国"三农"问题、实现乡村全面振兴发展的基础性工作和必要性任务,因而既要考虑国家战略和乡村发展趋势,也要关注村民的改造意愿,重视村民的主体性作用。

(二)民族特色村寨建设的特征分析

随着我国脱贫攻坚工作与乡村振兴进程的持续推进,在各方力量的共同作用下,全国各地的少数民族村寨建设实现了跨越式发展,产业结构实现拓展融合,市场活动实现发展规范,民生环境持续建设完善,社会关系保持稳定团结,村民生产生活条件与自我发展机会得到大幅提升,生态、人文资源与民族历史传统得到有效保护和传承,民族村寨面貌整体发生了翻天覆地的变化。从产生的影响作用来看,我国民族特色村寨建设的特征涉及政治、经济、社会、文化生态各个方面。

一是政治影响,可以维护民族村寨社会的团结进步。民族特色村寨自古以来便是各民族同胞的栖身之处,其中形成了稳定的社会权力关系结构。"经济基础决定上层建筑。"过去由于生产力水平的巨大差距,大多民族村寨发展较为落后,不同民族在社会地位、族群认同和发展机会等方面出现了较大差异,同时受到国际国内反动势力的影响,民族发展矛盾被不断激化,严重影响到地区的和谐与稳定和国家的整体安全。半个世纪以来,中央政府十分关注民族地区的发展情况,通过各类行政手段与帮扶措施为民族地区脱贫与振兴注入了源源不断的发展动力。民族特色村寨作为典型的少数民族聚居区,最近十年针对民族村寨的一系列建设工程对促进民族团结进步,发扬基层民主,巩固基层政权,推动民族交融,强化民族认同发挥了巨大作用。

二是经济影响,可以促进村寨产业市场的发展繁荣。由于民族特色村寨具有得天独厚的资源优势,在历史发展进程中依托地方的资源环境形成了一批诸如以茶叶、水果为代表的特色种植业,以牛、羊养殖为核心的畜牧加工业,以及以刺绣、印染等传统工艺为代表的家庭手工业等种类各异的民族特色产业,引领着民族村寨的经济发展。随着技术理念的持续更新和人口流动的日益频繁,民族村寨逐步成为经济市场发展进程中的一片"蓝海",大量资金、技术、人才、信息等生产要素涌入为村寨产业市场的发展繁荣提供了物质保障,进而实现了民族特色村寨市场环境、产业结构、运营水平、竞争实力的全面跨越式提升。

三是社会影响,可以推动村寨民生环境的建设完善。由于地理区位与历史发展沿革的客观影响作用,许多民族特色村寨都处于边远落后的西南连片山区之中,人民生产生活环境较为艰苦落后。"脱贫攻坚,一个民族也不能少。"少数民族同胞作为广大中华儿女的重要组成部分,应当享受到同等程度的政治权利、发展机会和民生保障。随着民族特色村寨建设进程的持续深入,在产业经济发展提升的同时,村寨民生环境的建设也持续改善。各级政府通过政策指示、财政补贴、转移支付、对口帮扶、人才引进等行政手段,大力开展民族贫困地区人居环境的建设整治工程,建设优化民族村寨的公共基础设施环境,兜底保障民族村寨的民生服务共享机制,推动实现广大民族同胞学有所教、病有所医、老有所养,为村民们提供了个体发展进步的机会。

四是文化影响,可以实现民族历史文化的保护传承。文化记忆凝聚着每一个民族的血脉与灵魂。民族特色村寨在漫漫历史长河中不断发展演化,交往互动,最终形成了自身独特的文化符号与精神记忆,而这些形态各异的民族传统文化表征对回溯研究各个民族的发展历史,提升群体的民族文化自信与归属感具有重要作用。这些宝贵的民族特色旅游文化既包括以文字、服装、首饰、工艺品、食物为代表的有形的文化符号,还包括以语言、歌舞、仪式、手艺为代表的非物质文化遗产。在民族特色村寨建设进程中,始终强调保护优先的基本原则,各方主体通过影像、图片、音频、馆藏等多种方式记录保留下珍贵的民族传统文化记忆。近年来,国家大力提倡树立民族文化自信,各级政府通过与科研院所的互动合作,通过素质技能培训从源头上实现对民族传统文化的传承与保护;同时通过旅游、实景演出、节事活动、创意产品开发等方式推动民族文化产业的发展,力求推进民族特色文化的现代化转型。

五是生态影响,可以保障村寨资源环境的持续协调。受到历史演进与人口迁徙的影响,我国民族特色村寨大多地处群山之间或是边境地区,虽然经济社会发展与基础设施条件相对落后,但拥有大量珍贵的自然生态资源,山清水秀、生态和谐。这些原生态、无污染的自然美景和物种资源是民族村寨独有的资源禀赋,是大自然的宝贵馈赠,孕育了热情淳朴的民族同胞和丰富多彩的民族文化。随着民族村寨开发建设的不断推进,人们逐渐认识到这些资源禀赋的重要性。"绿水青山就是金山银山。"在绿色可持续发展的理念指导下,各地政府应时刻强调"尊重自然、顺应自然、保护自然"的开发原则,不断建设完善资源开发管理体系,加大环境污染治理力度,保障民族特色村寨自然生态环境的持续协调发展,实现人与自然的和谐共处。

(三) 民族特色村寨建设构成维度划分的依据

针对民族特色村寨建设的维度构成,必须进行合理的划分。在划分过程中,必须准确把握民族特色村寨建设的内涵和特征,并突出其中重点内容。经过前文分析我们可以得出,民族特色村寨建设的构成维度划分主要有以下依据。

第一,民族特色村寨建设的实施主体呈现多元化。由于民族特色村寨建设是一项长期且复杂的工程,关系到我国民族乡村地区经济、政治、社会、文化、生态的全方位发展与振兴,因而涉及了与之相关的多方利益主体。在民族特色村寨建设进程中,推动村寨不断发展的实施主体主要包括各级政府、各类资本力量、广大村民和相关非政府组织。首先,地方政府作为行政机构,在政策引导、资金支持、土地使用、资源规划等方面发挥了不可替代的主体作用。而各类资本力量充分发挥自身优势,对民族村寨的建设提供了重要支持。其中,国有经济拥有雄厚的经济实力、先进的技术与设备和众多优秀人才,在基础服务设施建设及村寨社会安全稳定方面起到了不可替代的主体作用;民营经济虽规模不大但经营灵活，且市场敏感度高，在吸纳就业、拓宽产业链、促进创新、增加民生福祉等方面也体现出其主体功能。与此同时，相关非政府组织，包括行业协会、自然保护协会、民俗保护协会和地方科研院所等，为适应新时代我国民族地区乡村发展要求，在帮助不断提升资源开发、环境保护、文化教育水平，实现村寨全方位发展完善过程中，同样发挥了实施主体作用。其次，村民作为民族特色村寨发展进程中最基本、最广大的实施主体，为了改善当前单一落后的生活现状，全力支持与配合村寨基础设施环境、市场结构、资源开发、文化传承等全方位建设工作，充分发挥其在人力及资源聚集中的重要作用，同时不断进行自我提升，进一步明确自身在民族村寨发展中的主体地位，持续发挥其核心力量。因此，从民族特色村寨建设的实施主体来看，其呈现出一种多元共建的形态。

第二，民族特色村寨建设的动力机制是多方合力。由于民族特色村寨建设是区域综合性发展概念，因而其动力机制是多方利益主体各类作用力的合力，即政策推动力、经济驱动力、村民执行力和其他力，这四种力量相互影响、相互作用、相互监督，最终形成了促进民族村寨持续发展的动力机制。首先，政策推动力是引导村寨建设的前提。民族特色村寨建设发展需要强大的领导力量和广泛的社会动员，地方政府作为国家行政机关，对地方经济社会发展、生态文化繁荣、民生环境和谐稳定具有不可替代的职能义务与优势。通过公共政策引导、资源协调分配、财政税收支持等政策手段与行政力量，其为民族特色村寨经济发展、市场投资、民生服务、社会保障、团结和谐等各方面营造了极为优厚的政策环境。其次，经济驱动力是村寨建设的外部动力。市场资本力量作为民族特色村寨建设的重要投资主体，其根本目的是获取最大化的利益。市场资本的持续注入为民族村寨带来了大量资金、技术、人才等至关重要的生产要素，从外部不断驱动着村寨的建设与发展。随着村寨市场逐步建立完善，并涌现了许多诸如传统手工艺品生产、休闲旅游、特色民宿等新的经济形势，产业结构日益丰富，经济效益愈发可观。再次，村民执行力是村寨建设发展的内部动力。村民作为民族村寨体量最大、最基本的建设主体，推动其参与到村寨建设进程之中的正是他们对生活质量、居住环境、收入水平、公共服务和自身发展等内容更高的要求。为了实现更高质量的生产生活，村民们积极参与到资源开发、环境建设、市场监督、产品制作等各个环节，配合执行村寨建设规划中的各项任务，全力贡献出自己的力量，而这正是民族村寨发展的内在驱动力。最后还有一些其他力，包括学校、科研机构、行业协会和民间社团等非官方组织。出于学术研究、文化传承、资源保护等目的，它们为民族特色村寨建设与发展提供咨询指导和监督反馈，这类作用力大多不涉及利益交换，会从外部为村寨建设带来积极影响。总体上看，各方利益主体为了让村寨更好地发展都贡献了自己的力量,因此,民族特色村寨建设的动力机制是多方的合力。

第三,民族特色村寨建设呈现出多条实施路径。民族特色村寨的建设方式根据各村寨不同的生态、人文资源现状呈现出优势产业引领型、民族历史文化型和生态休闲康养型三种不同的开发路径。在特色资源禀赋型村寨的实施路径中,首要关注的是民族村寨自身发展环境的完善与提升。一方面,应不断增强村寨市场自身的综合竞争实力,提升生产要素的吸引力,完善村寨市场的基础设施,加强村寨市场与村民的组织管理;另一方面,应不断完善民族村寨的产业规模结构,拓宽村寨的产业类别,延长村寨特色产业链,加强对村寨资源要素的整合规划,并最终构成优势产业引领型村寨建设的实施路径。在民族历史文化型村寨的发展中,首要考虑的是民族特色文化的开发与保护,一方面,应不断提升人文历史资源的开发经营水平,深入挖掘民族特色文化内涵、创新开发民族文化产品周边与演出服务,推进民族特色文化的传播;另一方面,应不断建设完善文化传承保护体系,合作组织、引入各类教育培训项目,提升村民的文化水平和资源保护能力、强化品牌意识,打造一批特色品牌,加强民族文化的传承,通过这两方面内容共同构成民族历史文化型村寨建设的实施路径。而在生态休闲康养型村寨的实施路径中,需要十分关注村寨的自然环境保护,一方面,应不断提升村寨的资源开发管理能力,加大村寨市场的监管力度,增强村寨资源的规划整合,提高村寨的生态环境承载力与资源开发利用水平;另一方面,也要注意建设完善的村寨休闲旅游服务环境,提升服务人员的技能素质,完善村寨旅游公共服务及基础设施,提高村寨休闲旅游产品质量,推动行业的全面发展,通过这两方面内容共同构成生态休闲康养型村寨建设的实施路径。因此,通过不断提升村寨市场竞争潜力、资源开发水平、文化传承保护能力,可以逐步改善民族特色村寨的自然生态、人文历史、民生保障等全方面发展环境,最终形成多条完整的民族特色村寨建设路径,推动村寨建设持续高质量稳步向前。

第四,民族特色村寨建设的开发保障主要是依靠政府、市场资本与村民共同实现的。在民族特色村寨建设过程中,无论是村寨市场开发中会面临的各类问题,诸如市场建设资金和人员与规模、基础服务设施与配套环境的建设规划、产品开发质量与影响力、外来资本与当地村民合理的利益分配机制与权力关系等,还是村寨环境保护发展中会面临的各类问题,诸如资源开发与保护之间的矛盾、文化多元传承与村民教育培训、产业发展规范与监督保障机制等,都必须通过政府、市场资本与村民组织多方共同采取保障措施。若只有单方发挥其在民族特色村寨建设进程中的保障作用,就必然无法达到预期的实施效果,不能够实现全面有效的开发保障。因此，只有在政府、市场资本与村民三方的共同努力下，才能够实现民族特色村寨建设真正意义上的开发保障。

（四）民族特色村寨建设构成维度的解析

根据对民族特色村寨建设的梳理与整体理解，可以将民族特色村寨建设划分为以下四点。

第一，民族特色村寨建设的实施主体。民族特色村寨建设关系到地方政治、经济、文化、社会、生态全方位，因而对不同实施主体而言，其建设内容也必然存在相应侧重。民族特色村寨的建设主体包括政府、各类资本力量、村民和其他非政府组织，而民族村寨的建设发展来源于人们对物质资源、基础设施环境和公共服务保障的需求，是对美好生活的向往。在这个过程中，各级政府成为村寨资源开发保护以及民生环境建设改善的基础支持，通过资金、税收、土地、人才引进等多种优惠政策与生态文化资源规划指导构建良好的政策投资环境，提升村寨综合发展潜力，完善村寨基础设施环境与市场规模结构，进而自上而下推动民族特色村寨的全面发展进步。而国有及民营资本力量则充分发挥各自的资源、技术以及人才优势，为民族村寨产业市场、就业结构、民生环境的建设保障及自然生态保护、民族文化传播提供支持，由此产生的生产要素聚集推动了民族特色村寨及周边地区的经济社会发展。它们提升产业综合发展水平，完善村寨民生服务保障环境，发挥区域联动效应，进而实现民族特色村寨的振兴。面对民族地区建设发展的新要求，各类行业协会、科研院所及其他环保文教等非政府组织也尽力发挥自身的影响力与号召力，为民族村寨产业发展、文化传承和资源保护提供资金、人员与技术上的全力支持，在规范监督村寨生态、人文资源开发模式，帮助提升村民的文化技能素质与综合服务能力，扩大民族特色文化品牌影响力等方面有了大幅改善。而村民作为民族村寨开发进程中的绝对建设主体与获益者，全力支持与配合村寨空间资源规划、基础设施与民生服务环境建设，同时不断提升个体技能水平与文化素质，深化文化认同与保护传承意识，推动实现了村寨的全面振兴与村民的自由可持续发展。不难看出，想要实现产业兴旺、生态宜居、乡风文明、治理有效、生活富裕的民族特色村寨发展图景，就必须协调好各方投资主体的主次关系，集各家之所长助力村寨社会的建设。

第二，民族特色村寨建设的动力机制。在民族特色村寨建设进程中涉及多方利益主体的共同作用，应当充分考虑到不同主体背后的驱动机制，而正是这多种驱动力的综合作用才最终构成了民族村寨持续发展的动力机制。从政府部门的角度分析，引发其参与民族特色村寨建设发展的初始条件是国家对乡村振兴发展的战略要求。在政策的推动作用下，为了缩小城乡间和区域间的发展差距，改善乡村地区人居环境，维护民族地区的和谐稳定，各级政府充分发挥权威领导作用，通过多样化的行政手段，为从交通、卫生、就业、医疗、教育、社会保障等关系到村寨全方位发展的公共服务机制与基础设施环境建设提供了重要支持。也正是在各类政策扶持的基本前提下，民族特色村寨才得以实现完善与提升。从市场资本的角度分析，引发其参与民族特色村寨开发建设的初始原因则是对民族欠发达地区资源与利益的追求。民族村寨聚居区由于地理位置、交通环境与规模影响等客观因素，发展较为落后，但其拥有丰富多样的生态、历史、民俗文化资源和一批淳朴踏实的劳动力，因而，在外部城市空间发展已趋于饱和的情况下，资本力量逐渐将目光投向了这里。在经济利益的驱动下，各类市场资本充分整合自身的资源技术优势，通过资金投入、技术支持、人才培训等多样的方式方法，从村寨市场的产业结构、空间布局、产品选择、配套设施等基础要素的规划构建，到不同行业的经营管理、服务创新、人员培训等人才技术和市场观念上的传授，为民族村寨市场环境的全方位建设发展贡献了巨大力量。也正是在资本力量的外部驱动之下，民族特色村寨的市场规模和建设水平才得以持续扩大与提升，逐步实现村寨的全面发展进步。而从非政府组织的角度分析，引发其参与民族特色村寨建设发展的初始条件是民族村寨资源开发与保护的严峻形势。出于对民族特色村寨的环境保护、历史记录、文化传承等内容的科学研究和社会责任，这些行业协会、保护组织、民间社团和科研院所也在各自的能力范围内，通过实地帮扶、专项培训、组织活动、制作影片等形式与手段，吸引与号召社会各界人士关注民族村寨的保护与发展的问题。也正是在他们的不懈努力下，越来越多的人参与到民族特色村寨的建设与发展之中，推动着村寨持续向好发展。最后，从村民的角度分析，引发其参与民族特色村寨建设的初始原因——也是根本原因，在于对美好生活的渴望。随着社会的发展进步，村民们逐渐认识到自身与外部社会的发展差距，因此，为了改变民族村寨贫穷落后的固有面貌，获得物质富裕、精神富足的美好生活，村民们全力配合政府、企业和各类社会组织的建设规划，从生产方式、技术能力、市场观念，到素质水平、文化理念、民俗传统等生产生活的各方面内容，都在村寨的现代化建设中发生了改变与升级。也正是在这种村民内部的发展动力下，民族村寨社会持续向前发展，村寨的生态环境、市场环境、社会环境与文化环境都实现了全面提升，村民的生活水平得到了大幅改善。总体而言，政策推动力、经济驱动力、村民执行力与其他力相互影响与作用，共同构成了民族特色村寨建设的动力机制系统，进而推动民族村寨持续稳步发展。

第三，民族特色村寨建设的实施路径。民族特色村寨的建设路径按照优势产业引领型、民族历史文化型和生态休闲康养型三种开发模式划分各有不同。优势产业引领型民族村寨建设的实施起点在于其独特资源，这里的资源主要是指产业资源，包括农业、林业、畜牧业、矿产业、轻工业等产业的资源要素。这些村寨传统的发展模式大多以其优势产业为主，但由于地理区位和市场影响力的限制，往往存在产业水平低、市场占有少、产品质量良莠不齐等问题。同时，随着民族村寨建设振兴的不断推进，在新的建设理念、技术手段和发展模式的带动下，市场参与者对村寨提供的产品及配套服务提出了更高的要求。为了满足消费者们全新的要求，大量的资本、劳动力等要素资源逐渐向村寨周边聚集，在资本力量与本地村民的共同努力下，专业的生产设施环境得以改善，全产业链、市场品牌等都得以快速发展，村寨原有的产业经营发展理念也得到了提升，多方主体共同推进了民族村寨的发展，最终构成了优势产业引领型村寨的建设实施路径。民族历史文化型村寨建设的实施起点在于其文化底蕴，包括在村寨悠久的历史脉络中形成的建筑、饮食、服饰等有形的文化符号和各民族独有的语言风俗、节日仪式、传说故事、艺术展演等无形的文化记忆。这些民族村寨大多分布于距离城市较远、受现代社会影响较小、地方文化特色较为鲜明的地区，但往往存在生产模式较为传统、与外界开放交往程度较低、思想观念较为守旧等问题。近年来，在乡村振兴发展的大背景下，越来越强调民族认同与文化自信，这类村寨由于承载着各民族宝贵的物质文化资源逐渐受到社会的关注，成为大家感受、学习、研究多样文化的目的地。因此，建设资金、开发方案、人才团队、技术方法等要素资源不断涌入，协助展开民族村寨的建设改造，在全新的发展模式与建设理念引导下，拓宽已有的生产方式着力发展文化旅游，完善村寨基础设施与公共服务环境，深挖地方文化记忆开发特色产品，打造民族文化品牌，增强村民的文化认同感和保护传承能力，实现村寨经济、社会、文化的全面提升，最终构成民族历史文化型村寨建设发展的事实路径。而生态休闲康养型民族村寨的建设起点则在于其静谧优美的自然环境，这样的村寨大多远离尘世喧嚣，地处山林之间，风光宜人，悠远和谐，生活闲适。在快节奏的现代化建设浪潮中，人们往往需要一个释放身心的场所，因而这类康养旅游型的村寨逐渐成为大家身心疗养的首选地。在乡村振兴的背景下，康养旅游的蓬勃发展为民族村寨的规划建设指出了新的方向，地方政府与资本力量进而吸纳了大量旅游市场开发所必需的资源要素，筛选开发出了独特多样的高品质旅游产品与服务，建设改造了一系列观光、休闲、餐饮、住宿等旅游配套设施，招募培训了一批文化素质、服务意识、技能水平较高的当地旅游服务人员，并通过专业化的宣传营销策略不断提升村寨品牌的知名度。在不同主体的共同作用下，这类村寨的发展初具规模，逐步形成了生态休闲康养型民族村寨的建设路径。

第四，民族特色村寨建设的开发保障。民族特色村寨的开发建设是一项全面且复杂的工程，涉及多方主体的利益诉求，因而必须依靠政府、市场和村民来共同实现对村寨建设开发的保障。对各级各类政府而言，最为关注的是产业市场的发展和社会关系的稳定。民族特色村寨作为少数民族同胞世代生活的聚居之所，是振兴、文化传承与民族团结交融的重要载体，现阶段优厚的政策投资环境为民族村寨发展打下了坚实基础，在产业、技术、观念、人才等经济社会发展要素进入民族村寨时，如何做到规划建设基础设施环境与公共服务项目的科学性、合理性与完整性，如何实现资源开发管理与产业经营合作的规范监管和权责明晰，如何做到外来投资主体与当地村民组织的和谐相处、全力合作，是推动村寨全面振兴发展的重要内容。因此，政府部门的开发保障主要是通过政策激励与惩罚、制定行业规范或相关法律条例、完善监督管理体系等行政力量或手段，充分发挥对村寨公共基础设施环境建设、产业市场发展规范、资源开发监督保障、外来资本和当地村民协同合作与利益分配等方面的保障作用。对市场资本而言，最为关注的是村寨的竞争潜力与市场利益分配。民族特色村寨拥有独特的资源优势与巨大的市场前景，在当下乡村振兴的战略背景和村寨自身单一落后的发展模式的作用下，必须将规划建设起现代化的村寨市场，拓展完善产业发展结构和市场规模水平，提升村民的收入和生产技能水平作为最基础且最重要的任务。在此过程中，各类市场主体如何发挥自身优势，获取村寨建设所需的资金、技术与人才支持、如何构建起区域间的产业开发联动机制、如何因地制宜改造或引入全新的产业主体以取代原有高污染低产能的产业、如何制定合理的收益分配方案提升村民的参与度、如何处理好保护与开发的关系，建立科学合理的资源市场化开发运营模式等，都是村寨市场实现可持续发展的重要内容。因此，市场资本力量的保障措施主要是对村寨建设投融资机制的保障、区域协作开发经营方面的保障、人员技术等要素流动方面的保障、特色资源市场化运作的保障等。对村民而言，最为关注的则是村寨建设对自身生活发展的改善与提升。随着民族村寨建设的不断推进，村寨的基础社会环境、生产结构、社会关系、文化交流各方面都发生了较大变化，村民们的收入水平与生活质量也得到了一定提升。村民们作为村寨建设的主要参与者和直接获益者，在大量外部资源要素涌入村寨社会时，现代都市社会的生产发展观念、文化消费观念与村寨传统之间存在许多冲突，造成了村民的不理解、不接受、不参与，同时外部专家和市场开发主体与村民的不对等地位，也对村民平等反馈、参与、监督村寨的全面建设造成了一定阻碍。因此，村民们在民族特色村寨建设的保障措施主要是对民众生产生活观念转变的保障、对公众广泛参与协作的保障，以及对底层监督反馈机制的保障等。

二、旅游空间生产的内涵界定及构成维度

（一）旅游空间生产的内涵界定

空间生产是由法国哲学家列斐伏尔最早提出的概念，他通过深入剖析西方国家20世纪后期出现的城市社会危机本质，深刻批判了传统的"空间容器论"，揭示出资本主义条件下"空间中的生产"到"空间的生产"的转变，并围绕资本、权力和阶层等因素构建了空间生产理论体系。旅游空间作为空间生产和消费的重要舞台，因其独特的发展模式与多样的社会关系受到各类主体的广泛关注，因而可以将旅游空间生产定义为资本、权力和利益等政治经济要素和力量，通过市场空间的扩张、景观符号的改造、社会关系的重置等方式，利用并控制村寨生态资源与人文景观，将空间作为介质或产物，最终实现对旅游地理空间、文化空间和社会空间的全面生产与重构，进而影响村寨社会空间形态与资本流动的过程。旅游空间生产的生产实践主要包括两方面：一是物质景观空间的生产，各类市场主体通过实体化手段对旅游空间中的自然风貌、古迹建筑、公共设施等物质景观进行建设、加工、改造，进而创造出全新的空间景观。二是非物质空间的生产改造，即文化空间和社会空间。其中文化空间属于当地居民共有的一种想象、虚构、象征性的符号化空间，是以庆典仪式、神话传说、风俗禁忌等为精神文化符号作为介质，通过旅游开发，不断融入现代社会的元素并对其进行重新解码编排，赋予旅游文化空间全新的社会历史意义和精神文化内涵。社会空间则是旅游建设主体生产生活的权力关系空间，随着旅游开发的持续推进，新兴的旅游利益群体逐步成为地方社会的组成部分，并渗入原有的社会关系网络之中，通过资源、技术、信息的优势不断提升自身的话语权和领导地位，进而构建形成全新的社会权力关系结构。

在当前，旅游空间生产面临着许多挑战，既要考虑旅游市场发展的需要，也要保证空间生产主体的平等权益，实现经济效益与社会效益的全面提升。本书在充分考虑到我国旅游空间生产开发现状的基础上，结合现阶段旅游业转型发展的

政策背景，总结提炼出了旅游空间生产的三种典型村寨空间形态，即旅游商业地产空间、文化传承示范空间和自然生态保护空间。

旅游商业地产空间的生产开发是指根据市场发展要求，通过产业结构的延伸拓展和市场空间的建设扩张，将地方特色产业发展、基础服务环境建设与旅游休憩娱乐相结合，因地制宜规划建设集休闲娱乐、住宿餐饮、游览购物等功能为一体的多元旅游消费综合体，进而充分发挥旅游产业经济社会辐射保障效应的空间生产路径。旅游商业地产开发的核心是整体性，即在空间生产过程中，将旅游商业地产开发作为地方经济市场发展、生态文化资源保护、民生环境建设完善的链接与桥梁，进行统一合理的规划布局，实现旅游空间的全面系统发展。旅游商业地产空间的功能定位是集观光休闲、休闲娱乐、餐饮住宿等于一体的核心消费区，因而该区域的建设重点是创新，通过建设民俗风情街、特色餐饮街、仿古商业街等多种商业地产开发模式，在原有的基础设施环境与产品服务结构的基础上，借鉴学习最新的资源开发理念与市场运营方法，吸收引进创新技术与人才，不断提升商业地产空间的市场竞争力。

文化传承示范空间的生产开发是指在深入挖掘研究地方特色历史人文资源的精神内涵的基础上，对诸如故居遗迹、历史文物、服饰工具等实体文化景观和仪式传说、传统工艺、民间艺术等非物质文化资源的开发利用与有机传承，激发地方文化空间的内在生命力，打造出既有人文底蕴，又有时代特色，能够同时满足地区居民、游客和市场建设者多样需求的活态文化消费综合体，进而充分发挥旅游产业文化保护传承效应的空间生产路径。文化传承示范空间生产建设的核心是可持续性，即在空间生产过程中植根于地方文化传统，尊重客观规律，科学设计开发旅游产品，提升居民文化保护与传承水平，形成特色文化品牌，实现旅游空间持续稳定的发展。文化传承示范空间的功能定位为特色文化的宣传展演、教育体验和保护传承，因而该区域的建设重点是对文化资源的传承与保护，可以通过声光电、水幕、烟火等高科技手段和全景式演绎，把旅游市场空间作为一个整体性的文化产品，将地方传说故事、文化记忆以更为生动立体的形式展示出来，增加游客的沉浸感、体验感和参与感，同时提升民众的文化认同感、自豪感与凝聚力，打造地方文化品牌，实现对文化资源的创新性保护与活态化传承。

自然生态保护空间的开发建设是指依托地区得天独厚的自然生态资源，在不影响生态结构和空间形态的基础上，对原有的市场空间进行整合重构，将自然景观、住宅空间与旅游活动场所有机融合在一起，以山水美景和原生美食为基石带动旅游目的地的市场开发与保护，进而充分发挥旅游产业绿色协调生态宜居效应的空间生产路径。自然生态保护空间建设的核心是协调性，即依托旅游空间生产实践，在充分考虑旅游目的地周边生态环境的基础上，协调好旅游资源开发与保护之间、产业发展结构之间、人与自然之间以及不同利益主体之间的关系，实现旅游空间全方位的协调有序。自然生态保护空间的功能定位为自然生态景观的欣赏体验、科普教育和观测保护，因而该区域的建设重点在于景观空间的整体规划，通过开发山水观光型、休闲度假型、生态康养型、运动探险型等多元化的生态休闲旅游产品，充分利用地区独特的山水地貌与物种资源，策划推出诸如漂流、蹦极、温泉等特色主题活动，协调控制各类功能空间的发展规模与布局，实现旅游空间人与自然的和谐共生。

（二）旅游空间生产的特征分析

旅游空间生产作为规划开发特色旅游资源、传承精神文化记忆、重构社会空间关系的重要实现路径，其主要特征的界定必然要依托于旅游空间生产的现实基础。

首先，其具备资本属性，能活化保护旅游资源。旅游空间生产实践不仅仅是为了发挥其经济价值，将旅游目的地的生态、历史、人文资源进行市场化开发运作，更重要的是保护、传承与弘扬这些旅游资源中所蕴含的地方传统与特色文化。因此，在旅游市场空间生产实践过程中，要在充分了解不同旅游资源在地方发展历史中的意义与价值的基础上，不断吸收借鉴新的旅游开发运营理念，做到在市场空间开发的同时最大限度地保护旅游目的地原有资源特征和文化历史传统。具体而言，在旅游空间生产实施之前，充分考虑不同旅游目的地的资源优势与特色，并在专家的指导下制定出科学合理的开发方案，尽可能保留旅游景观的原真性，带给游客最真实的价值体验与感官震撼。与此同时，充分借助外部信息、技术、人才投入，对破损老旧的古迹建筑进行保护性修葺，对濒临灭绝的生物品类、濒临失传的传统习俗和工艺进行影像记录或采样保护。从生态资源的开发保护来看，一方面可以运用现代科学技术手段，对过去粗放式开发所造成的环境污染与破坏加以治理与补救；另一方面要加大资源开发的监管力度，制定完善的行业行为规范与法律条文，明确主体权力与责任，同时加大环境保护的宣传力度，提高地区居民的环保意识，进而实现旅游生态资源的保护性开发。从人文资源开发保护来看，一方面可以通过吸纳专业性旅游经营管理人才，不断学习、更新旅游市场运营理念模式，在深入了解研究地方文化历史的基础上设计开发出多样化、高品质、有创意的旅游产品，构建出多条精品旅游消费路线，进而形成地方旅游品牌；另一方面可以通过文化素质与技能水平的教育培训，不断提升当地居民的旅游服务水平与文化传承保护能力，促进其积极参与到旅游开发实践中，并充分发挥个体主观能动性，提高民众的文化认同感与自豪感，同时提高游客的旅游满意度，实现地方文化历史的传承与可持续发展。

其次，其具备社会属性，能协调社会权力关系。旅游从根本上说是一种文化消费行为，就是为了追求休闲、愉悦的异文化体验。随着现代消费观念的转变和体验经济的蓬勃发展，旅游空间作为旅游实践的物质载体，负载着地方的景观文化、身份认同与社会关系网络，因而对空间的生产与消费逐渐成为旅游目的地拓宽产业门类、转换发展思路、提升经济效益、重构社会权力关系的重要路径。在现阶段的开发实践中，政府与外部开发商由于自身的行政权力和资源要素优势通常处于旅游空间中的主导地位，而地方民众往往处于被支配的地位，甚至会被剥夺侵占自身的空间权益，造成一些过激的冲突与摩擦，影响到地方社会的和谐稳定。因此，在旅游空间生产进程中，必须始终牢记以人为中心的价值基石，从不同群体的需求出发，协调处理好各方利益主体的权力关系与发展目标，推动旅游空间的平等共建与利益共享，最终实现共同发展富裕。具体而言，可以构建起多方共商共建共享的旅游空间生产机制，一方面，彻底转变以资本为中心的旅游发展模式，丰富拓展旅游生产内容与市场空间结构，明确各方旅游市场主体的权力与责任建立科学合理的利益分配机制，形成一支理念创新、分工明确、权责清晰、协作并进的建设力量；另一方面，强化地方民众的主体意识，充分发挥其建设主动性，提高其市场参与度与层次，保障其空间基本权益，协调构建和谐有序的旅游空间社会权力关系，进而实现对旅游空间的持续健康发展。

（三）旅游空间生产演化构成维度划分的依据

针对旅游空间生产的维度构成，必须进行科学合理的划分。在划分过程中，必须准确把握旅游空间生产的内涵和特征，并突出其中重点内容。经过前文分析可以总结得出，旅游空间生产演化的维度划分主要分为以下几方面。

第一，规划开发理念的转变是旅游空间形态变化的前提与可持续发展动力。在旅游空间形态变化的初期，旅游空间生产实践最重要的影响因素就是产业整体发展趋势和新出现的成功建设经验。地方政府、企业资本、外部专家团队等市场决策层作为最先接触、了解到新时期产业发展要求与战略布局等政策指示、全新的资源规划开发模式与市场经营发展理念的群体，在充分研究相关精神理念后，结合地方的现实发展情况进行了有选择地引进与借鉴，逐步将原有的旅游建设观念与模式转向更适应新时代经济社会发展要求的轨道上来。过去的旅游市场开发主要关注产业经济效益的实现,因而在资源利用、产品开发、市场经营管理等方面较为粗放;在旅游业全面发展转型的新阶段,必须彻底改变过去以利益最大化为产业目标的发展观念,明确旅游发展的最终目标是推动实现共同富裕与人的自由全面发展,坚持从人的需求出发展开旅游空间的规划建设,充分发挥旅游业对公共服务环境建设、历史文化传承保护、职业素质技能提升等方面的综合带动效应,定期学习更新旅游市场开发经营理念。只有从产业建设发展理念层面产生转变,才能真正实现旅游空间生产实践演化长期可持续进行下去,更好地为经济社会发展贡献力量。因此,旅游空间规划开发理念的转变可以作为地理景观与空间形态变化发展的发展前提和持续性动力,成为旅游空间生产实践构成维度的一个方面。

第二,居民生产生活方式的转变是旅游空间形态变化的显性表征与内在动力。旅游空间形态变化是一个多重复合性的过程,多方利益主体通过对地方旅游景观、文化历史传统与社会关系结构的整体规划开发与改造,实现市场空间的拓展和空间权力关系的重构。地方民众作为旅游空间生产的绝对主体与直接受益人,必然在生产结构、生活方式、文化传承与社会交往等方面产生较大程度的影响与改变。同时,居民生产生活方式发生转变也在一定程度上推动了旅游空间生产实践的演化。在过去传统的旅游市场结构影响下,旅游目的地的居民不具备拓展更新自身生产生活方式的想法和能力,因此,地方产业发展结构与旅游市场竞争水平始终保持不变,也没有任何改变的动力。随着旅游发展目标的升级与开发运营模式的更新,独立固化的产业经营发展布局被逐步打破,新时期旅游空间生产更注重整体性、人民性和可持续性,会从地方经济社会现状与民众切身利益诉求出发,拓展延伸旅游产品门类与产业链,融合调整地方产业市场结构,建设完善旅游基础服务设施环境。在此过程中,首先发生变化的就是地方民众的生产生活方式。越来越多的本地居民通过提供餐饮、住宿、文化展演、手工艺生产等方式参与到旅游市场空间的建设之中,而这种最明显、最直接也最有效的转变成为旅游空间生产演化的内在驱动力。因此,居民生产生活方式的转变可以作为旅游地理景观与空间形态变化的显性表征和内在动力成为旅游空间生产实践构成维度的一个方面。

第三,社会权力关系的转变是旅游空间形态变化的深层影响与结构性改造。地方社会的权力关系网络是不同地区的生产主体在长期的发展过程中,在共同的历史传统影响下为了维持地方社会的相对稳定而逐步形成的特定权力结构。在旅游空间形态变化过程中,最显著的阻力就是地方权力主体和外部开发力量之间发展目标、文化背景与利益分配的巨大差异导致的冲突与对峙,因此,必须将这种由结构性差异导致的摩擦减至最低。在旅游空间规划开发理念和居民生产生活方式转变的前提下，随着旅游市场开发的持续推进，外部利益主体依靠资本、技术、信息与人才优势不断参与渗入原有的地方社会关系网络中，干预引导着旅游市场的发展方向与建设进程，逐步实现自身话语权力的提升。同时，在现代消费主义浪潮的影响下，地方社会的文化认同与空间生产逻辑发生变化，进而形成全新的旅游空间权力关系网络。因此，社会权力关系的转变可以作为在旅游目的地地理景观与空间形态变化的结构性影响，成为旅游空间生产实践构成维度的一个方面。

（四）旅游空间生产演化构成维度的解析

根据对旅游空间生产演化进程的梳理与整体理解，可以认为旅游空间生产演化的维度划分主要分为三个方面。

第一，旅游空间生产演化进程中的空间规划开发理念。在旅游空间生产演化进程中，能够衡量是否在传统旅游市场开发行为基础上对目的地空间形态与地理景观变化产生影响的就是空间的规划开发理念。在传统旅游市场开发模式下，旅游资源与产品的利用开发和产业市场的运营管理都是以实现利益最大化为主导的，旅游空间的规划开发理念相对固化，且无法全面地看待旅游市场空间整体规划布局与发展状态。随着旅游产业战略地位的提升与发展模式的转型，原有的市场结构布局逐渐被打破，全新的空间规划开发理念与市场运营模式逐步形成，地方政府、居民和外部市场资本力量之间的沟通交流日益密切。在旅游商业地产空间、文化传承示范空间和自然生态保护空间等典型的旅游空间生产形态中，外部市场资本力量、地方政府与居民的旅游产品设计开发、市场建设经营、资源保护与利用的理念不断碰撞融合，最终满足了新时期旅游空间生产实践更高的发展要求。因此，旅游空间生产演化的一个重要构成维度是空间规划开发理念。

第二，旅游空间生产演化进程中的居民生产生活方式。在旅游空间生产演化进程中，最显著直观的表现就是居民生产生活方式的发展变化。在过去的旅游市场开发模式下，地方居民大多仍以农业、手工业等传统产业作为主要生产方式，同时从事一些旅游基础建设与服务项目，其生活主要围绕住宅区、旅游景观、休闲商业区、公共服务设施等范围进行。在旅游空间生产全面转型升级的新阶段，僵化割裂的产业市场结构逐渐解体，不同产业间的生产融合逐步提升，多元主体间的协同互动日益频繁。随着旅游商业地产空间、文化传承示范空间和自然生态保护空间等旅游空间生产形态的逐步发展成熟，旅游目的地居民的生产生活方式相较于传统旅游市场发展模式出现了较大的变化：在生产上逐步拓展旅游市场参与途径、提升旅游产业参与层次，从过去以农业、种植业、手工制造业等传统产业为主的生产方式，开始更多地从事餐饮、住宿、文化展演等旅游服务产业的生产活动；在生活上由于受到旅游空间生产实践的影响，基础设施条件、公共服务环境与社会保障体系也得到了建设完善，居民生活质量与水平实现了一定程度的提升。因此，旅游空间生产演化的一个重要构成维度是居民的生产生活方式。

第三，旅游空间生产演化进程中的地方社会权力关系。在旅游空间生产演化进程中，与传统旅游市场开发行为之间最重要的鉴别标准就是地方社会权力关系结构是否变化。地方社会的权力关系结构大多是在旅游目的地长期建设进程中，在共同的文化传统和发展目标的作用下，为了维护实现人与自然、人与社会、人与人之间相对稳定和谐而积淀形成的特定关系网络。由于过去旅游市场开发是以实现经济效益最大化为目标，因而建设理念与模式较为单一局限，对市场的影响也停留在浅层表面，并未触及地方社会权力关系层面的变化。随着旅游产业的现代化发展，其产业定位和发展理念也随之改变，逐步从旅游空间中的生产拓展到旅游空间的生产，形成了旅游商业地产空间、文化传承示范空间和自然生态保护空间等特点鲜明的地理景观形态。各类旅游市场开发主体在资本权力优势和现代消费文化的共同作用下，逐步提升自身的话语权力与社会地位，协调转变旅游空间生产的历史文化逻辑，参与、渗透，直至对地方社会长期形成的权力关系结构进行改变与重构。因此，旅游空间生产演化的一个重要构成维度是地方社会权力关系。

三、中国民族特色村寨旅游空间生产理论的内涵界定及维度划分

（一）中国民族特色村寨旅游空间生产理论的内涵界定

本书尝试构建的中国民族特色村寨旅游空间生产理论是以大卫·哈维提出的"社会过程决定空间形式"的过程辩证法为方法论基础，以具体阐述资本积累、空间生产和地理景观三者之间的内在逻辑关联为研究路径，最终用以分析解决当前我国民族村寨建设中存在的突出问题。在此原则指导下，中国民族特色村寨旅

游空间生产理论作为乡村发展理论的重要组成部分，在构建理论框架的过程当中需要基于乡村发展理念，进一步协调完善。在分析民族特色村寨旅游发展的过程当中，其产生的问题也应当归属于乡村整体发展理论。所以，中国民族特色村寨旅游空间生产理论的内涵应该包含以下几个层次。

第一，民族特色村寨旅游发展的政策规划。首先，产业兴旺、生态宜居、乡风文明、治理有效、生活富裕是乡村振兴发展的总体要求，所以提升村寨旅游产业发展水平，促进产业全面协调发展的相关政策规划与指导意见应包含在民族村寨旅游空间生产理论中。其次，民族村寨旅游空间生产是在旅游经济发展的背景下产生的，全球范围内乡村旅游的兴起与民族村寨旅游空间生产有着密切相关。当大量资本、技术和劳动力聚集到村寨旅游的空间生产领域后，很大概率会造成对村寨资源和环境的破坏，进而导致社会结构的变化、文化认同削弱和空间非正义等问题。中国作为社会主义国家，需要立足自身突出特点制定相应的政策法规来解决这些问题。因此，在民族村寨旅游空间生产理论中，还有必要包括一整套应对和解决民族村寨旅游空间生产问题的法律法规和政策原则。最后，民族村寨旅游空间生产与市场经济发展之间具有相互作用的关系。市场经济改革是推动民族地区旅游业发展的重要动力，然而过去较长时期内实施计划经济对民族地区人们的经济思维与行动仍留有影响，对旅游产业的发展有着不好的作用。因此，需要出台制定相关政策法规协调和引导政府与市场的双向互动关系，充分发挥市场主体的创新作用，引导少数民族地区村寨旅游市场的高质量发展。所以，有关旅游产业的市场机制改革应属于民族特色村寨旅游空间生产的理论范畴。

第二，中国民族特色村寨旅游空间生产理论有狭义与广义之分。从狭义的视角来看，中国民族特色村寨旅游空间生产指的是经济领域的生产理论，即通过理论指导民族村寨旅游经济发展与开发实践，阐释村寨旅游空间生产与经济发展的联系，探索民族特色村寨旅游空间生产理论对村寨经济发展的影响机制与作用路径；从广义的视角来分析，中国民族特色村寨旅游空间生产理论除了对经济领域具有重要意义外，还辐射关联着政治、社会、文化各个层面，分析解释了村寨旅游空间生产过程中相关联的或是自身造成的政治问题、社会生活问题、文化问题以及全球旅游市场合作竞争问题。中国作为后发国家，乡村旅游业起步较晚，为了彻底改变在全球乡村旅游空间市场中的落后地位，现阶段我国民族特色村寨旅游空间生产最重要的任务便是提升旅游产品与服务的开发质量，优化村寨旅游空间布局与产业结构，协调村寨旅游建设主体的权力关系，最终形成中国民族村寨旅游的全球品牌影响力。所以，当前我们面临的不仅仅是村寨旅游开发和民族经济发展层面的问题，更是关系到民族村寨旅游空间的民族团结稳定、文化认同、空间正义和全球化竞争等全方位的问题。因此,本书的民族特色村寨旅游空间生产理论主要选取的是其广义的概念。

第三,中国民族特色村寨旅游空间生产理论的核心内容是,立足我国民族特色村寨旅游开发现状与突出问题,构建出一套具有鲜明社会主义特征的民族村寨旅游空间开发理论体系,借此系统分析当前我国民族村寨旅游空间发展的现实难题及其背后资本运动的逻辑机理,尝试通过科学规划布局村寨旅游空间资源,优化调整村寨产业发展结构与旅游产品质量,协调、化解村寨旅游空间中的各类生产矛盾,探索出新时代背景下我国民族特色村寨旅游空间的可行性生产路径,最终实现中国民族特色村寨旅游业持续健康发展,进而提升我国民族村寨旅游业在全球旅游市场中的地位。因此,在经济方面,需要找出资本、信息、劳动力等旅游市场资源在村寨空间中分配不合理等问题的解决路径,优化村寨产业结构、提升旅游产品质量与服务水平,从而推动民族村寨旅游业不断向好发展;在政治方面,需要尝试协调好旅游开发过程中政府与市场、地方民众与外部权力之间、不同民族同胞之间的权力关系,进而阐释清楚各方利益主体在村寨旅游空间中的博弈及其本质;在社会生态方面,需要处理化解村寨旅游空间生产所造成的社会矛盾与问题,即协调好民族地区旅游区位发展的矛盾,解决旅游开发所导致的环境破坏,真正实现旅游空间正义,让人民共享发展成果,尊重并保障人民的权益,做到一切发展为了人民;在文化方面,需要处理好民族传统文化与现代消费思潮的冲突,破除因民族村寨旅游开发造成的村民身份与文化认同的削弱等相关问题,让中国民族特色村寨旅游空间生产回归"使用价值"与"人民逻辑"。

所以,我们可以将中国民族特色村寨旅游空间生产定义为不同实施主体与利益集团在民族村寨旅游发展进程中,通过开发、改造、新建等方式利用并控制村寨生态资源与人文景观,实现物质生产空间的拓展与社会关系的重构,进而影响村寨社会空间形态与资本流动的过程。而中国民族特色村寨旅游空间生产理论则是以中国民族特色村寨旅游空间生产过程作为研究对象,以哈维提出的"社会过程决定空间形式"的新马克思主义历史—地理唯物主义研究方法为指导,基于乡村旅游空间生产相关理论成果,立足我国本土实际,构建出的一套具有中国特色的民族村寨旅游空间生产理论体系。因此,可以运用该理论体系与方法路径对现阶段我国民族特色村寨旅游空间生产实践中的一系列具有中国特色的矛盾与问题进行分析,深入剖析旅游空间生产过程背后的资本循环积累、地理景观变化和社会关系重构之间的内在逻辑关联,在明确了底层逻辑基石和生产价值导向的基础上对当前的民族村寨旅游空间开发进行反思,并提出相应的调整方案,进而推动我国民族特色村寨旅游空间生产的可持续性与正义性。

（二）中国民族特色村寨旅游空间生产理论的特征分析

中国民族特色村寨旅游空间生产理论作为推进我国民族村寨旅游持续健康发展的重要指导理论，具有人民性、共享性和可持续性三大基本特征。

首先，中国民族特色村寨旅游空间生产理论强调人民性。我国在民族村寨旅游空间生产实践中，始终牢记以人民为中心的生产逻辑基石，深入反思并批判了过去因受资本逻辑影响将人视为空间资本化的工具的错误观念，明确认识到一切旅游市场建设和产品开发活动都是基于广大村民的现实需求，为人民群众谋求旅游发展过程中公平合理的空间权益，进一步强化"人"在民族村寨旅游空间生产中的绝对主体地位。中国民族特色村寨旅游空间生产区别于资本主义国家乡村旅游空间生产实践的关键就在于以人民为中心的村寨旅游基本发展路径与价值导向，即在民族村寨旅游空间开发过程中牢记人民群众的主体地位，充分发挥广大村民的积极性、主动性与创造性，实现其现实需求，进而避免因过度的资本逻辑作用造成负面影响。对人民性的强调并不意味着不接纳资本，而是将资本作为发展的手段并非最终目的。因而，只有坚决贯彻以人民为中心的价值定位，协调好市场资本与人民利益之间的关系，摒弃"唯 GDP"的产业发展观念，做好民族村寨旅游开发的全局规划与资源调控，建设完善旅游市场监管体系，充分调动广大村民的主观能动性，维护村寨旅游空间生产与权益分配的正义，走好以"使用价值"为核心的空间人本化旅游发展道路，才能真正实现中国民族村寨旅游空间生产理论鲜明的人民性特征。

其次，中国民族特色村寨旅游空间生产理论提倡共享性。进入新时代，我国民族特色村寨旅游空间生产强调全民共建共享，民族地区人民群众公平共享村寨旅游发展的现实成果，推动实现乡村全面振兴，是中国民族特色村寨旅游空间生产的根本宗旨与建设目标。因此，中国民族村寨旅游空间生产必须摒弃资本主义社会由资本家垄断独享市场收益的乡村旅游发展道路，坚持走出一条空间收益全面平等共享的社会主义村寨旅游发展道路。也就是说，在我国民族特色村寨旅游空间开发过程中，必须始终牢记共享发展理念，切实做到全民共享、全面共享、共建共享、渐进共享，避免出现资本主义乡村旅游空间生产中由资本家与权贵阶级独享旅游收益的情况。所以，只有贯彻落实全面共享的新发展理念，在民族特色村寨旅游发展进程中充分调动村民的主动性与创造性，不断提升广大村民的参与感、获得感与满足感，增强其民族认同感与自豪感，同时建立健全村寨旅游市场开发规范与监督管理体系，通过行政、法律等多方手段保障各方主体的合法权益，避免出现因旅游收益分配不公平、市场参与地位不对等而导致的社会阶级矛盾，走好以全面共建共享为理念宗旨的民族村寨旅游空间生产道路，才能更好地体现出中国民族特色村寨旅游空间生产理论的共享性，进而真正实现中国特色社会主义全民共享的产业发展目标。

最后，中国民族特色村寨旅游空间生产理论追求可持续性。旅游业被誉为新世纪的无烟工业，因其综合性和辐射带动性成为我国民族村寨建设发展的首选，各地立足自身原生秀美的自然风光和悠久独特的民族风貌大力开展旅游市场建设，以实现乡村振兴的发展目标。中国民族特色村寨旅游业始终坚持全面协调可持续的发展理念，强调人与自然、人与人之间的绿色和谐。因此，中国民族村寨旅游空间生产必须改变以利益最大化为导向的资本化发展道路，坚持走出一条绿色协调可持续的社会主义村寨旅游发展道路。也就是说，在我国民族特色村寨旅游空间生产实践中，要始终牢记绿色协调的新发展理念，放眼全局目光长远，尽力避免因资本力量的逐利本质而不断加剧村寨旅游资源开发不可持续问题。强调可持续发展并不意味着放弃旅游开发带来的经济收益，而是要求处理好开发与保护的关系，做到资源开发利用的协调与节制，进而实现民族村寨旅游空间中人与自然的和谐共生、文化传统的继承发扬，以及社会交往的稳定团结。所以，只有牢固树立绿色协调可持续的产业发展观念，从全局分析处理村寨旅游发展问题，充分发挥政府对民族村寨旅游业的规划指导作用，尽力排除因资本追逐最大化利益的逻辑弊端而造成的急功近利、开发粗放、资源浪费、环境污染等突出问题，引导发挥资本力量的积极作用，推动民族村寨经济社会向前发展，走好以绿色协调可持续为指导理念的民族村寨旅游空间生产道路，才能切实体现出中国民族特色村寨旅游空间生产理论的可持续性，最终实现村寨空间经济、社会、文化、生态的全面绿色协调、高质量可持续发展。

（三）中国民族特色村寨旅游空间生产理论的维度划分

针对中国民族特色村寨旅游空间生产理论的维度构成，必须进行科学合理的划分。在划分过程中，必须准确把握民族特色村寨旅游空间生产的内涵和特征，坚持以民族特色村寨旅游空间的开发实践为现实基础，以解决发展问题、共享发展成果为最终目标，并突出其中重点内容。经过前文分析可以总结得出，中国民族特色村寨旅游空间生产理论的维度主要可以划分为以下几方面。

第一，中国民族特色村寨旅游空间生产要坚持"人民逻辑"与"资本逻辑"

共同作用，明确"人民逻辑"的主导地位。"资本逻辑"是以资本为中心，以利益最大化为最终目标，在其作用下，乡村旅游的开发建设受到资本积累转移与市场利益的驱使，旅游资本的投入与价值的提升很大程度上依赖于资本家的个体选择，普通群众在旅游市场建设中只是促进资本增值的工具，本质上是将人作为了资本的附庸。而"人民逻辑"强调以人民为中心，民族村寨旅游空间生产的最终目标是人的全面自由发展，坚持以人为本的社会主义村寨旅游发展道路，贯彻落实广大村民在旅游开发中的主体地位，从人民群众的视角出发，分析并化解村寨旅游发展中生产力与生产关系之间的矛盾，让一切空间生产行为回归人本逻辑。中国民族特色村寨旅游空间开发进程中"人民逻辑"的主导地位是由我国社会主义属性决定的，这便决定了中国的经济社会发展必须始终牢记广大劳动人民的主体地位，进而实现共同富裕和人民自由全面发展的最终目标。民族特色村寨旅游开发是我国民族地区经济社会发展进步的首要路径与核心推动力，因此，必须牢记以人民为中心的底层发展逻辑，从人民群众的切身利益与现实需求出发，确保村寨旅游开发成果惠及全体村民。同时，各类市场资本作为推动生产力发展更新，促进产业转型升级的重要动力，要协调运用好资本力量与手段，充分发挥其积极促进作用，二者共同作用引领民族村寨旅游空间开发建设，实现村寨经济社会全面发展。

  第二，中国民族特色村寨旅游空间生产要坚持"使用价值"与"交换价值"的共同作用，明确"使用价值"的主导地位。从村寨旅游空间生产的价值导向问题的角度来看，资本主义国家乡村旅游空间生产是为了获取最大化的"交换价值"，而中国民族村寨旅游发展则是在"使用价值"与"交换价值"共同指导的基础上，进一步强调"使用价值"的重要意义。"交换价值"是随着商品经济的兴起而出现的，体现的是生产者之间的社会关系，强调的是资本趋利的本质，即实现更大范围内的资本循环与积累，意味着村寨旅游发展成果由少部分资本家垄断独享；而"使用价值"则是一切劳动产品所固有的自然属性，即其有用性，体现的是社会财富的物质构成，更着重于民族村寨的整体发展，强调产品服务质量，服务于集体利益的增值，由人民共享发展成果。中国民族村寨旅游空间生产强调"使用价值"为主导是由我国民族村寨旅游发展目标决定的。资本主义乡村旅游空间生产以获取最大化的利益与交换价值为最终目标，整体过程是从交换价值到更大的交换价值，一切旅游开发都是资本家为了实现资本积累与盈利。与之截然不同的是，中国民族村寨旅游空间生产最终目标是提升人民生活质量和民族村寨发展水平，满足人们对美好生活的向往，实现自身全面自由发展。因此，在民族村寨旅游空间生产进程中必须坚持将"使用价值"的实现作为基本导向，带动民族村寨经济社会文化的全面提升,让广大民族同胞切身感受到村寨旅游发展所取得的成果。同时,也要将"交换价值"的实现作为中国民族特色村寨旅游发展中的重要过程与手段,充分发挥交换价值对旅游经济发展的促进作用,二者共同作用,从而进一步提升民族村寨旅游业发展水平。

第三,中国民族特色村寨旅游空间生产要坚持"政府调控"与"市场手段"协同发力,强调政府的统筹规划作用。从村寨旅游空间生产的开发动力问题的角度来看,资本主义国家乡村旅游空间生产是以"市场力量"作为绝对主导,而中国民族村寨旅游空间生产则是在政府与市场共同作用的基础上,强调政府的统筹主导作用。以"市场力量"为主导的生产活动更重视资本的增值,以实现利益的最大化,政府在此过程中只是辅助的角色,其中各微观主体利益和具体空间规划布局细节主要由乡村旅游市场自身进行调节,政府不会过多干涉。而作为社会主义国家,中国民族村寨旅游发展情况与其截然不同。中国民族特色村寨旅游空间生产坚持以"政府调控"为开发主导,这种主导地位不仅仅表现在对旅游发展的宏观规划与管理上,同时也体现于村寨旅游市场主体权益分配、文化资源开发使用、产品服务质量等微观细节中,因而,如果没有各级政府对民族村寨旅游发展的全力支持与引导,村寨旅游空间生产很难取得当下的成果。中国作为社会主义国家,根本宗旨就是为人民服务,因此,在民族村寨旅游开发过程中必须始终坚持以人为本、执政为民的根本原则,切实发挥政府的行政力量与职能优势,统筹协调资源要素与各方利益主体,支持引领村寨旅游健康发展,尽力规避与弥补因急功近利、盲目无序的村寨旅游市场开发而造成的资源环境问题和社会阶级矛盾,从空间权益的角度保障人民的基本权益,维护空间正义。同时,"市场手段"作为民族村寨旅游业重要的自发调节机制,要充分发挥村寨旅游市场的灵活性与创造性,提升旅游产品和服务的质量水平,推动民族特色村寨旅游空间生产资源配置更高效,行业向更高质量发展。

第四,中国民族特色村寨旅游空间生产要坚持"国有经济"与"民营经济"二者并行,协同发力。从村寨旅游空间生产的投资主体问题的角度来看,在资本主义国家当中私有企业是乡村旅游空间生产的先锋队,而中国民族特色村寨旅游空间生产则是由"国有企业"与"民营企业"多方主体共同投资建设的。资本主义国家和社会主义国家的乡村旅游经济在不同的所有制结构影响下,无法保障发展的协调性。资本主义私有制经济存在无法磨灭的阶级矛盾,产业发展存在严重弊端,导致了一系列旅游空间开发问题,如旅游收益分配的两极分化、日益加剧的生态环境危机、不断凸显的旅游空间权益冲突等。而中国民族村寨旅游发展以"国有经济"为主、"民营经济"为辅的投资结构是由中国特色社会主义市场经济制度体制所决定的。中国特色社会主义基本经济制度强调以公有制为主体、多种所有制共同发展，国有经济与民营经济二者相辅相成、相得益彰，推动社会主义市场经济体制不断完善。因此，在民族特色村寨旅游开发建设中必须坚持以国有经济为主、民营经济为辅的产业投资结构，国有经济掌握着生产、流通、基建等国民经济发展命脉，拥有先进的现代化技术力量和庞大的资金支持，是村寨旅游空间生产和各民族同胞实现自由全面发展，走向共同富裕的根本保障，可以不断推动完善中国民族特色村寨旅游空间生产的格局与形态。同时，"民营经济"作为社会主义市场经济的重要组成部分，在促进创新、增加就业、改善民生等方面发挥了巨大作用，要充分发挥民营经济对民族村寨旅游发展的积极作用，利用好社会力量，激发出社会的创造力，全方位推动民族村寨的发展。

（四）中国民族特色村寨旅游空间生产理论的维度解释

以解决村寨旅游区位发展不平衡、旅游开发速度与村寨承载能力不协调、资源开发不可持续、村寨旅游空间非正义等问题为理论分析框架的出发点，从中国民族特色村寨旅游空间生产的底层逻辑、价值导向、开发动力和投资主体四个基本维度出发，可以针对每个问题的特点提出相应的发展路径与解决方法，具体内容包括以下四个方面。

第一，要解决民族村寨旅游区位发展不平衡问题，可以采取以下举措。一是坚持"人民逻辑"与"资本逻辑"共同作用，贯彻落实人民逻辑的主导地位，推动民族旅游市场的均衡协调发展。中国民族特色村寨旅游空间生产必须坚持以人为本的核心理念，发展成果全民共享的基本价值取向，切实保障村民的尊严地位、空间权益和发展诉求。在民族村寨旅游发展失衡的现实情况下，不同地区的人民所享受到的旅游发展成果自然会存在较大差异，因此，为了缩小区位发展差距，提升落后地区人民的权益福祉，中国民族特色村寨旅游空间生产必须坚决维护广大民族同胞共享发展的权益，健全完善相应的制度措施与权利补偿机制，加大对落后地区的扶持力度，让人民群众全面共建共享民族村寨旅游发展的成果，不断推动民族地区村寨旅游业平衡发展。二是坚持"使用价值"与"交换价值"的共同作用，牢记以使用价值为主导，实现村寨旅游均衡协调发展。我们必须正视不同区位间地理位置、交通条件、村寨规模等的差异，从差异化的现实条件出发，充分挖掘当地的旅游开发价值，宣传发挥村寨人文生态优势，承担起生态保护与文化传承的重要责任，努力吸引人才与资金的投入，实现区位平衡村寨和谐的旅游发展目标。三是坚持"政府调控"与"市场手段"二者协同发力，强调政府的统筹主导作用,推动村寨旅游均衡协调发展。在民族村寨旅游发展过程中要充分发挥政府的支持引导作用,统筹协调资本要素,整体规划村寨旅游布局,贯彻落实区域经济协调发展战略;同时,运用市场化手段激活各方利益主体的积极性与创造性,共同实现民族地区旅游市场均衡协调发展的目标。主要可以通过加大对旅游发展落后地区的人才、资金扶持与政策倾斜,不断弥补其经济社会发展短板,提升村寨自身知名度与竞争力,逐步缩小民族地区之间的村寨旅游发展差距。四是坚持"国有经济"与"民营经济"共同发力,以国有经济为主,民营经济为辅,保障民族村寨旅游均衡协调发展。以国有经济为基础,民营经济为补充,加快改善区位交通基础条件,充分发挥地区典型民族旅游村寨的示范影响作用,努力缩小民族村寨旅游区位空间发展差距;同时,发挥旅游业的辐射带动效应,不断改善村民的生活质量,提升其收入水平与幸福指数,加快民族乡村地区产业转型发展,促进村寨旅游协调共进,形成基础设施全面升级、资源要素配置合理、旅游服务质量水平渐次提升的民族特色村寨旅游空间新格局。

第二,要解决旅游开发速度与村寨承载能力不协调问题,可以采取以下举措。一是坚持"人民逻辑"与"资本逻辑"共同作用,捍卫"人民逻辑"的根本底线,合理控制开发速度。首先,由于不同村寨资源禀赋存在较大差异,民族特色旅游发展现状各不相同,因此,在旅游空间生产实践中要牢固树立以人为本的根本要求,根据当地人口密度、村寨规模、基础设施条件等具体情况具体分析,合理控制旅游开发速度,保障村民的基本权益,尽力避免大规模高速开发而出现的承载力危机,实现民族村寨旅游全面有序推进;其次,针对那些承载能力受到挑战的村寨,要加大政策支持与财政投入,完善村寨的基础设施和公共服务条件,转变民族特色旅游的经营管理理念,严格把控旅游开发速度,提升承载能力与开发质量,促进民族村寨旅游空间的全面协调发展;最后,面对那些严重超出承载极限的村寨,需要从资源环境、基础设施、社会文化保护等多方面一同介入,加强行业监管与法律保障,严厉惩处违反了资源环境政策的大肆开发行为,全力改善民族村寨旅游空间的承载能力,实现健康协调发展。二是坚持"使用价值"与"交换价值"的共同指导,强化"使用价值"的主体地位,缓解村寨的承载力危机。要充分发挥旅游业的使用价值,实现村民对美好生活的向往,首先,需要构建起民族村寨旅游空间承载能力的研究体系,在理论推演与实证验证的基础上了解村寨旅游空间承载力的真实水平,明确旅游承载能力对村寨经济、社会、文化、生态发展的影响路径,提升承载能力研究结论的实践契合度,据此科学精准指导民族村寨旅游空间生产实践;其次,需要构建民族村寨旅游承载力

153

水平的评价指标体系，在前期理论研究和实践分析的基础上提炼出具体观测指标，为村寨旅游空间生产实践提供科学参考，提高民族村寨旅游发展对外部开发风险挑战预判的准确度，进而强化自身应对危机的能力；最后，需要定期出台民族村寨旅游空间承载能力系列分析报告，形成动态化监控，提升村寨旅游承载力，以推动民族村寨旅游高质量、高水平发展，满足全面、协调、共享的最终目标。三是坚持"政府调控"与"市场手段"协同发力，充分发挥政府的统筹规划作用，提升村寨旅游空间的承载能力。由政府主导构建民族村寨旅游开发多元协调机制，改变以往因政府独立开发或全盘委托建设的经营管理模式而导致的决策失衡、开发过度和"唯 GDP"论的问题，科学调控民族村寨旅游开发速度与进程。通过发挥调动政府部门、私人企业、普通村民等多方村寨旅游利益相关者的主体意识，建立全面共商共建共享的旅游空间生产模式，提升村寨旅游经营理念、产品质量和服务水平，实现高质量内涵式发展。资源环境承载能力与村寨旅游发展密切相关，资源存量和环境承载极限已经从量与质两个方面限定了民族特色村寨旅游开发的理想速度和规模，因此，必须遵循承载能力与开发速度和规模之间的客观规律，全面统筹规划村寨旅游开发进度，在保障民族村寨资源环境持续协调的基础上实现最优的旅游经济增长。四是坚持"国有经济"与"民营经济"协同作用，以国有经济为主、民营经济为辅，共同助力村寨旅游承载能力不断提升。自改革开放以来，民族村寨旅游业便强调发挥旅游业的经济带动效应，将经济发展目标置于社会、生态建设之前，因而在数十年的村寨旅游开发实践中，旅游市场的高速扩张、资源环境的过度开发与盲目粗放的运营管理造成了严重的旅游空间承载力危机，与最初制定的共享发展、全面提升的目标根本相悖。国有经济作为民族地区发展的基础性力量，应当充分发挥其支持保障作用，承担起更大的社会责任，加大对公共服务条件、旅游配套设施、生态环境治理的投入力度，促进村寨旅游空间健康协调发展，实现经济、社会、文化、生态之间的良性互动。同时，民营经济作为民族地区发展的内在动力与有力抓手，应当发挥其在村寨旅游产品开发、服务技能提升、村民参与程度等方面的重要作用，调动市场主体发展活力，助力村寨旅游全面协调发展。此外，民族特色村寨旅游作为缩小城乡发展差距，推动乡村振兴的重要手段，应当充分发挥旅游经济的辐射联动效应，为民族地区提供基本生活资源与就业发展保障，认真履行全面共享发展的村寨旅游发展要求。

第三，要解决民族特色旅游资源开发不可持续的问题，可以采取以下举措。一是坚持"人民逻辑"与"资本逻辑"共同作用，始终牢记以人民利益为核心，科学规划开发优质旅游资源。民族特色村寨大多地处秀丽的山水之间，优美的生态环境与独特的民族文化资源是其旅游发展的核心竞争力。然而许多村寨为了追逐旅游经济利益的最大化，盲目无节制地开发利用当地生态文化资源，对村寨自然环境和人文景观造成了不可挽回的破坏，同时严重影响了当地村民的日常生活，侵犯了村民的领土权益，改变了村寨的空间社会结构。因此，中国民族特色村寨旅游空间生产应当合理规划开发村寨资源，严格贯彻保护优先的旅游开发原则，妥善处理因资源环境破坏导致的人民生产生活问题，坚决保障村民正常生活与文化交流的基本权利诉求，明确村民在旅游发展中的主体地位，推动村寨旅游持续健康发展。二是坚持"使用价值"与"交换价值"共同指导，切实做到以"使用价值"为基本导向，合理规划、有序开发。在民族特色村寨旅游发展过程中，粗放无序的市场开发行为破坏了村寨的历史景观与人居环境，造成了严重的公地悲剧，加速了资源的枯竭。与此同时，受到资本力量与消费文化的影响，各方利益相关者纷纷投身到旅游开发中来，人文历史景观与民族传统文化的开发展示日趋同质化与表面化，村民们不断拆旧建新，对老建筑展开现代性改造，麻木机械地表演民俗仪式，展示特色服装与传统技艺，削弱了村民的文化自豪感与身份认同，破坏了民族村寨的原真性与独特性，进一步导致民族特色文化的消逝。因此，为了实现民族村寨旅游空间生产的可持续性，我们必须全面掌握村寨的资源禀赋情况，深入了解民族文化传统，制定科学合理的旅游开发计划，牢固树立绿色、协调、可持续的旅游开发理念，因地制宜，有序推进，突出当地的文化特色，做到对当地自然资源和文化遗产的活化保护。三是坚持"政府调控"与"市场手段"协同发力，充分发挥政府的统筹规划作用，引导村寨旅游持续健康发展。我国民族村寨旅游资源开发的不可持续性主要体现在三个方面：生态上过度开发严重，环境污染治理缺位，自然风貌与生态资源遭到严重损害。社会生活上，市场资本的注入使得村寨的权利结构、社会关系、生计方式都出现了巨大变化，破坏了村寨往日的和谐稳定；文化上，现代消费文化与村寨传统文化的激烈碰撞导致村民对自我身份与文化的质疑，进而造成了民族特色文化的同化与流失。因此，政府应当在充分了解地区发展情况的基础上，从全局出发，科学规划旅游发展布局，统筹协调资源要素分配，合理控制市场开发速度与规模，减少资源浪费与环境破坏，推动民族村寨旅游绿色健康发展。同时，加强市场监督与保护力量，完善行业规范与相关法律法规，设置单独部门落实旅游开发管理，健全村寨旅游监督管理体系，严厉惩治资源浪费、粗放开发的现象，做到权责明晰、责任到人，实现民族村寨旅游空间生产的全面协调可持续发展。四是坚持"国有经济"与"民营经济"二者并行，明确以国有经济为主导，民营经济为补充，保障村寨旅游资源科学开发。改革开放以来，受乡村旅游发展热潮的影响，民族地区大力发展村寨特色旅游业，形成了一批典型民族特色旅游村寨，为当地经济社会发展注入了巨大活力。然而随着旅游市场的不断发展，外部开发势力为了尽早收回投资成本，实现资本增值，进而加大对村寨空间的市场化改造，村寨内部商业气息浓厚，产品开发同质化严重，文化特色日益消退，政府的话语权日益降低，村民们逐渐被排除在旅游竞争之外，村寨只剩下民族特色的外壳。因此，必须坚持以国有经济为村寨旅游开发主导，明确旅游发展成果惠及全民的发展原则，转变从前唯利益论的发展思路，牢固树立绿色、协调、共享的新发展理念，通过限制外来资本话语权，调动人民群众的参与度，活化保护村寨民族文化特色，减少旅游开发对生态、人文环境的破坏，最大程度上保有村寨的原真性，进而提升村民的生活水平，实现村寨空间的可持续发展。同时，民营经济作为村寨旅游发展的补充力量，对村寨人员就业、人才培养、产品开发和品牌推广也起到了重要作用，要不断加强专业人才的引进与培养，推动村寨旅游资源规划管理水平、村民旅游服务水平与旅游产品质量的提升，进而形成地区旅游文化品牌，促进民族特色村寨旅游业的持续发展与不断进步，满足广大村民生产生活、自我发展与文化传承多方面的空间需求。

第四，要解决民族村寨旅游空间非正义的问题，可以采取以下举措。一是坚持"人民逻辑"与"资本逻辑"共同作用，以"人民逻辑"为根本出发点，实现村寨旅游空间的公平正义。中国民族特色村寨旅游空间生产始终坚持以广大人民群众为核心建设主体，以提升村寨旅游空间生产水平，实现人的自由全面发展为最终目标。人民的发展诉求是复杂多元的，不仅包含物质层面的基本需求，还囊括了个人发展层面的精神需求。随着民族村寨旅游的不断推进，地区经济社会水平稳步提升，人们的物质生活得到了极大丰富，然而生计方式的改变、就业市场的竞争、社会结构的重塑不断挤压村民们的空间权益，人民对旅游发展的负面情绪不断增长。维护人们的空间权益，促进社会公平正义和自由平等，既是中国民族特色村寨旅游空间生产的目标，也是村寨旅游发展的基本要求和必要途径。在村寨旅游空间生产的过程中，出现了不同程度的空间非正义问题，村寨旅游空间过度资本化导致村民生产生活空间被侵占，利益分配、个人发展与情感表达的诉求被忽视，人民群众空间平等权益受到严重侵害。因此，必须协调好资本力量与人民权益的关系，通过科学的规划设计和适当的限制措施维护村民的平等权利，让村民在物质生活得到保障的同时，也能实现个人发展、社会地位提升、民族文化认同等精神世界的不断丰富。二是坚持"使用价值"与"交换价值"共同指导，强化"使用价值"的主体地位，推动实现村寨旅游空间正义。"空间正义"理论正是在资本主义社会因过度城市化造成的空间资源配置失衡、普通群众发展机会受限、空间社会阶级冲突加剧等一系列问题的背景下产生的，其目的就是保障人民的空间权益，实现空间的公平正义。因此，在村寨旅游空间规划设计和建设实践中，应当以"空间正义"理论作为指导，充分考虑旅游空间资源的长期效益，尊重人民的经济社会发展诉求，保障村民的旅游空间合法权益，避免因追求短期经济效益的市场行为造成对村民空间资源与权益的侵占，引起村民与政府、游客和旅游开发者间的矛盾，影响村寨社会的和谐稳定，从而协调实现民族特色村寨旅游空间以使用价值为导向的公平持续的发展大局。三是坚持"政府调控"与"市场手段"协同发力，充分发挥政府的统筹主导作用，保障广大村民的合法空间权益。在各级政府的主导下构建起民族村寨旅游空间共建共治共享机制，贯彻落实中国共产党以人为本的核心遵循与价值理念，彻底改变资本市场对人民生产生活空间的侵占与绑架，实现由资本逻辑向人民逻辑的重大转变，推动形成各方主体广泛参与、有序实践、主动创新、共建共享的村寨旅游发展新格局，切实提升广大村民的参与感、获得感与幸福感。同时，可以将哈维有关"空间正义"的理论观点融入到村寨旅游空间生产实践中，加强民族特色村寨旅游空间开发的顶层设计，提升空间生产过程中普通村民的参与度、话语权和监督力量，充分尊重村民的权利诉求与文化差异，切实做到旅游空间生产的一切成果归于全体人民，服务全体人民，惠及全体人民，实现民族特色村寨旅游空间生产的公平正义。四是坚持"国有经济"与"民营经济"二者并行，以国有经济为主，民营经济为辅，全面优化村寨旅游空间正义环境。国有经济作为中国特色社会主义市场经济体制的中坚力量，始终强调全民参与、共享发展，让发展成果回归人民群众，为民族地区经济社会发展、人民生活改善、公共服务建设等都作出了重大贡献；与此同时，民营经济在增加就业、促进创新、保障市场经济的竞争活力等方面也发挥了积极作用，推动形成了产业兴旺、生态宜居、乡风文明、治理有效、生活富裕的美丽乡村新图景。因此，在民族村寨旅游空间生产实践中必须坚持公平共享的新发展理念，实现人民积极参与、经济收益公平分配和全面的社会保障，充分发挥国有经济的支柱性作用，夯实村民在旅游开发中的主体地位，为其旅游开发话语权、个人发展与情感诉求、旅游收益和空间权益等提供根本性保障；同时应积极发展民营经济，从村寨的文化特色与人民的现实需求出发，推动民族特色村寨旅游经济的创新性与多样化，实现村寨旅游空间的公平正义。

四、中国民族特色村寨旅游空间生产的分析框架

（一）中国民族特色村寨旅游空间生产分析框架的理论基础

为了深入分析现阶段我国民族特色村寨旅游空间开发现状问题及其内在成因，提出相应政策措施与系统发展路径，推动实现民族村寨旅游空间高质量可持续发展，本书以解决当前我国民族特色村寨旅游开展问题为导向，以民族村寨旅游开发实践的特征为现实基础，以分析解决现实难题、构建完善发展路径、公平共享发展成果为最终目标，以哈维提出的"社会过程决定空间形式"的过程辩证法作为核心方法论，将马克思主义政治经济学、区域经济发展理论、新经济地理学、新马克思主义城市学派等相关理论观点，与以日本、泰国为代表的资本主义国家乡村旅游空间生产的实践经验与教训相结合，尝试构建一套符合中国实际、具有中国特色、直击中国问题的民族特色村寨旅游空间生产理论体系与研究框架，从而力图揭开民族村寨旅游空间开发过程中资本积累、空间生产和地理景观三者间的内在关联，为新时代我国民族村寨旅游市场持续健康发展提供理论指导与系统分析路径。

首先，要辩证取舍已有的民族村寨旅游开发指导理论。中国民族特色村寨旅游发展大体上经历了三个阶段，即初始探索期、高速发展期和转型升级期。每个不同的发展阶段，我国都在当时的政策规划与战略布局的基础上积极学习借鉴同一时期西方发达国家的乡村旅游发展理论与实践经验。然而由于基本国情与制度观念的巨大差别，外来的理论只能分析解释当时当地出现的实践问题，无法适应中国民族村寨旅游市场的发展。一则表现为时间上的消逝性，例如，传统经济学和区域发展理论，在民族村寨旅游发展初期发挥了重要作用，但已经无法指导现阶段的生产实践；二则表现为逻辑上的失效性，例如，缘起于资本主义社会的新马克思主义城市学派相关理论，深刻剖析了资本主义社会出现的资本积累、时空扩张、不平衡地理发展等实践问题及其本质，但无法从生产逻辑、价值导向和根本结构等方面对中国村寨旅游空间生产中的实践问题展开深刻的批判与解释。因此，在构建中国民族特色村寨旅游空间生产理论的过程中，第一个要注意的问题就

是辩证取舍相关指导理论中的有效部分，结合中国民族村寨旅游空间生产实践，提出一套符合中国实际的、具有中国特色的民族村寨旅游空间生产理论体系。

其次，要紧扣中国民族特色村寨旅游空间生产的基本特征。与资本主义国家相比，我国民族村寨旅游空间生产具有三个鲜明的个性特征，即人民性、共享性和可持续性。这是根据我国近半个世纪的民族村寨旅游空间生产实践总结得出的，完全不同于资本主义国家乡村旅游生产实践的独有特性，同时也是我国民族村寨旅游发展的最终追求，是社会主义国家区别于资本主义国家的关键所在。一方面，在资本主义国家，人民是资本的附庸，追求资本积累与利益最大化是发展的最终目的，所以资本主义国家乡村旅游发展虽然提及了人民的问题，但只停留于表面；与之不同的是，我国作为社会主义国家，维护人民的合法权益、实现共同富裕与人的自由全面发展才是一切生产活动的最终目标，资本不过是人的工具，助力于以人为本的村寨旅游业发展。另一方面，资本主义国家始终追求利益的最大化，乡村旅游业的发展成果大多由少数资本家与精英阶级所独占；而中国是以人民共享村寨旅游发展成果，实现共同富裕为最终目标的。因此，在构建中国民族特色村寨旅游空间生产理论的过程中，要始终牢记我国村寨旅游空间生产的基本特性，明确我国与资本主义国家发展的差别，做到更为准确地分析处理、更有效长远地规避民族村寨旅游生产中的问题。

最后，要以解决民族特色村寨旅游空间生产问题为导向。中国民族村寨旅游空间生产与资本主义国家相比，出现的问题既存在相似之处，也具有一定的独特性，主要可以归结为以下几个问题，即村寨旅游区位发展不平衡、旅游开发速度与村寨承载能力不协调、村寨旅游资源开发不可持续和村寨旅游空间非正义问题。这些现阶段我国民族村寨旅游空间生产过程中面临的突出矛盾与问题，在资本主义国家乡村旅游发展中也曾出现过，然而虽然表象相似，背后的底层逻辑和根本动因却全然不同。一则表现为制度体系的不同。资本主义国家的乡村旅游发展问题缘起于其自由放任、垄断竞争的经济发展模式；而我国的民族村寨旅游发展问题却是源自行业规范与制度的缺失和市场监管力度的不足。二则表现为发展程度的差异。发达资本主义国家乡村旅游业起步较早，发展经验更丰富，行业发展水平更高；而我国民族村寨旅游开发建设的时间短、速度快，在产业跨越式发展的过程中，这些问题的出现是不可避免的，所以立足不同的发展路径，我们分析与解决问题的方法理念也必然有所区别。因此，在构建中国民族特色村寨旅游空间生产理论的过程中，必须坚持以中国民族村寨旅游空间生产实践中出现的问题为导向，立足我国发展实际明确分析方法与解决路径，才能提出一套具有中国特色的村寨旅游空间生产理论体系。

(二) 中国民族特色村寨旅游空间生产分析框架的构建

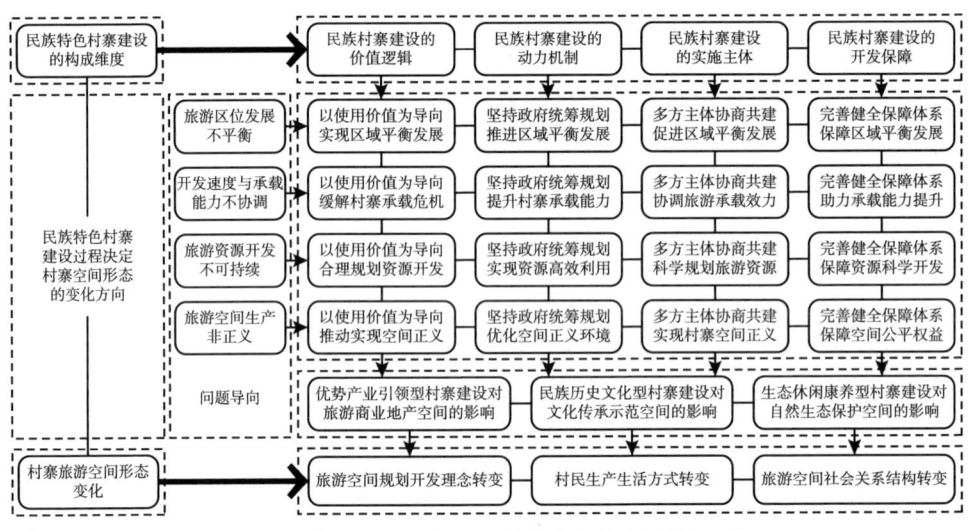

我国民族特色村寨旅游空间生产的分析框架始终坚持以问题为导向，以民族特色村寨建设过程中的实践特征为现实基础，以解决发展问题、共享发展成果为最终目标，以"社会过程决定空间形式"的过程辩证法为指导原则，力图揭开村寨旅游空间生产过程中市场资本积累、旅游空间生产和地理景观变化三者间的内在关联。基于民族特色村寨建设进程中旅游空间形态的变化，在具体分析过程中，涉及民族特色村寨建设的不同发展模式通过不同的路径作用于村寨不同的旅游空间形态。结合前章对民族特色村寨建设和旅游空间形态内涵特征与构成维度的分析，可以建构出中国民族特色村寨旅游空间生产的分析框架，可见图 4-1。

图 4-1 中国民族特色村寨旅游空间生产的分析框架

从图 4-1 中可以看出，中国民族特色村寨旅游空间生产的分析框架整体是以村寨旅游区位发展不平衡、旅游开发速度与村寨承载能力不协调、资源开发不可持续、村寨旅游空间非正义等问题作为出发点，由民族特色村寨建设的构成维度、民族特色村寨建设对旅游空间形态变化的传导机制、民族特色村寨通过优势产业引领型、民族历史文化型和生态休闲康养型三种不同建设模式对村寨旅游空

160

间形态变化的作用机理与路径、民族特色村寨建设的构成维度对旅游空间形态变化的影响方向四个部分组成。在民族特色村寨建设对村寨旅游空间形态变化的分析框架中，要着眼于民族特色村寨建设的价值逻辑、动力机制、实施主体和开发保障四个维度是如何通过对生产要素吸引力、产业综合发展水平、文化传承保护体系、资源开发管理水平以及空间正义实现的影响作用，最终实现对村寨旅游空间中的旅游商业地产空间、文化传承示范空间和自然生态保护空间三类典型空间形态造成变化的。

为了进一步展开对旅游商业地产空间、文化传承示范空间和自然生态保护空间三种村寨旅游空间形态变化的分析，本研究分别构建了优势产业引领型民族村寨建设中旅游商业地产空间形态变化（见图4-2）、民族历史文化型特色村寨建设中文化传承示范空间形态变化（见图4-3）和生态休闲康养型民族村寨建设中自然生态保护空间形态变化（见图4-4）的分析框架。

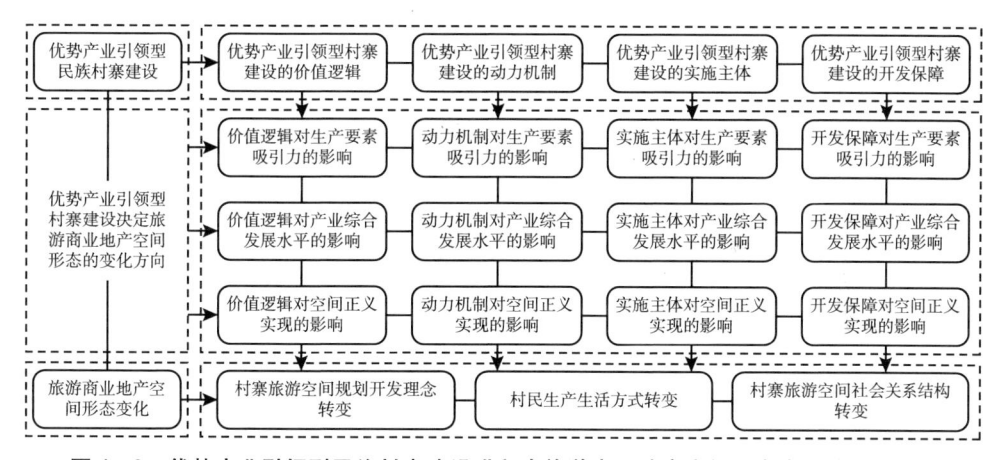

图4-2 优势产业引领型民族村寨建设进程中旅游商业地产空间形态变化的分析框架

从图4-2可以看出，在优势产业引领型民族村寨建设对旅游商业地产空间形态变化的分析框架中，要着眼于优势产业引领型民族村寨建设的价值逻辑、动力机制、实施主体和开发保障四个维度，如何通过生产要素吸引力、产业综合发展水平和空间正义实现的传导机制来最终实现民族村寨旅游商业地产空间形态变化产生影响。

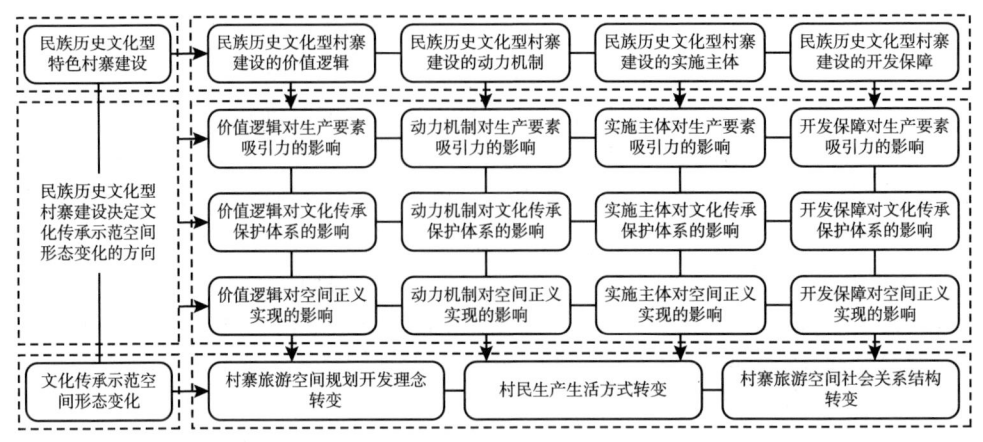

图 4-3　民族历史文化型特色村寨建设进程中文化传承示范空间形态变化的分析框架

从图 4-3 可以看出，在民族历史文化型特色村寨建设对文化传承示范空间形态变化的分析框架中，要着眼于民族历史文化型特色村寨建设的价值逻辑、动力机制、实施主体和开发保障四个维度，如何通过生产要素吸引力、文化传承保护体系和空间正义实现的传导机制来最终实现对文化传承示范空间形态变化产生影响。

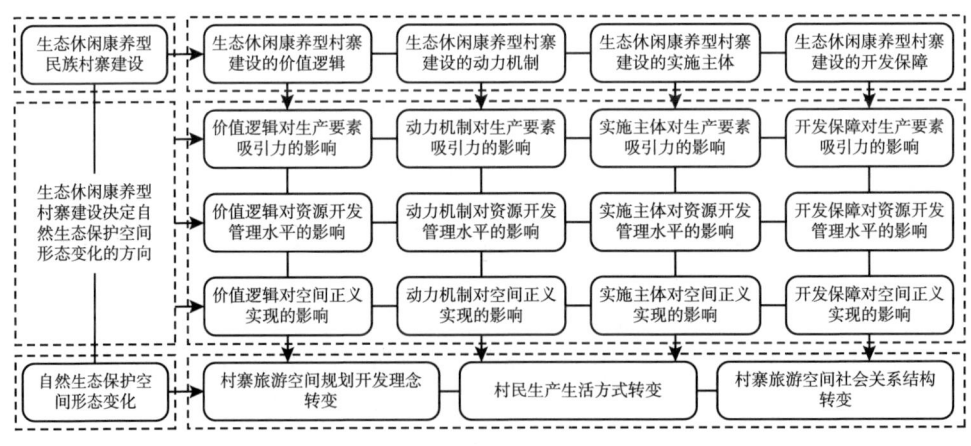

图 4-4　生态休闲康养型民族村寨建设进程中自然生态保护空间形态变化的分析框架

从图 4-4 可以看出，在生态休闲康养型民族村寨建设对自然生态保护空间形态变化的分析框架中，要着眼于生态休闲康养型民族村寨建设的价值逻辑、动力机制、实施主体和开发保障四个维度，如何通过生产要素吸引力、资源开发管理水平和空间正义实现的传导机制来最终实现对自然生态保护空间形态变化影响。

（三）中国民族特色村寨旅游空间生产分析框架的解释

从民族特色村寨旅游空间生产的分析框架中可以看出，民族特色村寨建设的价值逻辑、动力机制、实施主体和开发保障四个构成维度通过优势产业引领型、民族历史文化型和生态休闲康养型三种民族特色村寨的不同发展模式，对村寨旅游商业地产空间、文化传承示范空间和自然生态保护空间三种典型旅游空间形态变化产生影响。其中，三类典型旅游空间形态的改变又集中体现在村寨旅游空间的规划开发理念、村民的生产生活方式和村寨旅游空间社会关系结构这三个构成维度。从优势产业引领型民族村寨建设对旅游商业地产空间、民族历史文化型特色村寨建设对文化传承示范空间以及生态休闲康养型民族村寨建设对自然生态保护空间形态变化的分析框架可以看出，生产要素吸引力、产业综合发展水平、文化传承保护体系、资源开发管理水平、空间正义实现作为中间变量具有十分关键的作用。

第一，优势产业引领型民族村寨建设的实施主体、动力机制、实施路径和开发保障通过对旅游空间规划开发理念、村民生产生活方式和空间社会关系结构三个构成维度的影响作用最终造成旅游商业地产空间形态的改变。明确优势产业引领型民族特色村寨建设进程中的实施主体、动力机制，能够通过具体实施路径有效地对旅游商业地产空间形态的变化产生影响。首先是通过优势产业引领型民族村寨建设对生产要素吸引力和产业综合发展水平产生影响，以此推动村寨的市场发展环境和产业竞争能力的提升；其次是通过生产要素吸引力对空间正义的实现程度产生影响，村寨发展中物资、技术以及劳动力等生产要素吸引力的提升和村寨建设中环境设施条件的改善，实现对民族村寨物理空间、文化空间和社会空间中资源与权力的生产与分配公平正义；再次是通过产业综合发展水平对空间正义的实现程度产生影响，村寨产业市场的发展和产业区域竞争力的提升，不仅需要产业结构的融合与调整，而且需要市场环境与规模的建设和扩张，最终实现村寨旅游空间资源和权力分配的公平正义；最后，所有的上述中间变量都对旅游商业地产空间形态的改变产生影响，最终落实到对旅游商业地产空间形态变化过程中村寨空间规划开发理念的转变、村民生产生活方式的转变和村寨空间社会关系结构的转变三个方面。

第二，民族历史文化型特色村寨建设的实施主体、动力机制、实施路径和开发保障通过对旅游空间规划开发理念、村民生产生活方式和空间社会关系结构三个构成维度的影响作用最终造成文化传承示范空间的形态变化。明确民族历史文化型民族特色村寨建设进程中的实施主体、动力机制，能够通过具体实施路径有效地对文化传承示范空间的变化产生影响。首先，通过民族历史文化型特色村寨建设对生产要素吸引力和文化传承保护体系产生影响，以此推动村寨的市场发展环境和民族文化品牌的提升；其次，通过生产要素吸引力对空间正义的实现程度产生影响，村寨发展中物资、技术以及劳动力等生产要素吸引力的提升和村寨建设中环境设施条件的改善，实现对民族村寨物理空间、文化空间和社会空间中资源与权力的生产与分配公平正义；再次，通过文化传承保护体系对空间正义的实现程度产生影响，村寨文化传承保护体系的提升与完善，不仅需要加强对文化观念和素质技能的教育培训力度，而且需要挖掘塑造村寨的民族文化品牌，设计组织丰富多样的文化活动，最终实现村寨旅游空间资源权力分配和文化情感记忆的公平正义；最后，上述中间变量都对文化传承示范空间的形态改变产生影响，最终落实到对文化传承示范空间形态变化过程中村寨空间规划开发理念的转变、村民生产生活方式的转变和村寨空间社会关系结构的转变三个方面上来。

第三，生态休闲康养型民族村寨建设的实施主体、动力机制、实施路径和开发保障通过对旅游空间规划开发理念、村民生产生活方式和空间社会关系结构这三个构成维度的影响作用最终造成自然生态保护空间形态的变化。明确生态休闲康养型民族特色村寨建设进程中的实施主体、动力机制，能够通过具体实施路径有效地对自然生态保护空间形态的改变产生影响。首先，通过生态休闲康养型民族村寨建设对生产要素吸引力和资源开发管理水平产生影响，以此推动村寨的市场发展环境和资源开发监管的完善提升；其次，通过生产要素吸引力对空间正义的实现程度产生影响，村寨发展中物资、技术以及劳动力等生产要素吸引力的提升和村寨建设中环境设施条件的改善，实现对民族村寨物理空间、文化空间和社会空间中资源与权力的生产与分配公平正义；再次，通过资源开发管理水平对空间正义的实现程度产生影响，村寨特色资源的规划开发与行业市场监管保证体系的完善和提升，不仅需要资源规划、市场经营和产品开发理念的更新与融合，而且需要市场监管体系与行业规范准则的加强与完善，最终实现村寨旅游空间资源和权力分配的公平正义；最后，上述中间变量都对自然生态保护空间的形态改变产生影响，最终落实到对自然生态保护区生产空间形态变化过程中村寨空间规划开发理念的转变、村民生产生活方式的转变和村寨空间社会关系结构的转变三个方面。

第五章

中国民族特色村寨旅游空间生产的研究假设及理论模型构建

一、优势产业引领型村寨建设中旅游商业地产空间形态变化的研究假设及理论模型构建

（一）优势产业引领型村寨建设中旅游商业地产空间形态变化的研究假设

1. 优势产业引领型村寨建设的作用

优势产业引领型民族村寨在建设进程中对村寨旅游空间的改变是全方位的，其中，最重要也是最明显的表征就在于对村寨生产要素吸引力产生的影响。首先，优势产业引领型村寨建设对村寨的生产要素吸引力提升能够产生十分显著的正向效果。如前所述，优势产业引领型村寨建设进程中会伴随着生产资料、资金、技术、劳动力等要素的聚集与生产生活方式的转变等，在这个过程中，村寨

原有的生产要素组合方式和生产经营模式显然无法适应由此带来的改变，因此，在乡村全面振兴的时代背景下，越来越多的外部投资主体将视野投向民族村寨，为村寨产业融合发展投入更多的资金、技术与专业人才，进而使村寨空间的物质及非物质生产要素规模、吸引力等均显著提升。同时，优势产业引领型村寨建设对村寨空间的地理景观和环境设施改善能够产生十分显著的正向效果。村寨传统的生产生活模式所能产生的经济社会效应十分有限，这与村寨原本的生产生活环境及公共基础设施不完善有很大的联系。随着民族特色村寨建设进程的推进，村寨内部的产业市场环境、基础设施条件、公共服务设施等都有了很大的提升和完善。总体来看，优势产业引领型民族村寨建设对村寨的物资投入、技术支持、人才引进和环境设施等生产要素吸引力的重要组成部分都产生了显著的直接正向作用。因此，可以提出如下假设：

HA1：优势产业引领型村寨建设进程对生产要素吸引力提升具有显著的直接正向作用。

优势产业引领型村寨建设是依靠产业市场的发展推动的，地方特色产业是重要的载体。产业是客观存在的实体，所以，在村寨建设发展的过程中如果要提升经济社会发展的速度与质量，就必须提升村寨产业的综合发展水平。优势产业引领型村寨建设转型会带来生产资源与劳动力的快速集聚，村寨的生产方式由原本的农业生产开始逐步转向以制造业、轻工业及旅游业为代表的第二三产业，在这个过程中，以特色农副产品加工、手工艺品制造及旅游接待服务为主导的第二三产业从总量上来看有了巨大的提升。随着村寨建设进程的不断推进，对村寨的市场规模与产业结构提出了更高的要求，因而优势产业引领型民族村寨依托自身的特色资源优势，在外部经营者与游客带来的新思想、新技术的作用下，逐步突破了传统的小农生产方式，积极发展现代化农副产品及手工艺品的生产加工，不断建设扩张村寨市场规模，拓展完善村寨产业结构，将村寨特色产业与轻工制造业、文化服务等第二三产业紧密融合起来，进而提升村寨产业的区域竞争力。因此，可以提出如下假设：

HA2：优势产业引领型村寨建设进程对产业综合发展水平提升具有显著的直接正向作用。

优势产业引领型村寨建设是民族特色村寨建设的一种典型模式，它是以村寨本身的特色资源与产业基础为依托展开的一种村寨建设模式。在这个过程中，各方实施主体或是出于经济利益，或是出于个体发展，或是出于村寨整体生产生活环境改变，通过多样的发展路径推动民族特色村寨空间形态与地理景观的变化。村寨旅游商业地产空间形态的改善与提升离不开人口、资金、产业、政策等方面的支撑，民族村寨在充分立足于当地特色资源与产业布局的基础上，紧跟时代需求，积极发展旅游产业，通过产业结构的拓展融合，对村寨资源要素规划、市场运营理念、生产生活方式和社会权力结构进行全面的调整升级，以旅游业串联起优势产业引领型村寨发展的全局。正是在这一系列因素的综合作用之下，原本相对封闭落后的民族村寨商业地产空间实现了翻天覆地的变化，市场发展环境进一步建设完善，产业结构逐步拓展融合，区域竞争力的稳步提升，不断演化成开放、创新、包容、和谐的旅游市场空间形态。因此，可以提出以下假设：

HA3：优势产业引领型村寨建设进程对旅游商业地产空间形态变化具有显著的直接正向作用。

2. 生产要素吸引力提升的作用

生产要素吸引力的提升主要集中在物资投入规模数量的提升、技术方法理念的支持、专业人才的引进培养和环境设施的建设完善等方面。空间正义的实现是对空间资源的合理配置与高效利用，实现旅游市场空间资源收益和社会权力关系的生产与分配正义。生产要素吸引力的提升既是影响村寨产业市场发展的基础，也是旅游商业地产空间与地理景观形态变化的重中之重，民族村寨本身拥有丰富多彩的优质资源优势，应当充分立足生态、人文景观、民族历史传统和特色产业发展基础，不断吸引外界的资本、技术、信息、劳动力等产业发展要素，通过生产要素的集聚效应带动相关产业的结构升级。人作为村寨空间生产最根本的主体，村寨的产业结构布局和全域旅游是广大村民与政府、企业共同建设发展起来的，所以优势产业引领型民族村寨建设发展应始终坚持以人为本的价值导向，努力创造良好的人本环境，坚持把"富民增收"作为旅游的出发点和落脚点，加速村寨产业融合发展，全面落实共享发展政策，不断建立健全多方共建的制度机制，充分发挥当地村民的主观能动性，不断提升村民的市场参与度和话语权，与此同时加大对村寨基础设施环境和公共服务体系建设完善的力度，促进民族地区空间生产的分配正义，为旅游商业空间的健康发展奠定良好的条件。由此，可以提出以下假设：

HA4：生产要素吸引力提升对空间正义的实现程度具有显著的直接正向作用。

生产要素吸引力的提升同样是通过物资投入规模数量的提升、技术方法理念的支持、专业人才的引进培养和环境设施的建设完善等方面，来实现对旅游商业地产空间形态改变的影响。生产资料的投入是村寨市场建设的首要基础，民族村寨立足自身特色资源与产业优势，通过积极展开与市场资本、旅游企业之间的融资合作，为村寨产业结构延伸和旅游市场建设吸纳了大量的物力、人力和财力，不断夯实了旅游商业地产空间的发展基础。科学技术是第一生产力，村寨产业市场发展离不开各类技术手段和理念模式的支持。通过积极学习并引进最新生产技术、运营理念和开发原则，拓宽村寨市场的产业结构、技术支持门类与水平，可以实现村寨产业发展布局的与时俱进。人才是村寨建设发展中最基础且最核心的资源要素，人才的引进同时会带动资金、技术、信息等要素的集聚，促进村寨经济社会文化生态全方位发展进步，完善地方的人才队伍结构。公共基础设施环境的建设完善是村寨经济社会发展的物质基础和衡量标准，旅游业作为一项全局联动性的产业，在村寨旅游发展的同时，也推动了村寨基础设施条件、公共服务项目和社会保障体系的建设水平的提升，村寨面貌实现了全面改善，这些因素的共同作用为村寨旅游商业地产空间的形态变化提供了现实基础。因此，可以提出如下假设：

HA5：生产要素吸引力提升对旅游商业地产空间形态变化具有显著的直接正向作用。

3. 产业综合发展水平提升的作用

产业综合发展水平的提升主要涵盖三个方面的内容，分别是产业结构的完善、市场规模的扩展和区域竞争力的提高。空间正义的实现就是通过对空间资源的合理配置、高效利用，实现旅游市场空间资源收益和社会权力关系的生产与分配正义。旅游空间的生产扩张与权力重构是为了让当地的村民享受平等的发展机会和资源收益，改善提升村寨的产业市场布局，建设完善村寨的经济社会环境。这就要求企业肩负起对资源环境开发和收益合理分配的责任，各级政府也要秉持生产正义的开发理念，立足当地资源禀赋以及实际发展情况进行产业规划，确保规划的科学性和合理性，生产特色产品，打造特色品牌，发挥地区资源优势和市场规模经济效应，促进民族地区的可持续发展，进而推动民族特色村寨的产业联动与发展融合。同时，在多方建设主体的共同作用下不断扩张村寨旅游市场规模，努力提升旅游市场的辐射联动效应，通过合作学习，持续提升产品经营开发水平，突出地方资源优势和民族特色，打造推广村寨产品统一独特的品牌形象，努力实现村寨资源竞争力、产品竞争力和品牌竞争力的全面提升。因此，可以提出以下假设：

HA6：产业综合发展水平提升对空间正义实现程度具有显著的直接正向作用。

产业综合发展水平的提升如前所述，是由产业结构的完善、市场规模的扩展和区域竞争力的提高三个方面组成的。产业结构的调整完善是村寨市场可持续发展的重要基础，民族村寨通过全面统筹协调区域内的自然、人文、技术资源优势与产业基础，明确产业市场的发展定位，充分发挥旅游业的关联效应，加速第一二三产业的发展融合，制定出最适合的产业发展布局。市场规模的拓展是村寨产业高质量发展的重要保障，"十三五"以来，随着全域旅游和乡村振兴发展的推进，民族特色村寨在多方建设主体的共同作用下不断扩张市场规模，调整完善产业结构规模，努力提升旅游市场的辐射联动效应，为村寨商业地产空间形态的转变与提升打下了坚实基础。区域竞争力的提升是村寨产业市场发展进步的必要措施，村寨通过多方合作学习，持续提升产品经营开发水平，突出地方资源优势和民族特色，打造推广村寨产品统一、独特的品牌形象，努力实现村寨资源竞争力、产品竞争力和品牌竞争力的全面提升。这些因素的共同作用为民族特色村寨商业地产空间生产演化奠定了产业基础。因此，我们可以提出以下假设：

HA7：产业综合发展水平提升对旅游商业地产空间形态改变具有显著的直接正向作用。

4. 空间正义实现程度提升的作用

在优势产业引领型村寨建设进程中，村寨经济、社会、生态、文化发展与旅游商业地产空间地理景观变化之间的联系更为紧密。空间正义实现是旅游空间生产的普遍利益诉求，优势产业引领型村寨旅游空间生产过程中，资源权益公平分配和市场空间平等共建，不断提升民族村寨空间正义实现程度，影响着旅游商业地产空间形态的改变的生产演化。从资源收益分配看，村寨的产业结构布局和全域旅游是广大村民与政府、企业共同建设发展起来的，建设发展成果理应由全体村民公平共享，因此要始终牢记一切发展为了人民，坚持把"富民增收"作为旅游的出发点和落脚点，加速村寨产业融合发展，全面落实共享发展政策，让广大村民切实得到更多实惠。从市场权力地位看，在村寨产业市场发展进程中，地方政府通过建立健全多方共建的制度机制，充分发挥当地村民的主观能动性，形成村民自主创业、政企对口帮扶的产业发展格局，不断提升村民的市场参与度和话语权。从就业机会保障来看，产业市场开发为村寨内的剩余劳动力提供了许多全新的就业机会和生活保障，地方政府深入实施的基层成长计划，加大了对村寨当地人才队伍的培养力度和对村民们技术水平和文化素质的广泛培训，完善了村寨的就业体系和社会保障体系。从文化传统保护看，在产业融合发展和全域旅游建设的同时，村寨始终坚持完善公共文化服务体系，深化民族特色文化认同，不断强化村寨产业优势与旅游文化品牌，进而实现经济社会文化的全面发展。这些因素的共同作用为民族特色村寨旅游商业地产空间形态的变化奠定了现实基础。因此，可以提出以下假设：

HA8：空间正义实现程度提升对旅游商业地产空间形态的变化具有显著的直接正向作用。

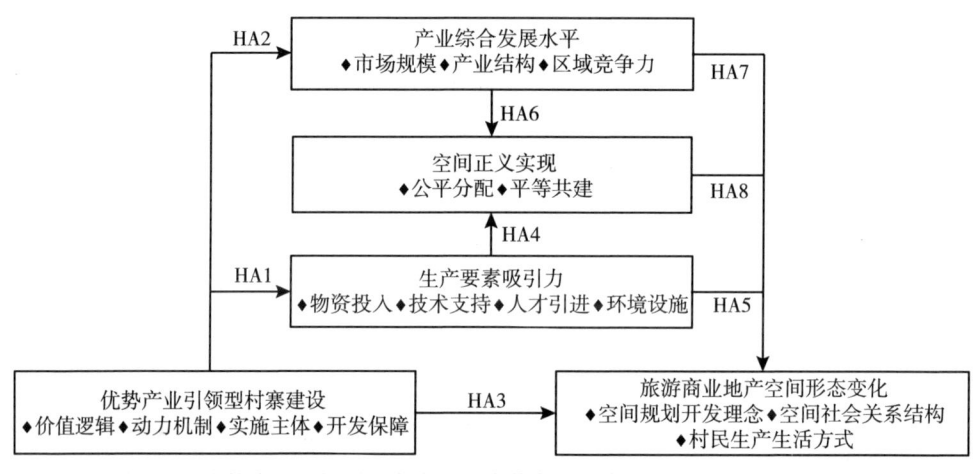

（二）优势产业引领型村寨建设中旅游商业地产空间形态变化的理论模型构建

根据民族特色村寨旅游空间生产的分析框架，结合优势产业引领型民族村寨建设进程中旅游商业地产空间形态变化的研究假设，可以较好地识别出优势产业引领型村寨建设对旅游商业地产空间形态变化的影响路径。由此可以得出优势产业引领型村寨建设中旅游商业地产空间形态变化的理论模型（见图5-1）。

图5-1 优势产业引领型村寨建设对旅游商业地产空间形态变化的理论模型

在优势产业引领型民族村寨建设中旅游商业地产空间形态变化的理论模型中，存在五个主要的变量：优势产业引领型民族村寨建设、生产要素吸引力、产业综合发展水平、空间正义实现和旅游商业地产空间形态。其中，优势产业引领型村寨建设由价值逻辑、动力机制、实施主体和开发保障四个维度构成，生产要素吸引力由物资投入、技术支持、人才引进和环境设施四个维度构成，产业综合发展水平由市场规模、产业结构和区域竞争力三个维度构成，空间正义实现由公平分配和平等共建两个维度构成，旅游商业地产空间形态变化由空间规划开发理念、村民生产生活方式和空间社会关系结构三个维度构成。这五个主要变量之间的作用关系可以反映出优势产业引领型村寨建设是如何对旅游商业地产空间形态变化产生作用的。具体来看，优势产业引领型村寨建设对旅游商业地产空间形态变化的作用路径可以分为两种：一种是直接产生作用，即优势产业引领型村寨建设→旅游商业地产空间形态变化；另一种是间接产生作用，这样的路径有四条，分别是优势产业引领型村寨建设→生产要素吸引力→旅游商业地产空间形态变化；优势产业引领型村寨建设→生产要素吸引力→空间正义实现→旅游商业地产空间形态变化；优势产业引领型村寨建设→产业综合发展水平→旅游商业地产空间形态变化；优势产业引领型村寨建设→产业综合发展水平→空间正义实现→旅游商业地产空间形态变化。在图5-1中，每条路径上的字母、数字代表的是前文所提出的研究假设，通过构建出优势产业引领型村寨建设对旅游商业地产空间形态变化的概念模型，可以为下一步进行结构方程实证分析奠定理论基础。

二、民族历史文化型村寨建设中文化传承示范空间形态变化的研究假设及理论模型构建

（一）民族历史文化型村寨建设中文化传承示范空间形态变化的研究假设

1. 民族历史文化型村寨建设的作用

民族历史文化型特色村寨开发建设既是旅游产品不断更新、旅游服务不断进步和旅游产业转型升级的驱动力，也是促进村寨文化传承空间形态变化、村民素质技能提升和民族文化旅游市场发展的重要路径。民族历史文化型村寨建设对村寨文化空间形态的改变是全方位的，包括产业结构、环境设施、文化传承、生产富裕、社会和谐五大方面，其中最基础最明显的就是对生产要素吸引力的影响。在政策的支持推动下，民族历史文化型村寨凭借人文资源优势积极发展文化旅游产业，积极展开市场开发合作，从而促进了大量市场资源、资金技术以及专业人才不断向村寨聚集，逐渐突破了原有的产业生产结构，形成了以民族文化旅游为

中心的产业联动发展格局，将产业融合、旅游产品开发、文化传承保护与村寨旅游空间形态变化紧密结合在了一起，村寨文化传承示范空间形态变化的生产演化的重点之一也在于此。同时，民族历史文化旅游建设对村寨空间的环境设施改善也产生了十分显著的影响。村寨传统的生产生活模式和市场影响所能产生的经济社会效应十分有限。随着民族历史文化村寨建设进程的持续推进，村寨内部的产业市场环境、基础设施条件、公共服务设施等都有了很大的提升和完善，村寨生产生活环境焕然一新。从这个角度来说，民族历史文化型特色村寨建设对村寨的物资投入、技术支持、人才引进和环境设施等生产要素吸引力的提升起到了积极促进作用。因此，可以提出如下假设：

HB1：民族历史文化型村寨建设对生产要素吸引力提升具有显著的直接正向作用。

为了加快民族历史文化村寨建设的步伐和实现村寨空间内经济社会文化生态的一体化发展，民族特色文化旅游建设将带动村寨的文化资源开发和保护传承体系的发展完善，对村寨旅游文化空间内的资源开发保护、文化活动、教育培训、品牌塑造等方面提出更高的要求。因此，民族历史文化型村寨建设在很大程度上带动了民族历史文化资源的开发、传统文化技艺传承保护体系的完善和产业全面联动发展，而民族历史文化资源作为旅游吸引物系统中最重要的组成部分，在村寨文化传承示范空间与地理景观形态的变化过程中占据了至关重要的地位。民族历史文化旅游开发强调在村寨建设进程中注重文化空间的地位，更关注自然生态和人文历史资源的保护传承，推动民族特色村寨建设呈现出平稳、和谐、可持续的发展状态。从这个角度上说，民族历史文化型村寨建设有利于文化传承保护体系的发展完善。因此，可以得出以下假设：

HB2：民族历史文化型村寨建设对文化传承保护体系完善具有显著的直接正向作用。

民族历史文化型村寨建设是基于村寨本身的历史底蕴与民族文化特色展开的一种村寨建设模式。在这个过程中，各方实施主体或是出于经济利益，或是出于个体发展，或是出于村寨整体生产生活环境改变，通过多样的发展路径推动村寨文化传承空间形态的改变与提升。民族历史文化村寨作为旅游产业发展的物质载体，本身就具有包括自然风光、人文古迹、民族风俗、传统技艺等丰富多样的优质旅游资源，伴随着村寨民族特色旅游建设进程的推进，必然会吸引越来越多的外界关注，对村寨经济社会的全面发展产生巨大影响。通过生产要素不断累积整合、产业形态不断调整丰富、公共服务环境不断改善，以及民族文化保护传承观念与能力的不断提升，可以促进村寨文化空间自身的发展进步。在这一系列因素的综合作用之下，民族村寨逐步形成了以民族文化旅游为主导的产业发展布局，村寨生产生活方式、文化传承体系、基础服务环境等方面实现了全面提升，同时也强化了村寨生态、人文资源保护传承的意识和能力培养，为村寨文化传承保护区的生产演化奠定了坚实基础。因此，可以提出以下假设：

HB3：民族历史文化型村寨建设对文化传承示范空间形态变化具有显著的直接正向作用。

2. 生产要素吸引力提升的作用

生产要素吸引力的提升主要集中在物资投入规模数量的提升、技术方法理念的支持、专业人才的引进培养和环境设施的建设完善等方面。空间正义的实现是通过对村寨旅游空间资源要素的合理配置与高效利用，实现旅游市场空间资源收益和社会权力关系的生产及分配正义。生产要素吸引力的提升在民族村寨建设过程中十分重要，它既是影响村寨民族文化旅游发展的基础，也是文化传承示范空间与地理景观形态变化的关键。民族村寨本身拥有丰富多彩的优质资源优势，应当充分立足生态、人文景观，民族历史传统和特色产业发展基础，不断吸引外界的资本、技术、信息、劳动力等产业发展要素，通过生产要素的集聚效应，推动民族村寨的产业结构优化升级。人作为村寨空间生产最根本的主体，村寨的产业结构调整融合与全域旅游格局是广大村民与政府、企业共同建设发展起来的，所以，民族历史文化型民族村寨建设发展应始终坚持以人为本的价值导向，努力创造良好的人本环境，坚持把"富民增收"作为旅游的出发点和落脚点，加速村寨产业融合发展，全面落实共享发展政策，不断建立健全多方共建的制度机制，充分发挥当地村民的主观能动性，不断提升村民的市场参与度和话语权，与此同时加大对村寨基础设施环境和公共服务体系的建设完善，促进民族地区空间生产的分配正义，为村寨文化传承示范空间的健康发展奠定良好的条件。因此，可以提出以下假设：

HB4：生产要素吸引力提升对空间正义实现程度提升具有显著的直接正向作用。

生产要素吸引力的提升同样是通过物资投入规模数量的提升、技术方法理念的支持、专业人才的引进培养和环境设施的建设完善等方面，来实现对文化传承示范空间形态改变的影响。生产资料的投入是村寨市场建设的首要基础；科学技术是第一生产力，村寨产业市场发展离不开各类技术手段和理念模式的支持；人才是村寨建设发展中最基础且最核心的资源要素，人才的引入同时会带动资金、技术、信息等要素的集聚，促进村寨经济社会文化生态的全方位发展进步，完善地方的人才结构。旅游业作为一项全局联动性的产业，在建设发展中必须牢固树立人本思想，从村民的切身诉求出发，将村寨打造成为真正的生活富裕、文化繁荣、生态宜居之所。在民族历史文化型村寨的建设进程中，生态环境、人文历史、技术理念等影响产业发展的诸多要素被紧密地联系在一起，推动着村寨旅游市场向着更为健康合理的道路发展。同时，公共基础设施环境的建设完善是村寨经济社会发展的物质基础和衡量标准，民族特色旅游发展推动了村寨基础设施条件、公共服务项目和社会保障体系的建设水平的提升，村寨面貌实现了全面改善，这些因素的共同作用为村寨文化传承示范空间形态的全面优化提供了现实基础。因此，可以提出如下假设：

HB5：生产要素吸引力提升对文化传承示范空间形态变化具有较为显著的直接正向作用。

3. 文化传承保护体系完善的作用

文化传承保护体系的发展完善主要涵盖了三个方面的内容：民族传统文化活动的举办、素质教育和技能培训效果的提升、村寨旅游文化品牌的塑造。在民族地区，尊重各民族的文化、帮助民族文化得到传承和延续、保持文化的多元化和差异化正是实现空间正义的一种具体方式。因此，在民族历史文化型村寨建设中，要注重对民族文化的保护和传承，将独有的文化当作民族发展的优势，通过举办民族节庆仪式、传承传统手工技艺、活化开发村寨历史资源等多种手段提升村民的民族文化自豪感和保护传承技能水平，建设完善村寨文化传承保护体系；与此同时深入挖掘村寨的民族历史文化基因，提炼深化村寨文化品牌形象，加强对民族文化的保护宣传与创造性开发，使其更适应现代文明的发展，并积极推进文化旅游业与农业、科技、生态的融合，打造一批民族文化旅游项目，进一步强化推广村寨文化旅游品牌，在促进当地经济增长的同时，也实现了民族文化的多元化，从而不断提升民族村寨空间正义的实现程度。因此，可以提出以下假设：

HB6：文化传承保护体系完善对空间正义的实现程度提升具有显著的直接正向作用。

如前所述，文化传承保护体系的建设完善是由民族传统文化活动的举办、素质教育和技能培训效果的提升、村寨旅游文化品牌的塑造三个方面组成。民族传统文化活动的举办是村寨旅游市场可持续发展的重要环节，在"全域旅游"的发展背景下，民族村寨积极推进旅游业与民族历史文化、自然生态、传统农耕产业的融合，组织打造了一批特色文化旅游项目和民族传统节事活动，明确产品定位、提升文化活动的吸引力和影响力，推动村寨文旅产业的持续发展升温。技能素质教育效果的提升是村寨文化旅游可持续发展的重要保障,在民族文化旅游建设进程中,通过产学研全面合作,可以不断拓展教育培训的覆盖范围,丰富教育培训的内容结构,提升教育培训的影响,全面深化广大村民的民族文化认同感与自豪感,提升村民对民族历史传统的保护意识和传承发扬的技能水平。村寨旅游品牌的塑造是旅游文化市场空间发展进步的必要措施,所以在村寨建设进程中应牢牢把握对文化历史底蕴的挖掘、注重对品牌文化形象的提炼,同时灵活运用新媒体手段村寨文化品牌进行宣传推广,更新旅游资源运营模式,合理引导民族文化的保护与传承工作,带动民族传统工艺振兴,实现旅游市场与村寨文化传承示范空间的协同发展。因此,可以提出以下假设:

HB7:文化传承保护体系完善对文化传承示范空间形态变化具有显著的直接正向作用。

4. 空间正义实现程度提升的作用

空间正义实现是旅游空间生产的普遍利益诉求,主要包括资源权益公平分配与文化市场平等共建两方面内容。民族历史文化型村寨建设进程与村寨的经济、社会、生态、文化等方面有着千丝万缕的联系,通过村寨对旅游文化空间的公平分配和平等共建产生影响,提升旅游空间正义的实现程度,推动着旅游文化传承示范空间形态的全面优化提升。从资源收益来看,民族历史文化旅游是广大村民与政府、企业共同建设发展起来的,建设发展成果理应由全体村民公平共享,因此要始终牢记一切发展为了人民,充分发挥旅游产业的辐射带动作用和振兴效应,全面落实共享发展政策要求,让广大村民切实得到更多实惠。从市场权力关系来看,在民族历史文化旅游发展过程中,村民才是村寨建设的核心主体,应当通过建立健全多方共建的制度机制,充分发挥当地村民的主观能动性,不断提升村民的市场参与度和话语权;同时,村寨旅游发展至今已趋于稳定,形成了新的社会关系网,并且各方主体积极展开交流合作,村寨社会关系一片和谐。从机会保障建设来看,民族文化旅游开发为村寨内的剩余劳动力提供了许多全新的就业机会和生活保障,随着产学研的进一步联动发展,地方政府不断加大了对村寨当地人才队伍的培养力度和对村民们技术水平和文化素质的广泛培训,建设完善了村寨的就业体系和社会保障体系。最后,从文化传承保护来看,在建设旅游市场的同时,村寨始终坚持完善公共文化服务体系,深化民族特色文化认同,通过举办民族节庆仪式、传承传统手工技艺、活化开发村寨历史资源等多种手段,提升了村民的民族文化自豪感和保护传承技能水平。同时,也积极推进了文化旅游业与农业、科技、生态的融合,打造了一批民族文化旅游项目,进一步强化推广了村寨文化旅游品牌，加强了对民族文化资源的保护性利用和活态性开发。这些因素的共同作用为民族特色村寨自文化传承示范空间形态的改变奠定了现实基础。因此，可以提出以下假设：

HB8：空间正义实现程度提升对文化传承示范空间形态变化具有显著的直接正向作用。

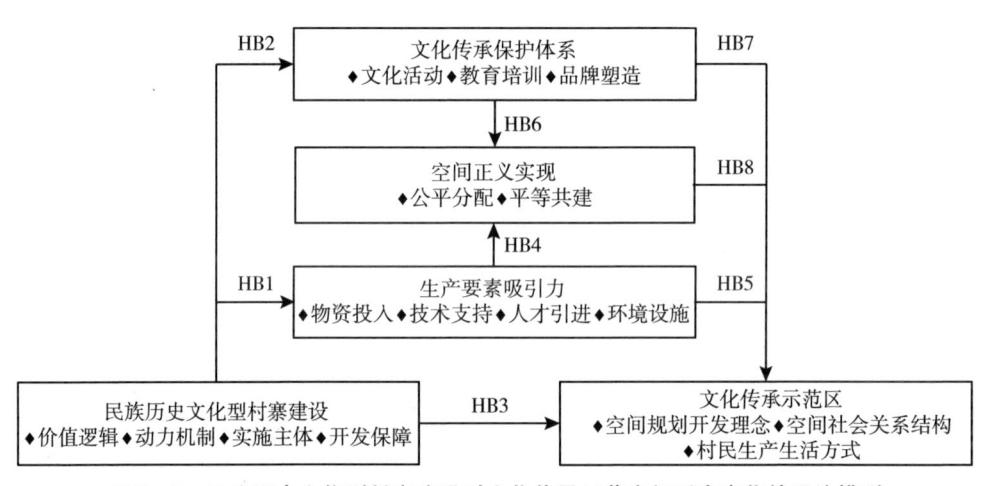

（二）民族历史文化型村寨建设中文化传承示范空间形态变化的理论模型构建

根据民族特色村寨旅游空间生产的分析框架，结合民族历史文化型特色村寨建设进程中文化传承示范空间形态变化的研究假设，可以较好地识别出民族历史文化型村寨建设对文化传承示范空间形态变化的影响路径。由此可以得出民族历史文化型村寨建设进程中文化传承示范空间形态变化的理论模型（见图5-2）。

图5-2 民族历史文化型村寨建设对文化传承示范空间形态变化的理论模型

在民族历史文化型特色村寨建设文化传承示范空间形态变化的理论模型中，存在五个主要的变量：民族历史文化型村寨建设、生产要素吸引力、文化传承保护体系、空间正义实现和文化传承示范空间形态。其中，民族历史文化型村寨建设由价值逻辑、动力机制、实施主体和开发保障四个维度构成，生产要素吸引力由物资投入、技术支持、人才引进和环境设施四个维度构成，文化传承保护体系由文化活动、教育培训和品牌塑造三个维度构成，空间正义实现由公平分配和平等共建两个维度构成，文化传承示范空间形态变化由空间规划开发理念、村民生产生活方式和空间社会关系结构三个维度构成。这五个主要变量之间的作用关系可以反映出民族历史文化型村寨建设是如何对文化传承示范空间形态变化产生作用的。具体来看，民族历史文化型村寨建设对文化传承示范空间形态变化的作用路径可以分为两种：一种是直接作用，即民族历史文化型村寨建设→文化传承示范空间形态变化；另一种是间接作用，这样的路径有四条，分别是民族历史文化型村寨建设→生产要素吸引力→文化传承示范空间形态变化；民族历史文化型村寨建设→生产要素吸引力→空间正义实现→文化传承示范空间形态变化；民族历史文化型村寨建设→文化传承保护体系→文化传承示范空间形态变化；民族历史文化型村寨建设→文化传承保护体系→空间正义实现→文化传承示范空间形态变化。在图5-2中，每条路径上的字母、数字代表的是前文所提出的研究假设，通过构建出民族历史文化型村寨建设对文化传承示范空间形态变化的概念模型，可以为下一步进行结构方程实证分析奠定理论基础。

三、生态休闲康养型村寨建设中自然生态保护空间形态变化的研究假设及理论模型构建

（一）生态休闲康养型村寨建设中自然生态保护空间形态变化的研究假设

1. 生态休闲康养型村寨建设的作用

生态休闲康养型民族村寨建设实质上就是将村寨经济社会发展与生态休闲旅游相结合，不断优化村寨自然生态环境，将村寨逐步打造成为生态康养目的地的过程，而其中最明显的表征就在于对村寨生产要素吸引力产生的影响。随着生态休闲康养型村寨的产业市场的不断发展，原有的生产要素组合方式和生产经营模式显然无法适应由此带来的改变，外界投资主体越来越多地将视野投向民族村寨，为村寨生态康养旅游发展投入大量的资金、技术与专业人才，进而使村寨空间的物质及非物质生产要素规模及吸引力等均产生了显著提升。同时，村寨传统

的生产生活模式所能产生的经济社会效应十分有限，与村寨原本的生产生活环境及公共基础设施的不完善有很大的联系。在生态康养旅游发展的同时，村寨内部的产业市场环境、基础设施条件、公共服务设施等都有了很大的提升和完善。从这个角度看，生态休闲康养型民族村寨建设对村寨的物资投入、技术支持、人才引进和环境设施等生产要素吸引力的重要组成部分都产生了显著的直接正向作用。因此，可以提出如下假设：

HC1：生态休闲康养型村寨建设进程对生产要素吸引力提升具有显著的直接正向作用。

为使生态休闲康养型民族村寨建设进程能够更好地推动村寨产业市场环境和自然生态空间的发展和谐，实现村寨旅游资源的保护性开发和创造性转化，就必须对市场监督管理、资源规划整合、产品开发运营等方面提出更高的要求，全面提升村寨生态、人文资源的开发管理水平。生态康养旅游开发为村寨带来更多资本、技术、人才资源，在很大程度上带动了村民生产生活方式的升级、村寨基础设施环境的建设完善和产业融合联动的发展布局，而民族村寨原真的生态、人文景观资源作为旅游吸引物系统中最重要的组成部分，对村寨自然生态保护空间形态变化起到了至关重要的影响。因此，在生态休闲康养型民族村寨发展过程中，要时刻牢记自然生态空间的关键地位，严格遵循"保护优先"的产业发展原则，加大对自然生态和人文历史资源的保护传承力度，建设完善的旅游市场监管体系，更新旅游产品开发运营的理念模式，推动民族特色村寨建设呈现出绿色、和谐、可持续的发展状态。从这个角度上说，生态休闲康养型村寨建设有利于资源开发管理水平的全面提升。因此，可以提出如下假设：

HC2：生态休闲康养型村寨建设进程对资源开发管理水平提升具有显著的直接正向作用。

生态休闲康养型村寨建设是民族特色村寨建设的一种典型模式，它是依托村寨得天独厚的生态、人文环境而展开的一种村寨建设模式。在这个过程中，各方实施主体或是出于经济利益，或是出于个体发展，或是出于村寨整体生产生活环境改变，通过多样的发展路径推动民族特色村寨旅游空间形态的建设优化。村寨自然生态空间作为发展的载体，在旅游市场生产扩张的过程中推动，使得资金、技术、劳动力等生产要素不断向村寨聚集，产业形态不断丰富，经济社会快速发展，村寨资源要素规划、市场运营理念、生产生活方式和社会权力结构进行全面的调整升级，以旅游业串联起生态休闲康养型民族村寨建设的全局。正是在这一系列因素的综合作用之下，原本相对封闭落后的民族村寨自然生态空间形态实现了翻天覆地的变化，市场发展环境进一步建设完善，产业结构逐步拓展融合，资

源开发保护水平持续提升,最终升级成为开放、创新、绿色、和谐的旅游生态空间发展形态。因此,可以提出以下假设:

HC3:生态休闲康养型村寨建设进程对自然生态保护空间形态变化具有显著的直接正向作用。

2. 生产要素吸引力提升的作用

生产要素吸引力的提升主要集中在物资投入规模数量的提升、技术方法理念的支持、专业人才的引进培养和环境设施的建设完善等方面。空间正义的实现是通过对空间资源的合理配置与高效利用,实现旅游市场空间资源收益和社会权力关系的生产与分配正义。生产要素吸引力的提升既是影响村寨生态康养旅游发展的基础,也是推动自然生态保护空间形态变化的关键。民族村寨本身拥有丰富多彩的优质资源优势,应当充分立足生态、人文景观,民族历史传统和特色产业发展基础,不断吸引外界的资本、技术、信息、劳动力等产业发展要素,通过生产要素的集聚效应,推动民族村寨的产业结构优化升级。人作为村寨空间生产最根本的主体,村寨的产业结构调整融合与全域旅游格局是广大村民与政府、企业共同建设发展起来的,生态休闲康养型民族村寨建设发展在始终坚持以人为本的价值导向,努力创造良好的人本环境,坚持把"富民增收"作为旅游的出发点和落脚点,加速村寨产业融合发展,全面落实共享发展政策,不断建立健全多方共建的制度机制,充分发挥当地村民的主观能动性,不断提升村民的市场参与度和话语权,与此同时加大对村寨基础设施环境和公共服务体系的建设完善,促进民族地区空间生产与分配正义,为村寨自然生态空间的健康发展奠定良好的基础。因此,可以提出以下假设:

HC4:生产要素吸引力提升对空间正义实现程度提升具有显著的直接正向作用。

生产要素吸引力的提升同样是通过物资投入规模数量的提升、技术方法理念的支持、专业人才的引进培养和环境设施的建设完善等方面,来实现对自然生态保护空间形态变化的影响。生产资料的投入是村寨市场建设的首要基础;科学技术是第一生产力,村寨产业市场发展离不开各类技术手段和理念模式的支持;人才是村寨建设发展中最基础且最核心的资源要素,人才的引入同时会带动资金、技术、信息等要素的集聚,促进村寨经济社会文化生态的全方位发展进步,完善地方的人才结构。旅游业作为一项全局联动性的产业,在建设发展中必须牢固树立人本思想,从村民的切身诉求出发,将村寨打造成为真正的生活富裕、文化繁荣、生态宜居之所。在生态休闲康养型村寨的建设进程中,生态环境、人文历史、技术理念等都是影响产业发展的诸多要素被紧密地联系在一起，推动村寨旅游市场向着更为健康合理的道路发展。同时，公共基础设施环境的建设完善是村寨经济社会发展的物质基础和衡量标准，民族特色旅游发展推动了村寨基础设施条件、公共服务项目和社会保障体系的建设水平的提升，村寨面貌实现了全面改善，这些因素的共同作用为村寨自然生态保护空间形态变化提供了现实基础。因此，可以提出如下假设：

HC5：生产要素吸引力提升对自然生态保护空间形态变化具有显著的直接正向作用。

3. 资源开发管理水平提升的作用

资源开发管理水平的提升主要涵盖了三个方面的内容：旅游资源整合规划水平的提升、旅游市场监管体系的建设完善和旅游产品经营开发理念模式的更新。村民是民族特色村寨的主人，也是生态休闲康养旅游市场建设的绝对主体，空间发展一方面需要村民积极广泛的参与，另一方面也不断影响着空间权利关系，具体体现为参与旅游市场建设的居民应公平地享有空间资源分配与空间公共服务的权利，必须注重"以人为本"的空间建设发展，根据个人的不同特征提供有差异性的保障权益。对民族特色村寨建设而言，生态、人文景观的差异性是民族村寨竞争力的来源，因此，在开发的过程中，需要立足当地特色，进行个性化发展，从全局视角科学规划整合村寨的资源产业优势，尊重各民族的文化差异，打造最适合的生态康养旅游发展模式，同时建设完善村寨旅游市场资源开发监管体系，持续加大资源开发监管力度，全方位保障村寨旅游资源的合理开发利用和生态康养旅游的可持续发展。在空间发展过程中，要充分利用现代信息技术和媒体渠道宣传推广村寨文化品牌，以公平的态度对待每一种文化，促进不同区域之间的生态休闲康养旅游发展的交流和借鉴。因此，可以提出以下假设：

HC6：资源开发管理水平提升对空间正义实现程度具有显著的直接正向作用。

资源开发管理水平的提升，如前所述，是由旅游资源整合规划、旅游市场监管体系和旅游产品经营开发能力的提升三个方面组成。资源规划整合水平的提升是村寨旅游市场高质量发展的重要基础。民族特色村寨拥有丰富多样的优质旅游资源，包括原生态的自然风光、独特的民族风情以及绿色健康的地方美食，所以必须在全面统筹协调的基础上最大程度地发挥出资源优势，打造最适合的生态休闲康养旅游发展模式，实现旅游资源的高效利用。行业监管水平的提升是村寨旅游可持续发展的重要保障，村寨旅游市场发展之初，由于缺乏系统的监管，也出现过一定程度的资源开发粗放无序的情况。随着地方政府的行政力量介入和市场开发主体观念素质的提升，一系列资源开发管理条例、行业市场发展规范等法律规章陆续出台，村寨旅游市场资源开发监管体系逐步完善，监管力度逐步加大，监管效应分布提升，全方位保障了自然生态资源的合理开发利用和生态休闲康养旅游的可持续发展。经营开发水平的提升是村寨旅游发展进步的必要措施，旅游市场的开发建设是不断进步的，在当前全域旅游发展的背景下，民族村寨为了建设集生态观光、康体疗养、民俗体验等于一体的综合旅游示范空间，充分发挥旅游业的振兴作用，通过多方合作学习，持续提升旅游经营开发能力，明确产业发展定位，更新旅游资源运营模式，不断推广提升村寨"生态康养"的旅游品牌影响，实现了旅游市场与村寨自然生态空间的协同发展。因此，可以提出以下假设：

HC7：资源开发管理水平提升对自然生态保护空间形态变化具有显著的直接正向作用。

4. 空间正义实现程度提升的作用

在生态休闲康养型村寨建设进程中，村寨市场与旅游自然生态空间之间的联系更为紧密，生态休闲康养旅游发展与村寨的经济、社会、生态、文化等方面有着千丝万缕的联系。空间正义实现是旅游空间生产的普遍利益诉求，生态休闲康养型村寨建设主要通过资源权益公平分配和平等共建两方面提升村寨旅游空间正义的实现程度，推动村寨自然生态保护空间与地理景观形态的提升与改变。从资源收益分配来看，旅游产业充分发挥辐射带动作用和振兴效应，始终牢记一切发展为了人民，全面落实共享发展政策，让广大村民切实得到更多实惠。从市场权力地位来看，通过建立健全多方共建的体制机制，充分发挥当地村民的主观能动性，形成了村民自主创业、政企对口帮扶的产业发展格局，不断提升了村民的市场参与度和话语权；同时，村寨旅游发展至今已趋于稳定，形成了新的社会关系网，并且各方主体积极展开交流合作，村寨社会关系一片和谐。从机会保障上看，旅游市场开发为村寨内的剩余劳动力提供了许多全新的就业机会和生活保障，随着产学研的进一步联动发展，地方政府不断加大了对村寨当地人才队伍的培养力度和对村民们技术水平和文化素质的广泛培训，建设完善了村寨的就业体系和社会保障体系。最后，从民族文化传统来看，在建设生态康养旅游的同时，村寨始终坚持完善公共文化服务体系，深化民族特色文化认同，不断强化村寨"生态康养"旅游文化品牌，实现文化传统的保护与传承。这些因素的共同作用为民族特色村寨自然生态保护空间形态的全方位改变奠定了现实基础。因此，可以提出以下假设：

HC8：空间正义实现程度提升对自然生态保护空间形态变化具有显著的直接正向作用。

（二）生态休闲康养型村寨建设中自然生态保护空间形态变化的理论模型构建

根据民族特色村寨旅游空间生产的分析框架，结合生态休闲康养型民族村寨建设中自然生态保护空间形态变化的研究假设，可以较好地识别出生态休闲康养型民族村寨建设对自然生态保护空间形态变化的影响路径。由此可以得出生态休闲康养型民族村寨建设中自然生态保护空间形态变化的理论模型（见图5-3）。

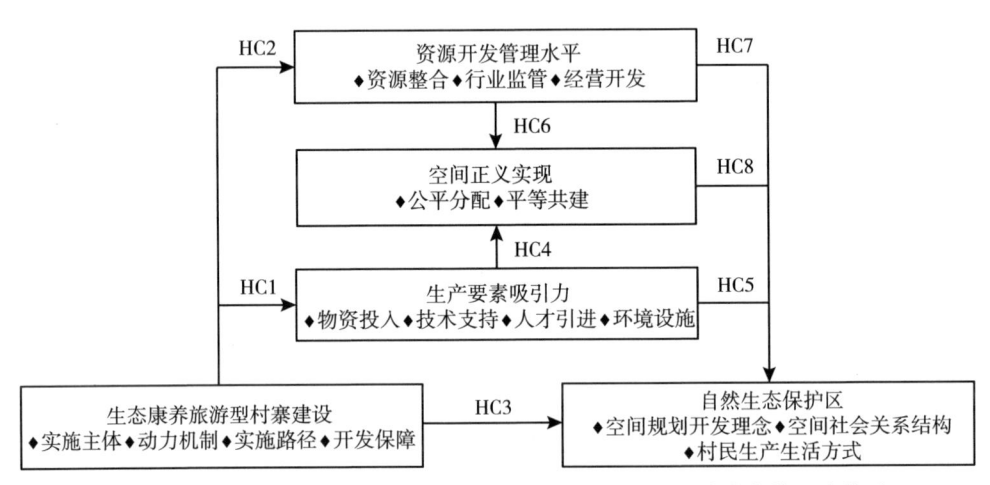

图5-3　生态康养旅游型村寨建设对自然生态保护空间形态变化的理论模型

在生态休闲康养型民族村寨建设对自然生态保护空间形态变化的理论模型中，存在五个主要的变量：生态休闲康养型村寨建设、生产要素吸引力、资源开发管理水平、空间正义实现和自然生态保护区。其中，生态休闲康养型村寨建设由实施主体、动力机制、实施路径和开发保障四个维度构成，生产要素吸引力由物资投入、技术支持、人才引进和环境设施四个维度构成，资源开发管理水平由资源整合、行业监管和经营开发三个维度构成，空间正义实现由公平分配和平等共建两个维度构成，自然生态保护区生产演化由空间规划开发理念、村民生产生活方式和空间社会关系结构三个维度构成。这五个主要变量之间的作用关系可以反映出生态康养旅游型村寨建设是如何对自然生态保护空间形态变化产生作用的。具体来看，生态康养旅游型村寨建设对自然生态保护区生产演化的作用路径可以分为两种：一种是直接作用，即生态康养旅游型村寨建设→自然生态保护空间形态变化；另一种是间接作用，这样的路径有四条，分别是：生态休闲康养型村寨建设→生产要素吸引力→自然生态保护空间形态变化；生态休闲康养型村寨建设→生产要素吸引力→空间正义实现→自然生态保护空间形态变化；生态休闲康养型村寨建设→资源开发管理水平→自然生态保护空间形态变化；生态休闲康养型村寨建设→资源开发管理水平→空间正义实现→自然生态保护空间形态变化。在图5-3中，每条路径上的字母、数字代表的是前文所提出的研究假设，通过构建出生态休闲康养型村寨建设对自然生态保护空间形态变化的概念模型，可以为下一步进行结构方程实证分析奠定理论基础。

四、研究设计与调研

（一）实证验证方法

本书对所提出的中国民族特色村寨旅游空间生产理论分析框架进行实证检验，采用的实证验证方法包括结构方程数据实证验证法和SPS案例实证验证法。

1. 结构方程数据实证验证法

结构方程模型（Structure Equation Modeling，SEM）是在社会科学研究领域广泛应用的一种验证性多元统计分析工具，用于验证一个或多个自变量与一个或多个因变量之间一组的相互关系，而这些变量往往都不能被直接准确的测量。结构方程模型分析的拟合过程往往涉及四个主要步骤：模型设定—模型识别—模型估计—模型评价与修正。根据结构方程模型构建的一般流程，结合我国民族特色村寨旅游空间生产过程中的变量特征和模型选择，本书将结构方程模型验证主要分为以下几个步骤：一是建立初始结构方程模型，设定误差变量，建立初始结构方程模型；二是进行参数估计，确定模型的拟合度；三是模型修正，根据初始结构方程模型的参数估计和路径结果，对模型中不理想的路径进行修正，或对整个模型进行重新构架，对每一个模型中的标准误、t值、标准化残差、修正指数及各种拟合指数进行检查，确定最终的结构方程模型。

2. SPS 案例实证验证法

SPS（Structured-Pragmatic-Situational）案例研究方法是由潘善琳教授所首创的一种新型案例研究方法论，该方法遵循结构化（S）、实用化（P）、情境化（S）三个基本原则，通过八个具体步骤、六个设计逻辑，并将三个原则贯穿融入整个案例研究过程。该方法总结了八种常见的建模范式（四种动态模型和四种静态模型）以及每一种范式所适用的案例情境，运用有效的系统操作流程与理论模型构建方法，帮助定性研究者根据具体情境找到合适的切入点，通过概念化和理论化相结合，转化为理论模型并发掘案例中的特色与理论创新点。

SPS 案例研究方法旨在不脱离现实生活环境情况下研究当前现象，以形象简单的语言描述当下热点问题，结合新颖的观点和理论还原案例情景，让读者身临其境，加上严谨的逻辑，促使 SPS 案例研究方法广泛运用于研究和教学中。相比于经典案例研究方法，SPS 案例研究方法更加具体，结构化地将案例研究过程分解阐述；更加严谨可行，注重案例研究过程的时效性；更加适应变化，能充分应对突发事件，以变通的研究方法把握每个案例的精髓。

（二）案例选取

本书展开案例分析验证的主要目的在于对中国民族特色村寨旅游空间生产理论与实践的作用机制进行探析。在此过程中，选择以新疆维吾尔自治区吐鲁番市葡萄沟、云南大理白族自治州喜洲镇喜洲村和广西巴马瑶族自治县甲篆乡长寿村为典型案例进行实证分析。对案例对象的筛选需要充分考虑各个案例是否具有典型性。结合上文所构建的中国民族特色村寨旅游空间生产的分析框架，进一步展开优势产业引领型民族村寨建设对旅游商业地产空间形态变化之间的关系、民族历史文化型特色村寨建设对文化传承示范空间形态变化之间的关系和生态休闲康养型民族村寨建设对自然生态保护空间形态变化之间的关系的深入探讨，本书通过对以上三个案例地发展现状的全面梳理，从民族特色村寨建设和旅游空间形态变化两方面出发，对以新疆维吾尔自治区吐鲁番市葡萄沟为代表的优势产业引领型民族村寨旅游空间生产、以云南大理白族自治州喜洲镇喜洲村为代表的民族历史文化型特色村寨旅游空间生产和以广西巴马瑶族自治县甲篆乡长寿村为代表的生态休闲康养型民族村寨旅游空间生产对村寨空间形态变化的作用机制进行深入分析。

一是葡萄沟。葡萄沟隶属于吐鲁番市东北15千米的葡萄乡，南北长约8千米、东西宽0.6~2千米，总面积26平方千米，是火焰山西侧最大的一个沟谷，沟谷狭长平缓，居住着维吾尔族、回族和汉族村民近9000人。沟内有布依鲁克河，主要水源为高山融雪，因盛产葡萄而得名，是国家5A级名胜风景区。吐鲁番葡萄沟是典型的优势产业引领型民族村寨，以葡萄种植加工为依托，引入先进的生产技术，丰富已有的优质葡萄品种和农副产品品类，形成集葡萄种植、农产品精深加工、新品种实验示范、技术研发与市场推广等为一体的全产业链。同时，葡萄沟不仅是一座葡萄的博物馆，也是农文旅一体化的旅游景区。葡萄沟按照"全域景区化，农文旅一体化"的建设思路，将观光旅游融入村寨农业生产之中，以当地的自然风光、民族风情、历史文化、民宿特征为基础，融入科技化、体验化、生态化的技术手段，强化旅游产业的全面联动效应，实现村寨的产业发展融合及农文旅一体化，立足民族特色与资源优势，打造高质量的精品旅游路线，为葡萄沟旅游商业地产空间形态变化奠定了坚实基础。

二是喜洲村。喜洲村位于大理市北端、洱海西北部、喜洲镇中心。这是一个有2000多年历史的古老的白族村落。它是南诏、大理和中国白族文化的发祥地之一。喜洲村有许多独具特色的明清民国时期古民居建筑，形成了具有喜洲特色的高档白族民居综合体。1987年云南省将其列为重点文物保护单位，2001年被列为中国第五批重点文物保护单位。它是有效保护、研究、展示和传承大理白族历史文化的主要载体。2010年，喜洲村被选为中国十大村落之一，并被列入2012年中国首批传统村落名单。喜洲村凭借其独具特色的文化旅游资源，每年吸引数千名国内外游客、专家学者前来参观学习。喜洲古村的规划建设注重景观、文化、历史、民族风情的整合与发展，"食、住、行、游、购、娱"等旅游资源得到充分整合，"文化、商业、教育、娱乐、情感"等要素为历史文化村落的开发和生产奠定了坚实的基础。

三是长寿村。巴马长寿村地处广西河池市西北部，隶属"长寿之乡"的巴马瑶族自治县甲篆乡，是群山绿水环抱中的一个发展历史悠久、人文生态和谐的民族特色村寨。甲篆乡山川充满着自然与和谐的气息，拥有以百魔洞、长寿水晶宫、百鸟岩、赐福湖为代表的国家4A级景区。1991年国际自然医学会正式确认巴马为"世界第五个长寿之乡"，并赞誉为"上天遗落人间的一块净土"，村寨中瑶族、壮族与汉族人民共同生活，在天然无污染的山川之中不断演绎生命奇迹，同时保留有许多民族风俗传统。近年来，村寨先后荣获"广西十佳休闲旅游目的地""国家旅游扶贫示范区""国家级森林乡村"等众多荣誉，已逐步成为世人惊叹的生态旅游、康养度假基地，为村寨自然生态保护空间地理景观的变化提升奠定了良好的基础。

（三）预调查与问卷设计

首先是预调查。预调查的目的通常是为了在正式调研之前，大致掌握我国民族特色村寨建设进程中旅游空间形态变化的基本发展情况与实践问题，有助于修改问卷调查所设题项中与实际情况存在矛盾的部分，为正式调研奠定基础。具体而言，就是为了提前了解我国优势产业引领型民族特色村寨建设是怎样影响着旅游商业地产空间形态，民族历史文化型特色村寨建设是怎样影响着文化传承示范空间形态，生态休闲康养型民族特色村寨建设是怎样影响着自然保护空间形态，如何影响着自然保护空间的功能发挥，怎样影响着自然保护区空间的活动强度。

上文对区域经济发展理论和新马克思主义城市空间理论的研究，可以为我国民族村寨建设过程中旅游空间形态变化研究提供参考借鉴。在研究我国民族村寨旅游空间生产实践过程中，不同理论可以从不同的角度指导研究的开展，例如，民族特色村寨的内在发展规律可以通过区域协调发展理论、非均衡增长理论等来分析，可以指导民族村寨更加科学开发旅游市场，发挥旅游竞争力，为更好地分析民族特色村寨旅游空间生产提供理论基础；原真性理论、文化资本理论、场域理论和利益相关者理论揭示了民族村寨旅游发展的规律，有助于指导民族村寨旅游的生产实践，确定民族村寨旅游的发展阶段。

预调研通常包括四大阶段，第一阶段为筹备，第二阶段为执行，第三阶段为结果处理，最后一阶段为具体日程安排。其中，第一个阶段主要工作为原始调研表格的制作，研究问题的确定以及研究方案的设计等工作；第二阶段的工作主要是按照研究需要，组织人员对调研相关的前期信息进行搜集；第三阶段的工作主要是汇总前一阶段搜集的信息，然后对这些信息进行整理、归纳并分析，然后将分析的结果用书面报告的形式展现出来。本书预调研的时间为 2019 年 3 月～2020 年 3 月，调研地点选取了新疆维吾尔自治区吐鲁番市葡萄沟、云南大理白族自治州喜洲镇喜洲村、广西巴马瑶族自治县甲篆乡长寿村三个地点，具体的日程安排如表 5-1 所示。

表 5-1　　　　　　　　　　预调研的程序安排

时间	工作内容	调研地点
3月8日~4月15日	调研方案、问卷的设计	新疆维吾尔自治区吐鲁番市葡萄沟、云南大理白族自治州喜洲村、广西巴马瑶族自治县甲篆乡长寿村
4月16日~5月20日	调研方案、问卷的修改、确认	
5月21日~6月25日	项目准备阶段	
6月26日~7月18日	实施调查阶段	
7月19日~7月31日	数据预处理阶段	
8月1日~8月31日	数据统计分析阶段	
9月1日~11月27日	调研报告撰写阶段	
11月28日~3月3日	论证阶段	

由表5-1可以看出，预调研的时间从2019年3月开始到2020年3月结束，进行了长达一年时间的预调研，主要的原因可以从以下几个方面来说明：一是我国民族特色村寨具有典型的民族性和地域特殊性，在调研的过程中需要将理论与调研地的实际情况进行有机的结合，以目标导向为原则进行数据收集。二是我国民族特色村寨的旅游空间形态变化表现出一定程度上的模糊性特征，表现为模糊的形态边界线，因此为了保证数据的有价值性，需要花费一定程度的人力和时间进行预调研过程中的村寨旅游空间形态变化的判断。三是在原始数据的初步处理和数据统计分析方法上遇到了一些障碍，在坚持数据真实性的原则下，展开多种数据处理方法，在进行结果判断的基础上择优选取，提高数据的可操作性。

本次预调研主要包括典型个体访谈以及问卷调查两大内容。其中，小组成员协助受访者完成问卷、现场发放问卷的形式保障了真实的调查数据。将当地居民、游客、政府工作人员和旅游公司职员作为典型个体进行访谈（访谈提纲见附录），将访谈对象分为村民、游客、政府工作人员和旅游公司人员四部分，主要原因在于，这四类人群是与我国民族特色村寨建设进程中旅游空间形态变化的关系最为密切的群体，通过与他们进行访谈，有利于获得我国民族特色村寨旅游空间生产最真实的情况。

其次是调查问卷设计。在整理、统计预调研结果之后，开始进行正式调研，时间为2020年4月到2021年4月，调研地点集中在我国民族聚居省区，主要涉及新疆维吾尔自治区、广西壮族自治区和云南大理白族自治州。为了获得我国民族特色村寨建设进程中旅游空间形态变化的数据，本书在对问卷中的相关内容进行了充分考虑。

从设计问卷题项的角度，应通过三大原则保证题设的合理性、科学性以及可操作性：广泛参考相似研究中其他学者所设计的调查问卷；从现实情况出发依据调查目的完善相对熟悉的问卷，结合权威专家的意见后，制定出科学合理和可操作的问卷题项；若没有可参考问卷量表，则需在筛选大量相关研究成果的基础上，结合相关领域权威专家的指导意见，对题项进行科学合理的设计。

从调查问卷设计的度量方面来看，采用主观感知的方法来测度受访对象对题设问题的感知结果，获取相关数据，为后续相关实证评估分析进行数据准备。在此过程中，运用李克特五力量表这一相对成熟的形式，1～5 分分别对应着由"最不好"到"最好"的感知程度。同时，要求受访对象在接受问卷调查的过程中，遵循自我的真实感知情况对相关问题进行打分。

在问卷的反馈率方面，为了同时实现问卷的有效性与丰富性，需要遵循两个原则：保证研究的基本主题被问卷所覆盖；为了确保反馈率，调查问卷的设计不应太长。综上，我们最终确定将问卷设计为五个部分，每个部分都有 2～3 个问题（调查问卷详见附录）。根据总体设计要求，将各部分的实证要求与问卷设计相结合，具体如下。

一是优势产业引领型民族村寨旅游空间生产作用的调查问卷设计，即《优势产业引领型民族村寨旅游空间生产作用的调查问卷》。基于研究目的，需要把握优势产业引领型民族村寨建设、生产要素吸引力、产业综合发展水平、空间正义实现、旅游商业地产空间形态变化等五个方面，通过将这五个方面情况加以具体化、条理化和可操作化的处理，形成一系列能够被科学观测的指标或变量，为最后研究优势产业引领型民族村寨对旅游商业地产空间形态变化的影响提供一手数据。从调查问卷设计的结构方面来看，依据设计调查问卷目的五个方面的要求，设计五个部分的调查问卷，分别为"优势产业引领型民族村寨建设状况的调查""生产要素吸引力状况的调查""产业综合发展水平状况的调查""空间正义实现状况的调查""旅游商业地产空间形态变化状况的调查"。

二是民族历史文化型特色村寨旅游空间生产作用的调查问卷设计，即《民族历史文化型特色村寨旅游空间生产作用的调查问卷》。基于研究目的，需要把握民族历史文化型特色村寨建设、生产要素吸引力、文化传承保护体系、空间正义实现、文化传承示范空间形态变化等五个方面，通过将这五个方面情况加以具体化、条理化和可操作化的处理，形成一系列能够被科学观测的指标或变量，为最后研究民族历史文化型特色村寨建设中文化传承示范空间形态变化的影响提供一手数据。从调查问卷设计的结构方面来看，依据设计调查问卷目的五个方面的要求，设计五个部分的调查问卷，分别为"民族历史文化型特色村寨建设状况的调查""生产要素吸引力状况的调查""文化保护传承体系状况的调查""空间正义实现状况的调查""文化传承示范空间形态变化状况的调查"。

三是生态休闲康养型民族村寨旅游空间生产作用的调查问卷设计,即《生态休闲康养型民族村寨旅游空间生产作用的调查问卷》。基于研究目的,需要把握生态休闲康养型民族村寨建设、生产要素吸引力、资源开发管理水平、空间正义实现、自然生态保护空间形态变化等五个方面,通过将这五个方面情况加以具体化、条理化和可操作化的处理,形成一系列能够被科学观测的指标或变量,为最后研究生态休闲度假型民族村寨建设中自然生态保护空间形态变化的影响提供一手数据。从调查问卷设计的结构方面来看,依据设计调查问卷目的五个方面的要求,设计五个部分的调查问卷,分别为"生态休闲康养型民族村寨建设状况的调查""生产要素吸引力状况的调查""资源开发管理水平状况的调查""空间正义实现状况的调查""自然生态保护空间形态变化状况的调查"。

(四)数据与案例资料收集

首先是问卷数据的收集。数据收集是收集受访者填写完成的调查问卷并获取数据。在数据收集的过程中,必须把握两个方面:选取合适的调查对象和选择恰当的调查形式。

(1)合适的调查对象。在挑选合适的调查对象方面,本书涉及的地域范围主要集中在我国少数民族聚居的省区,其中选择新疆、云南和广西三省区内具有典型性和代表性的村寨作为实地调研地。问卷发放对象主要为相关工作人员与当地居民,因为他们在民族特色村寨建设、生产要素吸引力、文化保护传承体系、资源开发管理水平、空间正义实现和旅游空间形态变化的感知方面,更具有认识和体会。

(2)恰当的调查形式。本书运用随机发放调查问卷形式,并在回收调查问卷后对目的地的村民进行一定的访谈,通过采访修正因调查对象理解偏差或调查问卷题项不够全面所带来的相应问题。向受访者发放问卷后,及时收集问卷,确保问卷回收率,发放情况如表5-2所示。

表 5-2　　　　　　　　　　　问卷发放情况

问卷名称	发放数量（份）	回收数量（份）	回收率（％）	有效数量（份）	有效率（％）
优势产业引领型民族村寨旅游空间生产作用的调查问卷	300	281	93.7	257	91.5
民族历史文化型特色村寨旅游空间生产作用的调查问卷	300	268	89.3	251	93.7
生态休闲康养型民族村寨旅游空间生产作用的调查问卷	300	276	92.0	255	92.4

其次是案例资料收集。利用 SPS 案例研究范式进行分析，需要从获取案例相关的基础性材料入手，掌握案例相关数据资料，包括一手和二手资料。其中一手资料具有高度保密性，是研究小组直接经过搜集整理和直接经验所得，其优点是具有实证性、生动性和可读性的特点，准确性和科学性较强。主要包括实地调研获取的访谈记录、观察记录等原始资料；二手资料的准确性相对于一手资料较低，是研究小组根据已发生过的或按照研究的目的收集、记录、整理的各种数据资料，其优点是操作便利、成本低和时间短，能帮助我们更好地定义问题和寻找处理问题的途径，深刻地理解原始数据，主要包括中国知网、读秀网、海外期刊网站以及政府官方网站、网络媒体等获取的数据资料。一手资料和二手资料相互依存，取长补短，从而获取较为完善的数据库，整理并建立资料库，为进一步进行案例描述和分析奠定基础。

第六章

中国民族特色村寨旅游空间生产的实证验证

一、优势产业引领型民族村寨旅游空间生产的实证验证

(一) 结构方程数据实证验证

1. 变量的度量

在优势产业引领型民族村寨旅游空间生产作用的结构方程模型检验中,对此前提出的研究假设HA1~假设HA8进行验证,首先应对关键变量的度量问题进行解决。本研究中,以优势产业引领型民族村寨建设、旅游商业地产空间形态变化、生产要素吸引力、产业综合发展水平、空间正义实现为主要关键变量,通过对这5个关键变量进行度量,进而运用观测变量定量分析潜在变量的影响。其中,根据变量之间的相互关系和内在机制,优势产业引领型民族村寨建设是解释变量,旅游商业地产空间形态变化、生产要素吸引力、产业综合发展水平、空间正义实现是被解释变量,分别对解释变量和被解释变量进行测度。

优势产业引领型民族村寨建设（construction of ethnic villages led by competitive industries，IVC）是民族特色村寨建设发展的典型模式之一。本书分别从实施主体（IVC1）、动力机制（IVC2）、实施路径（IVC3）和开发保障（IVC4）四个方面对优势产业引领型民族村寨建设进行测度，共设置了8个观测变量（见表6-1）。

表6-1　　　　　　　优势产业引领型民族村寨建设（IVC）指标

变量		内容
实施主体（IVC1）	IVC11	优势产业引领型村寨建设实施主体与村寨资源状况符合旅游商业地产空间形态变化的要求程度
	IVC12	优势产业引领型村寨建设实施主体与村寨发展状况符合旅游商业地产空间形态变化的要求程度
动力机制（IVC2）	IVC21	优势产业引领型村寨建设进程中的内部驱动力符合旅游商业地产空间形态变化的要求程度
	IVC22	优势产业引领型村寨建设进程中的外部驱动力符合旅游商业地产空间形态变化的要求程度
实施路径（IVC3）	IVC31	优势产业引领型村寨建设进程中实施路径的选择符合旅游商业地产空间形态变化的要求程度
	IVC32	优势产业引领型村寨建设进程中实施路径的稳健性符合旅游商业地产空间形态变化的要求程度
开发保障（IVC4）	IVC41	优势产业引领型村寨建设进程中开发保障能力符合旅游商业地产空间形态变化的要求程度
	IVC42	优势产业引领型村寨建设进程中开发保障措施符合旅游商业地产空间形态变化的要求程度

生产要素吸引力（attractiveness of production factors，APF）既是研究设计中重要的被解释变量，也是研究我国优势产业引领型民族村寨建设对旅游商业地产空间形态变化作用的重要中间变量。结合相关文献成果，从物资投入（APF1）、技术支持（APF2）、人才引进（APF3）和环境设施（APF4）四个方面出发，共设置了10个观测变量，分别对这四个方面进行测度（见表6-2）。

表6-2　　　　　　　　　　生产要素吸引力（APF）指标

变量		内容
物资投入（APF1）	APF11	村寨物资投入数量符合旅游商业地产空间形态变化的要求程度
	APF12	村寨物资投入种类符合旅游商业地产空间形态变化的要求程度
	APF13	村寨物资投入范围符合旅游商业地产空间形态变化的要求程度
技术支持（APF2）	APF21	村寨技术支持门类符合旅游商业地产空间形态变化的要求程度
	APF22	村寨技术支持水平符合旅游商业地产空间形态变化的要求程度
人才引进（APF3）	APF31	村寨人才引进结构符合旅游商业地产空间形态变化的要求程度
	APF32	村寨人才引进数量符合旅游商业地产空间形态变化的要求程度
环境设施（APF4）	APF41	村寨环境设施的完备程度符合旅游商业地产空间形态变化的要求程度
	APF42	村寨环境设施的分布范围符合旅游商业地产空间形态变化的要求程度
	APF43	村寨环境设施的承载水平符合旅游商业地产空间形态变化的要求程度

产业发展作为我国民族村寨建设发展的基础要素，从一定程度上说，产业综合发展水平（comprehensive industrial development level，IDL）是决定旅游商业地产空间发展成败的关键因素。结合已有学者对民族村寨建设中产业综合发展水平的研究成果，本书分别从产业结构（IDL1）、市场规模（IDL2）和区域竞争力（IDL3）三个方面对村寨产业综合发展水平进行解释说明，共设置了9个观测变量（见表6-3）。

表6-3　　　　　　　　　　产业综合发展水平（IDL）指标

变量		内容
产业结构（IDL1）	IDL11	村寨产业发展布局符合旅游商业地产空间形态变化的要求程度
	IDL12	村寨产业关联效应符合旅游商业地产空间形态变化的要求程度
	IDL13	村寨产业选择定位符合旅游商业地产空间形态变化的要求程度
市场规模（IDL2）	IDL21	村寨市场规模范围符合旅游商业地产空间形态变化的要求程度
	IDL22	村寨市场规模结构符合旅游商业地产空间形态变化的要求程度
	IDL23	村寨市场规模效应符合旅游商业地产空间形态变化的要求程度
区域竞争力（IDL3）	IDL31	村寨产品区域竞争力符合旅游商业地产空间形态变化的要求程度
	IDL32	村寨资源区域竞争力符合旅游商业地产空间形态变化的要求程度
	IDL33	村寨品牌区域竞争力符合旅游商业地产空间形态变化的要求程度

空间正义实现（realization of space justice，SJR）这一被解释变量既与民族村

寨持续健康发展息息相关，又是决定旅游空间形态变化方向的重要因素。在已有的文献研究基础上，本书从我国民族特色村寨建设的实际情况出发，从公平分配（SJR1）和平等共建（SJR2）两个方面进行变量的解释，分别设置了 2 个观测变量进行具体阐释（见表 6-4）。

表 6-4　　　　　　　　空间正义实现（SJR）的指标

变量		内容
公平分配（SJR1）	SJR11	村寨发展收益公平分配符合旅游商业地产空间形态变化的要求程度
	SJR12	村寨权力资源公平分配符合旅游商业地产空间形态变化的要求程度
平等共建（SJR2）	SJR21	村寨经济市场平等共建符合旅游商业地产空间形态变化的要求程度
	SJR22	村寨社会关系平等共建符合旅游商业地产空间形态变化的要求程度

旅游商业地产空间形态变化（the spatial form of tourism commercial-estate changes，ESC）是旅游空间形态变化的典型案例之一。结合相关文献对旅游空间生产的特征和机制的分析，本书设置了 8 个观测变量对旅游商业地产空间形态变化进行变量度量。其中，针对空间规划开发理念（ESC1）设置了 3 个观测变量，村民生产生活方式（ESC2）设置了 3 个观测变量，空间社会关系结构（ESC3）设置了 2 个观测变量（见表 6-5）。

表 6-5　　　　　　　旅游商业地产空间形态变化（ESC）指标

变量		内容
空间规划开发理念（ESC1）	ESC11	村寨旅游空间规划理念水平符合旅游商业地产空间形态变化的要求程度
	ESC12	村寨旅游空间开发运营模式符合旅游商业地产空间形态变化的要求程度
	ESC13	村寨空间规划开发理念转变方向符合旅游商业地产空间形态变化的要求程度
村民生产生活方式（ESC2）	ESC21	村民生活方式水平符合旅游商业地产空间形态变化的要求程度
	ESC22	村民生产方式结构符合旅游商业地产空间形态变化的要求程度
	ESC23	村民生产生活方式转变方向符合旅游商业地产空间形态变化的要求程度
空间社会关系结构（ESC3）	ESC31	村寨空间社会关系结构转变方向符合旅游商业地产空间形态变化的要求程度
	ESC32	村寨空间文化传统结构转变方向符合旅游商业地产空间形态变化的要求程度

2. 样本数据分析

在进行优势产业引领型民族村寨建设进程中旅游商业地产空间形态变化的研

究过程中，为了获取科学、准确的结论，必须确保调查问卷得到的结果符合统计学意义，因此在进行结构方程模拟之前，需要对通过问卷得到的数据进行信、效度检验。

描述性统计反映了数字数据的一般规律，均值主要用来衡量优势产业引领型民族村寨建设进程中旅游商业地产空间形态变化数据的平均分布，标准差主要用来衡量优势产业引领型民族村寨建设进程中旅游商业地产空间形态变化数据的离散程度。

在进行描述性统计时，从本书的研究设计出发，重点把握优势产业引领型民族村寨建设、生产要素吸引力、产业综合发展水平、空间正义实现、旅游商业地产空间形态变化五个方面的内容，在工具的选择上，运用 SPSS 22.0 分析软件进行操作，对每个主要变量的观测指标进行均值和标准差的描述（见表6-6）。

表6-6　　　　　　　　　　描述性统计

指标		均值	标准差	指标		均值	标准差
实施主体（IVC1）	IVC11	3.71	0.675	产业结构（IDL2）	IDL21	3.32	0.718
	IVC12	3.73	0.708		IDL22	3.07	0.728
动力机制（IVC2）	IVC21	3.61	0.793		IDL23	3.14	0.691
	IVC22	3.66	0.794	区域竞争力（IDL3）	IDL31	3.23	0.727
实施路径（IVC3）	IVC31	3.59	0.791		IDL32	3.11	0.690
	IVC32	3.58	0.746		IDL33	3.19	0.723
开发保障（IVC4）	IVC41	3.66	0.814	公平分配（SJR1）	SJR11	3.39	0.753
	IVC42	3.63	0.771		SJR12	3.41	0.781
物资投入（APF1）	APF11	3.16	0.690	平等共建（SJR2）	SJR21	3.44	0.721
	APF12	3.27	0.719		SJR22	3.32	0.700
	APF13	3.16	0.655	空间规划开发理念（ESC1）	ESC11	3.62	0.731
技术支持（APF2）	APF21	3.29	0.663		ESC12	3.60	0.754
	APF22	3.20	0.738		ESC13	3.59	0.761
人才引进（APF3）	APF31	3.40	0.759	村民生产生活方式（ESC2）	ESC21	3.61	0.748
	APF32	3.19	0.678		ESC22	3.63	0.775
环境设施（APF4）	APF41	3.21	0.779		ESC23	3.72	0.734
	APF42	3.15	0.737	社会关系结构（ESC3）	ESC31	3.58	0.792
	APF43	3.11	0.696		ESC32	3.67	0.716

续表

指标		均值	标准差	指标	均值	标准差
市场规模 （IDL1）	IDL11	3.27	0.751			
	IDL12	3.21	0.679			
	IDL13	3.01	0.676			

信度分析也叫可靠性分析，通过同种方法对相同对象进行多次重复测量，用以检验数据样本的一致性和可靠性，是对数据集中程度和稳定性的集中反映。效度分析是指测量的有效程度，用以检验量表设计的有效性与合理性，是数据结果对所研究问题真实性和准确性的集中反映。本书采用 SPSS 22.0 对优势产业引领型民族村寨建设进程中旅游商业地产空间形态变化进行模型数据检验，测量其 Cronbach's α 系数值，同时，为了有效避免克朗巴哈信度测量过程中存在的问题，运用组合信度测量对信度进行进一步检验分析，使结果更具说服力。

组合信度（construct reliability，CR）是借助因子载荷量来测算衡量样本信度的指标，测量公式为：

$$CR = \frac{(\sum \lambda)^2}{[(\sum \lambda)^2 + \sum \theta]}$$

其中，CR 表示组合信度；λ 表示因子载荷量；θ 表示测量误差。

平均提取方差值（average variance extracted，AVE）是借助因子载荷量测算衡量收敛效度的指标，测量公式为：

$$AVE = \frac{(\sum \lambda^2)}{[(\sum \lambda^2) + \sum \theta]}$$

在信度的检验标准方面，采用 Kline 的判别标准（见表 6-7）：

表 6-7　　　　　　　　　　组合信度检验标准

组合信度系数值	接受程度
CR ≥ 0.90	最佳
CR ∈ [0.80, 0.90)	很好
CR ∈ [0.60, 0.80)	适中
CR < 0.50	不可接受

本书利用组合信度和平均提取方差值对优势产业引领型民族村寨建设中旅游商业地产空间形态变化的影响作用所整合的各类数据进行分析和检测，分别得出

优势产业引领型民族村寨建设、生产要素吸引力、产业综合发展水平、空间正义实现、旅游商业地产空间形态变化的信度系数，同时根据组合信度标准和平均提取方差值标准对优势产业引领型民族村寨建设中旅游商业地产空间形态变化的潜在变量组合信度系数进行评判，得出各个指标的信度和效度检验结果（见表6-8）。

如表6-8所示，在优势产业引领型民族村寨建设对旅游商业地产空间形态变化作用的信度和效度检验结果中，Cronbach's α系数值均大于0.50，属于可接受范围，且每个变量的组合信度（CR）都大于0.8，由此表明量表数据具有较好的信度。在效度检验中，各个指标的因子载荷均在0.50以上，KMO值均大于0.80，且平均提取方差（AVE）值除了产业综合发展水平为0.474，其余变量的AVE值均在0.5以上，同时Bartlett's球形检验显著性水平均在0.000，可以看出此量表的效度良好，能够有效支持数据进行因子分析。

3. 结构方程模型分析

结构方程模型是一种有别于传统回归模型，结合了路径分析和因子分析的多元分析方法，这种模型可以解决传统变量难以解决的潜变量问题，并考虑到测量误差影响。根据结构方程模型构建的一般步骤，结合优势产业引领型民族村寨建设对旅游商业地产空间形态变化作用的理论模型和变量特征，本章从以下几个步骤进行结构方程检验：首先是初始模型的建立，即优势产业引领型民族村寨旅游空间生产作用的结构方程模型，这一步需要设定误差变量；其次是在估计参数的基础上，确定优势产业引领型民族村寨旅游空间生产作用的结构方程模型拟合度；最后是对初始模型进行修正，即对优势产业引领型民族村寨旅游空间生产作用的初始结构方程模型估计结果中不理想的路径进行修正，重新调整模型之后进行再次估计，得到最终的结构方程模型。

在优势产业引领型民族村寨建旅游空间生产作用的研究中，根据对变量性质的划分进行模型构建。其中，优势产业引领型民族村寨建设、生产要素吸引力、产业综合发展水平、空间正义实现和旅游商业地产空间形态变化为潜在变量。然后，将优势产业引领型民族村寨建设对旅游商业地产空间形态变化作用的各项变量进行归类，其中，优势产业引领型民族村寨建设为外生变量，生产要素吸引力、产业综合发展水平、空间正义实现为中间变量，旅游商业地产空间形态变化为内生变量。基于此，研究构建出优势产业引领型民族村寨旅游空间生产作用的初始结构方程模型（见图6-1），其中，变量之间的因果关系用箭头方向表示出来。

表 6-8　各变量信度和效度检验

变量	AVE	CR	α值	因子载荷		KMO值	累计方差解释率	Bartlett's 球形检验		
								X²	df	Sig.
优势产业引领型民族村寨建设（IVC）	0.627	0.931	0.909	IVC11	0.830	0.953	46.941	2144.575	28	0.000
				IVC12	0.817					
			0.855	IVC21	0.766					
				IVC22	0.738					
			0.886	IVC31	0.777					
				IVC32	0.840					
			0.877	IVC41	0.790					
				IVC42	0.770					
生产要素吸引力（APF）	0.522	0.9158	0.727	APF11	0.676	0.939	51.908	1094.022	45	0.000
				APF12	0.730					
				APF13	0.761					
			0.771	APF21	0.762					
				APF22	0.832					
			0.577	APF31	0.619					
				APF32	0.703					
			0.713	APF41	0.671					
				APF42	0.768					
				APF43	0.693					

续表

变量	AVE	CR	α值	因子载荷		KMO值	累计方差解释率	Bartlett's 球形检验		
								X²	df	Sig.
产业综合发展水平（IDL）	0.474	0.890	0.698	IDL11	0.717	0.911	56.489	739.298	36	0.000
				IDL12	0.680					
				IDL13	0.708					
			0.655	IDL21	0.660					
				IDL22	0.673					
				IDL23	0.694					
			0.683	IDL31	0.723					
				IDL32	0.652					
				IDL33	0.685					
空间正义实现（SJR）	0.704	0.905	0.779	SJR11	0.815	0.817	60.483	456.781	6	0.000
				SJR12	0.872					
			0.757	SJR21	0.828					
				SJR22	0.840					
旅游商业地产空间形态变化（ESC）	0.694	0.948	0.846	ESC11	0.838	0.946	63.241	1467.590	28	0.000
				ESC12	0.829					
				ESC13	0.823					
			0.844	ESC21	0.810					
				ESC22	0.861					
				ESC23	0.828					
			0.785	ESC31	0.835					
				ESC32	0.842					

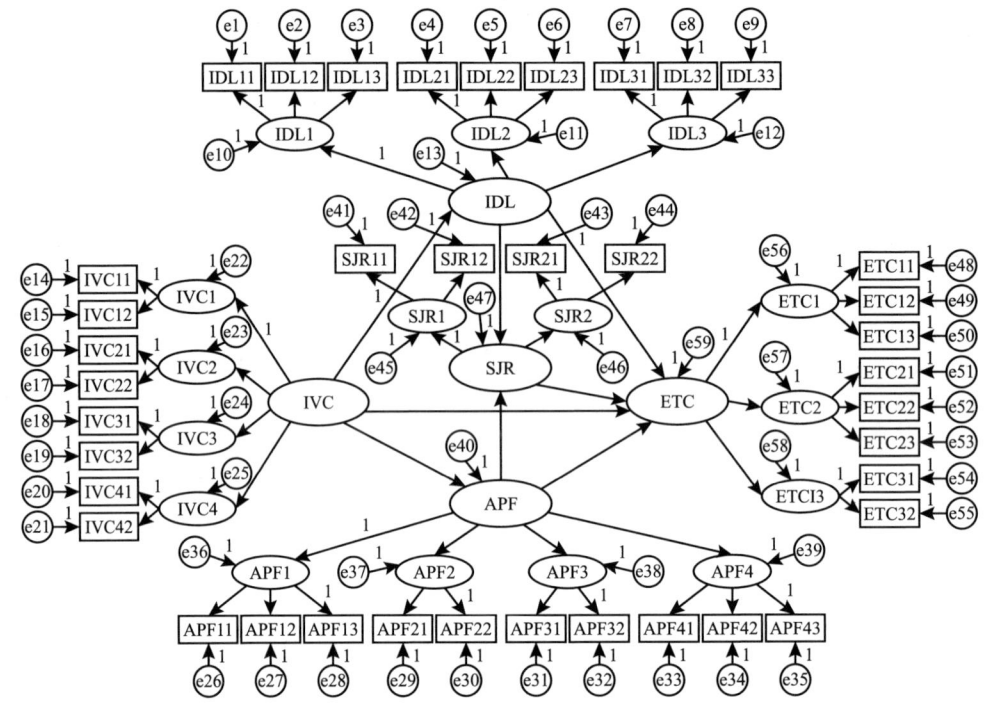

图 6-1 优势产业引领型民族村寨旅游空间生产作用的初始结构方程模型

根据图 6-1 显示的情况可以看出，在优势产业引领型民族村寨旅游空间生产的初始结构方程模型中，存在外生显变量 8 项，内生显变量 31 项，外生潜变量 4 项，内生潜变量 12 项。具体表现为：

外生显变量 8 项：IVC11、IVC12、IVC21、IVC22、IVC31、IVC32、IVC41、IVC42。

内生显变量 31 项：APF11、APF12、APF13、APF21、APF22、APF31、APF32、APF41、APF42、APF43、IDL11、IDL12、IDL13、IDL21、IDL22、IDL23、IDL31、IDL32、IDL33、SJR11、SJR12、SJR21、SJR22、ESC11、ESC12、ESC13、ESC21、ESC22、ESC23、ESC31、ESC32。

外生潜变量 4 项：IVC1、IVC2、IVC3、IVC4。

内生潜变量 12 项：APF1、APF2、APF3、APF4、IDL1、IDL2、IDL3、SJR1、SJR2、ESC1、ESC2、ESC3。

结构方程模型分为测量模型和结构模型，因此必须对这两个模型进行逐个构建。

根据测量模型的一般形式：

$$\begin{cases} X = \wedge_X \xi + \delta \\ Y = \wedge_Y \eta + \varepsilon \end{cases}$$

其中，X 代表外生显变量，Y 代表内生显变量，ξ 代表外生潜变量，η 代表内生潜变量，ε 与 δ 均代表显变量的误差项，$\wedge_X$ 与 $\wedge_Y$ 代表显变量 X、Y 的因子载荷。

在进行优势产业引领型民族村寨旅游空间生产作用的模型数据验证中，为了构建观测变量的结构方程式，需要对相关的变量进行设定。根据研究所构建的初始结构方程模型中的相关内容，优势产业引领型民族村寨建设（IVC）、实施主体（IVC1）、动力机制（IVC2）、实施路径（IVC3）、开发保障（IVC4）是外生潜变量，分别用 ξ_{IVC}、ξ_{IVC1}、ξ_{IVC2}、ξ_{IVC3}、ξ_{IVC4} 来表示。生产要素吸引力（APF）、物资投入（APF1）、技术支持（APF2）、人才引进（APF3）、环境设施（APF3）、产业综合发展水平（IDL）、产业结构（IDL1）、市场规模（IDL2）、区域竞争力（IDL3）、空间正义实现（SJR）、公平分配（SJR1）、平等共建（SJR2）、旅游商业地产空间形态变化（ESC）、空间规划开发理念（ESC1）、村民生产生活方式（ESC2）、空间社会关系结构（ESC3）是内生潜变量，分别用 η_{APF}、η_{APF1}、η_{APF2}、η_{APF3}、η_{APF4}、η_{IDL}、η_{IDL1}、η_{IDL2}、η_{IDL3}、η_{SJR}、η_{SJR1}、η_{SJR2}、η_{ESC}、η_{ESC1}、η_{ESC2}、η_{ESC3} 来表示。由此，构建出优势产业引领型民族村寨旅游空间生产作用的观测模型方程式：

$$\begin{cases}
X_{IVC1} = \lambda_{IVC1}\xi_{IVC} + \delta_{IVC1} \quad X_{IVC2} = \lambda_{IVC2}\xi_{IVC} + \delta_{IVC2} \quad X_{IVC3} = \lambda_{IVC3}\xi_{IVC} + \delta_{IVC3} \\
\quad X_{IVC4} = \lambda_{IVC4}\xi_{IVC} + \delta_{IVC4} \\
X_{IVC11} = \lambda_{IVC11}\xi_{IVC1} + \delta_{IVC11} \quad X_{IVC12} = \lambda_{IVC12}\xi_{IVC1} + \delta_{IVC12} \\
X_{IVC21} = \lambda_{IVC21}\xi_{IVC2} + \delta_{IVC21} \quad X_{IVC22} = \lambda_{IVC22}\xi_{IVC2} + \delta_{IVC22} \\
X_{IVC31} = \lambda_{IVC31}\xi_{IVC3} + \delta_{IVC31} \quad X_{IVC32} = \lambda_{IVC32}\xi_{IVC3} + \delta_{IVC32} \\
X_{IVC41} = \lambda_{IVC41}\xi_{IVC4} + \delta_{IVC41} \quad X_{IVC42} = \lambda_{IVC42}\xi_{IVC4} + \delta_{IVC42} \\
Y_{APF1} = \lambda_{APF1}\eta_{APF} + \varepsilon_{APF1} \quad Y_{APF2} = \lambda_{APF2}\eta_{APF} + \varepsilon_{APF2} \quad Y_{APF3} = \lambda_{APF3}\eta_{APF} + \varepsilon_{APF3} \\
\quad Y_{APF4} = \lambda_{APF4}\eta_{APF} + \varepsilon_{APF4} \\
Y_{APF11} = \lambda_{APF11}\eta_{APF1} + \varepsilon_{APF11} \quad Y_{APF12} = \lambda_{APF12}\eta_{APF1} + \varepsilon_{APF12} \quad Y_{APF13} = \lambda_{APF13}\eta_{APF1} + \varepsilon_{APF13} \\
Y_{APF21} = \lambda_{APF21}\eta_{APF2} + \varepsilon_{APF21} \quad Y_{APF22} = \lambda_{APF22}\eta_{APF2} + \varepsilon_{APF22} \\
Y_{APF31} = \lambda_{APF31}\eta_{APF3} + \varepsilon_{APF31} \quad Y_{APF32} = \lambda_{APF32}\eta_{APF3} + \varepsilon_{APF32} \\
Y_{APF41} = \lambda_{APF41}\eta_{APF4} + \varepsilon_{APF41} \quad Y_{APF42} = \lambda_{APF42}\eta_{APF4} + \varepsilon_{APF42} \quad Y_{APF43} = \lambda_{APF43}\eta_{APF4} + \varepsilon_{APF43} \\
Y_{IDL1} = \lambda_{IDL1}\eta_{IDL} + \varepsilon_{IDL1} \quad Y_{IDL2} = \lambda_{IDL2}\eta_{IDL} + \varepsilon_{IDL2} \quad Y_{IDL3} = \lambda_{IDL3}\eta_{IDL} + \varepsilon_{IDL3}
\end{cases}$$

$$\begin{cases} Y_{IDL11} = \lambda_{IDL11}\eta_{IDL}1 + \varepsilon_{IDL11} & Y_{IDL12} = \lambda_{IDL12}\eta_{IDL1} + \varepsilon_{IDL12} & Y_{IDL13} = \lambda_{IDL13}\eta_{IDL1} + \varepsilon_{IDL13} \\ Y_{IDL21} = \lambda_{IDL21}\eta_{IDL2} + \varepsilon_{IDL21} & Y_{IDL22} = \lambda_{IDL22}\eta_{IDL2} + \varepsilon_{IDL22} & Y_{IDL23} = \lambda_{IDL23}\eta_{IDL3} + \varepsilon_{IDL23} \\ Y_{IDL31} = \lambda_{IDL31}\eta_{IDL3} + \varepsilon_{IDL31} & Y_{IDL32} = \lambda_{IDL32}\eta_{IDL3} + \varepsilon_{IDL32} & Y_{IDL33} = \lambda_{IDL33}\eta_{IDL3} + \varepsilon_{IDL33} \\ Y_{SJR1} = \lambda_{SJR1}\eta_{SJR} + \varepsilon_{SJR1} & Y_{SJR2} = \lambda_{SJR2}\eta_{SJR} + \varepsilon_{SJR2} \\ Y_{SJR11} = \lambda_{SJR11}\eta_{SJR1} + \varepsilon_{SJR11} & Y_{SJR12} = \lambda_{SJR12}\eta_{SJR1} + \varepsilon_{SJR12} \\ Y_{SJR21} = \lambda_{SJR21}\eta_{SJR2} + \varepsilon_{SJR21} & Y_{SJR22} = \lambda_{SJR22}\eta_{SJR2} + \varepsilon_{SJR22} \\ Y_{ESC1} = \lambda_{ESC1}\eta_{ESC} + \varepsilon_{ESC1} & Y_{ESC2} = \lambda_{ESC2}\eta_{ESC} + \varepsilon_{ESC2} & Y_{ESC3} = \lambda_{ESC3}\eta_{ESC} + \varepsilon_{ESC3} \\ Y_{ESC11} = \lambda_{ESC11}\eta_{ESC1} + \varepsilon_{ESC11} & Y_{ESC12} = \lambda_{ESC12}\eta_{ESC1} + \varepsilon_{ESC12} & Y_{ESC13} = \lambda_{ESC13}\eta_{ESC1} + \varepsilon_{ESC13} \\ Y_{ESC21} = \lambda_{ESC21}\eta_{ESC2} + \varepsilon_{ESC21} & Y_{ESC22} = \lambda_{ESC22}\eta_{ESC2} + \varepsilon_{ESC22} & Y_{ESC23} = \lambda_{ESC23}\eta_{ESC2} + \varepsilon_{ESC23} \\ Y_{ESC31} = \lambda_{ESC31}\eta_{ESC3} + \varepsilon_{ESC31} & Y_{ESC32} = \lambda_{ESC32}\eta_{ESC3} + \varepsilon_{ESC32} \end{cases}$$

在构建出观测模型方程式的基础上，根据结构模型的一般形式：

$$\eta = \beta\eta + \Gamma\xi + \zeta$$

其中，η 代表内生潜变量，β 代表内生潜变量之间的关系系数，Γ 代表内生潜变量受外生潜变量的影响系数，ξ 代表外生潜变量，ζ 代表残差项。

在优势产业引领型民族村寨旅游空间生产作用的结构方程中，用 γ_1、γ_2、γ_3 分别表示优势产业引领型民族村寨建设对生产要素吸引力、产业综合发展水平和旅游商业地产空间形态变化的作用路径，用 β_4、β_5 分别表示生产要素吸引力对空间正义实现和旅游商业地产空间形态变化的作用路径，用 β_6、β_7 分别表示产业综合发展水平对空间正义实现和旅游商业地产空间形态变化的作用路径，用 β_8 来表示空间正义实现对旅游商业地产空间形态变化的作用路径。构建方程式如下：

$$\begin{cases} \eta_{APF} = \gamma_1\xi_{IVC} + \zeta_{APF} \\ \eta_{IDL} = \gamma_2\xi_{IVC} + \zeta_{IDL} \\ \eta_{SJR} = \beta_4\xi_{APF} + \beta_6\xi_{IDL} + \zeta_{SJR} \\ \eta_{ETC} = \beta_5\xi_{APF} + \beta_7\xi_{IDL} + \beta_8\xi_{SJR} + \gamma_3\xi_{IVC} + \zeta_{ESC} \end{cases}$$

完成构建优势产业引领型民族村寨旅游空间生产作用的测量模型和结构模型，还需要对模型的拟合程度进行检验，进而判断构建的优势产业引领型民族村寨旅游空间生产作用的原始模型是否需要修正。

在检验模型拟合度时，本研究采用常见的 8 种拟合指标检验方法，对其进行拟合指标检验，主要包括 X^2/df、CFI、IFI、TLI、AGFI、PNFI、RMSEA、RMR，详细指标见表 6-9。

表6-9　　　　　　　　　　　拟合度检验指标

指标名称		适配度标准	性质
卡方与自由度的比值	X^2/df	<3.00	因果路径拟合度检验
比较适配指标	CFI	>0.90	非集中参数改善度检验
递增拟合指数	IFI	>0.90	整体模型适配度检验
非规范适配指标	TLI	>0.90	模型相对适配度检验
调整后的适配度指标	AGFI	>0.80	模型绝对适配度检验
简约调整规范适配指标	PNFI	>0.50	模型精简度检验
近似误差的均方根	RMSEA	<0.08	集中度检验
误差均方和平方根	RMR	<0.05	集中度检验

将研究构建的优势产业引领型民族村寨建设中旅游商业地产空间形态变化作用的初始结构方程模型导入 AMOS 22.0，同时导入研究的量表数据，得到了模型的相关拟合指标值（见表6-10）。

表6-10　　　优势产业引领型民族村寨旅游空间生产作用的初始结构
方程模型拟合度结果

拟合指标	X^2/df	CFI	IFI	TLI	AGFI	PNFI	RMSEA	RMR
观测值	1.510	0.950	0.951	0.947	0.816	0.793	0.045	0.026
拟合标准	<3.00	>0.90	>0.90	>0.90	>0.80	>0.50	<0.08	<0.05

从表6-10可以看出，所得出的各项拟合指标检验值均达到了拟合标准，说明研究所构建的优势产业引领型民族村寨旅游空间生产作用的初始结构方程模型，能够很好地与通过问卷调查所获得的量表数据进行拟合。因此，在进行拟合度检验的基础上，研究进一步展开对原始结构方程中个路径系数的测度（见表6-11）。

表6-11　　　　　　　　　　初始结构方程路径估计

路径	模型路径	路径系数	S.E.	C.R.	P
γ_1	IVC→APF	0.638	0.054	11.900	***
γ_2	IVC→IDL	0.627	0.063	9.978	***
γ_3	IVC→ESC	0.246	0.098	2.510	0.012
β_4	APF→SJR	0.640	0.091	7.022	***
β_5	APF→ESC	0.161	0.131	1.232	0.218
β_6	IDL→SJR	0.416	0.081	5.135	***

续表

路径	模型路径	路径系数	S.E.	C.R.	P
β_7	IDL→ESC	0.212	0.102	2.075	0.038
β_8	SJR→ESC	0.355	0.113	3.152	0.002

注：*** 表示 $p<0.001$。

从表6-11可以看出，在优势产业引领型民族村寨旅游空间生产作用的初始结构方程模型路径估计结果中，APF→ESC的这条路径未能通过显著性检验。从结果上看，优势产业引领型民族村寨旅游空间生产作用的初始结构方程模型的构造思路基本正确，但其中的部分关系需要调整后进行重新测度。结合相关研究文献可以发现，优势产业引领型民族村寨建设作为外生潜变量，在讨论对旅游商业地产空间形态变化作用时，其本身与生产要素吸引力和产业综合发展水平之间也存在着显著的联系，这种直接的正向关系可能会影响到生产要素吸引力和产业综合发展水平对旅游商业地产空间形态变化的影响作用。因此，在初始结构方程模型中删除了优势产业引领型民族村寨建设对旅游商业地产空间形态变化作用的直接关系路径，即IVC→ESC，得到最终的结构方程模型。将调整后的结构方程模型及测量数据导入AMOS 22.0进行拟合度检验，结果如表6-12所示。

表6-12　　　调整后的优势产业引领型民族村寨旅游空间生产作用
结构方程模型拟合度结果

拟合指标	X^2/df	CFI	IFI	TLI	AGFI	PNFI	RMSEA	RMR
观测值	1.519	0.949	0.950	0.945	0.814	0.793	0.045	0.026
拟合标准	<3.00	>0.90	>0.90	>0.90	>0.80	>0.50	<0.08	<0.05

从表6-12可以看出，调整后的结构方程模型各项拟合指标检验值同样均达到了拟合标准，说明调整后的结构方程模型与原始数据量表之间依旧是匹配的。在拟合度检验的基础上，研究再次将调整后的结构方程模型进行路径统计，其结果如表6-13所示。

表6-13　　　　　　　　调整后的结构方程路径估计

路径	模型路径	路径系数	S.E.	C.R.	P
γ_1	IVC→APF	0.643	0.054	11.988	***
γ_2	IVC→IDL	0.631	0.063	10.042	***
β_4	APF→SJR	0.639	0.093	6.928	***

续表

路径	模型路径	路径系数	S.E.	C.R.	P
β_5	APF→ESC	0.370	0.107	3.467	***
β_6	IDL→SJR	0.417	0.083	5.049	***
β_7	IDL→ESC	0.334	0.090	3.701	***
β_8	SJR→ESC	0.324	0.112	2.891	0.003

注：*** 表示 $p < 0.001$。

从表6-13可以看出，在调整后的结构方程模型中的各条路径的作用系数都通过了显著性检验，其中绝大多数都达到了0.001的显著性水平。同时，根据标准化的路径系数的测度标准高于0.50为效果明显、0.10~0.50为效果适中、低于0.10为效果较小，可以看出调整后的模型中所有的路径作用效果都在适中和明显的级别上，最终得出了优势产业引领型民族村寨旅游空间生产作用的结构方程模型（见图6-2）。

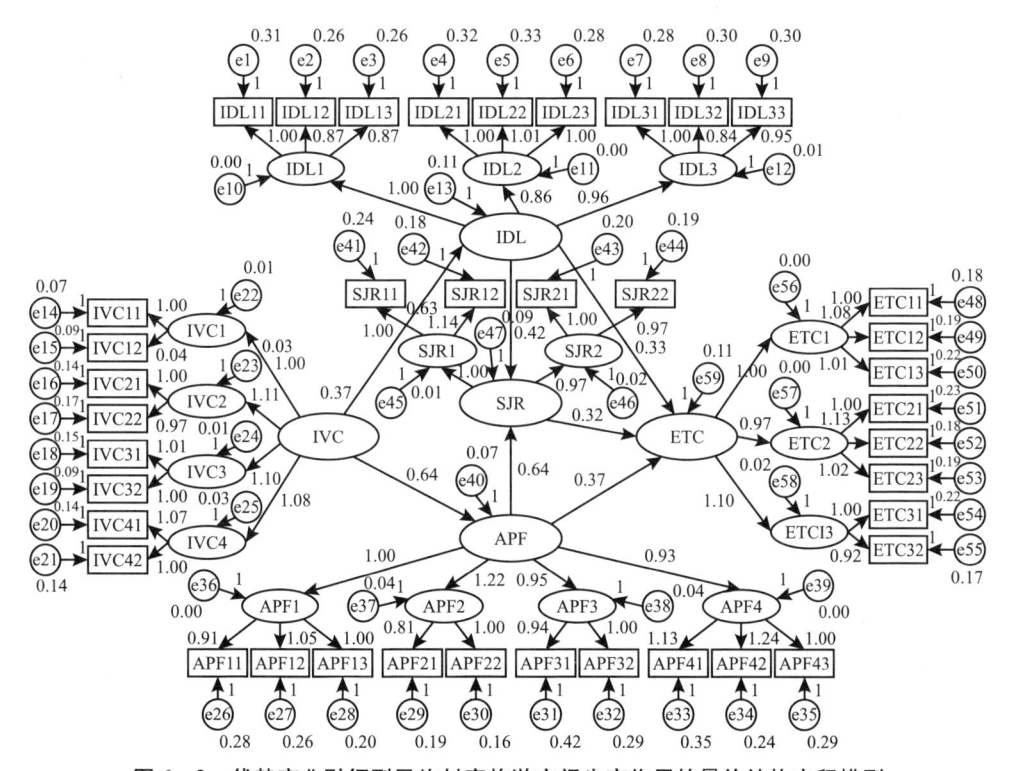

图6-2 优势产业引领型民族村寨旅游空间生产作用的最终结构方程模型

4. 假设检验和结果讨论

通过分析结构方程实证结果，根据此前提及的研究假设与理论模型，结合优势产业引领型民族村寨旅游空间生产作用的假设验证和路径系数，进行归纳总结，结果如表6-14所示。

表6-14　　优势产业引领型民族村寨旅游空间生产作用结构方程模型的路径结果讨论分析

路径	模型路径	路径系数	显著性水平	研究假设	检验结果
γ_1	优势产业引领型寨建设→生产要素吸引力（IVC→APF）	0.643	***	HA1	支持
γ_2	优势产业引领型寨建设→产业综合发展水平（IVC→IDL）	0.631	***	HA2	支持
γ_3	优势产业引领型寨建设→旅游商业地产空间形态变化（IVC→ESC）	—	—	HA3	不支持
β_4	生产要素吸引力→空间正义实现（APF→SJR）	0.639	***	HA4	支持
β_5	生产要素吸引力→旅游商业地产空间形态变化（APF→ESC）	0.370	***	HA5	支持
β_6	产业综合发展水平→空间正义实现（IDL→SJR）	0.417	***	HA6	支持
β_7	产业综合发展水平→旅游商业地产空间形态变化（IDL→ESC）	0.334	***	HA7	支持
β_8	空间正义实现→旅游商业地产空间形态变化（SJR→ESC）	0.324	0.003	HA8	支持

注：*** 表示 $p<0.01$。

"优势产业引领型村寨建设"对"生产要素吸引力""产业综合发展水平"影响的标准化路径系数估计结果分别为0.643和0.631，且均在1%的水平下显著，说明假设HA1、HA2成立。

"生产要素吸引力"对"空间正义实现""旅游商业地产空间形态变化"影

响的标准化路径系数估计结果分别为 0.639 和 0.370，且均在 1% 的水平下显著，说明假设 HA4、HA5 成立。

"产业综合发展水平"对"空间正义实现""旅游商业地产空间形态变化"影响的标准化路径系数估计结果分别为 0.417 和 0.334，且均在 1% 的水平下显著，说明假设 HA6、HA7 成立。

"空间正义实现"对"旅游商业地产空间形态变化"影响的标准化路径系数估计结果为 0.324，且在 5% 的显著性水平下显著，说明假设 HA8 成立。

此外，"优势产业引领型村寨建设"对"旅游商业地产空间形态变化"影响的标准化路径系数估计结果因未通过显著性检验被从初始模型中剔除，这一结果表明了假设 HA3 不成立。

从优势产业引领型民族村寨旅游空间生产作用结构方程实证结果中可以看出，优势产业引领型民族村寨建设与旅游商业地产空间形态变化之间的直接效应不明显，但是优势产业引领型民族村寨建设依然可以通过生产要素吸引力、产业综合发展水平、空间正义实现三个中间变量对旅游商业地产空间形态变化存在间接效应。共存在 4 条间接路径，效应值分别为 0.238（0.643×0.370）、0.133（0.643×0.639×0.324）、0.211（0.631×0.334）、0.085（0.631×0.417×0.324），总的间接效应为 0.667。由此可以看出，间接效益较大，与变量之间的直接效应一样重要，所以在对优势产业引领型民族村寨建设中旅游商业地产空间形态变化作用进行研究时，生产要素吸引力、产业综合发展水平和空间正义实现作用明显，不能忽略。

同时，根据最终结构方程模型的结果可知，优势产业引领型村寨建设对生产要素吸引力、优势产业引领型村寨建设对产业综合发展水平、生产要素吸引力对空间正义实现的路径系数均大于 0.60，均高于模型中其他作用的路径系数。可以看出，生产要素和产业市场发展作为民族村寨建设与旅游商业地产空间形态变化的重要基础与物质载体，优势产业引领型民族村寨通过加大物资投入、技术支持、人才引进，不断建设完善村寨公共基础设施和民生保障环境，提高当地的生产要素吸引力。同时在政策规划和专家的建议下通过持续调整完善产业结构、扩大市场规模、努力提升村寨的区域竞争力，最终实现产业综合发展水平的提升，对民族特色村寨建设发展与旅游空间形态变化发挥了显著作用。

综上所述，优势产业引领型民族村寨通过生产要素吸引力的提高、产业综合发展和空间正义实现这三个中介变量推动村寨旅游商业地产空间及地理景观形态的改变与完善。根据优势产业引领型民族村寨建设的构成维度，引入生产要素吸引力、产业综合发展水平和空间正义实现三个中介变量，构建起了优势产业引领型民族村寨建设对旅游商业地产空间形态变化作用的模型,通过实证分析获得的研究结论在优势产业引领型民族村寨建设的推进、生产要素吸引力的增强、产业综合发展水平的提升、空间正义实现程度的增加和旅游商业地产空间形态变化方面的理论与实践都产生了明显作用。

(二) SPS 案例实证验证

1. 案例描述分析

葡萄沟景区自 20 世纪 90 年代第一家葡萄沟游乐园始建至今,经过数十年的开发拓展,已经实现了从传统休闲采摘目的地转型为农文旅多维发展的民族村寨旅游空间,而这种旅游空间形态的变化与旅游市场资本和劳动力等生产要素的流动与转移密切相关。基于对葡萄沟地区旅游空间生产过程的考察与梳理,发现其基本与哈维的资本三级循环特点相符,因而选择以资本三级循环理论为基础,对葡萄沟景区旅游资本的流动与积累、旅游空间的生产和地理景观的改变三者间的关联展开更深层次的阐释,见图 6-3。

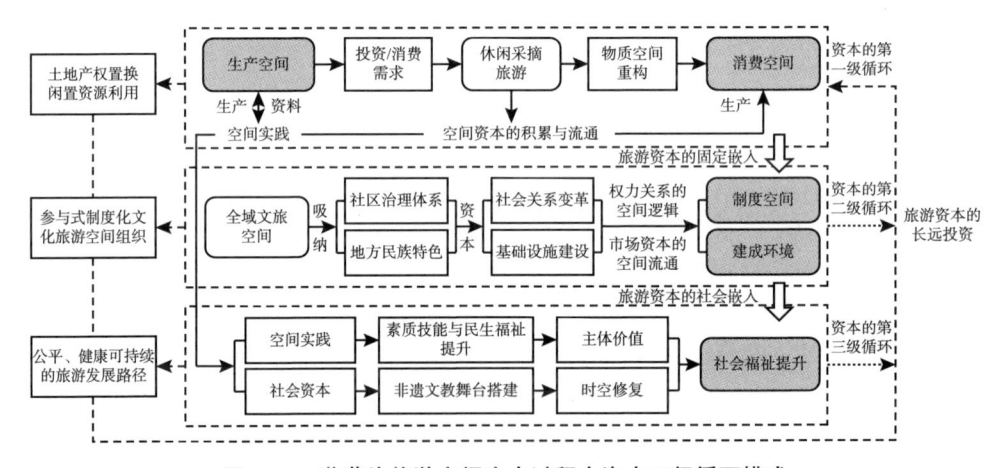

图 6-3 葡萄沟旅游空间生产过程中资本三级循环模式

第一阶段:特色采摘旅游的消费空间生产。

吐鲁番地区有悠久的种植葡萄历史。葡萄沟位于吐鲁番盆地,火焰山脚下,冬冷夏热,日照充足,高温日照受到群山的阻挡无法扩散到盆地之外,加之戈壁夜间气温极具下降，昼夜温差可达到15度，且当地土壤多为透气性良好的沙质土壤，如此得天独厚的地理环境尤其适宜葡萄等瓜果生长中的糖分囤积，因此造就了吐鲁番葡萄甘甜醇美的声誉。而葡萄沟更是被称为"世界露天葡萄博物馆"，拥有不同色泽、不同形状的300多个品种的葡萄，既包含甜度冠绝世界的无核白葡萄、硕大的马乳葡萄和以药用为主的琐琐葡萄，同时由于地处丝绸之路要冲，也有红葡萄、黑葡萄以及从国外引进的无核紫、玫瑰香等。这些不同品类的葡萄分散在沟谷内的各农家小院里，充分适应当地的自然条件与建筑风格，形成一道道壮丽的葡萄长廊。然而在经济社会发展过程中，葡萄沟传统的家庭式种植模式逐渐无法满足人们的日常需求，面临着被抛弃和遗忘的危险。

20世纪80年代起，葡萄沟就依托村寨中独具特色的葡萄长廊、晾晒空间及古树山泉等自然景观，在地方政府的主导下建设了葡萄沟游乐园，发展起葡萄观光采摘的特色农旅产业。2007年5月8日，葡萄沟经国家旅游局正式批准为国家5A级旅游景区，借此契机当地政府出台了《吐鲁番旅游十一五规划》，提出全面推进葡萄沟景区一体化建设经营，葡萄沟因此迎来了旅游业发展的黄金期。统一规划后的葡萄沟景区包括五个主题游览区，由北往南依次为葡萄沟游乐园、王洛宾音乐艺术馆、达瓦孜民俗风情园、阿瓦提游乐园和葡萄沟民俗村（即绿洲葡萄庄园）。其中，葡萄沟游乐园作为其间最早建设的景点，是葡萄观赏、品尝与采摘的重要消费空间；王洛宾音乐艺术馆是海内外华人追忆西部歌王王洛宾的空间，是葡萄沟景区中重要的人文景观；阿凡提风情园位于葡萄沟中部，内设有阿凡提文化长廊、阿凡提故居、文化广场等传说故事与民俗文化景观；达瓦孜民俗风情园则是维吾尔族民族文化与地域风情集中展示的旅游空间，包括达瓦孜文化广场、维吾尔民俗展馆、世界大馕坑和主题民居酒店等；绿洲葡萄园是集餐饮、住宿、民族歌舞为一体的大型旅游消费项目。除此以外，葡萄沟内还有一百余个维吾尔族农家乐点缀其间，当地特色人文历史与自然资源的完美结合不断吸引着各地的游客。

在此过程中，葡萄沟中独特的产业资源与丰富的旅游资源展现出资本属性，吸引了地区内外的多方投资主体进入葡萄沟进行投资与旅游市场建设，通过村寨旅游空间的开发实践，实现对原有地理景观的改造与重构，进而创造出满足特色休闲采摘旅游发展的消费空间。在地方政府与外来经营者的共同投资和旅游空间生产实践下，村寨中家家户户的葡萄种植、加工、晾晒等生产建筑转变为旅游市场中的生产资料，村寨生产空间也具有了资本化的旅游空间属性，将"生产—生活—生态空间"三者完美的融合起来。整体上看，葡萄沟旅游空间的生产实践不仅对村寨物质性地理景观进行了重塑，而且对村寨的生产结构也造成了巨大影响。随着特色观光采摘旅游的不断发展，葡萄沟的空间生产主体由过去单一的村民升级为由地方政府、旅游市场经营者、村民与游客等多方利益主体共同构成的多元主体，村寨的生产结构也从过去单一的葡萄种植加工逐步拓展为以特色农业为基础，观光采摘旅游为抓手的农旅融合发展的生产结构，为村寨聚集了更多的资金、技术、劳动力等生产要素，推动葡萄沟旅游空间的持续发展。

在资本第一级循环中，旅游经济与市场资本开始渗透进葡萄沟的空间建设发展中，地方政府和外部投资主体的旅游空间实践为村寨中的葡萄长廊、晾晒房等传统生产空间赋予了资本属性，转变为特色观光采摘旅游的消费空间，进而为旅游市场资本的流通与交换创造了全新的有效需求。

第二阶段：全域旅游空间建成环境的生产与提升。

葡萄沟的产业结构从特色农副产品生产加工业向特色观光采摘旅游业得转型提升了市场资本与劳动力在旅游空间中的配置效率，一段时期内葡萄沟特色农旅空间的生产发展吸引了大批游客前来参观维吾尔特色房屋建筑与自然景观，品尝体验清甜美味的吐鲁番葡萄，各方投资主体在特色农业观光旅游领域已经实现了一定程度的资本积累与增值。因此，在资本运动规律与资本逐利性本质的作用下，那些在初级循环中无法被吸收的过剩旅游市场资本便会寻求新的流通积累形式，即转向道路、公园、主题景区等基础设施和旅游建成环境，通过对物质性地理景观和固定资产的建设投入，实现资本从产业领域向空间领域的跨域流动。

葡萄沟不仅仅是葡萄的博物馆，更是吐鲁番市的核心景点、国内外游客的必游目的地，在吐鲁番乃至新疆旅游发展中占据重要地位。作为少数民族聚居村落，葡萄沟旅游空间最具特色的当属维吾尔民俗文化和葡萄文化两大核心内容。在葡萄沟，维吾尔族人口占总人口的绝大多数，因此民族特色十分鲜明，在服饰、饮食、语言、歌舞、建筑、节日、宗教、民俗活动等方面都有所体现。

2013年4月，吐鲁番市委提出"打造旅游文化产业发展升级版"的战略部署，按照"新疆名片、新疆窗口、新疆会客厅"的定位，对包括葡萄沟在内的特色景区实施提升改造工程，以实现旅游空间建成环境的全面提升。在相关政策的支持下，葡萄沟景区通过各种方式筹集资金4.6亿元建设资金推进村寨软硬环境的建设，优化完善村寨中的道路交通、用水供给、路灯水渠、景观美化、引导标识等基础设施服务功能，改造新建了游客服务中心、葡萄沟水景、葡萄沟民俗一条街（青蛙巷）等各项文旅消费环境，丰富葡萄沟旅游空间的游览内容、产品类别及文化活动，提升村寨全域旅游空间的发展质量。其中，为了进一步拓展葡萄沟的旅游商业空间，地方政府与旅游投资公司投入了1000余万元在葡萄沟街道中段进行规划改造，在尊重、延续村民生产生活习惯的基础上，提取当地维吾尔族独特的文化符号，以"红山、蓝天、绿水、厚土"为主色调，对沿街的民居外立面、巷道的路面与指示标牌、民居建筑的庭院结构进行统一设计与改造，打造了集接待、住宿、餐饮、购物于一体的综合性旅游空间业态青蛙巷（原帕喀巷）民俗文化街。走在全新升级的青蛙巷中，巷道两旁百年老树荫蔽烈日，200多户古色古香的民居敞开大门迎接八方游客，每户农家门前都挂有户主的姓名和院内经营的特色。院内干净整齐，透过一些人家镂空的院墙还能看见院子里繁茂的果树，错落有致的庭院是这里最独特的景观。

与此同时，葡萄沟景区也充分依托当地的重要节庆事件，持续提升地区旅游品牌的影响力，最具代表性的就是为纪念丝绸之路开通而举办的葡萄节。一年一度的葡萄节期间都设置有丰富多样的主题活动，邀请海内外游客品尝新疆特色美食、美酒，欣赏维吾尔族独特的木卡姆、达瓦孜等民俗展演活动，体验参与土印画布、编织地毯等民族特色手工艺品的制作，不仅促进了地区间的贸易合作，还宣传了吐鲁番的文化，推进了民族之间的文化交流，对提高葡萄沟景区知名度与品牌影响力起到了重要作用。

2014年以来，在吐鲁番市旅游局的指导下，"青蛙巷"成立了金蟾旅游投资有限责任公司，采用"公司+农户"的形式开展旅游服务活动，制定旅游市场开发章程和运营规范，引导和规范居民转变传统单一种植葡萄为生的模式，通过从事旅游服务创收致富。在政府、景区和村民的共同努力和协同建设下，对村寨空间原有的治理结构进行了重构，村民们也切实感受到生活环境的改变与提升。

由此可见，在这一时期，政府和旅游企业的投资推进了葡萄沟全域旅游空间的生产，促进了村寨文旅空间建成环境的完善与建设，成为村寨旅游空间发展变化的重要因素。在政府、旅发企业和村民的共同作用下，葡萄沟民族特色旅游资源开发管理体系日益完善，旅游产品与服务项目更加丰富多元，实现从基础设施环境和组织管理体系相对落后的特色农旅村寨向建成环境和制度空间更为完善的综合性全域旅游空间转化。

第三阶段：旅游资本的社会性渗透与民生福祉的提升。

随着旅游资本在葡萄沟旅游空间中的流动与积累，村寨中的地理景观和权力关系结构都发生了巨大改变，为了进一步加快资本的积累与获利，资本运动的规律仍持续推进村寨旅游空间的扩张。因此，旅游市场资本进入了第三级循环，通过对科技、教育、文化、卫生等民生保障与社会福祉相关领域的投资，实现旅游资本在村寨社会空间中的全方位渗透。

随着旅游市场资本在前两轮循环过程中的持续投入与积累，在葡萄沟旅游空间中建成了艺术馆、游客中心、民俗文化村等一系列主题鲜明的生产性地理景观，村寨中可建设的旅游商业空间面积已趋于饱和，甚至有少数经营者已经开始对既有项目进行推翻与重建，因而驱使着旅游投资主体去开拓新的空间。对于葡萄沟地区而言，在此阶段，村寨旅游空间的相关利益主体紧握"葡萄"和"民俗"两大核心竞争优势，从非遗文化传承与葡萄全产业链延伸两方面出发，找到了全新的旅游空间生产路径。

吐鲁番作为古丝绸之路重要的一站，在历史发展的长河中积淀了丰厚的文化底蕴，维吾尔族自古便是勤劳勇敢、能歌善舞的民族，因而村寨及周边地区拥有大量宝贵的非物质文化遗产。近年来，为了全方位提升我国的文化自信，吐鲁番地区大力加强对地区非遗文化资源的挖掘与保护，引领地区文创企业不断提升技艺推广传承与产品开发制作水平。2019 年，地方政府部门、旅游企业和相关文教组织共同筹措了 1600 余万元，在葡萄沟景区的王洛宾文化艺术馆中打造了新疆首个"非遗集市"，为地区非遗技艺传承与民族特色文创产品生产提供集中的展示、交流、培训的空间。2020 年 5 月，非遗集市正式投入使用，近 2000 平方米的建筑分为三个街区，已有包括手工羊毛地毯、土陶、烙画等"指尖上的非遗"和馕、玛仁糖等"舌尖上的非遗"在内的 8 项国家级和 14 项自治区级非物质文化遗产项目入驻，8 位非遗传承人常驻于集市，为本地居民和游客们传授技艺。2021 年这里被新疆文旅厅认证为"新疆传统工艺传承基地"，进一步推动葡萄沟景区非遗研学旅游空间的发展。

"十三五"时期，在文旅融合发展的大背景下，吐鲁番市抓住新一轮发展的黄金期，积极实施"旅游兴市"战略。葡萄沟以其流量和人气，充分带动了周边村寨空间的建设与完善，并依托吐鲁番独具特色的建筑风格和整体风貌大力发展民宿产业，打造了"土风土韵吐鲁番"民宿品牌。2018 年吐鲁番市成立了全疆首个民宿协会，开启了民宿旅游的新业态，后续又接连制定颁布了《吐鲁番民宿管理办法》，规范引导民宿产业转向标准化、品质化、特色化发展，不断鼓励和引导各族群众参与民宿建设，盘活村舍民居等民宿资源，延伸民俗旅游体验链。从民宿选址、命名、设计、装饰、运营的各个环节，把"丝路驿站、葡萄小院、田园小筑、晾房人家"等不同主题、不同风格融入自家民宿建设，雅儿的花园、八风谷、丝绸之路公寓等多家集文化展示、民俗体验于一体的特色民宿如雨后春笋般涌现，进而彻底打通"生产—生活—生态"空间之间的联系，使民宿成为"保持老肌理、保护老建筑、保全老风貌、保承老工艺、保留老味道、保存老文化"的"活载体"，而旅游市场资本也通过这种方式进一步渗透到葡萄沟社会空间之中。

除了非遗文教舞台和民宿空间的搭建，资本的第三级循环中，对社会公共事业与民生福祉提升等方面更为关注,这是一种带有社会福利性质的,为提升生产力水平、改善生产关系、提高生产生活保障而展开的社会性投资。人永远是旅游空间中的绝对主体,旅游市场从业者的技能水平、广大村民的素质理念、旅游产品生产开发的质量、村寨文旅产业链的升级延伸、村寨的民生基础服务环境等都是关系到村寨旅游空间可持续高质量发展的关键要素,因此对相关项目的投入与建设同样是旅游市场资本深度社会性渗透的重要体现。相关企业积极展开与科研机构的合作,获取最新的技术与人才支持,同时加强地区品牌建设,不断继续延伸葡萄及其衍生产品深加工产业链,培训提升相关从业人员的技能水平,形成集葡萄观光、品鉴、住宿、特色餐饮、民俗展演等于一体的全产业融合发展。例如当地特色酒庄之一驼铃酒庄就与西北农林科技大学葡萄酒学院达成合作,不断优化产品的口感与制作工序,同时投资建设了葡萄酒博物馆和主题酒店,形成了以现代农业为基础,酒庄产业为依托,葡萄酒主题旅游为引擎全方位发展的文旅融合发展空间。深耕"葡萄经济",为吐鲁番葡萄沟村民铺就一条康庄大道。

2. 案例发现与讨论

(1) 优势产业引领型民族村寨旅游空间生产对葡萄沟生产要素吸引力提升的作用。

吐鲁番市葡萄沟作为优势产业引领型民族村寨旅游空间形态变化的典型案例,其斐然的发展成绩对于民族村寨旅游空间生产的理论与实践分析具有重要的参考价值。生产要素吸引力作为影响我国优势产业引领型民族村寨旅游商业地产空间形态变化的中介变量之一,包括物资投入、技术支持、人才引进和环境设施四个方面。根据本研究的分析框架及实证分析结果,可以模拟出优势产业引领型民族村寨旅游空间生产对村寨生产要素吸引力提升的作用机制图,具体作用路径可见图6-4。

从图6-4可以看出,物资投入、技术支持、人才引进以及环境设施建设是优势产业引领型民族村寨旅游空间生产过程中至关重要的组成部分,四者共同对吐鲁番市葡萄沟的生产要素吸引力提升发挥着重要的促进作用,同时根据葡萄沟自身的资源禀赋特征,结合村寨经济、社会、生态、文化一体化发展的目标,将村寨发展与旅游商业地产空间形态变化紧密结合在一起,进而可以总结得出具体促进吐鲁番市葡萄沟生产要素吸引力提升的作用路径和措施建议。

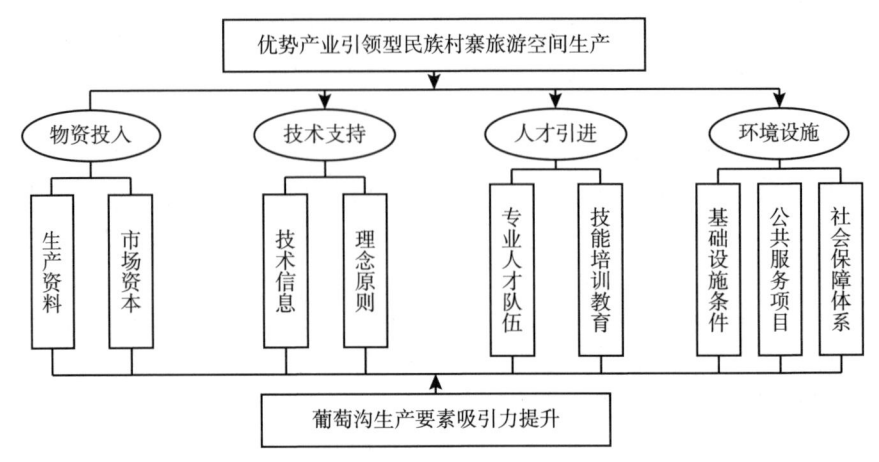

图6-4 优势产业引领型民族村寨旅游空间生产对葡萄沟生产要素
吸引力提升的作用机制

第一，旅游空间生产促进了葡萄沟地区的物资投入。生产资料的投入是村寨产业市场发展的首要基础，物质资料投入的种类、数量及范围都是影响村寨经济社会发展的重要方面。吐鲁番市葡萄沟致力于建设集生态观光、产品销售、民宿休闲、民族文化体验等于一体的生态农业综合旅游示范区，充分发挥"葡萄之乡"的品牌影响，牢牢把握住市场发展机遇，积极展开与市场资本、旅游企业之间的融资合作，为村寨葡萄全产业链发展和民族特色生态农业旅游建设吸纳了大量的物力、人力和财力，积累丰富资源种类，不断推动更新旅游商业地产空间的景观形态与产业基础。

第二，旅游空间生产促进了葡萄沟地区的技术支持。科学技术是第一生产力，村寨产业市场发展离不开各类技术手段和理念模式的支持。在葡萄沟特色生态文旅空间建设的不同阶段，充分学习并引进了各类市场主体最新的生产技术、运营理念和开发原则，持续提升村寨葡萄生产加工、葡萄酒酿造等传统农副产业和民俗文化旅游产业的发展水平与要素吸引力，拓宽更新村寨市场的产业结构、技术支持门类与水平，实现村寨产业发展格局和空间形态的与时俱进。

第三，旅游空间生产促进了葡萄沟地区的人才引进。人才是村寨旅游空间建设发展中最基础且最核心的资源要素，人才引入的同时会带动资金、技术、信息等要素的集聚，促进村寨空间经济社会文化生态的全方位发展进步。在葡萄沟生态休闲文旅全产业空间的建设进程中，十分注重各类专业人才的吸收引进。通过政府与企业间、地区间以及产学研之间的深入合作，为村寨产业结构融合调整，传统优势产业创新发展聚集了大批市场开发、运营管理、民俗文化研究、生态资源保护的专家学者与职业管理人员，充分发挥专业人才的技能优势，与此同时通过各类培训教育提升当地村民和从业人员的技术能力与文化素质水平，不断完善地方人才队伍结构，推动村寨旅游空间的可持续发展。

第四，旅游空间生产促进了葡萄沟地区的环境设施完善。公共基础设施环境的建设完善既是村寨经济社会发展的物质基础，也是衡量标准，包括交通、卫生、教育、医疗、住宿、文化服务等基础设施条件、公共服务项目和民生保障体系的建设。旅游业是一项辐射全局的产业，为满足游客们的多样需求与服务体验，必须持续优化提升村寨旅游空间中人文地理景观和相关服务设施环境的建设水平，而在葡萄沟民族特色休闲旅游空间生产更新的同时，也推进了村寨道路交通、饮水卫生、教育从业等公共基础设施条件和民生服务保障体系的建设完善，在旅游市场资本循环积累过程中实现了葡萄沟地区面貌的全面改善提升。吐鲁番市全域旅游空间和高质量文旅产业建设的持续推进，对葡萄沟环境设施的建设规划、完备程度和承载能力又提出了新的要求。

综上所述，旅游空间生产促进了葡萄沟地区生产要素吸引力的提升。吐鲁番市葡萄沟本身就具有丰富多样的特色资源，包括原生态的自然风光、独特的民族风情以及名扬海内外的葡萄产业等，伴随着村寨产业市场的建设发展，必然会引起外界的关注。越来越多的投资主体将目光锁定于吐鲁番市的葡萄之乡，为村寨特色农业和民俗文化旅游发展投入了大量的资金、人力、技术等生产要素，对村寨经济社会的全面发展产生了巨大影响，加速了葡萄沟公共基础服务设施的建设，强化了村寨生态人文资源保护传承的意识，为村寨旅游商业地产区的生产演化提供了现实基础，全面促进了村寨生产要素吸引力的提升。

（2）优势产业引领型民族村寨旅游空间生产对葡萄沟产业综合发展水平提升的作用。

产业综合发展水平作为研究我国优势产业引领型村寨旅游商业地产空间形态变化作用机制的中介变量之一，包括产业结构、市场规模和区域竞争力三部分内容。优势产业引领型村寨旅游空间生产作为我国民族特色村寨旅游空间生产的典型模式之一，对于提升村寨产业综合发展水平具有积极促进作用，根据本研究的分析框架及实证分析结果，模拟出优势产业引领型村寨旅游空间生产对提升产业综合发展水平的作用机制图，具体作用路径可见图6-5。

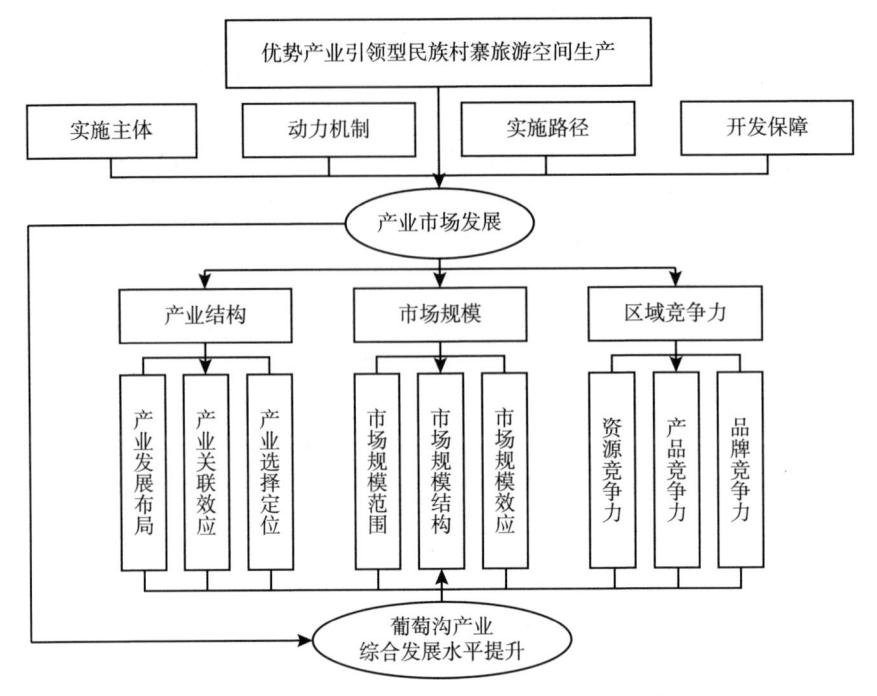

图 6-5 优势产业引领型民族村寨旅游空间生产对葡萄沟产业综合发展水平提升的作用机制

从图 6-5 可以看出，从吐鲁番葡萄沟旅游空间生产的实施主体、动力机制、实施路径和开发保障四个方面出发，结合葡萄沟的资源开发现状和产业发展历史，对葡萄沟产业综合发展水平从产业结构、市场规模和区域竞争力三个方面产生了积极影响，可以总结得出以下具体作用路径和措施建议。

第一，葡萄沟旅游空间生产影响着村寨产业结构。产业结构的调整完善是村寨市场可持续发展的重要基础，主要包括产业发展布局、产业关联效应、产业选择定位等方面。葡萄沟拥有丰富多样的特色资源，包括原生态的自然风光、独特的民族风情以及名扬海内外的葡萄产业等，当地政府充分立足自身的资源优势与产业基础，在政策号召与专家团队的指导意见下制定出"葡萄之乡·民族风情"的全域旅游发展规划，全面统筹协调区域内的自然、人文、产业资源，充分发挥旅游业的关联效应，打造最适合其发展的民族休闲农业旅游，同时深挖"葡萄经济"，不断拓展延伸葡萄种植、农副产品加工、葡萄园观光、葡萄酒品鉴、生态采摘等全产业链，加速葡萄沟一二三产业的发展融合，实现村寨产品市场的发展升级。

第二，葡萄沟旅游空间生产影响着村寨市场规模。市场规模的拓展是村寨产业高质量发展的重要保障，主要包括市场规模范围的扩张、市场规模结构的完善、市场规模效应的提升等方面。"十三五"时期以来，随着全域旅游和乡村振兴发展的推行，葡萄沟实现了葡萄生产、加工、采摘、观光等全产业链的延伸和农文旅全产业的融合发展，形成了以葡萄生产加工和民族特色旅游为双核心的产业发展格局，村寨市场也从固定的市集、工厂、景区扩展至整个村寨范围，农家乐、采摘园、特色民宿等业态也如雨后春笋般产生，葡萄沟的市场规模结构实现了空前的拓展；地方龙头企业、工厂和酒庄的建设扩张，也实现了村寨特色农副产品生产的品牌规模效应，为葡萄沟商业地产空间的生产演化提供了坚实基础。

第三，葡萄沟旅游空间生产影响着村寨区域竞争力。区域竞争力的提升是村寨产业市场发展进步的必要措施，主要包括资源竞争力的提升、产品竞争力的提升、品牌竞争力的提升等。在当前产业融合、全域旅游发展的背景下，葡萄沟为了建设集生态观光、农副产品销售、民宿休闲、民族文化体验等于一体的特色农业综合旅游示范区，村寨通过多方合作学习持续提升产品经营开发能力，明确现阶段的产业发展定位，突出吐鲁番文化特色、建筑风格和整体风貌，全力发展"土风土韵吐鲁番"休闲民宿旅游，不断深化推广村寨"葡萄之乡·民族风情"的全域旅游品牌；深耕"葡萄经济"，充分发挥交通优势，发展区域产业，整合生态农业旅游、品酒、农家乐等要素，提高农产品附加值，进而不断丰富葡萄谷景区旅游业态，实现资源的综合竞争力、产品和品牌。

综上所述，葡萄沟旅游空间生产影响着村寨旅游商业地产空间形态变化。从葡萄沟优势产业引领型村寨建设的实施主体、动力机制、实施路径和开发保障四方面进行分析。首先，优势产业引领型村寨建设对实施主体提出了客观要求，葡萄沟地方政府将进一步对地方特色资源和产业发展要素进行集聚整合和全局规划；其次，从动力机制来看，葡萄沟建设发展的根本动力是其自身的资源优势，包括扩大村寨市场发展规模、建设完善村寨产业结构、提高村寨旅游空间承载接待能力和民俗休闲农业旅游品牌影响等，不断提升村寨特色资源开发运营水平；然后，从实施路径来看，经过多年的发展，葡萄沟逐渐形成了自身独特的市场发展路径，该路径也不是一成不变的而是动态的，会根据不同时期的政策要求采取侧重点不同的经营开发模式；最后，从开发保障来看，葡萄沟得以实现全域旅游发展和产业融合调整是地方政府、企业和普通民众共同作用的结果，通过政府的行政法规、企业的行为规范、民众的自发保护，最终才能实现葡萄沟产业市场发展成就的全面共享，村寨旅游商业空间形态与地理景观也能实现良性变化。

（3）优势产业引领型民族村寨旅游空间生产对葡萄沟空间正义实现程度提升

的作用。

空间正义实现程度作为研究我国优势产业引领型村寨旅游商业地产空间形态变化作用机制的中介变量之一，是旅游空间生产的普遍利益诉求，包括公平分配与平等共建两方面内容。优势产业引领型村寨旅游空间生产作为我国民族特色村寨旅游空间生产的典型模式之一，对于提升村寨空间正义实现程度具有积极促进作用，根据本研究的分析框架及实证分析结果，模拟出优势产业引领型村寨旅游空间生产对空间正义实现程度提升的作用机制图，具体作用路径可见图6-6。

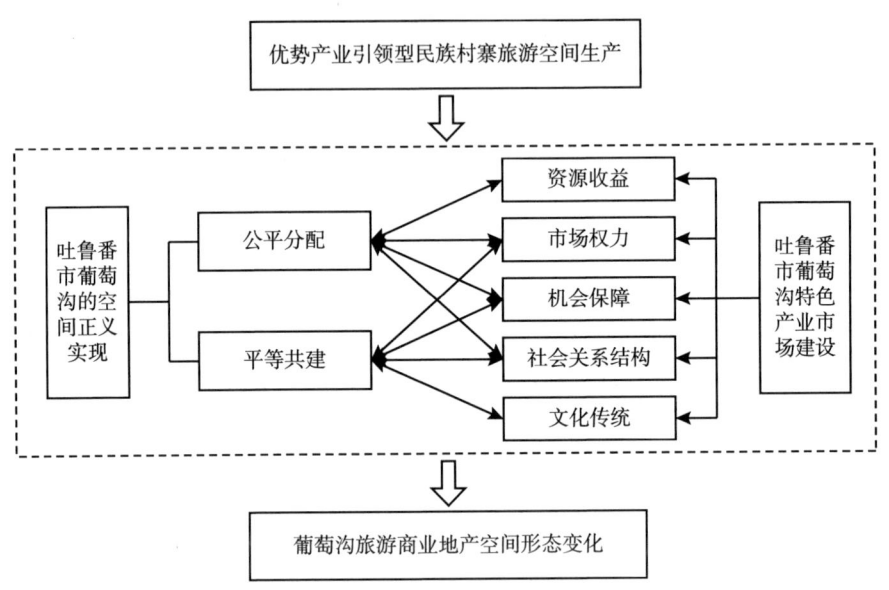

图6-6 优势产业引领型民族村寨旅游空间生产对葡萄沟
空间正义实现程度提升的作用机制

从图6-6可以看出，优势产业引领型村寨建设进程使得村寨市场与旅游商业地产空间之间的联系更为紧密，特色农业和全域旅游发展与葡萄沟的经济、社会、生态、文化等方面有着千丝万缕的联系。优势产业引领型村寨建设通过葡萄沟旅游商业空间的资源权益公平分配和平等共建产生影响，提升吐鲁番葡萄沟的空间正义实现程度，推动着葡萄沟旅游商业地产空间形态变化。其中，根据葡萄沟产业发展的实际情况，优势产业引领型村寨旅游空间生产对空间正义实现的影响主要包括五个方面。

一是资源收益。葡萄沟的产业结构布局和全域旅游是广大村民与政府、企业共同建设发展起来的，村寨的建设发展成果理应由全体村民公平共享，市场资源收益公平分配是葡萄沟面临的一大突出难题。为了实现村寨产业市场的可持续健康发展,葡萄沟积极响应中央号召,充分发挥旅游产业的辐射带动作用和扶贫振兴效应,坚持把"富民增收"作为发展旅游的出发点和落脚点,同时大力发展地区特色"葡萄经济",加速村寨第一二三产业的融合发展,始终牢记一切发展为了人民,全面落实共享发展政策,让广大村民切实得到更多实惠。

二是市场权力。在葡萄沟产业市场建设发展进程中,村民与政府、企业在市场资源规划和经营方面也出现了权力地位不对等的情况。在此情况下,地方政府与企业通过建立健全多方共建的制度机制,充分发挥当地村民的主观能动性,形成村民自主创业、政企对口帮扶的产业发展格局,不断提升村民的市场参与度和话语权。

三是机会保障。葡萄沟产业市场开发为村寨内的剩余劳动力提供了许多全新的就业机会和生活保障,虽然也出现过外部投资者对当地村民就业机会的挤占情况,然而随着产学研的进一步联动发展,地方政府深入实施的基层成长计划,加大对村寨当地人才队伍的培养力度和对村民们技术水平和文化素质的广泛培训,不断建设完善村寨的就业体系和社会保障体系。

四是社会关系结构。随着葡萄沟"葡萄经济"与全域旅游的持续推进,市场投资者与游客的到来逐渐打破了村寨传统的社会关系结构,对村民的日常生活与交流造成了一定程度的影响。然而从另一个角度看,社会关系结构是长久以来凝聚而成的,村寨产业市场发展至今已趋于稳定,进而形成了新的社会关系网,村民们也在数十年的建设过程中逐渐适应了该关系结构,并且不断展开交流合作,村寨社会关系和谐稳定。

五是文化传统。葡萄文化和维吾尔族传统文化是葡萄沟最为典型的文化资源,在产业融合发展和全域旅游建设的同时,村寨始终坚持完善公共文化服务体系,深化民族特色文化认同,不断强化村寨"葡萄之乡"与"民族风情"旅游品牌,进而实现传统文化的保护与传承。

3. 案例结果验证

以吐鲁番市葡萄沟为例,研究通过实地调查获得原始数据,保证了数据来源的正确性和可靠性。分析了葡萄沟旅游空间生产中乡村旅游市场发展和商业地产空间形态变化的特点,并结合葡萄沟的实际情况阐述了选择葡萄沟的依据。本书以结构方程模型为基础,构建了具有优势产业的民族村寨旅游空间生产在提高生产要素吸引力、产业综合发展水平、旅游空间正义方面的作用机制。结果表明,建设具有产业资源优势的村落,可以增强生产要素的吸引力,促进产业的全面发展,实现旅游空间正义。

通过 SPS 单案例研究方法对我国民族特色村寨旅游空间生产的作用进行研究,选取新疆吐鲁番市葡萄沟作为案例地来验证优势产业引领型民族村寨旅游空间生产的影响作用。结合前文对我国民族特色村寨旅游空间形态变化的构成维度、分析框架、研究假设和实证分析,在准确把握优势产业引领型村寨建设现状的基础上,结合各个变量的内涵,分别从各个变量切入进行案例分析。结合前文的实证结果,分别构建出优势产业引领型村寨旅游空间生产对提高村寨生产要素吸引力、提升村寨产业综合发展水平、提升村寨空间正义实现程度的作用机制,用单案例验证了我国优势产业引领型民族特色村寨旅游空间生产的影响作用,得出了优势产业引领型村寨旅游空间生产可以一方面通过生产要素吸引力、产业综合发展水平对村寨旅游商业地产空间形态变化具有促进作用的案例结论,另一方面优势产业引领型村寨旅游空间生产自身对于旅游商业地产空间形态改变也具有积极的促进作用。

综上所述,可以得到两点基本结论:一是应当更加全面认识民族特色村寨建设发展的进程,把握好民族村寨建设进程与我国精准扶贫工作、乡村振兴战略之间的协调性和同步性,同时也要充分重视旅游产业在民族村寨发展中的带动作用,将优势产业引领型村寨建设与旅游商业空间形态变化有机结合起来,实施有针对性的研究与部署。二是必须对民族特色村寨建设制定具体的方案和有效的监管体系,立足村寨的特色资源和产业优势,不断提升生产要素吸引力、产业综合发展水平和村寨空间正义的实现程度,促进旅游商业地产区的生产演化与持续提升。

二、民族历史文化型特色村寨旅游空间生产的实证验证

(一)结构方程数据实证验证

1. 变量的度量

在民族历史文化型特色村寨旅游空间生产作用的结构方程模型检验中,对研究假设 HB1~假设 HB8 进行验证,首先应解决关键变量的度量问题。本研究中,

以民族历史文化型特色村寨建设、文化传承示范空间形态变化、生产要素吸引力、文化传承保护体系、空间正义实现为主要关键变量，通过对这5个关键变量进行度量，进而运用观测变量定量分析潜在变量的影响。其中，根据变量之间的相互关系和内在机制，民族历史文化型特色村寨建设是解释变量，文化传承示范空间形态变化、生产要素吸引力、文化传承保护体系、空间正义实现是被解释变量，分别对解释变量和被解释变量进行测度。

民族历史文化型特色村寨建设（construction of historical and cultural ethnic villages，HVC）是民族特色村寨建设发展的典型模式之一。本研究分别从实施主体（HVC1）、动力机制（HVC2）、实施路径（HVC3）和开发保障（HVC4）四个方面对民族历史文化型特色村寨建设进行测度，共设置了8个观测变量（见表6-15）。

表6-15　　　　　民族历史文化型特色村寨建设（HVC）指标

变量		内容
实施主体（HVC1）	HVC11	民族历史文化型村寨建设实施主体与村寨资源状况符合文化传承示范空间形态变化的要求程度
	HVC12	民族历史文化型村寨建设实施主体与村寨发展状况符合文化传承示范空间形态变化的要求程度
动力机制（HVC2）	HVC21	民族历史文化型特色村寨建设进程中的内在驱动力符合文化传承示范空间形态变化的要求程度
	HVC22	民族历史文化型特色村寨建设进程中的外部驱动力符合文化传承示范空间形态变化的要求程度
实施路径（HVC3）	HVC31	民族历史文化型特色村寨建设进程中实施路径的选择符合文化传承示范空间形态变化的要求程度
	HVC32	民族历史文化型特色村寨建设进程中实施路径的稳健性符合文化传承示范空间形态变化的要求程度
开发保障（HVC4）	HVC41	民族历史文化型特色村寨建设进程中开发保障能力符合文化传承示范空间形态变化的要求程度
	HVC42	民族历史文化型特色村寨建设进程中开发保障措施符合文化传承示范空间形态变化的要求程度

生产要素吸引力（attractiveness of production factors，APF）既是研究设计中重要的被解释变量，也是研究我国民族历史文化型特色村寨文化传承示范空间形态变化作用的重要中间变量。结合相关文献成果，从物资投入（APF1）、技术支

持（APF2）、人才引进（APF3）和环境设施（APF4）四个方面出发，共设置了 10 个观测变量，分别对这四个方面进行测度（见表 6-16）。

表 6-16　　　　　　　　生产要素吸引力（APF）指标

变量		内容
物资投入（APF1）	APF11	村寨物资投入数量符合文化传承示范空间形态变化的要求程度
	APF12	村寨物资投入种类符合文化传承示范空间形态变化的要求程度
	APF13	村寨物资投入范围符合文化传承示范空间形态变化的要求程度
技术支持（APF2）	APF21	村寨技术支持门类符合文化传承示范空间形态变化的要求程度
	APF22	村寨技术支持水平符合文化传承示范空间形态变化的要求程度
人才引进（APF3）	APF31	村寨人才引进结构符合文化传承示范空间形态变化的要求程度
	APF32	村寨人才引进数量符合文化传承示范空间形态变化的要求程度
环境设施（APF4）	APF41	村寨环境设施的完备程度符合文化传承示范空间形态变化的要求程度
	APF42	村寨环境设施的分布范围符合文化传承示范空间形态变化的要求程度
	APF43	村寨环境设施的承载水平符合文化传承示范空间形态变化的要求程度

民族文化保护与传承作为我国民族村寨全面发展振兴的重要内容，从一定程度上说，文化传承保护体系（cultural inheritance and protection system，CIS）是决定文化传承示范空间形态变化方向的关键因素。结合已有学者对民族村寨建设中文化传承保护体系的研究成果，本书分别从文化活动（CIS1）、教育培训（CIS2）和品牌塑造（CIS3）三个方面对村寨文化传承保护体系进行解释说明，共设置了 9 个观测变量（见表 6-17）。

表 6-17　　　　　　　　文化传承保护体系（CIS）指标

变量		内容
文化活动（CIS1）	CIS11	村寨文化活动组织定位符合文化传承示范空间形态变化的要求程度
	CIS12	村寨文化活动吸引能力符合文化传承示范空间形态变化的要求程度
	CIS13	村寨文化活动号召影响符合文化传承示范空间形态变化的要求程度
教育培训（CIS2）	CIS21	村寨素质教育技能培训范围符合文化传承示范空间形态变化的要求程度
	CIS22	村寨素质教育技能培训结构符合文化传承示范空间形态变化的要求程度
	CIS23	村寨素质教育技能培训效应符合文化传承示范空间形态变化的要求程度
品牌塑造（CIS3）	CIS31	村寨文化历史底蕴符合文化传承示范空间形态变化的要求程度
	CIS32	村寨品牌文化形象符合文化传承示范空间形态变化的要求程度
	CIS33	村寨文化品牌推广符合文化传承示范空间形态变化的要求程度

空间正义实现（Realization of space justice，SJR）这一被解释变量既与民族村寨持续健康发展息息相关，又是决定村寨文化传承示范空间与地理景观形态变化效果的重要因素。在已有的文献研究基础上，本书从我国民族特色村寨建设的实际情况出发，从公平分配（SJR1）和平等共建（SJR2）两个方面进行变量的解释，分别设置了2个观测变量进行具体阐释（见表6-18）。

表6-18　　　　　　　　　　空间正义实现（SJR）的指标

变量		内容
公平分配（SJR1）	SJE11	村寨发展收益公平分配符合文化传承示范空间形态变化的要求程度
	SJR12	村寨权力资源公平分配符合文化传承示范空间形态变化的要求程度
平等共建（SJR2）	SJR21	村寨经济市场平等共建符合文化传承示范空间形态变化的要求程度
	SJR22	村寨社会关系平等共建符合文化传承示范空间形态变化的要求程度

文化传承示范空间形态变化（the spatial form of cultural inheritance demonstration changes，CDC）是旅游空间形态变化的典型模式之一。结合相关文献对旅游空间生产的特征和机制的分析，本书设置了8个观测变量对文化传承示范空间形态变化进行变量度量。其中，针对空间规划开发理念（CDC1）设置了3个观测变量，村民生产生活方式（CDC2）设置了3个观测变量，空间社会关系结构（CDC3）设置了2个观测变量（见表6-19）。

表6-19　　　　　　　　文化传承示范空间形态变化（CDC）指标

变量		内容
空间规划开发理念（CDC1）	CDC11	村寨旅游空间规划理念水平符合文化传承示范空间形态变化的要求程度
	CDC12	村寨旅游空间开发运营模式符合文化传承示范空间形态变化的要求程度
	CDC13	村寨空间规划开发理念转变方向符合文化传承示范空间形态变化的要求程度
村民生产生活方式（CDC2）	CDC21	村民生活方式水平符合文化传承示范空间形态变化的要求程度
	CDC22	村民生产方式结构符合文化传承示范空间形态变化的要求程度
	CDC23	村民生产生活方式转变方向符合文化传承示范空间形态变化的要求程度
空间社会关系结构（CDC3）	CDC31	村寨空间社会关系结构转变方向符合文化传承示范空间形态变化的要求程度
	CDC32	村寨空间文化传统结构转变方向符合文化传承示范空间形态变化的要求程度

2. 样本数据分析

与前文同理，本节重点把握民族历史文化型村寨建设、生产要素吸引力、文化传承保护体系、空间正义实现、文化传承示范空间形态变化五个方面的内容，在工具的选择上，运用 SPSS 22.0 分析软件进行操作，对每个主要变量的观测指标进行均值和标准差的描述（见表6-20）。

表 6-20　　　　　　　　　　描述性统计

指标		均值	标准差	指标		均值	标准差
实施主体（HVC1）	HVC11	3.70	0.672	教育培训（CIS2）	CIS21	3.30	0.712
	HVC12	3.73	0.707		CIS22	3.07	0.718
动力机制（HVC2）	HVC21	3.61	0.794		CIS23	3.16	0.690
	HVC22	3.65	0.808	品牌塑造（CIS3）	CIS31	3.24	0.726
实施路径（HVC3）	HVC31	3.57	0.768		CIS32	3.11	0.687
	HVC32	3.56	0.721		CIS33	3.21	0.719
开发保障（HVC4）	HVC41	3.65	0.797	公平分配（SJR1）	SJR11	3.39	0.726
	HVC42	3.61	0.748		SJR12	3.39	0.779
物资投入（APF1）	APF11	3.16	0.682	平等共建（SJR2）	SJR21	3.43	0.714
	APF12	3.26	0.699		SJR22	3.32	0.701
	APF13	3.16	0.648	空间规划开发理念（CDC1）	CDC11	3.63	0.707
技术支持（APF2）	APF21	3.29	0.663		CDC12	3.63	0.740
	APF22	3.21	0.732		CDC13	3.61	0.759
人才引进（APF3）	APF31	3.40	0.749	村民生产生活方式（CDC2）	CDC21	3.63	0.729
	APF32	3.19	0.672		CDC22	3.63	0.760
环境设施（APF4）	APF41	3.20	0.770		CDC23	3.71	0.714
	APF42	3.16	0.735	社会关系结构（CDC3）	CDC31	3.61	0.773
	APF43	3.11	0.690		CDC32	3.66	0.723

续表

指标		均值	标准差	指标	均值	标准差
文化活动（CIS1）	CIS11	3.26	0.739			
	CIS12	3.22	0.664			
	CIS13	3.02	0.669			

信度分析也叫可靠性分析，通过同种方法对相同对象进行多次重复测量，用以检验数据样本的一致性和可靠性，是对数据集中程度和稳定性的集中反映。效度分析是指测量的有效程度，用以检验量表设计的有效性与合理性，是数据结果对所研究问题真实性和准确性的集中反映。本研究采用 SPSS 22.0 对民族历史文化型特色村寨文化传承示范区空间形态变化进行模型数据检验，测量其 Cronbach's α 系数值，同时，为了有效避免克朗巴哈信度测量过程中存在的问题，运用组合信度测量对信度进行进一步检验分析，使结果更具说服力。

本研究利用组合信度（CR）和平均提取方差值（AVE）对民族历史文化型特色村寨旅游空间生产作用所整合的各类数据进行分析和检测，分别得出民族历史文化型村寨建设、生产要素吸引力、文化传承保护体系、空间正义实现、文化传承示范空间形态变化的信度系数，同时根据组合信度标准和平均提取方差值标准对民族历史文化型特色村寨旅游空间生产作用的潜在变量组合信度系数进行评判，得出各个指标的信度和效度检验结果（见表 6 - 21）。

如表 6 - 21 所示，在民族历史文化型特色村寨旅游空间生产作用的信度和效度检验结果中，Cronbach's α 系数值均大于 0.50，属于可接受范围，且每个变量的组合信度（CR）都大于 0.8，由此表明量表数据具有较好的信度。在效度检验中，各个指标的因子载荷均在 0.50 以上，KMO 值均大于 0.80，且平均提取方差（AVE）值除了文化传承保护体系为 0.454，其余变量的 AVE 值均在 0.5 以上，同时 Bartlett's 球形检验显著性水平均在 0.000，可以看出此量表的效度良好，能够有效支持数据进行因子分析。

3. 结构方程模型分析

在民族历史文化型特色村寨旅游空间生产作用的研究中，根据对变量性质的划分进行模型构建。其中，民族历史文化型特色村寨建设、生产要素吸引力、文化传承保护体系、空间正义实现和文化传承示范空间形态变化均是无法直接观测得到的潜在变量，针对这五个变量设定的二级指标也是无法直接观测到的，属于

表6-21 各变量信度和效度检验

变量	AVE	CR	α值		因子载荷	KMO值	累计方差解释率	Bartlett's 球形检验 X²	df	Sig.
民族历史文化型特色村寨建设（HVC）	0.589	0.920	0.891	HVC11	0.827	0.949	44.475	1904.817	28	0.000
				HVC12	0.766					
			0.862	HVC21	0.762					
				HVC22	0.733					
			0.853	HVC31	0.733					
				HVC32	0.784					
			0.862	HVC41	0.765					
				HVC42	0.764					
生产要素吸引力（APF）	0.501	0.909	0.711	APF11	0.658	0.935	49.704	980.390	45	0.000
				APF12	0.716					
				APF13	0.744					
			0.760	APF21	0.756					
				APF22	0.817					
			0.549	APF31	0.602					
				APF32	0.684					
			0.697	APF41	0.653					
				APF42	0.750					
				APF43	0.676					

续表

变量	AVE	CR	α值	因子载荷		KMO值	累计方差解释率	Bartlett's 球形检验		
								x^2	df	Sig.
文化传承保护体系（CIS）	0.454	0.882	0.675	CIS11	0.708	0.904	54.632	654.648	36	0.000
				CIS12	0.658					
				CIS13	0.685					
			0.632	CIS21	0.636					
				CIS22	0.654					
				CIS23	0.681					
			0.676	CIS31	0.712					
				CIS32	0.653					
				CIS33	0.672					
空间正义实现（SJR）	0.691	0.899	0.759	SJR11	0.806	0.808	58.653	419.595	6	0.000
				SJR12	0.862					
			0.746	SJR21	0.816					
				SJR22	0.840					
文化传承示范空间形态变化（CDC）	0.689	0.947	0.848	CDC11	0.827	0.950	61.625	1390.068	28	0.000
				CDC12	0.826					
				CDC13	0.835					
			0.850	CDC21	0.817					
				CDC22	0.843					
				CDC23	0.834					
			0.781	CDC31	0.848					
				CDC32	0.811					

潜在变量。在确定了变量的性质后，可以将民族历史文化型特色村寨旅游空间生产作用的各项变量进行归类，其中，民族历史文化型特色村寨建设为外生变量，生产要素吸引力、文化传承保护体系、空间正义实现为中间变量，文化传承示范空间形态变化为内生变量。基于此，研究构建出民族历史文化型特色村寨建设中文化传承示范空间形态变化的初始结构方程模型（见图6-7），箭头方向指示了变量间的因果关系。

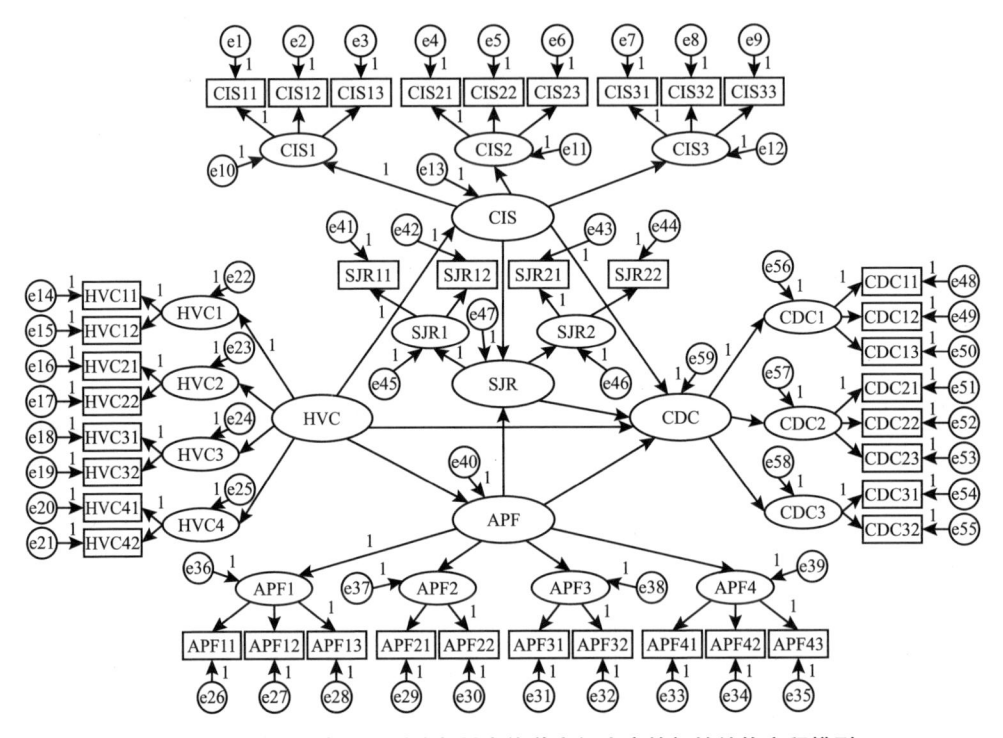

图6-7 民族历史文化型特色村寨旅游空间生产的初始结构方程模型

根据图6-7显示的情况可以看出，在民族历史文化型特色村寨旅游空间生产的初始结构方程模型中，存在外生显变量8项，内生显变量31项，外生潜变量4项，内生潜变量12项。具体表现为：

外生显变量8项：HVC11、HVC12、HVC21、HVC22、HVC31、HVC32、HVC41、HVC42。

内生显变量31项：APF11、APF12、APF13、APF21、APF22、APF31、APF32、APF41、APF42、APF43、CIS11、CIS12、CIS13、CIS21、CIS22、CIS23、

228

CIS31、CIS32、CIS33、SJR11、SJR12、SJR21、SJR22、CDC11、CDC12、CDC13、CDC21、CDC22、CDC23、CDC31、CDC32。

外生潜变量 4 项：HVC1、HVC2、HVC3、HVC4。

内生潜变量 12 项：APF1、APF2、APF3、APF4、CIS1、CIS2、CIS3、SJR1、SJR2、CDC1、CDC2、CDC3。

结构方程模型分为测量模型和结构模型，因此必须对这两个模型进行逐个构建。

测量模型的构建。根据测量模型的一般形式：

$$\begin{cases} X = \Lambda_X \xi + \delta \\ Y = \Lambda_Y \eta + \varepsilon \end{cases}$$

其中，X 代表外生显变量，Y 代表内生显变量，ξ 代表外生潜变量，η 代表内生潜变量，ε 与 δ 均代表显变量的误差项，Λ_X 与 Λ_Y 代表显变量 X、Y 的因子载荷。

在进行民族历史文化型特色村寨旅游空间生产作用的模型数据验证中，为了构建观测变量的结构方程式，需要对相关的变量进行设定。根据研究所构建的初始结构方程模型中的相关内容，民族历史文化型特色村寨建设（HVC）、实施主体（HVC1）、动力机制（HVC2）、实施路径（HVC3）、开发保障（HVC4）是外生潜变量，分别用 ξ_{HVC}、ξ_{HVC1}、ξ_{HVC2}、ξ_{HVC3}、ξ_{HVC4} 来表示。生产要素吸引力（APF）、物资投入（APF1）、技术支持（APF2）、人才引进（APF3）、环境设施（APF3）、文化传承保护体系（CIS）、文化活动（CIS1）、教育培训（CIS2）、品牌塑造（CIS3）、空间正义实现（SJR）、公平分配（SJR1）、平等共建（SJR2）、文化传承示范空间形态变化（CDC）、空间规划开发理念（CDC1）、村民生产生活方式（CDC2）、空间社会关系结构（CDC3）是内生潜变量，分别用 η_{APF}、η_{APF1}、η_{APF2}、η_{APF3}、η_{APF4}、η_{CIS}、η_{CIS1}、η_{CIS2}、η_{CIS3}、η_{SJR}、η_{SJR1}、η_{SJR2}、η_{CDC}、η_{CDC1}、η_{CDC2}、η_{CDC3} 来表示。由此，构建出民族历史文化型特色村寨旅游空间生产作用的观测模型方程式：

$$\begin{cases} X_{HVC1} = \lambda_{HVC1}\xi_{HVC} + \delta_{HVC1} \quad X_{HVC2} = \lambda_{HVC2}\xi_{HVC} + \delta_{HVC2} \quad X_{HVC3} = \lambda_{HVC3}\xi_{HVC} + \delta_{HVC3} \\ \quad X_{HVC4} = \lambda_{HVC4}\xi_{HVC} + \delta_{HVC4} \\ X_{HVC11} = \lambda_{HVC11}\xi_{HVC1} + \delta_{HVC11} \quad X_{HVC12} = \lambda_{HVC12}\xi_{HVC1} + \delta_{HVC12} \\ X_{HVC21} = \lambda_{HVC21}\xi_{HVC2} + \delta_{HVC21} \quad X_{HVC22} = \lambda_{HVC22}\xi_{HVC2} + \delta_{HVC22} \\ X_{HVC31} = \lambda_{HVC31}\xi_{HVC3} + \delta_{HVC31} \quad X_{HVC32} = \lambda_{HVC32}\xi_{HVC3} + \delta_{HVC32} \\ X_{HVC41} = \lambda_{HVC41}\xi_{HVC4} + \delta_{HVC41} \quad X_{HVC42} = \lambda_{HVC42}\xi_{HVC4} + \delta_{HVC42} \end{cases}$$

$$\begin{cases} Y_{APF1} = \lambda_{APF1}\eta_{APF} + \varepsilon_{APF1} \quad Y_{APF2} = \lambda_{APF2}\eta_{APF} + \varepsilon_{APF2} \quad Y_{APF3} = \lambda_{APF3}\eta_{APF} + \varepsilon_{APF3} \\ \quad Y_{APF4} = \lambda_{APF4}\eta_{APF} + \varepsilon_{APF4} \\ Y_{APF11} = \lambda_{APF11}\eta_{APF1} + \varepsilon_{APF11} \quad Y_{APF12} = \lambda_{APF12}\eta_{APF1} + \varepsilon_{APF12} \quad Y_{APF13} = \lambda_{APF13}\eta_{APF1} + \varepsilon_{APF13} \\ Y_{APF21} = \lambda_{APF21}\eta_{APF2} + \varepsilon_{APF21} \quad Y_{APF22} = \lambda_{APF22}\eta_{APF2} + \varepsilon_{APF22} \\ Y_{APF31} = \lambda_{APF31}\eta_{APF3} + \varepsilon_{APF31} \quad Y_{APF32} = \lambda_{APF32}\eta_{APF3} + \varepsilon_{APF32} \\ Y_{APF41} = \lambda_{APF41}\eta_{APF4} + \varepsilon_{APF41} \quad Y_{APF42} = \lambda_{APF42}\eta_{APF4} + \varepsilon_{APF42} \quad Y_{APF43} = \lambda_{APF43}\eta_{APF4} + \varepsilon_{APF43} \\ Y_{CIS1} = \lambda_{CIS1}\eta_{CIS} + \varepsilon_{CIS1} \quad Y_{CIS2} = \lambda_{CIS2}\eta_{CIS} + \varepsilon_{CIS2} \quad Y_{CIS3} = \lambda_{CIS3}\eta_{CIS} + \varepsilon_{CIS3} \\ Y_{CIS11} = \lambda_{CIS11}\eta_{CIS}1 + \varepsilon_{CIS11} \quad Y_{CIS12} = \lambda_{CIS12}\eta_{CIS1} + \varepsilon_{CIS12} \quad Y_{CIS13} = \lambda_{CIS13}\eta_{CIS1} + \varepsilon_{CIS13} \\ Y_{CIS21} = \lambda_{CIS21}\eta_{CIS2} + \varepsilon_{CIS21} \quad Y_{CIS22} = \lambda_{CIS22}\eta_{CIS2} + \varepsilon_{CIS22} \quad Y_{CIS23} = \lambda_{CIS23}\eta_{CIS3} + \varepsilon_{CIS23} \\ Y_{CIS31} = \lambda_{CIS31}\eta_{CIS3} + \varepsilon_{CIS31} \quad Y_{CIS32} = \lambda_{CIS32}\eta_{CIS3} + \varepsilon_{CIS32} \quad Y_{CIS33} = \lambda_{CIS33}\eta_{CIS3} + \varepsilon_{CIS33} \\ Y_{SJR1} = \lambda_{SJR1}\eta_{SJR} + \varepsilon_{SJR1} \quad Y_{SJR2} = \lambda_{SJR2}\eta_{SJR} + \varepsilon_{SJR2} \\ Y_{SJR11} = \lambda_{SJR11}\eta_{SJR1} + \varepsilon_{SJR11} \quad Y_{SJR12} = \lambda_{SJR12}\eta_{SJR1} + \varepsilon_{SJR12} \\ Y_{SJR21} = \lambda_{SJR21}\eta_{SJR2} + \varepsilon_{SJR21} \quad Y_{SJR22} = \lambda_{SJR22}\eta_{SJR2} + \varepsilon_{SJR22} \\ Y_{CDC1} = \lambda_{CDC1}\eta_{CDC} + \varepsilon_{CDC1} \quad Y_{CDC2} = \lambda_{CDC2}\eta_{CDC} + \varepsilon_{CDC2} \quad Y_{CDC3} = \lambda_{CDC13}\eta_{CDC} + \varepsilon_{CDC3} \\ Y_{CDC11} = \lambda_{CDC11}\eta_{CDC1} + \varepsilon_{CDC11} \quad Y_{CDC12} = \lambda_{CDC12}\eta_{CDC1} + \varepsilon_{CDC12} \\ \quad Y_{CDC13} = \lambda_{CDC13}\eta_{CDC1} + \varepsilon_{CDC13} \\ Y_{CDC21} = \lambda_{CDC21}\eta_{CDC2} + \varepsilon_{CDC21} \quad Y_{CDC22} = \lambda_{CDC22}\eta_{CDC2} + \varepsilon_{CDC22} \\ \quad Y_{CDC23} = \lambda_{CDC23}\eta_{CDC2} + \varepsilon_{CDC23} \\ Y_{CDC31} = \lambda_{CDC31}\eta_{CDC3} + \varepsilon_{CDC31} \quad Y_{CDC32} = \lambda_{CDC32}\eta_{CDC3} + \varepsilon_{CDC32} \end{cases}$$

在构建出观测模型方程式的基础上，根据结构模型的一般形式：

$$\eta = \beta\eta + \Gamma\xi + \zeta$$

其中，η 代表内生潜变量，β 代表内生潜变量之间的关系系数，Γ 代表内生潜变量受外生潜变量的影响系数，ξ 代表外生潜变量，ζ 代表残差项。

在民族历史文化型特色村寨旅游空间生产作用的结构方程实证检验中，根据提出的研究假设与概念模型设定，用 γ_1、γ_2、γ_3 分别表示民族历史文化型特色村寨建设对生产要素吸引力、文化传承保护体系和文化传承示范空间形态变化的作用路径，用 β_4、β_5 分别表示生产要素吸引力对空间正义实现和文化传承示范空间形态变化的作用路径，用 β_6、β_7 分别表示文化传承保护体系对空间正义实现和文化传承示范空间形态变化的作用路径，用 β_8 来表示空间正义实现对文化传承示范空间形态变化的作用路径。综合上述设定的变量之间的作用路径，构建结构模型的方程式如下：

$$\begin{cases} \eta_{APF} = \gamma_1 \xi_{HVC} + \zeta_{APF} \\ \eta_{CIS} = \gamma_2 \xi_{HVC} + \zeta_{CIS} \\ \eta_{SJR} = \beta_4 \xi_{APF} + \beta_6 \xi_{CIS} + \zeta_{SJR} \\ \eta_{CDC} = \beta_5 \xi_{APF} + \beta_7 \xi_{CIS} + \beta_8 \xi_{SJR} + \gamma_3 \xi_{HVC} + \zeta_{CDC} \end{cases}$$

完成构建民族历史文化型特色村寨旅游空间生产变化作用的测量模型和结构模型，即完成初始结构方程模型构建后，研究需进一步判断检验拟合指数、参数和决定系数等是否达到要求，通过不同的评价方法对以上各指标进行检验分析，进而判断构建的民族历史文化型特色村寨旅游空间生产作用的原始模型是否需要修正。

在检验模型拟合度时，本研究采用常见的8种拟合指标检验方法，对其进行拟合指标检验，主要包括 X^2/df、CFI、IFI、TLI、AGFI、PNFI、RMSEA、RMR。将研究构建的民族历史文化型特色村寨旅游空间生产作用的初始结构方程模型导入 AMOS 22.0，同时导入研究的量表数据，得到了模型的相关拟合指标值，如表6-22所示。

表6-22　　民族历史文化型特色村寨旅游空间生产作用的初始结构方程模型拟合度结果

拟合指标	X^2/df	CFI	IFI	TLI	AGFI	PNFI	RMSEA	RMR
观测值	1.497	0.947	0.947	0.942	0.814	0.783	0.045	0.026
拟合标准	<3.00	>0.90	>0.90	>0.90	>0.80	>0.50	<0.08	<0.05

从表6-22可以看出，所得出的各项拟合指标检验值均达到了拟合标准，说明研究所构建的民族历史文化型特色村寨旅游空间生产作用的初始结构方程模型能够很好地与通过问卷调查所获得的量表数据进行拟合。因此，在进行拟合度检验的基础上，研究进一步展开对原始结构方程中个路径系数的测度如表6-23所示。

表6-23　　　　　　　　　初始结构方程路径估计

路径	模型路径	路径系数	S.E.	C.R.	P
γ_1	HVC→APF	0.608	0.055	11.114	***
γ_2	HVC→CIS	0.599	0.064	9.425	***
γ_3	HVC→CDC	0.291	0.098	2.970	0.003

续表

路径	模型路径	路径系数	S. E.	C. R.	P
β_4	APF→SJR	0.612	0.092	6.658	***
β_5	APF→CDC	0.150	0.132	1.133	0.257
β_6	CIS→SJR	0.423	0.083	5.114	***
β_7	CIS→CDC	0.210	0.107	1.960	0.500
β_8	SJR→CDC	0.286	0.116	2.469	0.014

注：*** 表示 $p<0.001$。

从表6-23可以看出，在民族历史文化型特色村寨旅游空间生产作用的初始结构方程模型路径估计结果中，APF→CDC和CIS→CDC这两条路径未能通过显著性检验。从结果上看，民族历史文化型特色村寨旅游空间生产作用的初始结构方程模型的构造思路基本正确，但其中的部分关系需要调整后进行重新测度。结合相关研究文献可以发现，民族历史文化型特色村寨建设作为外生潜变量，在讨论对文化传承示范空间形态变化作用时，其本身与生产要素吸引力和文化传承保护体系之间也存在着显著的联系，这种直接的正向关系可能会影响到生产要素吸引力和文化传承保护体系对文化传承保护空间形态变化的影响作用。因此，在初始结构方程模型中删除了民族历史文化型特色村寨旅游空间生产作用的直接关系路径，即HVC→CDC，得到最终的结构方程模型。将调整后的结构方程模型及测量数据导入AMOS 22.0进行拟合度检验，结果如表6-24所示。

表6-24　　　调整后的民族历史文化型村寨旅游空间生产
作用结构方程模型拟合度结果

拟合指标	X^2/df	CFI	IFI	TLI	AGFI	PNFI	RMSEA	RMR
观测值	1.511	0.945	0.945	0.940	0.811	0.783	0.045	0.027
拟合标准	<3.00	>0.90	>0.90	>0.90	>0.80	>0.50	<0.08	<0.05

从表6-24可以看出，调整后的结构方程模型各项拟合指标检验值同样均达到了拟合标准，说明调整后的结构方程模型与原始数据量表之间依旧是匹配的。在拟合度检验的基础上，研究再次将调整后的结构方程模型进行路径统计，其结果如表6-25所示。

表 6-25　　　　　　　　调整后的结构方程路径估计

路径	模型路径	路径系数	S. E.	C. R.	P
γ_1	HVC→APF	0.614	0.055	11.230	***
γ_2	HVC→CIS	0.605	0.064	9.519	***
β_4	APF→SJR	0.610	0.093	6.540	***
β_5	APF→CDC	0.397	0.110	3.609	***
β_6	CIS→SJR	0.425	0.085	5.017	***
β_7	CIS→CDC	0.365	0.096	3.782	***
β_8	SJR→CDC	0.246	0.116	2.115	0.034

注：*** 表示 $p<0.001$。

从表 6-25 可以看出，在调整后的结构方程模型中的各条路径的作用系数都通过了显著性检验，其中绝大多数都达到了 0.001 的显著性水平。同时，根据标准化的路径系数的测度标准高于 0.50 为效果明显、0.10~0.50 为效果适中、低于 0.10 为效果较小，可以看出调整后的模型中所有的路径作用效果都在适中和明显的级别上，最终得出了民族历史文化型特色村寨旅游空间生产作用结构方程模型（见图 6-8）。

4. 假设检验和结果讨论

通过分析结构方程实证结果，根据前文提及的研究假设与理论模型，结合民族历史文化型特色村寨旅游空间生产作用的假设验证和路径系数，进行归纳总结，结果如表 6-26 所示。

表 6-26　　　民族历史文化型特色村寨旅游空间生产作用结构
方程模型的路径结果讨论分析

路径	模型路径	路径系数	显著性水平	研究假设	检验结果
γ_1	民族历史文化型村寨建设→生产要素吸引力（HVC→APF）	0.614	***	HA1	支持
γ_2	民族历史文化型村寨建设→文化传承保护体系（HVC→CIS）	0.605	***	HA2	支持
γ_3	民族历史文化型村寨建设→文化传承示范空间形态变化（HVC→CDC）	—	—	HA3	不支持

233

续表

路径	模型路径	路径系数	显著性水平	研究假设	检验结果
β_4	生产要素吸引力→空间正义实现（APF→SJR）	0.610	***	HA4	支持
β_5	生产要素吸引力→文化传承示范空间形态变化（APF→CDC）	0.397	***	HA5	支持
β_6	文化传承保护体系→空间正义实现（CIS→SJR）	0.425	***	HA6	支持
β_7	文化传承保护体系→文化传承示范空间形态变化（CIS→CDC）	0.365	***	HA7	支持
β_8	空间正义实现→文化传承示范空间形态变化（SJR→CDC）	0.246	0.034	HA8	支持

注：*** 表示 $p<0.01$。

"民族历史文化型村寨建设"对"生产要素吸引力""文化传承保护体系"影响的标准化路径系数估计结果分别为0.614和0.605，且均在1%的显著性水平下显著，说明假设HB1、HB2成立。

"生产要素吸引力"对"空间正义实现""文化传承示范空间形态变化"影响的标准化路径系数估计结果分别为0.610和0.397，且均在1%的显著性水平下显著，说明假设HB4、HB5成立。

"文化传承保护体系"对"空间正义实现""文化传承示范空间形态变化"影响的标准化路径系数估计结果分别为0.425和0.365，且均在1%的显著性水平下显著，说明假设HB6、HB7成立。

"空间正义实现"对"文化传承示范空间形态变化"影响的标准化路径系数估计结果为0.246，且在5%的显著性水平下显著，说明假设HB8成立。

此外，"民族历史文化型村寨建设"对"文化传承示范空间形态变化"影响的标准化路径系数估计结果因未通过显著性检验被从初始模型中剔除，这一结果表明了假设HB3不成立。

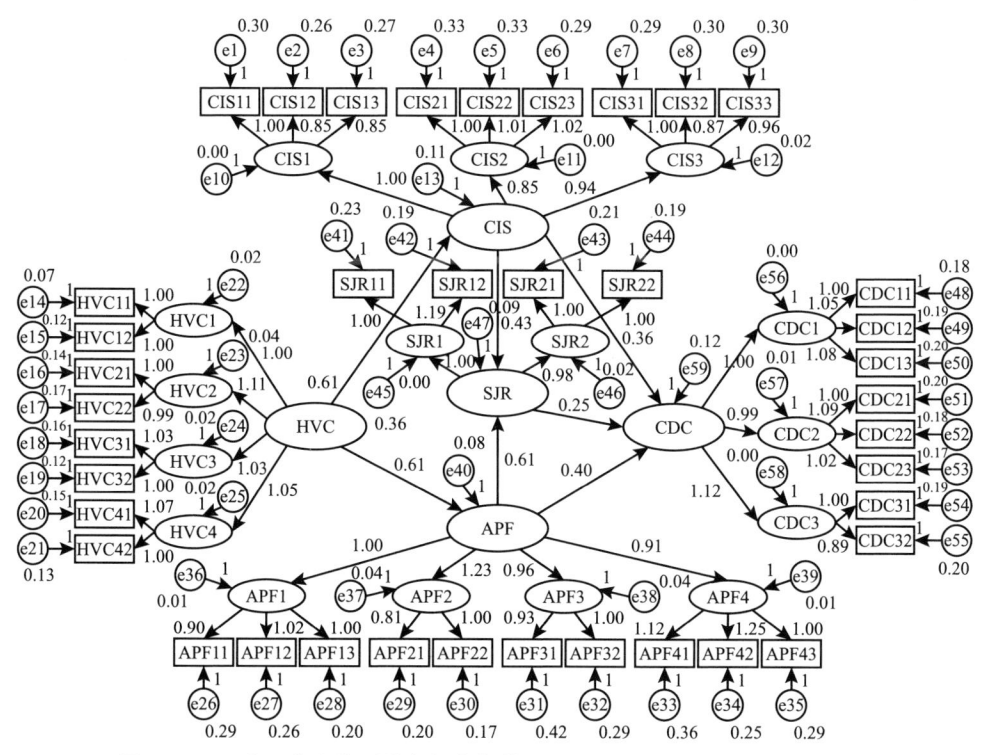

图 6-8 民族历史文化型特色村寨旅游空间生产作用的最终结构方程模型

从民族历史文化型特色村寨旅游空间生产作用结构方程实证结果中可以看出，民族历史文化型特色村寨建设与文化传承示范空间形态变化之间的直接效应不明显，但是民族历史文化型特色村寨建设依然可以通过生产要素吸引力、文化传承保护体系、空间正义实现三个中间变量对文化传承示范空间形态变化存在间接效应。共存在 4 条间接路径，效应值分别为 0.244（0.614×0.397）、0.092（0.614×0.610×0.246）、0.221（0.605×0.365）、0.063（0.605×0.425×0.246），总的间接效应为 0.620。由此可以看出，间接效益较大，与变量之间的直接效应一样重要，所以在对民族历史文化型特色村寨旅游空间生产作用进行研究时，生产要素吸引力、文化传承保护体系和空间正义实现作用明显，不能忽略。

同时，根据最终结构方程模型的结果可知，民族历史文化型村寨建设对生产要素吸引力、民族历史文化型村寨建设对文化传承保护体系、生产要素吸引力对空间正义实现的路径系数均大于 0.60，均高于模型中其他作用的路径系数。可以看出，生产要素和文化传承保护体系作为民族村寨经济社会发展、精神文化建设与文化传承示范空间形态变化的重要基础与物质载体，民族历史文化型特色村寨通过加大物资投入、技术支持、人才引进，不断建设完善村寨公共基础设施和民生保障环境，提高当地的生产要素吸引力，同时在专家学者、行业部门和民间组织的共同帮助下，不断加大对村民文化素质、保护观念和技能水平的培训教育力度，组织推出形式多样、内涵丰富的文化活动，努力挖掘打造并宣传推广村寨的民族文化品牌，扩大村寨的品牌知名度和影响力，从设计、生产、推广全过程构建完善村寨的文化传承保护体系，对民族特色村寨建设发展与旅游空间形态变化发挥了显著作用。

综上所述，民族历史文化型特色村寨通过生产要素吸引力的提高、文化传承保护体系的完善和空间正义实现程度的加深这三个中介变量来对村寨文化传承示范空间形态变化产生正向作用，并且在此过程中影响作用较为明显。根据民族历史文化型特色村寨建设的实施主体、动力机制、实施路径和开发保障四个构成维度，合理地引入生产要素吸引力、文化传承保护体系和空间正义实现三个中介变量，构建起了民族历史文化型特色村寨建设对文化传承示范空间形态变化作用的模型，通过实证分析获得的研究结论在民族历史文化型特色村寨建设的推进、生产要素吸引力的增强、文化传承保护体系的完善、空间正义实现程度的增加和文化传承示范空间形态变化方面的理论与实践都产生了巨大的影响，具有重要作用。

（二）SPS 案例实证验证

1. 案例描述分析

喜洲村自 20 世纪 90 年代成为大理风光"一日游"的一个固定景点发展至今，经过数十年的建设拓展，已经完成了从民族传统古村落到集"文化创意"与"田园休闲"于一体的民族村寨文化旅游空间的转型，而这种旅游空间形态的变化与旅游市场资本和劳动力等生产要素的流动与转移紧密相关。基于对喜洲村旅游空间生产过程的梳理与考察，不难发现其基本符合哈维提出的资本三级循环的特征，因此选择以资本三级循环理论为基础，对喜洲村旅游资本的流动与积累、旅游空间的生产和地理景观的改变三者之间的关联进行更深入的剖析与阐释，见图 6-9。

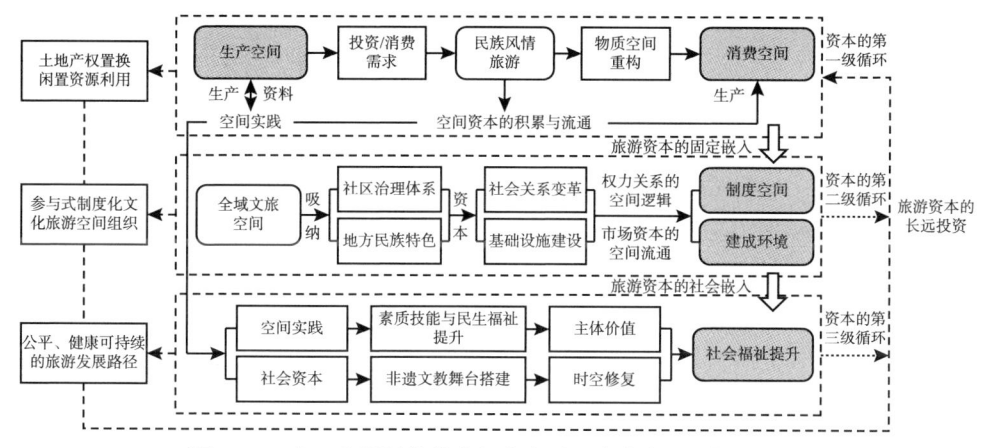

图6-9 大理喜洲村旅游空间生产过程中资本三级循环模式

第一阶段：民族风情观光游的消费空间生产。

位于大理市喜洲镇中心的喜洲村坐落在苍山洱海之间，地势平坦，土地肥沃，是一座具有两千多年历史的白族古村落，南诏国、大理国以及我国白族文化的发祥地之一，云南省著名的侨乡，有着极为丰厚的历史积淀。明清时期，随着交通运输的便捷，喜洲的工商业逐渐兴盛，"喜洲商帮"随之崛起，而与外界互通融合的过程对当地的生活习惯和文化习俗都产生了影响，其中最鲜明的改变体现在白族民居建筑上，当地形成了独具特点的"重院""三坊一照壁、四合五天井"的民居建筑风格。此外，喜洲村内气候温润，生长着种类丰富的动植物，也是我国较早培植水稻的地区，村寨中户户养花，家家流水，白墙青瓦，如在画中。

大理作为国家级历史文化名城，是云南省较早发展旅游的城市之一，而喜洲村白族民居建筑群则于1987年便被列入云南省重点文物保护单位，因其保存完好的白族民居建筑和独具特色的民族文化风情，吸引了一批批建筑界与文化界的人士前来参观考察，在20世纪90年代初就成为大理风情一日游经典线路上的主要景点之一。其中，"严家大院"是固定的参观目的地，集中展示白族"三坊一照壁"的建筑风格，同时还设置了当地特色"三道茶"的制作表演环节，让游客们从视觉到味觉全方位感受喜洲白族的文化风情，在当时仅凭"严家大院"的参观门票每年就能为村寨创收100余万元。2001年5月，喜洲白族民居建筑群被列入第5批国家级重点文物保护单位。在传统村落保护与开发的政策号召下，2006年6月，由大理省级旅游度假区投资责任有限公司、大理省级旅游度假区开发总公司和大理市喜洲国有资产经营有限公司共同投资成立了"喜洲古镇开发有限公司",按照地方政府的规划方案投资3.15亿元对喜洲古镇的旅游空间进行保护与开发,整个项目预计自2006年起至2010年分为三期完成。地方政府和旅游开发公司携手对村寨公共文化空间进行了环境整改与修缮,拆除了部分与村寨景观风格不相符的建筑,集中搬迁建设了喜洲白族民居示范小区,修缮了村寨的西门楼以及周边的寺庙和戏台,并立足当地白族建筑特征新建了一批旅游景观,包括餐饮店、商超、客栈、别墅等旅游商业性地产和村寨中的水体景观、绿化景观和道路广场。

与此同时,当地政府也按照"一年出形象,三年大变样"的生态保护要求,全面整改提升喜洲的村容村貌,加强对村民们的生态文明教育,在村民与市场投资主体的支持配合下营造了整洁有序的村寨环境,喜洲古村的历史风貌也得以恢复与重现。如今的喜洲村就是一个天然的大景观,处处碧海蓝天,绿野田畴,苍洱之间村容村貌古朴靓丽。错落有致的村庄、典雅的白族民居掩映在碧绿的田野之间,行走在村庄青瓦白墙、雕梁画栋的街巷中,"碧海映白雪,田园抱古村",田园风光秀美。2010年喜洲村以其深厚的历史文化和别具一格的民居建筑等条件优势入选中国十大古村,喜洲村的保护与开发取得了可喜的成果。

在此过程中,喜洲村独特的白族民居建筑和民族文化风情展现出了旅游市场资本属性,吸引了地区内外的多方市场主体进入大理喜洲村进行投资与旅游市场建设,通过对喜洲村旅游空间民居建筑与村寨风貌进行修缮维护与建设扩张,实现了对村寨原有地理景观的更新与重构,进而生产出了满足民族风情观光旅游发展需求的消费空间,这一过程实质上就是旅游市场资本力量在空间生产实践中改造村寨的地理景观形式。在喜洲古镇开发有限公司和外部个体投资者的共同投资和空间实践下,村民们过去世代居住生活的土地与房屋资源转变为旅游空间的生产资料,村寨居住生活空间也逐步具有了资本化的旅游空间特征。整体来看,喜洲村旅游空间的生产实践不仅仅是对村寨中物质性的地理景观进行了重塑,同时也对村寨的产业结构和村民的生产方式带来了一定程度的影响。随着喜洲白族民族风情观光旅游产业一路繁荣发展,喜洲村的空间生产主体也从过去单纯依靠村民逐渐转变为由地方政府部门、旅游投资公司、外部个体经营者、游客与当地村民等利益相关者共同构成的多元主体结构,村寨的产业结构布局也由过去主要依靠农耕养殖和民间工商贸易逐步转变为以民族风情观光旅游产业为主导的一二三产业融合发展。以喜洲古镇开发有限公司为代表的旅游投资企业与个体依托自身的资金、技术、信息、社会关系等资本优势,与地方政府达成合作,获得了村寨土地资源及景观建筑的开发使用权,为喜洲古村带来了至关重要的资金、技术以及人才要素,推动着喜洲村旅游空间持续健康的建设发展。

可以发现，在资本第一级循环中，旅游市场资本开始渗透到喜洲村的空间生产建设之中，地方政府和外部市场投资主体的旅游空间实践活动为村寨中的古民居建筑、街巷门楼等居住生活空间赋予了资本属性，摇身一变成为民族风情观光旅游的消费空间，进而为村寨旅游市场资本的流转与累积创造了全新的有效需求。

第二阶段：村寨旅游建成环境与田园综合体的生产提升。

喜洲古村从依靠农耕养殖和民间工商贸易逐步转变为以民族风情观光旅游为主导的产业结构，很大程度上提升了市场资本和劳动力在村寨旅游空间中的配置效率，喜洲村民族风情观光旅游空间的建设实践的确在一段时间内吸引来了国内外大批游客前来参观感受当地的历史文化与白族风情，而村寨旅游空间的各方投资主体也在民族风情观光旅游发展过程中收获到了一定量的资本积累与增值。于是，在资本逐利性本质的驱动下，那些在初级循环过程中无法被吸收的过剩旅游市场资本便不得不去找新的可供流通积累的形式，即转向道路、展览馆、住宿区、主题景区等公共基础设施和旅游建成环境，通过对物质性地理景观和固定资产的投资与建设进入下一阶段的循环，进而实现资本从产业领域向空间领域的跨域流动。

"十三五"期间，喜洲村严格按照政府统筹规划建设的要求，充分结合旅游、休闲、度假、康体、观光等业态的需求，包装、策划和实施了喜林苑、喜洲客厅、农耕博物馆等一批古建筑开发利用的典型案例，推进农文旅产业融合发展，并获得了村民和游客们的广泛喜爱和好评。喜洲作为传统农耕村落，在此阶段旅游投资企业积极开发流转村寨周边的土地，种植绿色、有机、原生态的农作物，打造田园创意综合体，把民族风情观光旅游和农耕文化融为一体。

2017年起至今，大理旅游古镇开发喜洲田园分公司在喜洲镇共流转了3300余亩土地，建设成为了喜洲绿色有机标准种植示范基地，并获得了有机转化认证，打造了当地有名的两大绿色食品牌——"喜米"和"喜油"，实现了产业结构的调整与融合。与此同时通过把艺术、美学等文化元素巧妙地融入农业，结合当地的环境特征发展生态创意农业，从春天的油菜花到秋天的稻田，打造了一个又一个爆红的打卡点，将农业以更加生动的形象呈现在人们的视野之中。通过对田间机耕道路进行提升改造，游客可以在不损毁稻田的情况下，穿梭在田间拍照打卡，甚至成为当地不少婚庆摄影公司的不二选择。喜洲田园公司还结合当地民风民俗，举办了传统开秧门仪式和稻米节（丰收节）等节庆活动，依托创意田园景观和节事活动的宣传效应，尽可能地把田园的优势不断地扩大，进而完成传统农业的创造性转型发展。古镇周边的稻田、麦田、油菜花田也成为国内外游客喜爱、热衷的网红景点，景色和古镇开发利用的历史传统民居融为一道新的风景线。

而在喜洲古民居的活化开发与保护方面，最具代表性的必然是创意民宿"喜林苑"（Linden Centre）了。作为一个荣获多项国际和国内奖项的精品酒店，喜林苑是喜洲"八中家"之一的杨品相大院，是清代初期典型的"三坊一照壁、四合五天井"的白族庭院建筑，一个国家级的物质文化遗产。喜林苑的经营者是一对来自美国的林登夫妇，早在2008年夫妇俩便与地方政府部门达成了开发合作，将这座古宅改建成为一个文化创意民宿，保持了古建筑的外部风格和原始格局，仅在客房内添设了现代设备以便客人居住。依托林登夫妇的文化号召力，他们将喜林苑定位为一个国际性的文化交流会所，游客来到这里不仅是为了一个住宿的地方，更是一个能够接触到大理白族文化和历史的创意空间，经常有国外学生到此学习感受中国传统乡土文化，还可以体验制作与品尝当地特色饮食（如喜洲粑粑）。民宿中绝大多数员工来自本地，还会在当地招募一些志愿者作为讲解员，这样做一方面为海内外游客们讲建筑的历史、白族建筑的风格，同时也为本地人积极保护古建提供了动力源泉，形成了一种传统文化的传承与传递、交流。

由此可见，在这一时期，政府、旅游企业和相关个体经营者的合作共建推进了喜洲村旅游空间的生产，促进了村寨农文旅空间建成环境的完善与提升。在政府、旅发企业和村民的共同作用下，大理喜洲村民族特色旅游资源开发管理体系日益完善，旅游产品与服务项目更加丰富多元，实现从基础设施环境和组织管理体系相对落后的民族风情观光村寨向建成环境和制度空间更为完善的综合性全域旅游空间转化。

第三阶段：村寨文教舞台的生产与社会民生福祉提升。

伴随着旅游市场资本在喜洲村旅游空间中的流通与累积，村寨中原有的地理景观环境和权力关系结构都出现了巨大的变化。然而在资本逐利性本质和生产目标的驱动下，为了实现更多利益与积累，仍不断推动喜洲村文化旅游空间的生产扩张。于是，旅游市场资本随即进入了第三级循环，通过对文化、教育、科技、就业、卫生等民生保证和社会福祉相关领域的投入，实现旅游资本在村寨社会空间中的全方位渗透。

喜洲古村的旅游空间在前两轮旅游市场资本循环与累积的过程中，已经形成了特色民宿、田园景观、游客接待中心、商业街区等一批主题鲜明的生产性地理景观建筑，而村寨中可供生产使用的土地空间面积也已接近饱和，甚至有少数经营者已经开始对既有景观建筑进行推翻与重建，这种情况也驱使着村寨旅游空间的投资主体不得不去开拓探寻新的生产空间。对于喜洲村来说，在此阶段，村寨旅游空间的相关投资主体就应当牢牢把握住"历史建筑"与"民族传统"两大核心竞争优势，从古民居的活化保护和非遗文化传承两方面入手，探索出一条喜洲村全新的旅游空间发展路径。

近年来，喜洲古镇以打造"中国白族风情第一镇"为总抓手，持续推进村寨基础设施环境的完善提升，紧握"商帮、田园、古迹、乡愁"等主题，精心打造高质量、高品味、高潜质的民族历史文化旅游空间，让"苍洱之间、自在生活"的喜洲日益成为广大中外游客流连忘返的大喜之地。在此背景下，喜洲古村旅游空间主体针对村寨中保存较为完好的古民居建筑群落重点展开了活化利用，通过引入社会资本投资创造性的开发了十余个古院落，一批扎染、泥塑、木雕、甲马等非遗项目代表性传承人纷纷定居喜洲，打开了非遗技艺体验传承的"方便之门"，也培育发展了一批特色客栈和非遗技艺文创工坊。其中，以2018年正式开业的喜洲"蓝续"古法扎染体验店和"喜洲客厅"创意民宿为代表的活化利用典范引起了社会各界的广泛关注。坐落在市坪街上的"蓝续"文创店能让游客在享受闲适的下午茶、欣赏优美的田园风光的同时，全身心的感受到大理白族古法手工扎染的神奇魅力。此外还有扎根于尹家大院古宅的"喜绣坊"，杨家大院古宅的"天工（木雕）坊"，虽暗藏深巷，但备受游客们的青睐，成为了网红打卡体验点。喜洲村文旅空间的经营者们凭借着对本地传统手工艺满腔的热情与喜爱，通过对传统白族乡土技艺的保护、传承与创意性开发，在创造收益的同时，也实现了传统非遗手工艺的传承。同时，喜洲村也在积极探索与周边景区的联动发展，实现与沧洱生态步道、传统村落、生态田园之间的互动承接，努力建设好"文化体验、时尚创意、田园养生、红色研学"四大板块，全力推进"文旅、商旅、农旅"深度融合，着力打造"看得见苍山、望得见洱海、记得住乡愁、找得到生活"的中国最美田园小镇。

除了非遗文教舞台和创意民诉空间的搭建外，在资本的第三级循环中，对社会公共事业与民生福祉提升等方面更为关注，可以说是一种带有社会福利性质的，为提升生产力水平、改善生产关系、提高生产生活保障而展开的社会性投资。具体而言，喜洲村民族风情旅游空间生产的各方实施主体的新一轮投资行为应当从村民们的切身利益诉求出发，不断建设完善村寨的卫生、医疗、教育、休闲、就业、交流等全方位的民生服务环境，满足村民们在新时期对美好生活的需求愿景。在地方政府的引领下，喜洲村投资优化提升了村寨中的中小学绿化环境和校园文化建设，完成了相关学校的搬迁工程，同时在多方投资主体的支持下改建了"苍逸图书馆"，并与南京先锋书店达成合作筹备在闲置古宅中新建一家"先锋大理喜洲书局"，为游客们和村民们日常的文化生活提供了全新的场所。在2020年10月开业的喜洲稼穑集农耕文化艺术馆，设有种之馆、秧之馆、秫之馆、稃之馆、穛之馆、稼之馆、稷之馆7个主题展馆，系统全面地向广大游客和当地村民展示大理白族地区传统的农耕文化，成为喜洲的又一个不可错过的打卡地。可以预见，依托"历史文化之美、商帮故里之美、古建街巷之美、田园乡愁之美、白族风情之美"，明天"生活味、白族风、田园情、国际范"的喜洲古村会更美。

2. 案例发现与讨论

（1）民族历史文化型特色村寨旅游空间生产对喜洲村生产要素吸引力提升的作用。

云南大理喜洲村作为民族历史文化型特色村寨旅游空间形态变化的典型案例，其斐然的发展成绩对于民族村寨旅游空间生产的理论与实践分析具有重要的参考价值。生产要素吸引力作为影响我国民族历史文化型特色村寨文化传承示范空间形态变化的中介变量之一，包括物资投入、技术支持、人才引进和环境设施四个方面。根据本研究的分析框架及实证分析结果，可以模拟出民族历史文化型特色村寨旅游空间生产对喜洲村生产要素吸引力提升的作用机制图，具体作用路径可见图6-10。

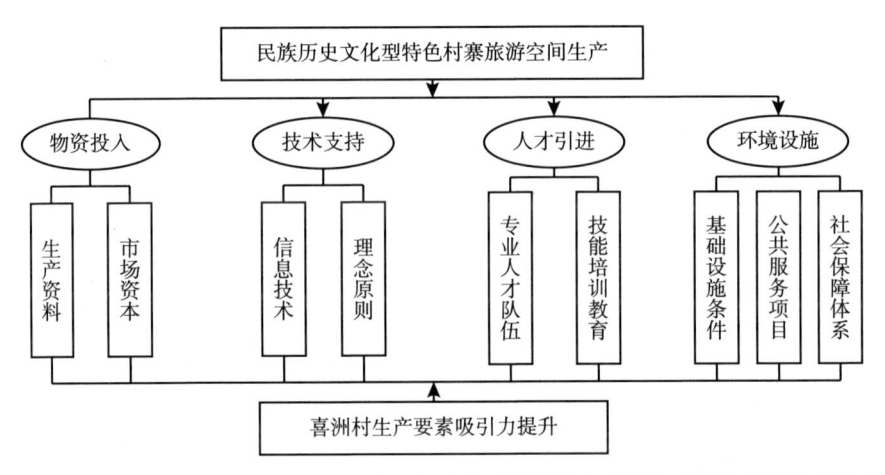

图6-10 民族历史文化型特色村寨旅游空间生产对喜洲村生产要素吸引力提升的作用机制

从图6-10可以看出，物资投入、技术支持、人才引进以及环境设施建设是民族历史文化型特色村寨旅游空间生产过程中至关重要的组成部分，四者共同对云南大理喜洲村的生产要素吸引力提升发挥着重要的促进作用，同时根据喜洲古村自身的资源禀赋特征，结合村寨经济、社会、生态、文化一体化发展的目标，将村寨发展与文化传承示范空间形态变化紧密结合在一起，进而可以总结得出促进大理喜洲村生产要素吸引力提升的作用路径和措施建议。

第一，旅游空间生产促进了大理喜洲村的物资投入。村寨产业市场不断发展的首要前提是生产资料的投入，物质资料投入的种类、数量及范围都是影响村寨经济社会发展的重要方面。大理市喜洲古村致力于建设集人文生态观光、精品民宿休闲、民族文化体验于一体的"大理白族第一村"，充分发挥"中国文化历史名村"的品牌影响，把握住市场发展机遇，积极展开与市场资本、旅游企业之间的融资合作，为村寨民族历史文化旅游建设吸纳了大量的物力人力和财力，积累丰富资源种类，并不断夯实旅游文化传承空间的发展基础。

第二，旅游空间生产促进了大理喜洲村的技术支持。科学技术是第一生产力，村寨产业市场发展离不开各类技术手段和理念模式的支持。在喜洲古村民族历史文化旅游开发建设的不同阶段，充分学习并引进了各类市场主体当时掌握的最新生产技术、运营理念和开发原则，持续提升村寨民族历史文化旅游产业的发展水平与要素吸引力，拓宽村寨市场的产业结构、技术支持门类与水平，实现村寨民族文化旅游的与时俱进。

第三，旅游空间生产促进了大理喜洲村的人才引进。人才是村寨建设发展中最基础且最核心的资源要素，人才的引入同时会带动资金、技术、信息等要素的集聚，促进村寨经济社会文化生态的全方位发展进步。喜洲村在民族历史文化旅游建设进程中，十分注重各类专业人才的吸收引进，通过政府与企业间、地区间、产学研之间的深入合作，为村寨历史文化资源和民族特色元素的规划发展聚集了大批产品开发、运营管理、民俗文化研究、生态资源保护的专家、学者与职业人员，充分发挥专业人才的技术优势，与此同时通过各类培训教育提升当地村民的技术素质水平，不断完善地方的人才队伍结构，推动民族村寨全域旅游发展布局的可持续发展。

第四，旅游空间生产促进了大理喜洲村的环境设施完善。公共基础设施环境的建设完善是村寨经济社会发展的物质基础，也是衡量标准，包括交通、卫生、教育、医疗、住宿、文化传承等基础设施条件、公共服务项目和社会保障体系的建设。旅游业是一项全局联动性的产业，为满足游客们的多样化需求，提升旅游市场的建设水平，在促进喜洲村民族历史文化旅游发展的同时，也推动了村寨交通卫生等基础设施条件和教育医疗等公共服务保障体系的建设完善，村寨面貌实现了全面改善升级。全域旅游的持续建设推进，对大理喜洲古村环境设施的建设范围、完备程度和承载能力也提出了新的要求。

综上所述，旅游空间生产促进了大理喜洲古村生产要素吸引力的提升。大理喜洲村本身就具有丰富多样的特色旅游资源，包括原生态的自然风光、风格独特的民居建筑、历史悠久的民族文化等，伴随着村寨民族历史文化旅游的建设发展，必然会引起外界的关注。越来越多的投资主体将目光锁定于大理喜洲古村，为村寨民族历史文化旅游发展投入大量的资金、人力、技术等生产要素，对村寨经济社会的全面发展产生了巨大影响，加速了喜洲村公共基础服务设施的建设，强化了村寨生态人文资源保护传承的意识，为村寨文化传承保护区的生产演化奠定了现实基础，全面促进了村寨生产要素吸引力的提升。

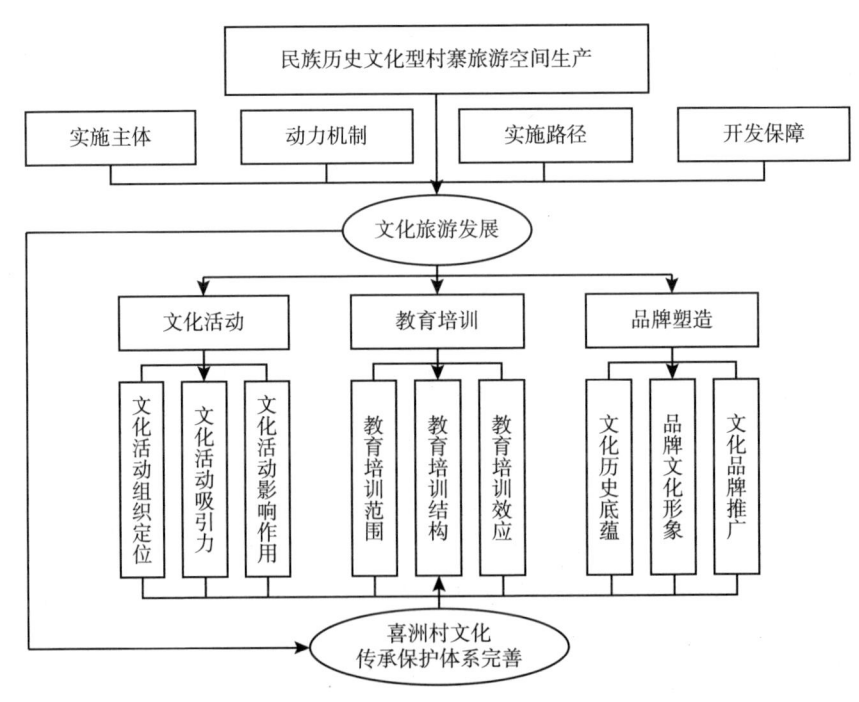

（2）民族历史文化型村寨旅游空间生产对喜洲村文化传承保护体系完善的作用。

文化传承保护体系作为研究我国民族历史文化型村寨文化传承示范空间形态变化作用机制的中介变量之一，包括文化活动、教育培训和品牌塑造三部分内容。民族历史文化型村寨旅游空间生产作为我国民族特色村寨旅游空间生产的典型模式之一，对于完善村寨文化传承保护体系具有积极促进作用，根据本研究的分析框架及实证分析结果，模拟出民族历史文化型村寨旅游空间生产对完善文化传承保护体系的作用机制图，具体作用路径可见图6-11。

图6-11 民族历史文化型村寨旅游空间生产对喜洲村文化传承保护体系完善的作用机制

从图6-11可以看出,从大理喜洲村旅游空间生产的实施主体、动力机制、实施路径和开发保障四个方面出发,结合喜洲村的资源开发现状和产业发展历史,对喜洲村文化传承保护体系从文化活动、教育培训和品牌塑造三个方面产生了积极影响,可以总结得出以下作用路径和措施建议。

第一,喜洲村旅游空间生产影响着村寨文化活动举办。民族传统文化活动的举办是村寨旅游市场可持续发展的重要环节,主要包括文化活动的组织定位、文化活动的吸引力、文化活动的影响作用等方面内容。喜洲村的历史悠久,民族特征明显,拥有丰富多样的优质旅游资源,包括自然田园风光、古迹建筑群、白族文化历史与传统技艺以及地方特色美食等,伴随着"全域旅游"发展时代的到来,喜洲地方政府对旅游发展的重视程度显著提升,积极推进旅游业与自然生态、传统农耕产业、白族聚居区内历史文化的融合,突出喜洲古村的民族文化特色,合理规划利用非物质文化遗产,举办彰显白族文化三月街民族节、稻文化栽秧会等节庆民俗活动,打造了一批休闲农业与民族文化旅游项目,推动喜洲村民族历史文化旅游产业的持续发展升温。

第二,喜洲村旅游空间生产影响着村寨教育培训效果。技能素质教育效果的提升是村寨文化旅游可持续发展的重要保障,主要包括教育培训的覆盖范围、教育培训的内容结构、教育培训的影响效应等方面。喜洲村在民族文化旅游建设进程中十分注重人才的引进与培养,制定了"开发建设、社会管理、专家咨询、项目运营"一体化人才培养体系和"一主多元"的新型职业农民教育培训体系,通过产学研全面合作,着力培养一批适应村寨旅游发展和民族文化传承需求的技术服务人员、文化工作人员、生产能手、经营能人、能工巧匠等实用人才,不断巩固提升广大村民的民族文化认同感、自豪感,对古迹遗产、民族传统的保护意识和传承发扬的技能水平,全方位保障大理喜洲村人文历史资源的保护传承和创造性转化,推动实现可持续发展的村寨民族文化旅游产业。

第三,喜洲村旅游空间生产影响着村寨品牌塑造。村寨旅游品牌的塑造是旅游市场发展进步的必要措施,主要包括文化历史底蕴的挖掘、品牌文化形象的提炼、特色旅游品牌的运营推广等。大理喜洲作为云南民族旅游的一张重要名片,集中展示了白族独特的建筑历史、民俗节庆、手工技艺等世代传承文化基因。近年来,喜洲古村全力打造"大理白族第一村"的品牌,产业结构持续调整升级,以保护"苍洱生态"和"白族文化"为依托,引导开发了以白族服饰、扎染制品、上关乳扇、挖色刺绣、大理石画等为代表的特色旅游产品,带动民族传统工艺振兴,产品业态不断丰富完善。同时,灵活借助新媒体手段进行村寨旅游品牌的宣传推广,更新旅游资源运营模式,不断扩大提升"大理白族第一村"的品牌影响，在旅游发展中合理引导民族文化的保护与传承工作，实现旅游市场与村寨文化传承示范空间的协同发展。

第四，喜洲村旅游空间生产影响着村寨文化传承示范空间形态变化。从喜洲村民族历史文化型村寨旅游空间生产的实施主体、动力机制、实施路径和开发保障出发，首先民族历史文化旅游型村寨建设对实施主体提出了客观要求，大理喜洲村及地方政府需要进一步对生态人文资源和旅游市场要素进行集聚整合和全局规划；其次从动力机制来看，不断提升村寨旅游资源开发运营水平和文化传承保护观念能力；然后是实施路径，经过多年的发展，大理喜洲古村逐渐形成了自身独特的旅游市场发展路径，该路径不是一成不变的而是动态的，会根据不同时期呈现出的发展侧重点调整产业结构组合与经营开发模式；最后从开发保障来看，喜洲村民族历史文化旅游的持续健康发展是地方政府、企业和普通民众共同作用的结果，通过政府的行政法规、企业的行为规范、民众的自发保护传承，最终才能实现喜洲古村民族文化旅游发展的全局效应，促进村寨文化传承保护空间的良性生产演化。

（3）民族历史文化型村寨旅游空间生产对喜洲村空间正义实现程度提升的作用。

空间正义实现程度作为研究我国民族历史文化型村寨文化传承示范空间形态变化作用机制的中介变量之一，是旅游空间生产的普遍利益诉求，包括公平分配与平等共建两方面内容。民族历史文化型村寨旅游空间生产作为我国民族特色村寨旅游空间生产的典型模式之一，对于提升村寨空间正义实现程度具有正向影响，根据前文分析结果，模拟出民族历史文化型村寨旅游空间生产对提升村寨空间正义实现程度的作用机制图，具体作用路径可见图6-12。

从图6-12可以看出，民族历史文化型村寨建设进程使得村寨市场与文化传承示范空间之间的联系更为紧密，民族历史文化旅游空间生产与喜洲村的经济、社会、生态、文化等方面有着千丝万缕的联系。民族历史文化型村寨建设通过喜洲村旅游文化空间的资源权益公平分配和平等共建产生影响，提升大理喜洲村旅游空间正义的实现程度，推动着喜洲古村文化传承示范空间形态改变。其中，根据喜洲村旅游市场发展的实际情况，民族历史文化型村寨旅游空间生产对喜洲村空间正义实现的影响主要包括五个方面。

一是资源收益。大理喜洲村民族历史文化旅游是广大村民与政府、企业共同建设发展起来的，村寨的建设发展成果理应由全体村民公平共享，旅游资源收益公平分配是喜洲村面临的一大突出难题。为了实现村寨民族历史文化旅游的可持续健康发展，喜洲村积极响应中央号召，充分发挥旅游产业的辐射带动作用和扶

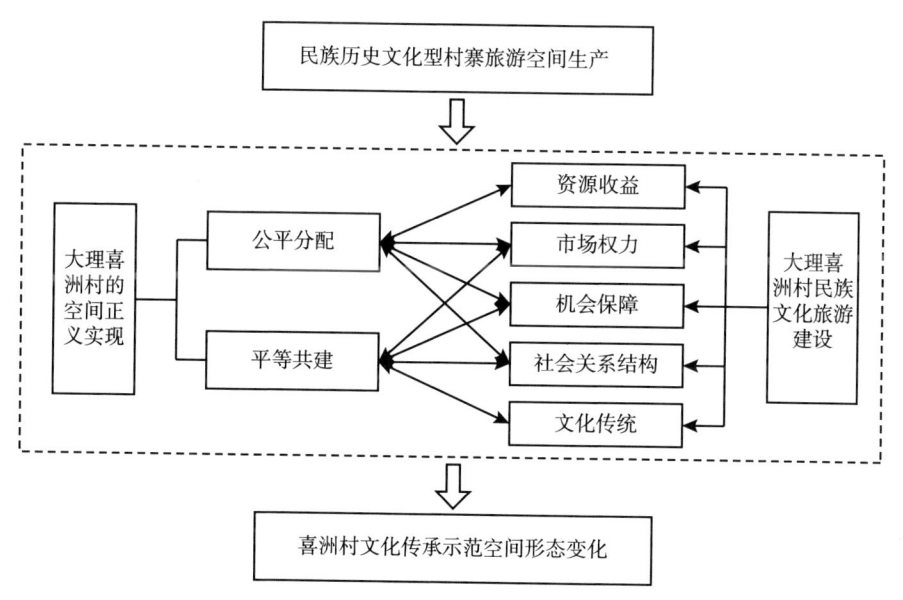

图 6-12　民族历史文化型村寨旅游空间生产对喜洲村空间正义实现程度提升的作用机制

贫振兴效应，始终牢记一切发展为了人民，全面落实共享发展政策要求，让广大村民切实得到更多实惠。

二是市场权力。在大理喜洲村的旅游建设进程中，村民与政府、企业在市场资源规划和经营方面也出现了权力地位不对等的情况。在此情况下，地方政府与企业通过建立健全多方共建的制度机制，村民作为喜洲古村千百年来建设发展的核心主体，是白族传统与历史文化的亲历者、活体百科，充分发挥当地村民的主观能动性，形成村民自主创业、政企对口帮扶的旅游市场发展格局，不断提升村民的市场参与度和话语权。

三是机会保障。喜洲村民族文化旅游开发为村寨内的剩余劳动力提供了许多全新的就业机会和生活保障，虽然也出现过外部投资者对当地村民就业机会的挤占情况，然而随着产学研的进一步联动发展，地方政府深入实施的基层成长计划，加大对村寨当地人才队伍的培养力度和对村民们技术水平和文化素质的广泛培训，不断建设完善村寨的就业体系和社会保障体系。

四是社会关系结构。随着大理喜洲村旅游市场的建设推进，市场投资者与游客的到来逐渐打破了村寨传统的社会关系结构，对村民的日常生活与交流造成了一定程度的影响。然而从另一个角度看，社会关系结构是长久以来凝聚而成的，村寨旅游发展至今已趋于稳定，进而形成了新的社会关系网，村民们也在发展过程中逐渐适应了该关系结构,并且不断展开交流合作,村寨社会关系一片和谐。

五是文化传统。村寨中的古民居建筑群和白族悠久的民族文化传统是喜洲古村最为典型的文化资源,在民族历史文化旅游建设的同时,村寨始终坚持完善公共文化服务体系,深化民族特色文化认同,通过举办白族传统节庆仪式、传承培训白族传统手工技艺、活化开发村寨古民居等多种手段提升村民的民族文化自豪感和保护传承技能水品。积极推进文化旅游业与农业、科技、生态的融合,打造一批民族文化旅游项目,不断强化推广喜洲村"大理白族第一村"的旅游品牌,实现文化资源的活化开发与民族传统的保护传承。

3. 案例验证结果

本书对喜洲村的民族历史文化旅游空间生产中村寨文化传承示范空间形态变化进行了背景分析,解释了选择喜洲古村的依据。根据前文实证结果,模拟出民族历史文化型村寨旅游空间生产对生产要素吸引力提高、文化传承保护体系完善和旅游空间正义实现程度提升的作用机制,进而推导得出民族历史文化型村寨旅游空间生产对村寨文化传承示范空间生产要素吸引力提高、文化传承保护体系完善和旅游空间正义具有推动作用。

通过 SPS 单案例分析法对我国民族特色村寨旅游空间生产的影响作用进行研究,选取云南大理喜洲村作为案例地来验证民族历史文化民族村寨旅游空间生产对文化传承示范空间形态变化的影响。结合前文对我国民族特色村寨建设和旅游空间形态变化的构成维度、分析框架、研究假设和实证分析,基于民族历史文化型村寨旅游空间生产实践现状,从各个变量切入。结合实证结果构建出民族历史文化型村寨旅游空间生产对文化传承示范空间生产要素吸引力提高、文化传承保护体系完善和村寨旅游空间正义实现程度提升的作用机制,用单案例验证了我国民族历史文化型民族特色村寨旅游空间生产中村寨文化传承示范空间形态变化的作用,得出了民族历史文化型村寨旅游空间生产可以一方面通过生产要素吸引力、文化传承保护体系、空间正义实现程度对文化传承示范空间形态变化具有促进作用的案例结论,另一方面民族历史文化型村寨旅游空间生产自身对于文化传承示范空间形态改变也具有积极的促进作用。

综上所述,可以得到两点基本结论。第一,必须更加全面深刻地认识民族特色村寨建设发展的进程,把握好民族村寨建设进程与我国精准扶贫工作、乡村振兴战略、文化强国战略之间的协调性和同步性,同时也要充分重视旅游业及文化创意产业在民族村寨发展中的带动作用,将民族历史文化型村寨建设与精神文化空间生产演化有机结合起来,实施针对性的研究与部署。第二,必须对民族特色村寨建设制定具体的方案和有效的监管体系，立足村寨的文化历史和民族特征，不断提升生产要素吸引力、建设完善文化传承保护体系和加深村寨空间正义的实现程度，促进文化传承示范空间形态持续优化提升。

三、生态休闲康养型民族村寨旅游空间生产的实证验证

（一）结构方程数据实证验证

1. 变量的度量

在生态休闲康养型民族村寨旅游空间生产作用的结构方程模型检验中，对研究假设 HC1～假设 HC8 进行验证，首先应解决关键变量的度量问题。本书中，以生态休闲康养型民族村寨建设、自然生态保护空间形态变化、生产要素吸引力、资源开发管理水平、空间正义实现为主要关键变量，通过对这5个关键变量进行度量，进而运用观测变量定量分析潜在变量的影响。其中，根据变量之间的相互关系和内在机制，生态休闲康养型民族村寨建设是解释变量，自然生态保护空间形态变化、生产要素吸引力、资源开发管理水平、空间正义实现是被解释变量，分别对解释变量和被解释变量进测度。

生态休闲康养型民族村寨建设（construction of ecotourism and wellness ethnic villages，EVC）是民族特色村寨建设发展的典型模式之一。本节分别从实施主体（EVC1）、动力机制（EVC2）、实施路径（EVC3）和开发保障（EVC4）四个方面对生态休闲康养型民族村寨建设进行测度，共设置了8个观测变量（见表6-27）。

表6-27　　　　　　生态休闲康养型民族村寨建设（EVC）指标

变量		内容
实施主体（EVC1）	EVC11	生态休闲康养型村寨建设实施主体与村寨资源状况符合自然生态保护空间形态变化的要求程度
	EVC12	生态休闲康养型村寨建设实施主体与村寨发展状况符合自然生态保护空间形态变化的要求程度

续表

变量		内容
动力机制 （EVC2）	EVC21	生态休闲康养型村寨建设进程中的内在驱动力符合自然生态保护空间形态变化的要求程度
	EVC22	生态休闲康养型村寨建设进程中的外部驱动力符合自然生态保护空间形态变化的要求程度
实施路径 （EVC3）	EVC31	生态休闲康养型村寨建设进程中实施路径的选择符合自然生态保护空间形态变化的要求程度
	EVC32	生态休闲康养型村寨建设进程中实施路径的稳健性符合自然生态保护空间形态变化的要求程度
开发保障 （EVC4）	EVC41	生态休闲康养型村寨建设进程中开发保障能力符合自然生态保护空间形态变化的要求程度
	EVC42	生态休闲康养型村寨建设进程中开发保障措施符合自然生态保护空间形态变化的要求程度

生产要素吸引力（attractiveness of production factors，APF）既是研究设计中重要的被解释变量，也是研究我国生态休闲康养型民族村寨旅游空间生产作用的重要中间变量。结合相关文献成果，从物资投入（APF1）、技术支持（APF2）、人才引进（APF3）和环境设施（APF4）四个方面出发，共设置了10个观测变量，分别对这四个方面进行测度（见表6-28）。

表6-28　　　　　　　　生产要素吸引力（APF）指标

变量		内容
物资投入 （APF1）	APF11	村寨物资投入数量符合自然生态保护空间形态变化的要求程度
	APF12	村寨物资投入种类符合自然生态保护空间形态变化的要求程度
	APF13	村寨物资投入范围符合自然生态保护空间形态变化的要求程度
技术支持 （APF2）	APF21	村寨技术支持门类符合自然生态保护空间形态变化的要求程度
	APF22	村寨技术支持水平符合自然生态保护空间形态变化的要求程度
人才引进 （APF3）	APF31	村寨人才引进结构符合自然生态保护空间形态变化的要求程度
	APF32	村寨人才引进数量符合自然生态保护空间形态变化的要求程度
环境设施 （APF4）	APF41	村寨环境设施的完备程度符合自然生态保护空间形态变化的要求程度
	APF42	村寨环境设施的分布范围符合自然生态保护空间形态变化的要求程度
	APF43	村寨环境设施的承载水平符合自然生态保护空间形态变化的要求程度

特色资源的开发与监管作为我国民族村寨全面发展振兴的重要内容，从一定程度上说，资源开发管理水平（resource exploitation and management level，REL）是决定自然生态保护空间形态变化方向的关键因素。结合已有学者对民族村寨建设中资源开发管理水平的研究成果，本书分别从资源整合（REL1）、行业监管（REL2）和经营开发（REL3）三个方面对村寨资源开发管理水平进行解释说明，共设置了9个观测变量（见表6-29）。

表6-29　　　　　　　　资源开发管理水平（REL）指标

变量		内容
资源整合（REL1）	REL11	村寨自然生态资源整合符合自然生态保护空间形态变化的要求程度
	REL12	村寨技术资本要素整合符合自然生态保护空间形态变化的要求程度
	REL13	村寨人文历史资源整合符合自然生态保护空间形态变化的要求程度
行业监管（REL2）	REL21	村寨行业市场监管体系符合自然生态保护空间形态变化的要求程度
	REL22	村寨行业市场监管力度符合自然生态保护空间形态变化的要求程度
	REL23	村寨行业市场监管效率符合自然生态保护空间形态变化的要求程度
经营开发（REL3）	REL31	村寨产品经营开发定位符合自然生态保护空间形态变化的要求程度
	REL32	村寨产品经营开发能力符合自然生态保护空间形态变化的要求程度
	REL33	村寨产品经营开发影响符合自然生态保护空间形态变化的要求程度

空间正义实现（realization of space justice，SJR）这一被解释变量既与民族村寨持续健康发展息息相关，又是决定村寨自然生态空间形态变化效果的重要因素。在已有的文献研究基础上，本书从我国民族特色村寨建设的实际情况出发，从公平分配（SJR1）和平等共建（SJR2）两个方面进行变量的解释，分别设置了2个观测变量进行具体阐释（见表6-30）。

表6-30　　　　　　　　空间正义实现（SJR）的指标

变量		内容
公平分配（SJR1）	SJR11	村寨发展收益公平分配符合自然生态保护空间形态变化的要求程度
	SJR12	村寨权力资源公平分配符合自然生态保护空间形态变化的要求程度
平等共建（SJR2）	SJR21	村寨经济市场平等共建符合自然生态保护空间形态变化的要求程度
	SJR22	村寨社会关系平等共建符合自然生态保护空间形态变化的要求程度

自然生态保护空间形态变化（the spatial form of natural habitat conservation changes，NCC）是旅游空间形态变化的典型模式之一。结合相关文献对旅游空间生产的特征和机制的分析，本研究设置了 8 个观测变量对自然生态保护空间形态变化进行变量度量。其中，针对空间规划开发理念（NCC1）设置了 3 个观测变量，村民生产生活方式（NCC2）设置了 3 个观测变量，空间社会关系结构（NCC3）设置了 2 个观测变量（见表 6-31）。

表 6-31　　　　　　　自然生态保护空间形态变化（NCC）指标

变量		内容
空间规划开发理念（NCC1）	NCC11	村寨旅游空间规划理念水平符合自然生态保护空间形态变化的要求程度
	NCC12	村寨旅游空间开发运营模式符合自然生态保护空间形态变化的要求程度
	NCC13	村寨空间规划开发理念转变方向符合自然生态保护空间形态变化的要求程度
村民生产生活方式（NCC2）	NCC21	村民生活方式水平符合自然生态保护空间形态变化的要求程度
	NCC22	村民生产方式结构符合自然生态保护空间形态变化的要求程度
	NCC23	村民生产生活方式转变方向符合自然生态保护空间形态变化的要求程度
空间社会关系结构（NCC3）	NCC31	村寨空间社会关系结构转变方向符合自然生态保护空间形态变化的要求程度
	NCC32	村寨空间文化传统结构转变方向符合自然生态保护空间形态变化的要求程度

2. 样本数据分析

与前文同理，本节重点把握生态休闲度假型村寨建设、生产要素吸引力、资源开发管理水平、空间正义实现、自然生态保护空间形态变化五个方面的内容，在工具的选择上，运用 SPSS 22.0 分析软件进行操作，对每个主要变量的观测指标进行均值和标准差的描述（见表 6-32）。

表 6-32　　　　　　　　　描述性统计

指标		均值	标准差	指标		均值	标准差
实施主体（EVC1）	EVC11	3.70	0.677	行业监管（REL2）	REL21	3.31	0.719
	EVC12	3.73	0.709		REL22	3.06	0.727
动力机制（EVC2）	EVC21	3.68	0.740		REL23	3.14	0.701
	EVC22	3.60	0.800	经营开发（REL3）	REL31	3.23	0.734
实施路径（EVC3）	EVC31	3.57	0.793		REL32	3.10	0.689
	EVC32	3.58	0.746		REL33	3.19	0.729

续表

指标		均值	标准差	指标		均值	标准差
开发保障（EVC4）	EVC41	3.65	0.813	公平分配（SJR1）	SJR11	3.35	0.778
	EVC42	3.60	0.765		SJR12	3.36	0.820
物资投入（APF1）	APF11	3.16	0.696	平等共建（SJR2）	SJR21	3.40	0.755
	APF12	3.25	0.712		SJR22	3.29	0.738
	APF13	3.15	0.662	空间规划开发理念（NCC1）	NCC11	3.62	0.724
技术支持（APF2）	APF21	3.29	0.667		NCC12	3.61	0.753
	APF22	3.20	0.745		NCC13	3.59	0.771
人才引进（APF3）	APF31	3.20	0.775	村民生产生活方式（NCC2）	NCC21	3.63	0.740
	APF32	3.15	0.742		NCC22	3.64	0.775
环境设施（APF4）	APF41	3.39	0.764		NCC23	3.70	0.734
	APF42	3.18	0.684	社会关系结构（NCC3）	NCC31	3.59	0.812
	APF43	3.20	0.728		NCC32	3.66	0.744
资源整合（REL1）	REL11	3.26	0.754				
	REL12	3.20	0.680				
	REL13	3.01	0.684				

信度分析也叫可靠性分析，通过同种方法对相同对象进行多次重复测量，用以检验数据样本的一致性和可靠性，是对数据集中程度和稳定性的集中反映。效度分析是指测量的有效程度，用以检验量表设计的有效性与合理性，是数据结果对所研究问题真实性和准确性的集中反映。本研究采用 SPSS 22.0 对生态休闲康养型民族村寨旅游空间生产进行模型数据检验，测量其 Cronbach's α 系数值，同时，为了有效避免克朗巴哈信度测量过程中存在的问题，运用组合信度测量对信度进行进一步检验分析，使结果更具说服力。

本研究利用组合信度（CR）和平均提取方差值（AVE）对生态休闲康养型民族村寨旅游空间生产作用所整合的各类数据进行分析和检测，分别得出生态休闲康养型村寨建设、生产要素吸引力、资源开发管理水平、空间正义实现、自然生态保护空间形态变化的信度系数，同时根据组合信度标准和平均提取方差值标准对生态休闲康养型民族村寨旅游空间生产的潜在变量组合信度系数进行评判，得出各个指标的信度和效度检验结果（见表 6-33）。

表 6-33　各变量信度和效度检验

变量	AVE	CR	α 值	因子载荷		KMO 值	累计方差解释率	Bartlett's 球形检验		
								X²	df	Sig.
生态休闲康养型民族村寨建设（EVC）	0.652	0.938	0.907	EVC11	0.841	0.957	47.065	2216.027	28	0.000
				EVC12	0.829					
			0.872	EVC21	0.830					
				EVC22	0.775					
			0.885	EVC31	0.779					
				EVC32	0.848					
			0.872	EVC41	0.779					
				EVC42	0.776					
生产要素吸引力（APF）	0.529	0.918	0.730	APF11	0.679	0.939	52.161	1097.512	45	0.000
				APF12	0.726					
				APF13	0.749					
			0.765	APF21	0.770					
				APF22	0.826					
			0.646	APF31	0.663					
				APF32	0.759					
			0.675	APF41	0.617					
				APF42	0.721					
				APF43	0.741					

续表

变量	AVE	CR	α值		因子载荷	KMO值	累计方差解释率	Bartlett's 球形检验		
								X²	df	Sig.
资源开发管理水平（REL）	0.478	0.892	0.705	REL11	0.721	0.910	57.078	735.284	36	0.000
				REL12	0.682					
				REL13	0.710					
			0.661	REL21	0.662					
				REL22	0.674					
				REL23	0.697					
			0.696	REL31	0.729					
				REL32	0.655					
				REL33	0.687					
空间正义实现（SJR）	0.931	0.916	0.801	SJR11	0.836	0.823	61.277	508.846	6	0.000
				SJR12	0.878					
			0.792	SJR21	0.840					
				SJR22	0.866					
自然生态保护空间形态变化（NCC）	0.705	0.950	0.857	NCC11	0.835	0.946	64.392	1487.948	28	0.000
				NCC12	0.832					
				NCC13	0.837					
			0.865	NCC21	0.836					
				NCC22	0.865					
				NCC23	0.841					
			0.829	NCC31	0.832					
				NCC32	0.838					

如表 6-33 所示，在生态休闲康养型民族村寨旅游空间生产作用的信度和效度检验结果中，Cronbach's α 系数值均大于 0.50，属于可接受范围，且每个变量的组合信度（CR）都大于 0.8，由此表明量表数据具有较好的信度。在效度检验中，各个指标的因子载荷均在 0.50 以上，KMO 值均大于 0.80，且平均提取方差（AVE）值除了资源开发管理水平为 0.478，其余变量的 AVE 值均在 0.5 以上，同时 Bartlett's 球形检验显著性水平均在 0.000，可以看出此量表的效度良好，能够有效支持数据进行因子分析。

3. 结构方程模型分析

在生态休闲康养型民族村寨旅游空间生产作用的研究中，根据对变量性质的划分进行模型构建。其中，生态休闲康养型民族村寨建设、生产要素吸引力、资源开发管理水平、空间正义实现和自然生态保护空间形态变化均是无法直接观测得到的潜在变量，针对这五个变量设定的二级指标是无法直接观测到的，也属于潜在变量。在确定了变量的性质后，可以将生态休闲康养型民族村寨旅游空间生产作用的各项变量进行归类，其中，生态休闲康养型民族村寨建设为外生变量，生产要素吸引力、资源开发管理水平、空间正义实现为中间变量，自然生态保护空间形态变化为内生变量。基于此，研究构建出生态休闲康养型民族村寨旅游空间生产作用的初始结构方程模型（见图 6-13），箭头方向指示了变量间的因果关系。

根据图 6-13 显示的情况可以看出，在生态休闲康养型民族村寨旅游空间生产作用的初始结构方程模型中，存在外生显变量 8 项，内生显变量 31 项，外生潜变量 4 项，内生潜变量 12 项。具体表现为：

外生显变量 8 项：EVC11、EVC12、EVC21、EVC22、EVC31、EVC32、EVC41、EVC42。

内生显变量 31 项：APF11、APF12、APF13、APF21、APF22、APF31、APF32、APF41、APF42、APF43、REL11、REL12、REL13、REL21、REL22、REL23、REL31、REL32、REL33、SJR11、SJR12、SJR21、SJR22、NCC11、NCC12、NCC13、NCC21、NCC22、NCC23、NCC31、NCC32。

外生潜变量 4 项：EVC1、EVC2、EVC3、EVC4。

内生潜变量 12 项：APF1、APF2、APF3、APF4、REL1、REL2、REL3、SJR1、SJR2、NCC1、NCC2、NCC3。

结构方程模型分为测量模型和结构模型，因此必须对这两个模型进行逐个构建。

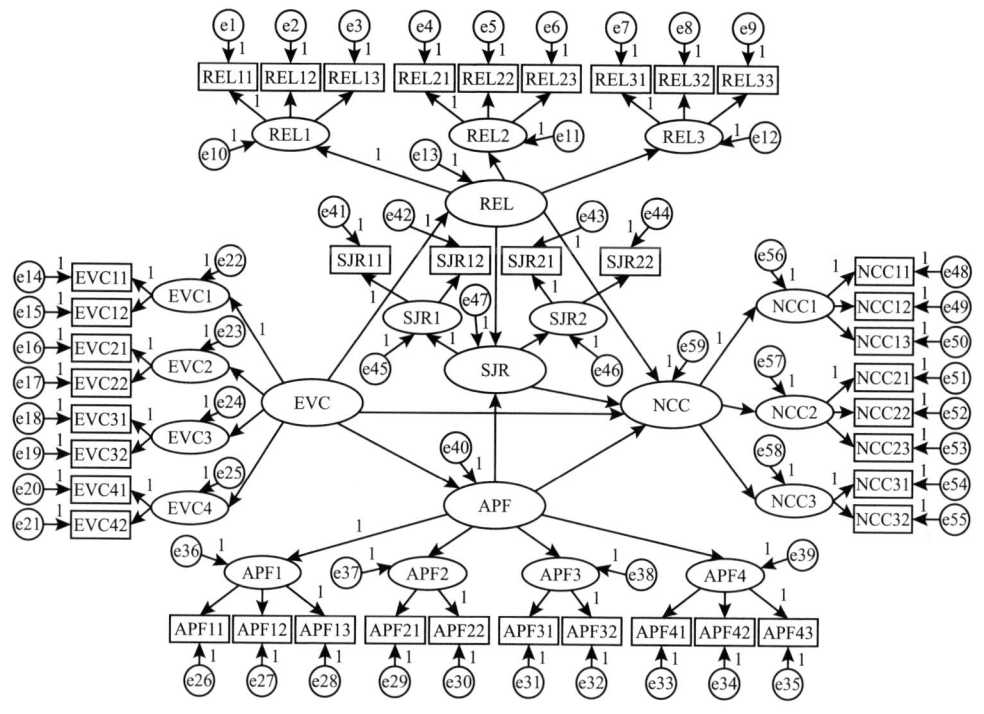

图 6-13 生态休闲康养型民族村寨旅游空间生产作用的初始结构方程模型

测量模型的构建。根据测量模型的一般形式：

$$\begin{cases} X = \Lambda_X \xi + \delta \\ Y = \Lambda_Y \eta + \varepsilon \end{cases}$$

其中，X 代表外生显变量，Y 代表内生显变量，ξ 代表外生潜变量，η 代表内生潜变量，ε 与 δ 均代表显变量的误差项，Λ_X 与 Λ_Y 代表显变量 X、Y 的因子载荷。

在进行生态休闲康养型民族村寨旅游空间生产作用的模型数据验证中，生态休闲旅游型民族村寨建设（EVC）、实施主体（EVC1）、动力机制（EVC2）、实施路径（EVC3）、开发保障（EVC4）是外生潜变量，分别用 ξ_{EVC}、ξ_{EVC1}、ξ_{EVC2}、ξ_{EVC3}、ξ_{EVC4} 来表示。生产要素吸引力（APF）、物资投入（APF1）、技术支持（APF2）、人才引进（APF3）、环境设施（APF4）、资源开发管理水平（REL）、资源整合（REL1）、行业监管（REL2）、经营开发（REL3）、空间正义实现（SJR）、公平分配（SJR1）、平等共建（SJR2）、自然生态保护空间形态变化（NCC）、空间规划开发理念（NCC1）、村民生产生活方式（NCC2）、空间社会关系结构（NCC3）是内生潜变量，分别用 η_{APF}、η_{APF1}、η_{APF2}、η_{APF3}、η_{APF4}、η_{REL}、η_{REL1}、η_{REL2}、η_{REL3}、η_{SJR}、η_{SJR1}、η_{SJR2}、η_{NCC}、η_{NCC1}、η_{NCC2}、η_{NCC3} 来表示。由此，构建出生态休闲康养型民族村寨旅游空间生产作用的观测模型方程式：

$$\begin{cases}
X_{EVC1} = \lambda_{EVC1}\xi_{EVC} + \delta_{EVC1} \quad X_{EVC2} = \lambda_{EVC2}\xi_{EVC} + \delta_{EVC2} \quad X_{EVC3} = \lambda_{EVC3}\xi_{EVC} + \delta_{EVC3} \\
X_{EVC4} = \lambda_{EVC4}\xi_{EVC} + \delta_{EVC4} \\
X_{EVC11} = \lambda_{EVC11}\xi_{EVC1} + \delta_{EVC11} \quad X_{EVC12} = \lambda_{EVC12}\xi_{EVC1} + \delta_{EVC12} \\
X_{EVC21} = \lambda_{EVC21}\xi_{EVC2} + \delta_{EVC21} \quad X_{EVC22} = \lambda_{EVC22}\xi_{EVC2} + \delta_{EVC22} \\
X_{EVC31} = \lambda_{EVC31}\xi_{EVC3} + \delta_{EVC31} \quad X_{EVC32} = \lambda_{EVC32}\xi_{EVC3} + \delta_{EVC32} \\
X_{EVC41} = \lambda_{EVC41}\xi_{EVC4} + \delta_{EVC41} \quad X_{EVC42} = \lambda_{EVC42}\xi_{EVC4} + \delta_{EVC42} \\
Y_{APF1} = \lambda_{APF1}\eta_{APF} + \varepsilon_{APF1} \quad Y_{APF2} = \lambda_{APF2}\eta_{APF} + \varepsilon_{APF2} \quad Y_{APF3} = \lambda_{APF3}\eta_{APF} + \varepsilon_{APF3} \\
Y_{APF4} = \lambda_{APF4}\eta_{APF} + \varepsilon_{APF4} \\
Y_{APF11} = \lambda_{APF11}\eta_{APF1} + \varepsilon_{APF11} \quad Y_{APF12} = \lambda_{APF12}\eta_{APF1} + \varepsilon_{APF12} \quad Y_{APF13} = \lambda_{APF13}\eta_{APF1} + \varepsilon_{APF13} \\
Y_{APF21} = \lambda_{APF21}\eta_{APF2} + \varepsilon_{APF21} \quad Y_{APF22} = \lambda_{APF22}\eta_{APF2} + \varepsilon_{APF22} \\
Y_{APF31} = \lambda_{APF31}\eta_{APF3} + \varepsilon_{APF31} \quad Y_{APF32} = \lambda_{APF32}\eta_{APF3} + \varepsilon_{APF32} \\
Y_{APF41} = \lambda_{APF41}\eta_{APF4} + \varepsilon_{APF41} \quad Y_{APF42} = \lambda_{APF42}\eta_{APF4} + \varepsilon_{APF42} \quad Y_{APF43} = \lambda_{APF43}\eta_{APF4} + \varepsilon_{APF43} \\
Y_{REL1} = \lambda_{REL1}\eta_{REL} + \varepsilon_{REL1} \quad Y_{REL2} = \lambda_{REL2}\eta_{REL} + \varepsilon_{REL2} \quad Y_{REL3} = \lambda_{REL3}\eta_{REL} + \varepsilon_{REL3} \\
Y_{REL11} = \lambda_{REL11}\eta_{REL1} + \varepsilon_{REL11} \quad Y_{REL12} = \lambda_{REL12}\eta_{REL1} + \varepsilon_{REL12} \quad Y_{REL13} = \lambda_{REL13}\eta_{REL1} + \varepsilon_{REL13} \\
Y_{REL21} = \lambda_{REL21}\eta_{REL2} + \varepsilon_{REL21} \quad Y_{REL22} = \lambda_{REL22}\eta_{REL2} + \varepsilon_{REL22} \quad Y_{REL23} = \lambda_{REL23}\eta_{REL2} + \varepsilon_{REL23} \\
Y_{REL31} = \lambda_{REL31}\eta_{REL3} + \varepsilon_{CIS31} \quad Y_{REL32} = \lambda_{REL32}\eta_{REL3} + \varepsilon_{REL32} \quad Y_{REL33} = \lambda_{REL33}\eta_{REL3} + \varepsilon_{REL33} \\
Y_{SJR1} = \lambda_{SJR1}\eta_{SJR} + \varepsilon_{SJR1} \quad Y_{SJR2} = \lambda_{SJR2}\eta_{SJR} + \varepsilon_{SJR2} \\
Y_{SJR11} = \lambda_{SJR11}\eta_{SJR1} + \varepsilon_{SJR11} \quad Y_{SJR12} = \lambda_{SJR12}\eta_{SJR1} + \varepsilon_{SJR12} \\
Y_{SJR21} = \lambda_{SJR21}\eta_{SJR2} + \varepsilon_{SJR21} \quad Y_{SJR22} = \lambda_{SJR22}\eta_{SJR2} + \varepsilon_{SJR22} \\
Y_{NCC1} = \lambda_{NCC1}\eta_{NCC} + \varepsilon_{NCC1} \quad Y_{NCC2} = \lambda_{NCC2}\eta_{NCC} + \varepsilon_{NCC2} \quad Y_{NCC3} = \lambda_{NCC13}\eta_{NCC} + \varepsilon_{NCC3} \\
Y_{NCC11} = \lambda_{NCC11}\eta_{NCC1} + \varepsilon_{NCC11} \quad Y_{NCC12} = \lambda_{NCC12}\eta_{NCC1} + \varepsilon_{NCC12} \quad Y_{NCC13} = \lambda_{NCC13}\eta_{NCC1} + \varepsilon_{NCC13} \\
Y_{NCC21} = \lambda_{NCC21}\eta_{NCC2} + \varepsilon_{NCC21} \quad Y_{NCC22} = \lambda_{NCC22}\eta_{NCC2} + \varepsilon_{NCC22} \quad Y_{NCC23} = \lambda_{NCC23}\eta_{NCC2} + \varepsilon_{NCC23} \\
Y_{NCC31} = \lambda_{NCC31}\eta_{NCC3} + \varepsilon_{NCC31} \quad Y_{NCC32} = \lambda_{NCC32}\eta_{NCC3} + \varepsilon_{NCC32}
\end{cases}$$

在构建出观测模型方程式的基础上，根据结构模型的一般形式：

$$\eta = \beta\eta + \Gamma\xi + \zeta$$

其中，η 代表内生潜变量，β 代表内生潜变量之间的关系系数，Γ 代表内生潜变量受外生潜变量的影响系数，ξ 代表外生潜变量，ζ 代表残差项。

在生态休闲康养型民族村寨旅游空间生产作用的结构方程实证检验中，根据提出的研究假设与概念模型设定，用 γ_1、γ_2、γ_3 分别表示生态休闲康养型民族村寨建设对生产要素吸引力、资源开发管理水平和自然生态保护空间形态变化的作用路径，用 β_4、β_5 分别表示生产要素吸引力对空间正义实现和自然生态保护空间形态变化的作用路径，用 β_6、β_7 分别表示资源开发管理水平对空间正义实现和自然生态保护空间形态变化的作用路径，用 β_8 来表示空间正义实现对自然生态保护空间形态变化的作用路径，方程如下：

$$\begin{cases} \eta_{APF} = \gamma_1 \xi_{EVC} + \zeta_{APF} \\ \eta_{REL} = \gamma_2 \xi_{EVC} + \zeta_{REL} \\ \eta_{SJR} = \beta_4 \xi_{APF} + \beta_6 \xi_{REL} + \zeta_{SJR} \\ \eta_{NCC} = \beta_5 \xi_{APF} + \beta_7 \xi_{REL} + \beta_8 \xi_{SJR} + \gamma_3 \xi_{EVC} + \zeta_{NCC} \end{cases}$$

在检验模型拟合度时，同样采用常见的 8 种拟合指标检验方法，对其进行拟合指标检验，主要包括 X^2/df，CFI、IFI、TLI、AGFI、PNFI、RMSEA、RMR。将研究构建的生态休闲康养型民族村寨旅游空间生产作用的初始结构方程模型导入 AMOS 22.0，同时导入研究的量表数据，得到了模型的相关拟合指标值（见表 6-34）。

表 6-34　生态休闲康养型民族村寨旅游空间生产作用的初始结构方程模型拟合度结果

拟合指标	X^2/df	CFI	IFI	TLI	AGFI	PNFI	RMSEA	RMR
观测值	1.576	0.945	0.945	0.940	0.807	0.790	0.048	0.029
拟合标准	<3.00	>0.90	>0.90	>0.90	>0.80	>0.50	<0.08	<0.05

从表 6-34 可以看出，所得出的各项拟合指标检验值均达到了拟合标准，说明研究所构建的生态休闲康养型民族村寨旅游空间生产作用的初始结构方程模型，能够很好地与通过问卷调查所获得的量表数据进行拟合。因此，在进行拟合度检验的基础上，研究进一步展开对原始结构方程中个路径系数的测度（见表 6-35）。

表 6-35　初始结构方程路径估计

路径	模型路径	路径系数	S. E.	C. R.	P
γ_1	EVC→APF	0.622	0.054	11.564	***
γ_2	EVC→REL	0.620	0.063	9.897	***

续表

路径	模型路径	路径系数	S. E.	C. R.	P
γ_3	EVC→NCC	0.253	0.095	2.662	0.008
β_4	APF→SJR	0.656	0.098	6.675	***
β_5	APF→NCC	0.189	0.120	1.580	0.115
β_6	REL→SJR	0.390	0.086	4.541	***
β_7	REL→NCC	0.245	0.096	2.556	0.011
β_8	SJR→NCC	0.267	0.087	3.069	0.002

注：*** 表示 $p<0.001$。

从表6-35可以看出，在生态休闲康养型民族村寨旅游空间生产作用的初始结构方程模型路径估计结果中，APF→NCC这条路径未能通过显著性检验。从结果上看，生态休闲康养型民族村寨旅游空间生产作用的初始结构方程模型的构造思路基本正确，但其中的部分关系需要调整后进行重新测度。结合相关研究文献可以发现，生态休闲康养型民族村寨建设作为外生潜变量，在讨论对自然生态保护空间形态变化作用时，其本身与生产要素吸引力和资源开发管理水平之间也存在着显著的联系，这种直接的正向关系可能会影响到生产要素吸引力和资源开发管理水平对自然生态保护空间形态变化的影响作用。因此，在初始结构方程模型中删除了生态休闲康养型民族村寨建设对自然生态保护空间形态变化作用的直接关系路径，即EVC→NCC，得到最终的结构方程模型。将调整后的结构方程模型及测量数据导入AMOS 22.0进行拟合度检验，结果如表6-36所示。

表6-36　　　调整后的生态休闲康养型村寨旅游空间生产作用结构方程模型拟合度结果

拟合指标	X^2/df	CFI	IFI	TLI	AGFI	PNFI	RMSEA	RMR
观测值	1.587	0.944	0.944	0.938	0.805	0.790	0.048	0.029
拟合标准	<3.00	>0.90	>0.90	>0.90	>0.80	>0.50	<0.08	<0.05

从表6-36可以看出，调整后的结构方程模型各项拟合指标检验值同样均达到了拟合标准，说明调整后的结构方程模型与原始数据量表之间依旧是匹配的。在拟合度检验的基础上，研究再次将调整后的结构方程模型进行路径统计，其结果如表6-37所示。

表 6 – 37　　　　　　　　　调整后的结构方程路径估计

路径	模型路径	路径系数	S. E.	C. R.	P
γ_1	EVC→APF	0.629	0.054	11.684	***
γ_2	EVC→REL	0.626	0.063	9.989	***
β_4	APF→SJR	0.654	0.099	6.579	***
β_5	APF→NCC	0.390	0.099	3.947	***
β_6	REL→SJR	0.390	0.088	4.453	***
β_7	REL→NCC	0.368	0.085	4.334	***
β_8	SJR→NCC	0.246	0.087	2.817	0.005

注：*** 表示 $p<0.001$。

从表 6 – 38 可以看出，在调整后的结构方程模型中的各条路径的作用系数都通过了显著性检验，其中绝大多数都达到了 0.001 的显著性水平。同时，根据标准化的路径系数的测度标准高于 0.50 为效果明显、0.10～0.50 为效果适中、低于 0.10 为效果较小，可以看出调整后的模型中所有的路径作用效果都在适中和明显的级别上，最终得出了生态休闲康养型民族村寨旅游空间生产作用结构方程模型（见图 6 – 14）。

4. 假设检验和结果讨论

通过分析结构方程实证结果，根据前章提及的研究假设与理论模型，结合生态休闲康养型民族村寨旅游空间生产作用的假设验证和路径系数，进行归纳总结，结果如表 6 – 38 所示。

"生态休闲康养型村寨建设"对"生产要素吸引力""资源开发管理水平"影响的标准化路径系数估计结果分别为 0.629 和 0.626，且均在 1% 的显著性水平下显著，说明假设 HC1、HC2 成立。

"生产要素吸引力"对"空间正义实现""自然生态保护空间形态变化"影响的标准化路径系数估计结果分别为 0.654 和 0.390，且均在 1% 的显著性水平下显著，说明假设 HC4、HC5 成立。

"资源开发管理水平"对"空间正义实现""自然生态保护空间形态变化"影响的标准化路径系数估计结果分别为 0.390 和 0.368，且均在 1% 的显著性水平下显著，说明假设 HC6、HC7 成立。

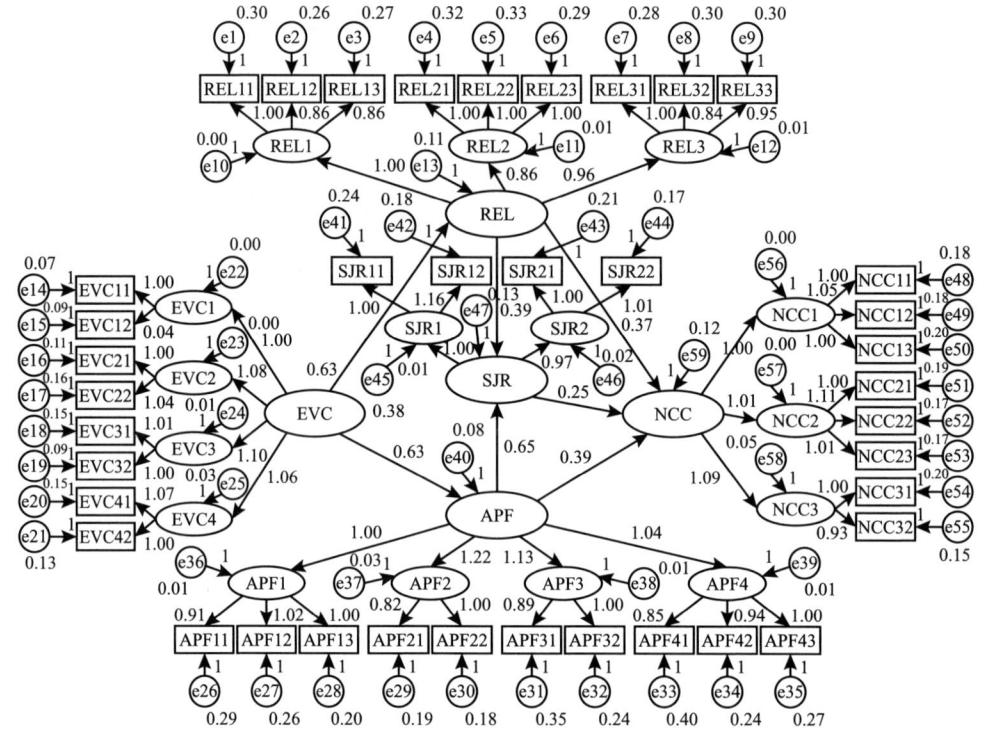

图 6-14　生态休闲康养型民族村寨旅游空间生产作用的最终结构方程模型

表 6-38　生态休闲康养型民族村寨旅游空间生产作用结构方程模型的路径结果讨论分析

路径	模型路径	路径系数	显著性水平	研究假设	检验结果
γ_1	生态休闲康养型村寨建设→生产要素吸引力（EVC→APF）	0.629	***	HA1	支持
γ_2	生态休闲康养型村寨建设→资源开发管理水平（EVC→CREL）	0.626	***	HA2	支持
γ_3	生态休闲康养型村寨建设→自然生态保护空间形态变化（EVC→NCC）	—	—	HA3	不支持
β_4	生产要素吸引力→空间正义实现（APF→SJR）	0.654	***	HA4	支持

续表

路径	模型路径	路径系数	显著性水平	研究假设	检验结果
β₅	生产要素吸引力→自然生态保护空间形态变化（APF→NCC）	0.390	***	HA5	支持
β₆	资源开发管理水平→空间正义实现（REL→SJR）	0.390	***	HA6	支持
β₇	资源开发管理水平→自然生态保护空间形态变化（REL→NCC）	0.368	***	HA7	支持
β₈	空间正义实现→自然生态保护空间形态变化（SJR→NCC）	0.246	0.005	HA8	支持

注：*** 表示 $p<0.001$。

"空间正义实现"对"自然生态保护空间形态变化"影响的标准化路径系数估计结果为 0.246，且在 5% 的显著性水平下显著，说明假设 HC8 成立。

此外，"生态休闲康养型村寨建设"对"自然生态保护空间形态变化"影响的标准化路径系数估计结果因未通过显著性检验被从初始模型中剔除，这一结果表明了假设 HC3 不成立。

从生态休闲康养型民族村寨旅游空间生产作用结构方程实证结果中可以看出，生态休闲康养型村寨建设与自然生态保护空间形态变化之间的直接效应不明显，但是生态休闲康养型民族村寨建设依然可以通过生产要素吸引力、资源开发管理水平、空间正义实现三个中间变量对自然生态保护空间形态变化存在间接效应。共存在 4 条间接路径，效应值分别为 0.245（0.629 × 0.390）、0.101（0.629 × 0.654 × 0.246）、0.230（0.626 × 0.368）、0.061（0.626 × 0.390 × 0.246），总的间接效应为 0.637。由此可以看出，间接效益较大，与变量之间的直接效应一样重要，所以在对生态休闲康养型民族村寨旅游空间生产作用进行研究时，生产要素吸引力、资源开发管理水平和空间正义实现作用明显，不能忽略。

同时，根据最终结构方程模型的结果可知，生态休闲康养型村寨建设对生产要素吸引力、生态休闲康养型村寨建设对资源开发管理水平、生产要素吸引力对空间正义实现的路径系数均大于 0.60，均高于模型中其他作用的路径系数。可以看出，生产要素和资源开发管理作为民族村寨经济社会发展、精神文化建设与自然生态保护空间形态变化的重要基础与物质载体，生态休闲康养型民族村寨通过加大物资投入、技术支持、人才引进,不断建设完善村寨公共基础设施和民生保障环境,提高当地的生产要素吸引力;同时在政府部门、行业组织和专家们的共同作用下,科学合理整合规划村寨生态人文资源、加大市场监管力度、完善行业行为规范和监督保障体系、及时更新学习村寨市场经营开发理念与模式,不断提升村寨资源开发管理水平,对民族特色村寨建设发展与旅游空间形态变化发挥了显著作用。

综上所述,生态休闲康养型民族村寨通过生产要素吸引力的提高、资源开发管理水平的提升和空间正义实现程度的加深这三个中介变量来对村寨自然生态保护空间形态变化产生正向作用,并且在此过程中影响作用较为明显。根据生态休闲康养型民族村寨建设的构成维度,合理地引入生产要素吸引力、资源开发管理水平和空间正义实现三个中介变量,构建起了生态休闲康养型民族村寨建设对自然生态保护空间形态变化作用的模型,通过实证分析获得研究结论,生态休闲康养型民族村寨建设的推进对村寨生产要素吸引力的增强、资源开发管理体系、空间正义实现程度和自然生态保护空间形态改变都发挥了明显作用。

(二) SPS 案例实证验证

1. 案例描述分析

巴马长寿村自 20 世纪初开始从事旅游服务业至今,经过十余年的建设发展,已经完成了从传统少数民族聚居农业农村到国际长寿康养旅游目的地的全面转型,而这种村寨旅游空间形态的改变与旅游市场资本和劳动力等生产要素的流动与转移紧密相关。基于对巴马长寿村旅游空间生产过程的详细梳理与考察,不难看出其基本与哈维提出的资本三级循环过程所呈现出的特征相符,因此选择以资本三级循环理论作为基础框架,对巴马长寿村旅游资本的流转与积累、旅游空间的生产和村寨地理景观的改变三者之间的关联进行深入的剖析阐释,见图 6-15。

第一阶段:休闲康养旅游的消费空间生产。

长寿村位于巴马瑶族自治县甲篆乡长寿村巴盘屯,地处群山绿水之间,是我国典型以传统农耕为生的民族村寨。由于独特的地理环境,自 20 世纪 80 年代起巴马便因生活有多为长寿老人而受到国内外医学界的关注,并于 1991 年正式被宣布为"世界第五大长寿之乡",成为世界长寿科学研究的热点地区和众多追求健康长寿民众的向往之处。

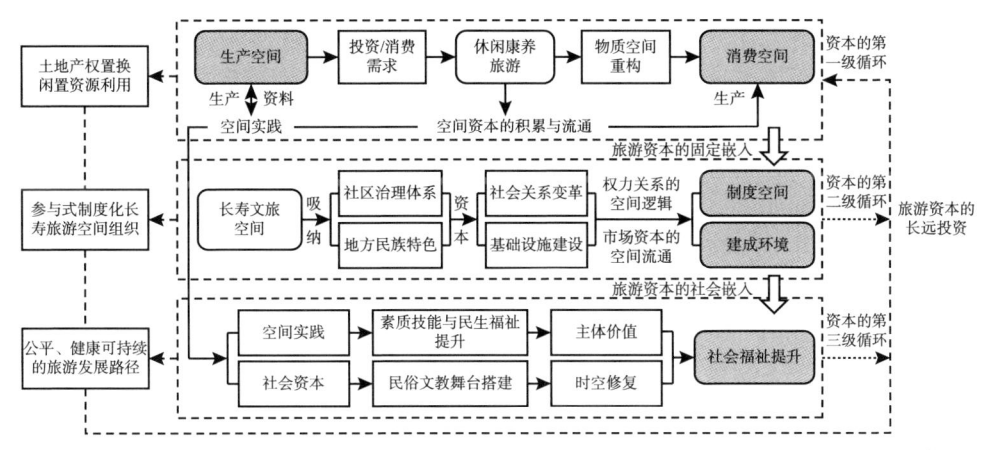

图 6-15 巴马长寿村旅游空间生产过程中资本三级循环模式

事实上，正因地处深山之中，交通较为闭塞，巴马瑶族自治县一直以来都属于广西发展较为滞后的地区。2003年在自治区政府的重点规划部署之下，实施为期两年了"东巴凤（东兰—巴马—凤马）技术设施建设大会战"，包括对道路交通网络、水利设施、产业基地等环境设施的建设提升，为巴马的经济社会发展带来翻天覆地的变化。最初受到交通条件的制约，只有少数充满好奇的游客只身前往甲篆乡长寿村探访长寿的秘密，随着交通基础设施的畅通完善，当地政府、旅游局依托"长寿之乡"的文化名片，以村寨独特的自然生态环境与众多的长寿老人作为主要的旅游资源，紧紧把握住广西旅游全面建设发展的契机，全力宣传推广巴马长寿村的休闲康养旅游，吸引了大批慕名而来的游客。与此同时，部分市场资本与旅游企业从中看到了商机，主动参与投资到巴马长寿村旅游空间的开发过程之中，通过与当地村民合作加盖翻新村寨老屋，改造或新建养生公寓及酒店，对村寨的住宅空间和休憩空间进行了重构，土地功能分区也进行了优化调整。

这个过程中，巴马长寿村原生优美的自然地理风貌和独特神秘的长寿旅游资源逐步被赋予了资本属性，吸引了地区内外的多方投资主体进入长寿村展开投资经营与旅游市场建设，通过对村寨旅游空间的生产开发实现对原有地理景观的改造与重构，进而创造出能够满足休闲康养旅游发展的消费空间，而这也正体现了市场资本力量的旅游空间实践过程。在地方政府与外来经营者的共同投资实践作用下，村民们世代居住的房屋、赖以生存的土地和村寨中的山水景观资源均转化为了旅游空间中的生产资料，长寿村旅游空间也具有了资本属性。从整体上看，巴马长寿村旅游空间的生产实践不仅是对村寨物质性地理景观进行了改造与重塑，更是对村寨的生计方式与产业结构造成了巨大的变化。在休闲康养旅游快速发展时，长寿村的空间生产主体逐步从过去单纯依靠村民自身转变为由地方政府、旅游市场投资者、本地村民和游客等众多利益相关者共同组成的多元主体，而村寨的产业结构也从过去依托土地资源的传统农耕生产转变为以休闲康养旅游服务为主导的农旅融合发展。旅游市场投资者凭借自身的资源优势，与地方政府和村民达成合作，获得了村寨土地资源和房屋资源的使用经营权，进而为村寨集聚了更多的资金、技术、人才等生产要素，推动着巴马长寿村旅游空间的进一步发展。

所以，在资本的第一级循环中，旅游经济与市场资本开始向巴马长寿村的空间生产中不断渗透，地方政府和外部投资主体的旅游空间实践将村寨中的屋舍与土地由传统的生产居住空间转变为休闲康养旅游的消费空间，进而为村寨旅游市场资本的流通、积累与交换创造了有效需求。

第二阶段：长寿养生旅游区的建设与村寨建成环境的提升。

巴马长寿村的产业结构从传统农耕种植业向康养旅游服务业的转型在很大程度上提高了资本和劳动力在村寨旅游空间中的配置效率，旅游市场资本初期的投资回报率也逐步提升。自从长寿村休闲康养旅游空间建设发展以来，吸引了国内外大批游客前来亲身探索神奇的长寿之谜，感受长寿之乡的山水、饮食与生活，并在一段之间内作为主导产业引领甲篆乡长寿村乃至整个巴马瑶族自治县经济社会效益大幅提升，相关旅游投资主体也实现了一定程度的资本积累与增值。在资本运动规律和逐利性本质的驱动之下，在第一级循环中无法被吸收的旅游市场资本被会开始寻找新的流通积累途径，即转向道路、公园、展览馆、主题景区等基础设施和旅游建成环境，通过对物质性地理景观和空间固定资产的投入与生产进入下一轮循环，实现资本从产业领域向空间领域的跨域流动。

2013年7月，广西壮族自治区党委和政府决定打造巴马长寿养生国际旅游区，并将其与桂林国际旅游胜地、北部湾国际旅游滨海度假区一道建设成为广西三大国际旅游目的地，构筑广西旅游的"金三角"。作为长寿养生国际旅游区的核心区，巴马迎来了千载难逢的发展机遇。围绕这一重大战略部署，地方政府力争将巴马长寿养生国际旅游区建设成为集长寿养生、生态观光、休闲度假、民俗体验、康体疗养、文化探秘、瑶医保健、会议会展等多功能于一体的综合性示范区，国际长寿养生文化的研究交流中心。在此背景下，地方政府于2008年开始连续主办了"巴马国际长寿养生文化旅游节"系列活动，并与多家集团公司达成旅游合作开发的协议，为村寨的公共基础设施条件、民生服务保障环境、旅游配套服务等项目建设找到了资本、技术、人才团队的有力支持，联手打造"长寿巴马"的特色村寨旅游品牌。此外还积极邀请海内外研究学者前来展开巴马国际长寿学术研讨会，也使得巴马长寿科研成为村寨文化产业发展的直接动力和催化剂。

与此同时，地方政府还出台了《巴马瑶族自治县城区市容管理办法》，在政府和相关旅游企业的共同努力下投入数千万元对巴马全县的生活污水、产业废水、垃圾中转等项目进行了集中整治，对盘阳河、百魔洞、赐福湖等景区及周边村寨绿化环境进行美化，并新建了临街的商业街区、河边步道、凉亭、小广场、风雨走廊等景观设施；全面整合巴马各村寨的长寿养生旅游资源，规划推出了10条精品旅游路线。为了进一步加大与周边地区的联动发展，巴马国际旅游区投资发展有限公司（以文简称"巴投集团"）与广西铁路投资公司达成合作，并于2019年底开通了巴马长寿养生国际旅游区高铁无轨站，打通了游客们到景区的"最后一公里"，也为巴马特色农副产品和文创产品的营销推广搭建了更为便捷的流通平台。

旅游业是联动性极强的行业，巴马长寿村的休闲康养旅游一方面需要满足游客们行、食、住、游、娱、购的需求，为其提供度假、疗养、观光、住宿、餐饮、购物等全方位服务；另一方面应当科学规划利用丰富多元的旅游资源，建设延伸康养旅游产业链，引领村寨一二三产业实现创新融合发展。在巴马长寿养生产品的开发推广方面，首先被注意到的就是巴马特殊的小分子山泉水，最具代表性的就是成立于2006年的"巴马丽琅"矿泉水公司。巴马丽琅获得的巨大成功引起了多方投资者的关注，此后越来越多的本土和外界投资者将目光转向巴马的长寿养生产品，2014年前后便有部分外来投资者通过租赁承包村民闲置的水田种植灵芝、火麻等经济作物，并逐渐打造出一条长寿养生产品链，比如巴马的香猪、巴马的黑山羊、巴马的山茶油、巴马的火麻等。地方政府也对通过各类政策文件扶持鼓励，规范管理这些长寿养生产品的加工企业，并力图打造出以"巴马印象"为代表的一批在全国范围内都用影响力的绿色食品品牌。随着巴马长寿村休闲康养旅游产业的不断升温，为当地村民提供了更多的就业机会，吸纳了大量剩余劳动力，拓宽了村民们的生产方式与收入结构。村民们通过经营农家旅馆，可以更直接地宣传推广包括火麻、黑山羊、香猪等当地无污染的特色农副产品，全方位展现长寿村的日常生活。另外，从游客处接收到外界的最新信息与技术，促进村民们文化思想观念转变，提升对营造和谐文明的旅游大环境的责任感。

不难看出，这一时期，政府和旅游市场主体的投资很大程度上促进了巴马长寿村全域旅游空间的生产和村寨地理景观环境的完善与提升，也成为村寨旅游空间形态变化的重要因素。在地方政府、旅游企业和村民的共同参与建设下，巴马长寿村特色旅游资源开发管理体系日益完善，旅游产品与服务项目更加丰富多元，村寨空间的治理结构和生活环境也得到了改变与提升，实现了从基础设施环境和产业结构体系相对单一落后的休闲康养旅游村寨逐步向建成环境和制度空间更为完善的综合性全域旅游空间转化。

第三阶段：旅游文化品牌的深耕与村寨社会福祉的提升。

伴随着旅游市场资本在巴马长寿村旅游空间中的流转与积累，村寨中原有的地理景观和权力关系结构都出现了巨大改变，然而，资本运动的最终目的就是获取最大化的利益，因此资本逻辑仍在持续推动着村寨旅游空间的生产与扩张。于是，旅游市场资本便进入了第三级循环，即通过对教育、文化、科技、卫生等民生保障和社会福祉相关领域的投资，实现旅游资本在村寨社会空间中的全方位渗透。

旅游市场资本在前两轮循环中的持续投入与累积推动在巴马长寿村旅游空间中已经建成了文化广场、风雨长廊、养生公寓等一批生产性地理景观，村寨中可供建设的休闲康养旅游空间已趋于饱和，甚至有少数经营者已经开始对既有设施进行推翻与重建，因此在市场资本运动规律的驱使下旅游投资主体们不得不继续去寻找开拓新的生产空间。对于巴马长寿村而言，进入这个时期村寨旅游空间的生产主体应当深耕"长寿文化"与"民族传统"两大核心竞争优势，从民族文化传统的保护与传承和长寿养生全产业链建设延伸两方面出发，丰富创新旅游产品与服务内容，从而探寻到村寨全新的旅游空间生产路径。

"健康中国"是习近平总书记在党的十九大报告中提出的发展战略，并于2019年引发了《关于实施健康中国行动的意见》，并指出"健康中国"2030的战略目标。作为"长寿之乡"的巴马，如何实现健康长寿便是其最想回答好的问题。面对着每年超十万的"候鸟人"前来巴马长寿村探寻体验健康长寿的秘密，为了更好地满足这些远道而来的特殊游客群体的休闲康养需求，地方政府与相关旅游投资主体立足巴马的特色农业、轻工业和旅游产业，发起了"共享养生好环境、共创大健康产业"的建设号召，从而吸引了部分医疗保健行业、休闲地产行业、体育健康产业等更多的产业主体加入到巴马长寿村旅游空间的生产实践中来，开发建设起了高端主题养生园。在园区中，有专人组织教授太极拳、瑜伽、养生操、乐器等丰富多样的文体康养活动，有需要的"候鸟"人们则可以通过房屋长租或房产购买的形式入驻。此外，针对普通游客市场投资者们通过"旅游+

体育"的融合，举办了"巴马国际马拉松赛""2018中国杯国际定向越野巡回赛·广西巴马站""华昱杯"首届广西巴马国际健康徒步大会等一系列赛事活动，推动形成巴马国际养生旅游区"大旅游、大市场、大产业"的发展格局，力图通过全面提升巴马的医疗卫生水平与养生保健环境，使得巴马得天独厚的生态地理资源能造福越来越多的人。

伴随着巴马长寿村旅游产品服务体系的不断建设完善，前来长寿村的观光修养的普通游客数量持续攀升，"长寿文化"旅游的品牌影响力日益扩大。旅游业是巴马实现高质量发展的支柱性产业之一，而在新的阶段如何立足自身的资源特色，走出一条创新发展的道路便是摆在面前的首要难题。目前，巴马村寨旅游主打的是长寿养生与生态休闲两大亮点，事实上巴马作为少数民族自治县，还有着十分丰富的民族特色传统资源可以挖掘。作为壮族、瑶族等12个少数民族的聚居区，巴马至今还保留着许多丰富多彩、原生态的民族传统与风俗习惯，因此，瑶韵壮风也应当成为巴马休闲康养旅游中不可或缺的一笔。近年来，当地旅游空间开发主体也开始挖掘民族文化精髓，积极培育布努瑶、蓝靛瑶、壮族等具有地方特色少数民族文化，办好布努瑶"祝著节""三月三"歌节和"盘王节"等群众性节庆文化，将竹编、哈西刺绣、射弩等民族传统技艺与现代工艺美术和旅游体验项目相结合，设计出富有地方民族特色的旅游纪念品和活动项目，有效地塑造了巴马"新名片"。与此同时，从地方特色美食入手，通过举办中华（巴马）养生膳食邀请赛，组织海内外不同民族的游客前来体验打糍粑，摆长桌宴，烤香猪，参观火麻产业园，交流研讨出符合巴马本土特色的养生菜肴，进而打造出产业深度融合的旅游人文环境。抢抓机遇，坚持把休闲康养旅游发展和村寨振兴同步规划，鼓励村民积极参与旅游服务，促进长寿村经济更加发达、文化更加繁荣、社会更加和谐、环境更加优美、人民更加富裕。

2. 案例发现与讨论

（1）生态休闲康养型村寨旅游空间生产对长寿村生产要素吸引力提高的作用。

广西巴马长寿村作为生态休闲康养型民族村寨旅游空间形态变化的典型案例，其斐然的发展成绩对于我国民族村寨旅游空间生产的理论与实践分析具有重要的参考价值。生产要素吸引力作为影响我国生态休闲康养型民族村寨自然生态保护空间形态变化的中介变量之一，包括物资投入、技术支持、人才引进和环境设施四个方面。根据本研究的分析框架及实证分析结果，可以模拟出生态休闲康养型民族村寨旅游空间生产对村寨生产要素吸引力提升的作用机制图，具体作用路径可见图 6-16。

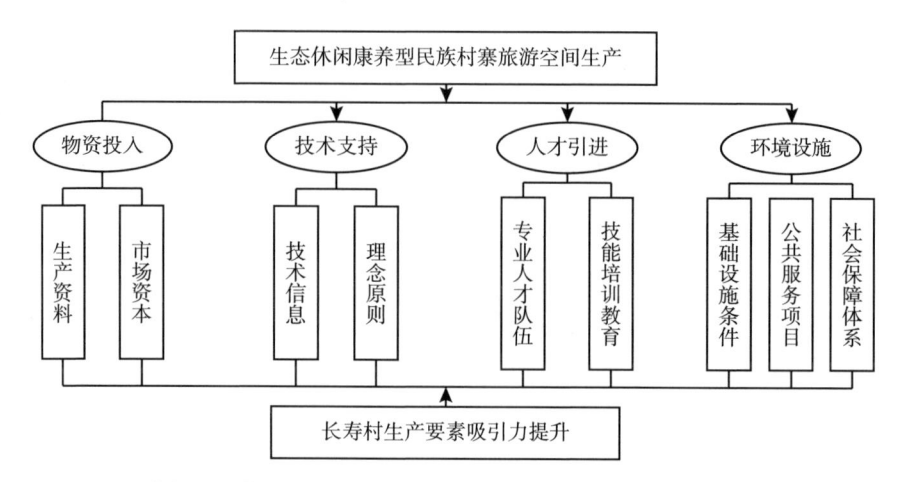

图 6-16　生态休闲康养型村寨旅游空间生产对长寿村生产要素吸引力提升的作用机制

从图 6-16 可以看出，物资投入、技术支持、人才引进以及环境设施建设是生态休闲康养型村寨旅游空间生产进程中至关重要的组成部分，四者共同对巴马县长寿村的生产要素吸引力提升发挥着重要的促进作用，同时根据长寿村自身的资源禀赋特征，结合村寨经济、社会、生态、文化一体化发展的目标，将村寨发展与自然生态保护空间形态变化紧密结合在一起，进而可以总结得出具体促进巴马县长寿村生产要素吸引力提升的作用路径和措施建议。

第一，旅游空间生产促进了巴马长寿村的物资投入。生产资料的投入是村寨市场建设的首要基础，物质资料投入的种类、数量及范围都是影响村寨经济社会发展的重要方面。巴马县长寿村致力于建设集生态观光、康体疗养、民俗体验等于一体的高端综合旅游示范区，充分发挥"长寿之乡"的品牌影响，牢牢把握住市场发展机遇，积极展开与市场资本、旅游企业之间的融资合作，为村寨生态康养旅游建设吸纳了大量的物力、人力和财力，积累丰富资源种类，并不断夯实旅游市场发展基础。

第二，旅游空间生产促进了巴马长寿村的技术支持。科学技术是第一生产力，村寨产业市场发展离不开各类技术手段和理念模式的支持。在巴马县长寿村生态康养旅游开发建设的不同阶段，都在各类市场主体的作用下充分学习引进了当时最新的生产技术、运营理念和开发原则，持续提升村寨生态康养旅游产业的发展水平与要素吸引力，拓宽旅游市场的技术支持门类与水平，实现村寨康养旅游发展的与时俱进。

第三，旅游空间生产促进了巴马长寿村的人才引进。人才是村寨建设发展中最基础且最核心的资源要素，人才的引入同时会带动资金、技术、信息等要素的集聚，促进村寨经济社会文化生态的全方位发展进步。巴马长寿村在旅游市场建设进程中，十分注重各类专业人才的吸收引进，通过政府与企业、产学研之间的深入合作，为村寨生态康养旅游规划发展聚集了大批旅游市场开发、运营管理、长寿文化研究、生态资源保护的专家、学者与职业人员，充分发挥专业人才的技术优势，与此同时，通过各类培训教育提升当地村民的技术素质水平，不断完善地方的人才队伍结构，推动村寨旅游产业的可持续发展。

第四，旅游空间生产促进了巴马长寿村的环境设施完善。公共基础设施环境的建设完善是村寨经济社会发展的物质基础，也是衡量标准，包括交通、卫生、教育、医疗、住宿、文化传承等基础设施条件、公共服务项目和社会保障体系的建设。旅游业是一项全局联动性的产业，为满足游客们的多样化需求，提升旅游市场的建设水平，在长寿村生态康养旅游发展的同时，也推动了村寨交通、卫生等基础设施条件和公共服务保障体系的建设完善，村寨面貌实现了全面改善。随着康养旅游的持续建设推进，对长寿村环境设施的分布范围、完备程度和承载能力也提出了新的要求。

综上所述，旅游空间生产促进了巴马长寿村生产要素吸引力的提升。巴马县长寿村本身的优质旅游资源十分丰富，包括原生态的自然风光、神秘的长寿文化、独特的民族风情以及绿色健康的地方美食等，随着村寨旅游市场的建设发展，必然会引起外界的关注。越来越多的投资主体将目光锁定与巴马长寿之乡，为村寨生态康养旅游发展投入了大量的资金、人力、技术等生产要素，对村寨经济社会的全面发展产生了巨大影响，加速了长寿村公共基础服务设施的建设，强化了村寨生态人文资源保护传承的意识。

（2）生态休闲康养型村寨旅游空间生产对长寿村资源开发管理水平提升的作用。

资源开发管理水平作为研究我国生态休闲康养型村寨旅游空间生产对自然生态保护空间形态变化作用机制的中介变量之一，包括资源整合、行业监管和经营开发三部分内容。生态休闲康养型村寨旅游空间生产作为我国民族特色村寨旅游空间生产的典型模式之一，对于提升村寨资源开发管理水平具有积极促进作用，根据本研究的分析框架及实证分析结果，模拟出生态休闲康养型村寨旅游空间生产对提升资源开发管理水平的作用机制图，具体作用路径可见图6-17。

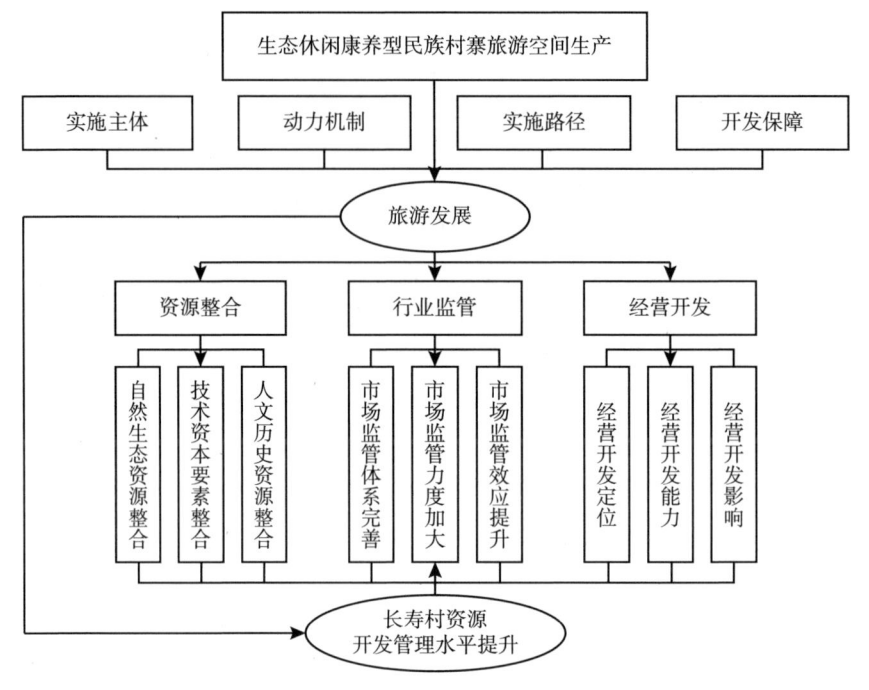

图 6-17 生态休闲康养型村寨旅游空间生产对长寿村资源开发管理水平提升的作用机制

从图 6-17 可以看出，巴马长寿村旅游空间生产的实施主体、动力机制、实施路径和开发保障四个方面出发，结合长寿村的资源开发现状和产业发展历史，对长寿村旅游空间资源开发管理水平从资源整合、行业监管和经营开发三个方面产生了积极影响，可以总结得出以下作用路径和措施建议。

第一，巴马长寿村旅游空间生产影响着村寨资源整合水平。资源规划整合水平的提升是村寨旅游市场高质量发展的重要基础。长寿村拥有丰富多样的优质旅游资源，包括原生态的自然风光、神秘的长寿文化、独特的民族风情以及绿色健康的地方美食等，然而近年来频繁出现的资源低效利用、环境污染破坏、产品开发同质化等现象严重影响了民族村寨旅游市场发展。当地政府充分立足自身的旅游资源优势，在专家团队的指导意见下制定出"长寿之乡"的全域旅游发展规划，全面统筹协调区域内的自然、人文、产业资源，同时结合不同村寨的产业资源优势和民族特色活动，打造最适合其发展的生态康养旅游模式，实现旅游资源的高效利用，推动长寿村人文生态空间的高质量发展。

第二，巴马长寿村旅游空间生产影响着村寨行业监管水平。行业监管水平的提升是村寨旅游可持续发展的重要保障，主要包括市场资源开发监管体系的完善、监管力度的加大、监管效应的提升等方面。巴马长寿村在旅游市场发展之初由于缺乏系统的监管,也出现过一定程度的资源开发粗放无序的情况,随着地方政府部门的行政力量介入和市场开发主体观念素质的提升,村寨出台了一系列资源开发管理条例、行业市场发展规范等法律规章,设置了专门的行政部门进行监管巡查,明确了"保护优先""谁污染谁治理"的发展原则,加大了惩处力度,同时在村寨居民中展开广泛宣传教育,打通了公众和舆论监督的渠道,全方位保障巴马长寿村自然生态资源的合理开发利用和生态康养旅游的可持续发展。

第三,巴马长寿村旅游空间生产影响着村寨经营开发水平。经营开发水平的提升是村寨旅游发展进步的必要措施,主要包括经营开发定位的明确、开发运营理念与模式的更新、经营开发能力与影响的提升等。旅游市场的开发建设是不断进步的,根据不同时期的政策背景和发展重点会做出调整,形成新的模式。巴马长寿村生态康养旅游自20世纪90年代末发展至今,历经数十年的时代变化,其开发运营模式与理念早已与最初大相径庭,在当前全域旅游的行业背景下,为了建设集生态观光、康体疗养、民俗体验等于一体的高端综合旅游示范区,充分发挥旅游业的扶贫振兴作用,村寨通过多方合作学习持续提升旅游经营开发能力,明确现阶段的产业发展定位,更新旅游资源运营模式,不断推广提升村寨"生态康养"的旅游品牌影响,实现旅游市场与村寨自然生态空间的协同发展。

综上所述,巴马长寿村旅游空间生产影响着村寨自然生态空间形态的改变。从长寿村生态休闲康养型村寨建设的实施主体、动力机制、实施路径和开发保障出发,首先生态休闲康养型村寨建设对实施主体提出了客观要求,巴马长寿村及地方政府将进一步对旅游资源和生产要素进行集聚整合和全局规划;其次从动力机制来看,旅游经济是长寿村建设发展的根本动力,可以有效推动村寨旅游市场规模的扩大、村寨旅游产品结构的晚上、村寨旅游空间承载接待能力的提升和生态康养旅游品牌影响等,不断提升村寨旅游资源开发运营水平;然后是实施路径,巴马的旅游发展路径不是一成不变的而是动态的,会根据不同时期呈现出的不同侧重点采取不同的经营开发模式;最后从开发保障来看,长寿村生态康养旅游的持续健康发展是地方政府、企业和普通民众共同作用的结果,通过政府的行政法规、企业的行为规范、民众的自发保护,最终才能实现长寿村旅游发展成就的共享,村寨自然生态空间的良性生产演化。

(3)生态休闲康养型村寨旅游空间生产对长寿村空间正义实现程度提升的作用。

空间正义实现程度作为研究我国生态休闲康养型村寨旅游空间形态变化作用机制的中介变量之一,是旅游空间生产的普遍利益诉求,包括公平分配与平等共建两方面内容。生态休闲康养型村寨旅游空间生产作为我国民族特色村寨旅游空间生产的典型模式之一，对于提升村寨空间正义实现程度具有积极促进作用，根据本研究的分析框架及实证分析结果，模拟出生态休闲康养型村寨旅游空间生产对村寨空间正义实现程度提升的作用机制图，具体作用路径可见图6-18。

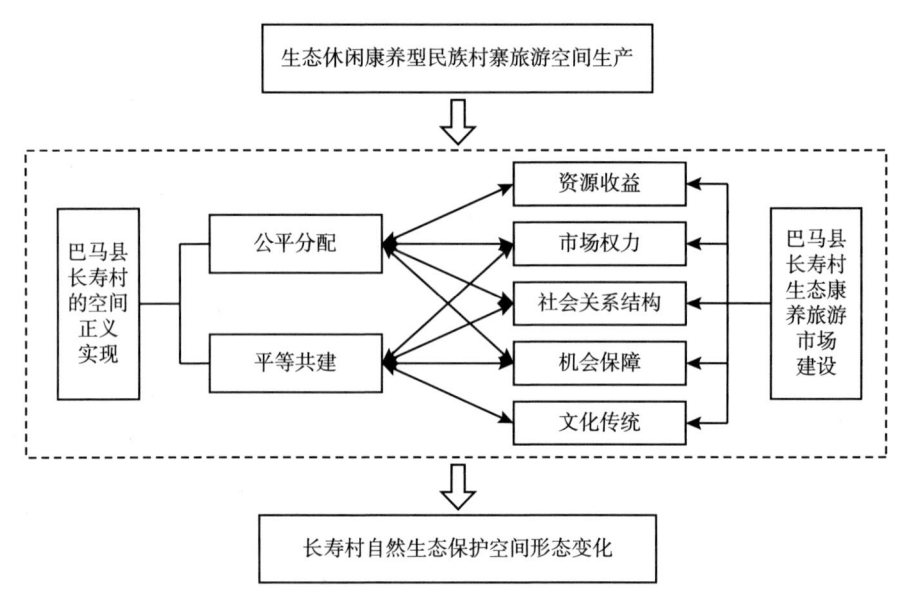

图6-18　生态休闲康养型村寨旅游空间生产对长寿村空间正义实现程度提升的作用机制

从图6-18可以看出，生态休闲康养型村寨旅游空间生产进程使得村寨市场与旅游自然生态空间之间的联系更为紧密，生态康养旅游发展与长寿村的经济、社会、生态、文化等方面有着千丝万缕的联系。生态休闲康养型村寨建设通过长寿村旅游空间的资源权益公平分配和平等共建产生影响，提升巴马长寿村的空间正义实现程度，推动着长寿村旅游自然生态保护空间形态的改变。其中，根据长寿村的旅游发展的实际情况，生态休闲康养型村寨旅游空间生产对村寨空间正义实现的影响主要包括五个方面。

一是资源收益。巴马长寿村生态康养旅游是广大村民与政府、企业共同建设发展起来的，村寨的建设发展成果理应由全体村民公平共享，旅游资源收益公平分配是长寿村面临的一大突出难题。为了实现村寨生态康养旅游的可持续健康发展，长寿村积极响应中央号召，充分发挥旅游产业的辐射带动作用和扶贫振兴效应，坚持把"富民增收"作为发展旅游的出发点和落脚点，始终牢记一切发展为了人民，全面落实共享发展政策，让广大村民切实得到更多实惠。

二是市场权力。在巴马长寿村的旅游建设进程中，村民与政府、企业在市场资源规划和经营方面也出现了权力地位不对等的情况。在此情况下，地方政府与企业通过建立健全多方共建的制度机制，充分发挥当地村民的主观能动性，形成村民自主创业、政企对口帮扶的产业发展格局，不断提升村民的市场参与度和话语权。

三是社会关系结构。随着巴马长寿村旅游市场的开发建设，市场投资者与游客的到来逐渐打破了村寨传统的社会关系结构，对村民的日常生活与交流造成了一定程度的影响。然而从另一个角度看，社会关系结构是长久以来凝聚而成的，村寨旅游发展至今已趋于稳定，进而形成了新的社会关系网，村民们也在十余年的建设过程中逐渐适应了该关系结构，并且不断展开交流合作，村寨社会关系一片和谐。

四是机会保障。长寿村旅游市场开发为村寨内的剩余劳动力提供了许多全新的就业机会和生活保障，虽然也出现过外部投资者对当地村民就业机会的挤占情况，然而随着产学研的进一步联动发展，加大对村寨当地人才队伍的培养力度和对村民们技术水平和文化素质的广泛培训，地方政府深入实施的基层成长计划，不断建设完善村寨的就业体系和社会保障体系。

五是文化传统。长寿养生文化和壮瑶民族传统文化是长寿村最为典型的文化资源，在生态康养旅游建设的同时，村寨坚持完善公共文化服务体系，深化民族特色文化认同，不断强化村寨"生态康养文化"旅游品牌，实现文化传统的保护与传承。

3. 案例验证结果

本书以广西巴马县长寿村作为案例地，对长寿村生态康养旅游建设中村寨自然生态保护空间形态的变化进行了背景分析，解释了选择长寿村的依据。其中，依据结构方程模型检验结果，在案例分析中阐释了生态休闲康养型村寨旅游空间生产对提高生产要素吸引力、资源开发管理水平和旅游空间正义实现程度的作用机制，进而推导得出生态休闲康养型村寨旅游空间生产对村寨自然生态保护空间中生产要素吸引力提高、资源开发管理水平提升和旅游空间正义具有推动作用的结论。

通过 SPS 单案例研究对我国民族特色村寨旅游空间生产的作用进行研究，选取广西巴马瑶族自治县长寿村作为案例地来验证生态休闲康养型民族村寨旅游空间生产对自然生态空间形态变化作用。结合此前对我国民族特色村寨建设和旅游空间生产演化的构成维度、分析框架、研究假设和实证分析，基于生态休闲康养型村寨旅游空间生产实践现状，从各个变量切入。结合书内实证结果，构建生态休闲旅游型村寨旅游空间生产过程中自然生态保护空间生产要素吸引力、资源开发管理水平、旅游空间正义实现程度提升的作用机制，用单案例验证了我国生态休闲康养型民族特色村寨旅游空间生产对自然生态空间形态变化的作用。得出了生态休闲康养型村寨旅游空间生产可以一方面通过生产要素吸引力、资源开发管理水平对村寨自然生态保护空间形态变化具有促进作用的案例结论，另一方面生态休闲康养型村寨旅游空间生产自身对于村寨自然生态保护空间与地理景观改变也具有积极的促进作用。

综上所述，可以得到两点基本结论：一是应该全面认识民族特色村寨建设发展的进程，把握好民族村寨建设进程与我国精准扶贫工作、乡村振兴战略和生态文明建设之间的协调性和同步性，同时也要充分重视生态观光及康养休闲旅游在民族村寨发展中的带动作用，将生态休闲康养型村寨建设与旅游空间生产演化有机结合起来，实施针对性的研究与部署。二是必须对民族特色村寨建设制定具体的方案设定和有效的监管体系，立足村寨的地理景观资源与原生和谐的特征，不断提升生产要素吸引力和资源开发管理水平，增强村寨旅游空间正义的实现程度，持续提升自然生态保护空间地理景观形态。

第七章

中国民族特色村寨旅游空间生产的理论批判与价值回归

一、中国民族特色村寨旅游空间生产的理论批判

（一）"资本逻辑"过度，导致民族村寨旅游空间生产异化

"资本逻辑"是资本运动规律和资本主义必然趋势的集中体现，明确指出了资本逐利的根本特征。"（社会）空间是（社会的）产物。"民族村寨旅游空间的生产受到市场供给、消费需求与收益回报等因素的多重驱动，在旅游空间的规划、建设、运行、更新的全过程中始终渗透着资本逻辑。在其影响下，资本逐步成为主导村寨旅游资源流动、分配旅游发展成果、组织村寨旅游空间不断生产扩张，实现价值增值的主要驱动力量。最终，资本延伸到空间领域，走上空间扩张发展之路，这是"资本逻辑"作用的必然结果。改革开放以来，在"资本逻辑"的引导作用下，我国民族村寨旅游业迅速发展，为民族地区的经济社会发展、人民生活改善发挥了巨大作用，并逐步成为民族地区的重要产业支柱。但与此同时，过分强调资本逻辑也对民族特色村寨社会造成了严重的负面影响，在一定程

度上也阻碍了民族村寨旅游的持续发展。因此，批判过分强调"资本逻辑"的行为是推动中国民族特色村寨旅游空间生产的必然内容。

第一，"资本逻辑"过度，导致村寨旅游区位发展不平衡。针对这一问题，需要进行理论批判。以"资本逻辑"为主导的村寨旅游空间生产的最终发展目标是实现经济利益的最大化，受其影响的空间生产活动必将加剧区域发展的不平衡与行业布局的不合理。由于历史与地理方面的客观原因，不同村寨在交通区位、资源禀赋、人口规模、基础设施条件、市场建设程度、消费观念水平等方面都存在较大差异，即便是投入了同等的初始旅游开发资金，最终收获到的旅游市场回报也必定会存在较大差异。资本最本质的属性就是追求剩余价值，最终实现资本的持续积累与增值，因而村寨旅游空间生产受此影响，会更青睐市场投资回报率更高的地区与行业。随着时间的一步步推移，旅游资本在市场竞争力更强、品牌影响力更大、产品服务链条更完善的村寨旅游目的地中进一步累积，必然会导致我国民族特色村寨旅游市场在不同区位之间发展的严重失衡。与此同时，不同区位条件下的民族特色村寨旅游市场发展差异程度也会随着"资本逻辑"影响作用的提升而持续加深。正是由于资本力量在我国民族特色村寨旅游空间生产进程中的肆意妄为，才导致了现阶段不同规模等级的民族村寨旅游空间生产问题频发，发展失衡断裂的民族村寨旅游空间屡见不鲜。过去这种过分依赖"资本逻辑"的村寨旅游开发模式对民族地区不同区位之间产业发展水平、市场规模影响、社会生活保障等方面造成了巨大差异，交通条件落后、基础设施短缺、收入方式单一等因素极大限制了深山民族聚居村寨的经济社会发展。此外，"资本逻辑"的马太效应还进一步加剧了偏远民族村寨的恶性循环。所以在"资本逻辑"的持续影响下，民族村寨旅游区位发展不平衡问题将会不断恶化。

第二，"资本逻辑"过度，导致旅游开发速度与村寨承载能力不协调。针对这一问题，需要进行理论批判。"资本逻辑"主导的空间生产是以追求利益最大化为终极目标的，受其影响的村寨旅游空间生产活动必将给民族村寨空间承载极限与村民旅游参与积极性带来巨大挑战。当前民族地区特色村寨旅游产业的大规模高速开发，严重超出了村寨的承载力极限，各类基础设施还不完善，旅游产品与服务开发缺乏特色，旅游市场经营理念陈旧，无法满足如此庞大数量的游客需求，为其提供优质的文化体验。同时，过快的村寨旅游空间开发未能充分发挥群众的力量，村民大多是被动参与其中，缺乏对旅游业的基础认知和旅游服务意识，进一步加深了这种不协调的情况。"资本逻辑"对民族特色村寨旅游空间生产的主导程度越高，开发速度与村寨承载力之间的不协调就会越显著。旅游空间生产以当地资源环境人口规模等地理条件与住宿饮食公共卫生等基础设施条件为基础，村寨资源规模和旅游承载能力在一定程度上限制了旅游开发的进程，这同时也是旅游发展的决定因素。村寨旅游空间开发应该是科学有序的，以民族特色文化体验为核心，与村寨资源环境和基础设施条件、村民旅游服务意识和技能水平、旅游市场开发经营理念相协调，而不是为了快速获取旅游开发带来的利润才开展的大肆开发。不同村寨规模与资源存在差异，村民的文化水平与服务技能也有所不同，旅游市场潜力与经营管理能力是难以模仿与替代的，如果不是具备了一定的竞争优势和开发价值，村寨就不要盲目开展大规模的旅游空间建设。所以，民族特色村寨在旅游空间生产过程中要重视提升独有资源的开发规划和经营管理能力，不要因"资本逻辑"的影响而走上急功近利的老路，最终导致严重的旅游空间承载力危机。

第三，"资本逻辑"过度，导致民族村寨旅游资源开发不可持续。针对这一问题，需要进行理论批判。以"资本逻辑"为主导的空间生产是以实现利益最大化为终极目标的，这样急功近利的旅游空间生产方式占用了大量山水植被、珍稀物种、原生风貌等优质生态资源和历史遗迹、民族服饰、节事庆典等特色文化资源；对村寨自然环境和空间资源的破坏性开发，造成了严重的资源过度开发和环境破坏问题。这种资源开发的不可持续包括生态上缺乏规划，粗放无序；文化上浮于表面，民族特色不断消逝；社会结构被重构，村民社会生活变化翻天覆地，既损害了民族特色村寨的原真性与独特性，对村寨生态文化环境造成了无法逆转的破坏，又严重影响了村民的日常生活和情感认同，削弱了村寨的文化凝聚力。"资本逻辑"对民族村寨旅游空间的主导程度越高，旅游资源开发浪费问题就越严重。当优美的自然风光与独特的民族文化等被纳入"资本逻辑"的生产框架中后，资本力量将其挤压并用于盈利的旅游市场活动。这种以牺牲生态文化环境和人民生存空间为代价的"资本逻辑"主导的开发模式导致了严重的资源环境问题，自然资源受到污染，历史遗迹遭到破坏，民族文化受到巨大冲击。所以在"资本逻辑"的持续影响下，民族特色村寨旅游资源开发不可持续的现状将很难改变。

第四，"资本逻辑"过度，导致民族村寨旅游空间非正义问题。针对这一问题，需要进行理论批判。"资本逻辑"主导的空间生产是以追求利益最大化为最终发展目标的，受此影响，在村寨旅游空间生产实践中，决策者们为获得更多的资源收益，提升自身的权力影响，不可避免地会对普通村民们公平共享的旅游空间权益与生产生活的社会公共空间进行挤压、侵占，甚至是剥夺。在村寨旅游空间开发的过程中，大量的公共资源与空间被资本侵占与掠夺，村民被迫远离世代生活的土地，公共空间权利和旅游开发话语权被忽略与剥夺；同时，旅游开发为村寨经济社会发展做出了重要贡献，改变了村民的生计方式与村寨的社会权力结构，村寨空间中的资源财富与旅游开发收益不断集中，村民的经济利益被侵占，发展诉求被忽视，社会关系被重构，"资本逻辑"的逐利本质逐渐淹没了普通村民公平合理共享空间收益的权利，最终引发了严重的空间权益矛盾与社会阶级冲突。同时，随着"资本逻辑"对民族村寨旅游空间的主导程度的日渐提升，对村民空间资源与权利的剥夺效应就会越显著。决策阶层大多在村寨旅游开发中处于核心地位，而普通村民往往处于旅游开发的边缘地位，不仅生存空间被挤压，生活方式被改变，经济收益被侵占，意见诉求被忽略，同时在发展机会、文化传承、社会关系等方面也不被公平对待，使得空间权力进一步集中，村寨社会阶层差异日益加剧，进而激发了村民的不满情绪，影响了村寨的和谐稳定与旅游市场的发展。所以，"资本逻辑"主导下的民族特色村寨旅游空间生产的本质就是通过对村寨空间资源的再分配和村寨社会权力关系的重构，实现资本力量对普通村民空间权益的无情侵占与剥夺。在此过程中，对决策阶层而言，可以借由村寨旅游空间生产获得更多的社会财富与资源，巩固权力地位；而对广大村民而言，旅游空间生产则成为旅游收益被剥夺、空间权益被侵占的手段。所以在资本力量的影响下，村寨旅游空间非正义问题将日益凸显。

（二）"交换价值"过度，阻碍民族村寨旅游空间生产发展

"交换价值"与"使用价值"是社会生产活动及其劳动成果本身固有的二重属性，其中"交换价值"反映的是生产者之间的社会关系，强调的是资本趋利的本质；而"使用价值"反映的则是劳动产品的自然属性，即其有用性。资本逻辑主导下的民族特色村寨旅游空间生产以实现"交换价值"最大化和资本的持续增值为核心目标导向，在市场供需矛盾和价值规律的作用下寻求无限的超额利润与剩余价值，这也正是资本永无止境的利益诉求的集中体现。资本永远不会关注自身以外的其他人或事物，不会探寻追求资本增值的社会价值，只会在意市场中永不停息的资本流动、循环、积累与再生产过程。因此，批判过分强调"交换价值"的行为是推动中国民族特色村寨旅游空间生产的必然内容。

第一，"交换价值"过度，导致村寨旅游区位发展不平衡。针对这一问题，需要进行理论批判。"交换价值"主导下的旅游空间生产以追求资本无限增值、实现交换价值最大化为目标，在此基础上实现资本的不断累积，最终形成了不平衡的地理发展现实。民族村寨大多地处群山之间，先天的地理环境与人口规模导致各村寨的交通便利性和市场规模各不相同，旅游资本对这种地处偏远、交通闭

塞、规模较小的民族村寨避而远之，不愿投入过多开发成本，而是更为青睐市场知名度高、基础设施完备的村寨，受此影响的民族村寨旅游空间生产活动必将进一步推动资本的不平等流动，不断加深民族村寨不同地理区位间旅游市场的发展差距。与此同时，民族特色村寨建设进程中的一切资源开发利用、景观修缮改造、市场经营推广等旅游空间生产活动都是在旅游市场资本的控制主导下，为了能尽快获得最大化的市场交换价值（即经济利益）而设计展开的，全然没有考虑过村寨自身的资源特点与广大村民的切身诉求，忽略了生产活动最本质的使用价值，最终导致村寨旅游市场空间彻底沦为资本积累与转移的新舞台，为区域间产业不平衡的地理发展提供了现实基础。因此，我们必须批判"交换价值"主导下民族特色村寨旅游空间生产实践所造成的区位间持续加剧的不平衡发展现象。

第二，"交换价值"过度，导致旅游开发速度与村寨承载能力不协调。针对这一问题，需要进行理论批判。"交换价值"主导的空间生产以追求资本无限增值、实现交换价值最大化为目标，在这种目标维度的指引下，村寨的空间资源逐渐丧失了其固有的使用价值，彻底沦为资本攫取利益的工具，从而导致出现了一批村寨为获取最大化的市场交换价值选择了高速扩张的旅游空间开发模式。我国在民族村寨旅游迅猛发展的阶段中，依靠这些无节制的村寨旅游市场建设扩张与无门槛无标准的招商引资等粗放式举措，一定程度上导致我国的民族村寨旅游空间生产的资本循环。但是这种完全依靠外部资本和空间扩张的旅游开发模式，严重偏离了以"使用价值"为核心的社会主义村寨空间生产本质，在此过程中完全不考虑村寨资源环境的承载力限度、村寨基础服务、旅游配套设施条件与村民旅游市场认知和技能水平，进而逐渐异化为以"交换价值"为导向的资本逐利式旅游空间生产。在外部市场资本的主导下，民族特色村寨旅游市场规模日渐扩大，"资本逻辑"对旅游空间开发进程的支配程度也与日俱增。旅游产品与服务缺乏特色、市场经营管理模式单一、村民参与积极性不高等问题都突出反映了村寨旅游承载能力与以"交换价值"为主导高速扩张的旅游空间开发模式之间的矛盾。

第三，"交换价值"过度，导致民族村寨旅游资源开发不可持续。针对这一问题，需要进行理论批判。"交换价值"主导下的空间生产活动以追求资本无限增值、实现交换价值最大化为最终目标，这种目标体系引导下的旅游空间生产行为往往会导致村寨优质资源的肆意开发与生态、人文环境的破坏。从本质上说，民族特色村寨旅游空间生产理应由"使用价值"和"交换价值"二者共同发挥作用，单纯依靠"交换价值"或是"使用价值"为主导的旅游空间生产实践在其内在逻辑上就存在必然的局限性。在过去以"交换价值"为生产导向的民族村寨旅游开发实践中，这种潜在的内部危机与局限性具体表现在为了获取更大的旅游发展利益,毫无规划与节制地占有改造村寨自然生态环境,粗放表面的开发经营特色文化资源,以市场手段与现代消费思想对村寨文化传统、社会关系和空间结构进行重构。而这种以资本利益为中心的旅游空间生产道路是不可持续的,也与社会主义本质背道而驰。同时,对民族村寨生态、人文资源的过度无序开发,在一定程度上也侵害了村民的生存空间,村民的土地权益、发展权益、文化认同与社会关系都受到了不同程度影响,将资源环境问题引入了社会生活层面,所以必须批判"交换价值"主导下的民族特色村寨旅游空间生产所造成的旅游开发不可持续问题及其严重后果。

第四,"交换价值"过度,导致民族村寨旅游空间开发非正义。针对这一问题,需要进行理论批判。"交换价值"主导的空间生产以追求资本无限增值、实现交换价值最大化为最终目标,在此影响下的旅游空间生产活动导致了严重的空间非正义问题。随着乡村旅游建设不断推进,我国民族地区特色村寨旅游飞速发展,旅游空间生产水平不断提升,对民族地区经济社会全面提升做出了突出贡献。然而在交换价值导向的过度影响下,民族村寨原本的地理景观、空间形态和社会关系结构在旅游市场开发过程中都出现了巨大改变,资源分配机制与权力体系的不断异化最终导致了当前民族村寨旅游空间中突出的空间生产非正义问题。资本为了获取更多的交换价值与超额利润,开始不断展开对村寨公共空间与资源的侵占,村寨内部则因为旅游空间资源与权力的垄断占有而产生了严重的社会阶级矛盾。村寨公共资源的使用、旅游发展收益的分配、市场开发的话语权等一系列资源与权益不断向资本与决策阶层倾斜,村民的经济收益、生计方式、社会权利和情感诉求等层面均受到挤压。随着市场资本力量在村寨旅游空间生产中权力地位的持续提升,村寨优质生态、人文资源的商品化、同质化生产与空间资本化运作必然将不断侵蚀村民们的生存空间与发展权益,进一步扩大村寨旅游空间异化隔离的格局,最终,村民与资本方之间将出现激烈的矛盾冲突,与游客间也将出现不和谐问题。在中国民族特色村寨旅游空间生产实践中,如果仍然以获取最大化的市场交换价值,实现无限制的资本积累作为生产价值导向与目标愿景,就必然会在一定程度上以社会公平正义的牺牲作为代价。广大普通村民被迫卷入村寨旅游空间开发进程中,原本的生产生活方式与社会关系结构都受到了较大冲击,然而在市场资本力量的强势影响下,自身的生存空间与权利诉求却被不断挤压与侵占,最终只能无奈丧失自己公平合法的空间权益,成为旅游市场开发的利益牺牲者。因此,我们必须批判"交换价值"主导下民族特色村寨旅游空间生产实践中日益严重的空间非正义问题。

(三)"市场力量"过度,加剧民族村寨旅游空间生产问题

在过去一段时期,"市场力量"主导下的民族特色村寨旅游空间开发与市场经济活动取得了一定成就,然而也付出了破坏地区原生环境、损耗村寨优质资源、丢失民族文化特色等惨痛代价,最终使得民族特色村寨旅游空间生产问题日益严重。仅仅通过市场本身存在的自我调节机制,通常只足以处理产生于民族特色村寨旅游空间生产发展演化进程中的微观均衡问题,这类问题往往非常简单;而对于更为复杂多元的宏观均衡问题,市场机制的调节作用往往十分微弱。与此同时,由于资本市场固有的即时性与多变性,旅游市场机制可以对当前民族村寨旅游市场空间中出现的供需矛盾与价格竞争问题做出较为完善的解释,然而对未来较长时期内村寨旅游市场空间的资源分配、产业结构以及供需关系等全局性问题却很难做出满意的规划。因此,批判过分强调"市场力量"的行为是推动中国民族特色村寨旅游空间生产的必然内容。

第一,"市场力量"过度,导致民族村寨旅游区位发展不平衡。针对这一问题,需要进行理论批判。"市场力量"主导下的旅游空间生产以实现利益最大化为最终目标,受其影响的旅游空间生产行为必将导致民族村寨旅游区位发展失衡。在初始发展条件就不平衡的前提下,那些地理位置通达、交通基础条件完善、人口规模与市场知名度更高的村寨首先开展旅游空间建设且进程迅速,旅游发展蓬勃向好,带动当地经济社会不断进步;与此对应的是那些地处偏远、交通闭塞、规模较小的民族聚居村寨产业发展相对滞后,旅游市场甚至完全没有开展建设。资本本质上就是趋利避害的,一切旅游市场投资行为都是个体的主观选择,为了获取更多的利益,决策者们必然更倾向于资源环境更优渥、交通区位更便利、市场建设更完善的地区,资本随之也必然会更多地流向这些地区,而这又进一步加深了地区间的旅游发展差距。而这种不平衡发展的现象正是在以经济利益为核心发展目标,不断实现资本积累的体制机制影响下产生的。资本通过三次循环能够实现在地理上的集聚,同时,市场投资行为由于具有主观性,更容易推动资本在地理空间中实现累积,这种地理上的集聚一方面加剧了区位间旅游发展的不平衡,另一方面也激化了普通村民与开发者和决策阶层之间的矛盾。

第二,"市场力量"过度,导致旅游开发速度与村寨空间承载能力不协调。针对这一问题,需要进行理论批判。"市场力量"主导的空间生产以实现利益最大化为最终目标,在这种情况下,旅游空间生产活动往往会盲目追求开发速度与规模,缺乏对村寨资源环境承载力、村寨旅游市场经营管理水平和村民旅游服务

意识水平的考量，进而会导致开发速度与村寨旅游承载能力之间的矛盾，出现诸如景区人流拥堵、旅游产品开发质量欠佳、服务技能与环境水平不达标、市场经济管理模式陈旧等问题，既没有给游客提供优质的民族文化体验，也没有为村民带来预期中的经济利益和技能水平提升。资本主义商品经济的基本矛盾决定了旅游市场中产品开发者的利益与社会共同利益既存在一致又存在差别，因此，在"市场力量"主导的民族特色村寨旅游空间生产进程中，由于个人利益与社会利益并不完全统一，旅游产品开发者与市场经营者为了获取更大利润，会不惜牺牲社会公共利益，毫无章法地高速推进旅游市场的扩张建设，不断冲击着村寨资源环境承载极限，最终导致村寨旅游空间生产的不协调，对村寨旅游承载能力、旅游产品开发能力、村民的旅游建设积极性造成影响与破坏。

第三，"市场力量"过度，导致民族村寨旅游资源开发不可持续。针对这一问题，需要进行深入批判。"市场力量"主导的空间生产以实现利益最大化为最终目标，受此影响，旅游空间生产活动全然不顾生态环境保护与传统文化的传承，最终造成了严重的资源环境破坏。市场经济作为一种经济运行形式，具有竞争性和自主性，在以市场规律为指导的村寨旅游开发过程中，开发资本与企业都想占据竞争优势，获取更大的经济收益，因此，便对村寨优质旅游资源展开了大规模、盲目、无节制的开发与粗放、同质化的经营。而在这种对当地资源禀赋缺乏了解，对民族传统仪式、人文艺术内涵缺乏研究的情况下，毫无规划、流于表面的旅游开发完全是对优质旅游资源的浪费，大大损害了民族村寨的原真性，给村寨生态、人文环境造成了严重的污染和不可逆转的破坏。同时，现代消费思潮的涌入与村寨传统文化之间产生了激烈的冲击，庄严隆重的文化仪式在市场力量作用下逐渐沦为麻木机械的舞台化展示，村民们的文化自豪感与认同感不断降低，民族特色文化逐渐流失，最终造成了村寨旅游空间生态文化发展传承全面的不可持续。

第四，"市场力量"过度，导致民族村寨旅游空间生产非正义。针对这一问题，需要进行理论批判。"市场力量"主导的空间生产以实现利益最大化为最终目标，随着市场经济的不断建设发展，在资本力量的驱动下，村寨旅游空间生产活动不再是"使用价值"的实现方式，反而成为资本追逐利益与权力的重要舞台。这种以利益为核心价值导向的村寨旅游空间生产行为对广大普通村民的生产生活方式、传统文化活动、社会关系结构都造成了极大负面影响，生产收益无法合理进行分配，空间资源被不断侵占，个人发展机会与情感诉求被忽视，生活幸福指数不升反降，最终引发了严重的民族特色村寨旅游空间贫富分化问题。我们通过以"社会过程决定空间形式"的过程辩证法对该现象进行分析后可以发现，村寨旅游空间非正义问题的出现与以"市场力量"为主导的民族村寨旅游空间生产模式紧密相关。市场资本利用旅游空间资源规划、旅游产品服务开发、市场结构建设经营等途径不断剥夺村民的空间权益，运用各种手段将村寨的资源财富集中到自己手中，从而给村民的生活方式、职业选择与村寨社会权力结构带来巨大变化，村寨空间的阶层隔离与分异不断加剧，进而导致村民与决策阶层、资本方和游客之间的矛盾日益激化，严重影响了村寨社会的和谐稳定发展。因此，我们必须坚决批判"市场力量"主导下的民族特色村寨旅游空间资源权益分配不公正、不平等的行为。

（四）"民营经济"过度，造成民族村寨旅游空间生产矛盾

"民营经济"包含个体经济、私营经济、混合所有经济等众多类型，是具有中国特色的经济形式，作为民族村寨旅游空间生产中活跃的微观主体，有很强的灵活性与适应性，是公有制经济的重要补充。然而，也正是因为民营经济的发展目标大多还是以实现个体利益的最大化为主，其决策规划能力、社会责任感与宏观影响作用也都较为有限，很难从全局性和长远的视角来把握民族村寨旅游空间发展的模式与方向，因而民营经济的过度投入，极易诱发并加剧民族村寨旅游发展中的资源环境问题与社会关系矛盾。因此，批判过分强调"民营经济"的行为是推动中国民族特色村寨旅游空间生产的必然内容。

第一，"民营经济"过度，导致民族村寨旅游区位发展不平衡。针对这一问题，需要进行理论批判。"民营经济"更追求高收益，更关注短期的投资回报，因此更愿意在区位优势明显、基础设施环境优良、市场规模与知名度较高的村寨进行投资开发，而那些地处偏远、条件落后、规模较小的村寨往往不在他们的考虑范围之内。私营资本、企业与个体经济的不断投资与发展使得资金、劳动力、新技术、新理念等旅游市场开发所需的资源要素单方向地向民族旅游中心区域聚集，民营经济与市场资本几乎掌控了村寨旅游开发的话语权，将其改造成资本的决策中心和利益来源地，进一步加剧了村寨旅游发展的极化效应，不同区位环境之间旅游空间开发水平差距日益加深。随着民族特色村寨旅游空间生产的不断推进，以"民营经济"为主导的开发经营模式必将导致不同区位间村民的收入水平、生活质量、村寨的产业结构和规模影响的差距进一步扩大，使得旅游发展不平衡的情况持续恶化。

第二，"民营经济"过度，导致旅游开发速度与村寨承载能力的不协调。针对这一问题，需要进行理论批判。"民营经济"实际上还是以追求高收益为空间

生产目标的，这种盈利性本质决定"民营经济"在村寨旅游空间开发过程中必然会不断加快旅游开发速度、扩张旅游市场范围、扩大空间生产规模，以尽快获取旅游投资回报，实现规模收益。受到资本利益的驱使，民营经济主体在民族村寨旅游空间生产过程中全然没有考虑村寨的资源环境承载能力与旅游服务水平质量，村寨的基础设施水平、产品服务质量无法满足游客们的现实要求与心理预期，经营服务观念老旧，产品开发同质化严重，反而降低了游客们的推荐与重游欲望；与此同时，村民们被迫参与其中，旅游服务意识与技能水平参差不齐，进而不断加剧市场开发速度规模、村寨承载力与旅游服务水平之间的不协调。因此，在这种一味追求速度与规模的旅游空间开发模式的主导下，各种由于村寨旅游承载能力与开发速度不相匹配而产生的资源环境问题层出不穷，最终阻碍了民族特色村寨旅游空间的全面协调发展。

第三，"民营经济"过度，导致民族特色村寨旅游资源开发不可持续。针对这一问题，需要进行理论批判。"民营经济"进行空间生产的核心目的是对资本利益的追求，这种盈利性本质决定了其在村寨旅游开发过程中必然会通过侵占空间资源来实现收益的最大化。由于"民营经济"更多追求的是市场投资者个人的即时利益，不会以村寨的可持续性和科学性作为开发宗旨，因此，其主导的旅游空间生产缺乏对资源环境与开发进程的整体规划和深入了解，势必会造成严重的资源环境问题，进而影响村寨经济社会的持续性发展。受到资本逻辑的驱使，各类私营资本、个体商户毫无节制地攫取一切村寨优质资源，粗放表面地开发经营民族文化产品，从不考虑村寨的生态、人文环境和旅游可持续发展问题。尽管这在短期内可以获得旅游开发的收益，但最终对民族村寨生态、文化、社会结构各方面都造成了严重破坏，民族传统与文化习俗逐渐被同化消逝，村寨社会的原真性与独特性被削弱改变，民族村寨旅游的核心竞争资源将不复存在。因此，如果不能尽快转变这种急功近利、盲目无度的旅游发展模式，将会给民族特色村寨旅游空间和社会发展带来无法挽回的严重后果。

第四，"民营经济"过度，导致民族村寨旅游空间非正义。针对这一问题，需要进行理论批判。"民营经济"实际上还是以追求高收益为空间生产目标的，在这种盈利性本质的影响下进行的旅游空间生产活动势必会通过各种经济、社会手段占有更多的资源财富，巩固资本力量的权利地位。一方面，民族村寨旅游业的发展确实促进了村寨经济社会发展，改善了村民生活环境与质量，不仅拓展了村民的收入来源，还丰富了村寨的产业结构；但另一方面，随着旅游市场的不断拓展，民营经济日益成为村寨旅游发展中占主导地位的力量，其追逐利益的本质也逐渐暴露，它们通过侵占普通村民的空间资源和旅游发展收益，剥夺其在市场开发建设中的话语权，不断蚕食着原本应由全民公平共享的旅游空间资源与权益，使得村寨旅游空间非正义的问题日益凸显。因此，在"民营经济"趋利性开发的影响下，民族村寨旅游空间资源与权力不断向资本力量集中，空间异化现象不断加深，村民们在经济上贫困、发展机会上受限、文化情感上受创、权利诉求上缺位，最终导致村民与资本之间的矛盾对抗激化，影响村寨社会的和谐稳定。

二、中国民族特色村寨旅游空间生产的价值回归

（一）"人民逻辑"回归，促进民族村寨旅游空间生产协调

"人民逻辑"和"资本逻辑"二者间的核心区别就在于人民群众的影响地位。在这两种逻辑主导下的空间生产实践中，人民的作用与地位是截然不同的。以"人民逻辑"为主导的村寨旅游空间生产强调人民的主体地位，村寨旅游空间生产与人的发展二者相互推进，彼此影响，成为推动民族村寨经济社会发展的重要力量。民族村寨旅游开发的"人民逻辑"包括两层含义：村寨旅游空间生产的一切成果由人民平等共享，推动实现共同富裕；村寨旅游空间生产应该充分调动村民的积极主动性，发挥广大群众的创造力，在共同建设村寨旅游空间的同时实现自身的全面发展。正是由于人民群众的劳动创新和生产创新，"人民逻辑"才得以超越"资本逻辑"。因此，只有充分发动起一切潜在的旅游空间生产力，才能推动村寨旅游不断向前发展，进而为村寨经济社会的整体发展进步奠定坚实的群众基础。所以，坚持以"人民逻辑"为核心的民族村寨旅游空间生产底线，实质上是为了巩固人民群众在村寨旅游空间生产中的主体地位，在旅游开发过程中不断提升广大村民的生活水平与自身能力，实现自我价值，确保他们切实成为决定村寨旅游未来发展的关键力量。为了批判并超越资本逻辑的逐利性特征，更多展现并遵从社会主义生产的先进性和整体性，我们强力主张民族特色村寨旅游空间生产实践中"人民逻辑"的指挥引导与全面回归。

第一，经济层面的"人民逻辑"主导与回归。旅游业作为民族地区的战略支柱性产业，民族村寨旅游经济的持续健康发展是地区全面振兴、人民生活全面改善提升的重要基础与现实前提。中国作为社会主义民主国家，坚持人民群众的核心主体地位，推动实现共同富裕是我国建设发展的终极目标。在民族村寨旅游空

间生产进程中贯彻落实旅游发展成果全面公平共享的原则，正是我国社会主义性质的集中展现。因此，坚持经济层面的"人民逻辑"主导地位，既是中国民族特色村寨旅游空间生产的发展目标，也是其内在要求。共享发展是新时代中国特色社会主义"五位一体"总体布局所提出的新发展理念，民族村寨旅游空间生产中"人民逻辑"在经济层面的全面主导与回归指的是村寨旅游空间生产建设的成果由全民公平共享，这也是民族村寨旅游空间生产的本质要求。必须坚持以人民为中心，让广大村民在共建共享民族村寨旅游空间的过程中，切实感受到更多幸福感与满足感，提升村寨旅游空间的建设发展效率，调整完善村寨产业结构与市场环境，并以此为村寨旅游空间生产的出发点和落脚点，团结各族同胞，汇集群众力量，引领村寨经济社会全面稳步发展，最终实现共同富裕。这就要求中国民族特色村寨旅游空间生产不仅要注意村寨空间内部产业结构、劳动力水平等诸多经济要素之间的协调与平衡，更要关注其与外部市场环境之间的即时关联与良性互动。在外部市场环境的综合影响下，为了实现我国民族特色村寨旅游空间生产成果由全民公平共享的终极目标，必须全面调整升级当前我国民族村寨旅游空间生产结构，整合、转变民族村寨旅游空间资源开发与经营管理模式，推动民族村寨经济效益与社会效益的协调与提升。正是通过不断夯实巩固民族村寨旅游发展成果的共享性，才得以实现我国民族特色村寨旅游空间生产发展的人民性、协调性、公平性和持续性。

　　第二，政治层面"人民逻辑"的主导与回归。国家政治的和谐稳定是影响中国民族特色村寨旅游空间生产的重要因素，而在现阶段的旅游开发实践中同样面临着许多涉及政治层面的发展问题，诸如如何实现民族村寨旅游发展的全面协调、推进民族团结交融、实现各族平等健康发展等。在"资本逻辑"的主导下，民族村寨旅游空间开发建设的权利大部分被社会顶层的少部分人所独占，而大多数普通村民被动丧失了合法的空间权利，广大人民群众在民族村寨旅游空间的生产规划、决策整合过程中的参与度、话语权和影响力极其微弱，最终只得接受村寨旅游空间被重构改造、资源收益被侵占更易的结果。所以，要实现民族特色村寨旅游空间生产中政治层面"人民逻辑"的全面主导与回归，我们必须以坚持贯彻落实民族区域自治制度为整体抓手，通过宣传教育、人才引进、专题学习、经验交流等多种形式与手段，持续推进广大民族同胞政治意识的提升、地区行政结构的优化、社会治理体制机制的创新，推动中国特色社会主义民主法治与基层治理体系的建设完善，为民族村寨旅游空间稳定繁荣发展、各族人民的交往交流交融提供政治保障。在民族村寨旅游建设过程中，我们必须坚持依法治国的基本方略，让各族同胞能够依法平等享有广泛的发展自由和政治权力；同时，通过政策引导，充分发挥民族村寨旅游开发进程中的所有积极力量，健全完善产业发展规范与相关法律条文，协调处理好各方市场主体的利益关系，维护村寨社会全体成员的合法空间权益，尽力避免可能出现的负面影响因素，让大家可以公平合法地表达发展诉求。始终牢记以人民性、真实性和广泛性为中国民族特色村寨旅游空间生产的原则与目标，不断改革和完善民族特色村寨旅游开发制度、理念、法规等物质基础，持续建设提升村寨的社会政治环境和民生保障体系，最终形成全民共商共建共享的旅游空间开发新局面。

第三，文化层面"人民逻辑"的主导与回归。民族村寨旅游空间生产从本质上看，就是空间建设扩张与社会关系重构的过程，因此，在修缮和重建村寨地理文化景观的同时，对广大村民的生活方式、消费习惯、文化传统与社会关系也产生了影响。在"资本逻辑"的主导作用下，为了尽快实现经济利益的最大化，旅游资源的利用、产品服务的开发与旅游市场的建设经营逐渐趋于商品化、资本化、公式化，原本承载着悠久历史文明的民族传统文化成果逐渐沦为商品经济的工具和附庸，民族文化系统的原真性、独特性、多样性、历史性在流水线式的旅游市场开发过程中日益变得同质化、单一化、表面化。事实上，文化信仰与价值观念的自由多样化是人类社会的基本属性，然而这种以追逐利益为唯一目标的民族村寨旅游空间生产模式，带来的却是现代消费主义价值浪潮的单向压倒性输入，不同价值观之间产生了激烈的冲突与碰撞，传统文化记忆日渐流失，公共文化生活逐步变质，而这种文化入侵与权益侵害的过程却被旅游开发者们以资源现代化、创造性开发利用的借口隐藏起来。因此，必须注重民族传统与特色文化的保护与传承，处理好开发与保护之间的关系，在充分学习了解的基础上进行创造性、继承性、有深度的旅游产品与服务开发，要态度鲜明、立场坚定地维护广大村民的文化权益，避免单一化、表面化、同质化的旅游空间拓展和地理景观兴建改造，切实保障村寨旅游开发时村民的文化权益，推动民族特色村寨旅游空间生产走上文化多样化、品牌化、活态化发展之路。

第四，社会层面"人民逻辑"的主导与回归。民族特色村寨的振兴作为新时代中国特色社会主义发展更新的重要环节，建设进程必然会受到国家战略布局、世界发展格局和时代发展特征的影响，同时会对现阶段全面建成小康社会社会，巩固民族地区的团结稳定，促进各民族的交往交融起到实时反馈作用。因此，我国民族村寨旅游空间生产可持续性的实现，离不开各民族同胞在村寨旅游市场建设中的协同并进、互动交融和团结发展。民族特色村寨旅游空间生产中社会层面"人民逻辑"的主导与回归主要体现为保障人民群众的平等空间权益，在旅游空间生产开发的全过程中始终牢记村民的主体性，构建共商共建共享的旅游发展新局面，尽快找到破解新时代村寨社会矛盾的方法途径，推动建成团结和谐、繁荣进步的村寨旅游社会空间。基于此目标，在旅游空间生产过程中必须始终牢记与村寨社会的稳定繁荣发展趋势保持高度统一，在旅游市场空间大规模扩张改造的同时，不断健全完善基层社会治理体系，提升社会治理能力，更新基层管理意识，提高基层管理水平，拓宽公共服务范畴，提升民生服务质量，进而实现民族村寨社会的全方位升级；与此同时，可以通过旅游产业的繁荣发展，切实改善村民的生活质量，丰富村民的收入结构，实现各族同胞的共同发展富裕。坚决贯彻提升广大人民群众在村寨旅游空间生产中的绝对主体地位，一方面是分析解决民族村寨经济社会发展断裂失衡问题的核心思路，另一方面也是处理受到"资本逻辑"过度影响而造成的村寨旅游发展难题与空间阶级矛盾的重要方式。所以，在民族村寨旅游空间生产发展的基础上，我们必须筑牢民生底线，在满足村民物质生活需求的前提下丰富村民的精神文化生活。

第五，生态层面"人民逻辑"的主导与回归。中国民族特色村寨旅游空间生产绝不能以牺牲自然生态环境为代价。在以"资本逻辑"为主导的村寨旅游空间生产过程中，旅游市场空间无限制的扩张与蔓延必然会侵占村寨更多的土地资源，与此同时，村寨公共休闲空间的持续资本化与商品化开发，对村寨地理景观与人文环境造成了大规模地改造和重构。这一过程也损耗了大量的资源，而这些无规划无节制的市场开发行为对民族村寨的自然生态与资源环境造成了不可逆转的巨大破坏。为了满足资本开发者们的利益诉求，旅游资源过度开发的现象屡禁不止，村寨社会人与自然、生态环境的关系日益紧张，完全背离了社会主义国家以人为本的发展理念，从长远来看，严重影响了村寨旅游空间可持续发展。党的十九大立足当前发展现状，作出了生态文明建设的具体战略部署，将对生态系统的修复与重建纳入社会有机整体的范畴之内，形成人与自然和谐共生的新局面。因此，要始终坚持"以人为本，全面协调可持续"的科学发展理念，牢固树立正确的生态文明观，切实做到"保护优先，规划先行"的旅游开发原则。同时还需不断完善监督管理机制，加强规划保护与监督力量，通过将"绿色发展"加入村寨旅游空间生产考核指标体系中，全面落实"谁污染谁治理"的权责一体原则，设置生态红线保护制度与生态补偿机制等具体举措，不断规范村寨旅游开发建设，加快构建绿色可持续的旅游空间生产模式。因此，要以"人民逻辑"为主导，在旅游市场建设中不断提升村民的生态保护意识，扩大村民的生态保护参与度，发动村民进行旅游开发监督，最终形成人与自然和谐共生的新局面。

明确民族特色村寨旅游空间生产实践中"人民逻辑"的主导作用并不是一句抽象的口号，而是具体可操作的实践。中国民族特色村寨旅游空间生产坚持以

"人民逻辑"为底层逻辑,是在满足人民物质生活需要的基础上推动实现人的自由全面发展。中国民族特色村寨旅游空间生产的发展目的是造福全民,让村寨旅游空间发展更均衡、更公平、更共享,最终实现共同富裕。因此,中国特色社会主义民族村寨旅游空间生产发展应该将人的劳动从资本的奴役中彻底解放出来,贯彻"人民逻辑"的基本发展要求,让广大人民群众的主体性地位得到复归,同时在旅游空间生产过程中始终强调公平性、协同性与有效性,让广大村民、各族同胞能够真正共享村寨旅游空间生产发展的成果。共享发展成果需要让全体村民公平渐进地享有民族特色村寨旅游空间生产所取得的发展成果。因此,在我国民族村寨旅游空间生产进程中所收获的一切物质性或非物质性的市场开发回报都应该牢记惠及全民的基本原则,逐步提升村民的生活质量与收入水平,缩小城乡间、地区间的经济社会发展差距。

综上所述,在中国民族特色村寨旅游空间生产的过程中,必须始终坚持"人民逻辑"的主导与回归,坚决贯彻"以人民为中心"的核心发展理念与终极目标,减少劳动剥削、赋权弱势群体、缩小发展差距、推动乡村振兴;同时,也要将"资本逻辑"作为村寨旅游空间生产发展的重要手段与驱动力量,充分发挥资本在旅游开发中的积极作用,带动村寨经济社会发展提升。二者合力,方可解决区位发展不平衡问题、资源开发不可持续问题、村寨旅游承载力危机问题和空间非正义问题,不断推动中国民族特色村寨旅游空间生产健康持续发展。

(二)"使用价值"回归,提升民族村寨旅游空间生产质量

"使用价值"和"交换价值"作为劳动产品的固有属性,最本质的区别在于发展目标导向。其中,以"交换价值"为导向生产活动最终的目标是获取更多的资本积累,实现利益的最大化;而与之截然相反的是,以"使用价值"为导向生产活动终极发展则是为了保障与实现人民的利益和权力,实现全面共同富裕。所以,中国民族特色村寨旅游空间生产必须坚持"使用价值"的根本导向,并且贯彻体现在民族村寨经济繁荣、产业发展、社会和谐、人民幸福的建设进程的方方面面。乡村振兴的最终目标是要全面实现农业强、农村美、农民富的图景,民族村寨社会的大规模旅游开发建设也正是农业农村现代化发展的产物。民族特色村寨旅游空间的构成相当复杂多元,在这个空间中聚集了开发资本、旅游资源和大量村民,与此同时也堆积了许多空间生产问题,例如资源环境污染、公共基础服务紧张、职业市场竞争加剧、文化观念冲突强烈等。从中不难发现,村寨旅游空间生产一方面拓宽了村寨产业结构,改善了村民生活,促进了经济社会发展,另

一方面也带来了不少负面影响。所以，坚持以"使用价值"为核心的民族特色村寨旅游空间生产价值导向，从本质上说也是我国社会主义建设发展的内在要求，对我国民族村寨旅游市场的持续健康发展起到了关键性作用。因此，明确将"使用价值"的实现作为核心生产价值导向，既为分析解决现阶段我国民族村寨旅游空间开发建设中日益严重的矛盾问题提供了思路方法，同时也对村寨旅游空间中文化凝聚力的提升和民族传统的发展传承具有重要意义。

第一，"使用价值"回归，促进民族村寨旅游空间生产的可持续性。中国民族特色村寨旅游空间生产要彻底摒弃过去追求短期投资回报的资本化发展模式，坚决排除为实现"交换价值"的最大化而对村寨旅游空间可持续发展造成的阻碍，进而走上全面协调可持续的发展道路。中国民族村寨旅游空间生产区别于资本主义乡村旅游空间生产的关键就是，我国始终立足长远，努力构建人与自然和谐共生的新局面，避免因"交换价值"的逐利性本质而造成的过度无序开发与旅游空间可持续发展之间的矛盾。强调旅游空间的可持续发展，并不意味着要放弃眼前的经济利益，而是要求我们在村寨旅游市场开发经营过程中注意速度、规模的把控与资源环境的协调，处理好开发与保护之间的关系，实现多方共赢。因此，在民族特色村寨旅游空间生产过程中，必须始终牢记绿色可持续的开发理念，减少由于过度使用"交换价值"带来的弊端，同时还需要坚持以全面长远的眼光看待、分析和解决问题，最终实现中国民族村寨旅游空间生产的经济、社会、生态全面协调可持续发展。

第二，"使用价值"回归，推进民族村寨旅游空间生产的科学性。自改革开放以来经历了近半个世纪的探索与发展，中国民族村寨旅游才形成当前总体向好的发展态势，其间因过度追求"交换价值"以期在最短时间内实现村寨旅游空间的剩余价值最大化与资本的增值，村寨展开了盲目无序的大肆开发，造成了村寨资源环境的破坏与空间秩序的混乱，违规建筑与改造情况严重，资源浪费与过度开发屡见不鲜。因此，"使用价值"的回归要求我们在开发建设之前先从宏观角度进行整体规划，明确长远的发展目标，确定合适的开发路径与市场规模，在具体执行过程中也要做到因地制宜、循序渐进，从而推动中国民族特色村寨旅游空间生产走上科学发展之路。

第三，"使用价值"回归，保障民族村寨旅游空间生产的人民性。中国民族特色村寨旅游空间生产始终贯彻以人民为中心的核心逻辑理念，明确人在村寨旅游空间生产中的绝对主体地位，杜绝将人视为空间资本化的工具附庸的可能。中国民族村寨旅游空间生产要将以实现"交换价值"最大化为主导的空间资本化发展模式，转变为以"使用价值"为核心导向的空间人本化开发模式。中国民族村寨旅游空间生产与资本主义乡村旅游空间生产的关键区别就在于，我国始终严格贯彻以人为本的指导思想，切实将人民群众作为村寨旅游开发的主体，一切生产活动基于广大村民的现实需求，从源头避免"资本逻辑"过度带给村寨旅游空间生产的弊端。只有利用好社会资本，转换以往的陈旧理念，做好宏观调控，完善监督机制，才能够有效维护空间正义，保障人民的正当权益，真正体现中国民族特色村寨旅游空间生产的人民性本质特征。

要实现民族特色村寨旅游空间生产进程中"使用价值"的回归，一是要将"使用价值"贯彻落实到旅游市场劳动的全过程中。中国民族特色村寨旅游空间生产的"使用价值"回归，是从促进"使用价值"的实现的角度，阐释村寨旅游市场的劳动过程、技术组成、空间演化、资本循环等问题的，并在旅游空间生产建设中不断强化"使用价值"在社会生产中的价值与功能。例如固定资本的投入，道路交通、基础设施与地理景观的建设修缮，这些旅游空间中的基本要素在生产伊始就具有重要的"使用价值"，在民族村寨旅游空间开发的过程中，这类固定资产对调整丰富村民劳动生产路径、提升完善村寨旅游市场环境、优化拓展村寨产业发展结构等方面也具有不可替代的作用。另外，"使用价值"不仅影响着村寨社会生产关系，也日渐改变了村民的生活习惯与消费观念。使用价值作为商品的本质属性，是一切消费行为产生的基本源泉，随着民族村寨旅游空间生产的推进，不断发现和创造出的新的"使用价值"给广大村民与劳动者们提供了全新的消费需求，推动着村寨旅游市场空间持续向前发展。

二是要以"使用价值"满足人民日益增长的美好生活需求。要通过"使用价值"的回归与实现，不断提升广大村民对村寨旅游空间的归属感、依赖感、获得感与幸福感。基础设施条件与公共服务水平是民族村寨旅游开发的基础与前提，在旅游市场建设过程中，大多数村寨不断完善当地的交通、住宿、卫生、医疗、教育等公共基础服务设施，拓展了村寨的产业结构，提升了村民的生活质量、文化素质和技能水平，有效缓解了村寨旅游空间中不同阶层之间的空间社会矛盾，促进了民族村寨社会的和谐稳定，同时还能保证村寨旅游空间生产的协调性与持续性，不断提升村民的幸福感和满足感，努力实现村民们对美好生活的向往。例如，空气、树林与山泉本身并没有"价值"，但承载了大量人们所需要的"使用价值"，倘若不加以重视，大规模开发村寨周边土地资源拓展旅游市场空间，大肆开发兴建或改造村寨原有地理景观，势必会造成资源的过度开发使用与环境的污染与破坏，村寨空气质量日渐下降，废气、噪声污染时常发生，最终导致村寨旅游空间承载力危机的出现。这些民族特色村寨大多处于风景秀美的大山之中，是各民族同胞世代生活的精神家园，当村寨的人文生态环境因为旅游开发受到污染与破坏时，不仅会对村民的日常生活与旅游开发热情产生不良影响，更会对村民的身心健康与精神文化寄托造成严重的威胁与冲击，进而导致村民对旅游空间产生抵触，甚至可能引起村民们的搬迁与流失，从而彻底造成民族村寨旅游空间的大规模瘫痪，经济社会发展长时间暂停。因此，不断提升民族村寨旅游空间生产由"交换价值"向"使用价值"转变的能力，将大大推动我国民族村寨旅游空间生产的可持续进程。

综上所述，要实现中国特色社会主义民族村寨旅游空间生产过程中"使用价值"的回归主导，就必须始终坚持将"使用价值"的实现作为村寨旅游发展的核心价值标准和基本目的，同时将"交换价值"的实现作为促进我国民族村寨旅游空间产业发展与资本增长的重要手段，协调好二者的主次关系，共同解决区位发展不平衡、资源开发不可持续、村寨旅游空间承载力危机和空间非正义等一系列问题，推动我国民族特色村寨旅游空间生产持续向好发展。

（三）"政府力量"回归，引领民族村寨旅游空间生产进程

区分"政府力量"与"市场力量"主导的关键在于产业发展状态。市场自身会对旅游产业造成巨大影响，但是并不意味着政府对于旅游产业的发展就毫无作用，相反，当前呈现出的一系列现实问题呼吁着民族村寨旅游空间生产进程中"政府力量"的回归，以更好弥补市场力量带来的弊端。所以，应当充分协调二者的关系，既发挥市场在资源配置中的决定性作用，又发挥政府的宏观调控作用。在明确"政府力量"的回归，协调好政府与市场力量关系的基础上，一方面要坚持政府在宏观调控、科学规划、监管督查等方面的引导作用和支持保障，另一方面也要避免政府对微观旅游经济主体的过多行政干预，影响村寨旅游市场的积极性与创造力。既要通过整体性、科学性的战略规划和全面性、多样性的政策法规保障，实现对村寨旅游空间生产的全面引领，转变其原有的开发方式，也要充分利用市场手段与机制调动微观经济主体的竞争力与创造性，才能有效实现产业的结构优化。

第一，"政府力量"回归，保障了民族村寨旅游空间生产的公平与效率。在以市场力量为主导的村寨旅游空间生产模式下，相关资本方与企业之间的竞争十分激烈且耗时长久，所以他们不得不通过持续压缩旅游空间生产成本的方式获取更多的剩余价值，不断扩张村寨旅游市场空间，工业化流水线式地推出民族特色文化产品、民族传统庆典仪式公演与体验服务，发动村民的积极性提升旅游生产效率，寻求财政、人才与技术支持提升村寨旅游空间的生产质量，以此不断扩大

村寨旅游空间生产规模，增强自身的旅游市场竞争力，这给政府部门也造成了一定程度的压力。然而，单纯依靠市场机制本身是无法实现村寨居民空间资源与旅游收入的公平分配的，因为市场本质上是追逐利益的。因而，在市场力量主导的旅游空间生产机制下，竞争优势更强、话语权更大的开发资本与决策阶层会获得更多的收益成果，而村寨社会大量的普通民众与弱势群体很难享受到旅游空间发展的成果。因此，我们大力倡导"政府力量"在村寨旅游空间生产中的回归，并不是对市场机制的否定，而是以政府为主导，充分发挥其引领作用，保障人民的发展需要，维护产业发展中的公平与效率，在市场机制科学配置村寨旅游空间资源的基础上，借由政府力量的主动介入，弥补市场机制的局限与不足，提升民族特色村寨旅游空间生产的效率。

第二，"政府力量"回归，促进了民族村寨旅游空间生产的平衡与持续。回顾我国民族村寨旅游的发展进程，"市场力量"过度导致的村寨旅游空间生产结构失衡问题最为突出。也因其盲目性、随意性和滞后性，民族特色村寨旅游空间生产的可持续性大打折扣。在村寨旅游空间生产结构中，传统农业和家庭手工业占比较大、服务业发展滞后，村民的旅游服务意识与技能水平存在较大差异，随着外部市场资本的不断注入，村民逐渐被挤出了旅游市场竞争，原有的空间权益与资源受到了侵占，造成村寨内部的阶层分化问题，普通村民与决策阶层、外来开发者在旅游空间开发的话语权和成果分配等方面存在严重失衡，各利益群体之间的矛盾日渐激化。同时，盲目无序、缺少规划的旅游空间扩张和资源环境的开发，导致了严重的环境污染、资源短缺、人员流失和文化同化流失等问题，对民族特色村寨的自然生态、人文历史、情感认同等全方位都造成了难以挽回的破坏。随着民族村寨旅游业发展的高速、大规模推进，资源环境、利益分配和相关的结构失衡问题将会愈加突出，使得民族特色村寨旅游空间生产的均衡性与可持续性愈加难以实现。因此，我们大力呼唤村寨旅游空间开发时"政府力量"的回归，就是要充分发挥政府的职能与优势，科学规划旅游资源，合理控制开发速度与规模，统筹全局，平衡调度旅游市场资源，公平合理分配旅游发展成果，切实提升我国民族特色村寨旅游空间生产的全面协调可持续发展水平。

第三，"政府力量"回归，确保了民族村寨旅游空间生产的共建与共享。在"市场力量"主导的旅游空间生产进程中，往往是由少部分利益主体参与主导村寨资源规划与开发的决策，最终的发展成果也是由这部分人垄断独享。作为社会主义国家，一切生产活动都是从广大民族同胞的切身利益诉求出发的，在民族村寨旅游空间建设过程中，只有充分发挥政府的职能力量，我们才能真正做到消除贫困，改善民生，满足人们的美好生活需要，最终实现乡村振兴、人民共同富裕。因此，我们必须牢固树立政府引领民族特色村寨旅游空间生产的基本思路，最大限度地发动广大村民参与到村寨旅游空间的建设中来，不断培养提升村民的主人翁意识，保障提升村民的旅游开发话语权，建立完善协调机制。同时，追踪落实村寨旅游市场空间发展实现的资源收益由全体村民公平共享，开发权益惠及各族同胞，并以此作为新时代中国民族村寨旅游空间生产建设的根本价值标准与开发原则。

要实现民族特色村寨旅游空间生产进程中"政府力量"的回归，最关键的是要做到以下两点，一是政府要充分发挥引领作用，科学规划发展战略。各级地方政府立足民族村寨资源环境特点，因地制宜，科学编制当地的村寨旅游空间建设规划，在渐次展开旅游市场建设的同时，体现出村寨独有的文化特点，将其作为产业发展的基本依据，加快推动产业优化升级进程。首先，从政策方向的角度来看，将加快发展民族村寨旅游业作为提升村民生活水平的重要方式；其次，将加快转变村寨旅游空间生产方式作为民族乡村地区经济结构调整、技术进步、发展创新的关键驱动力，帮助实现民族村寨产业现代化；最后，将全面共建共享旅游空间开发成果、保障村民的空间权益、推动实现共同富裕和个人的自由发展作为民族特色村寨旅游空间生产的根本目标。

二是建立完善民族村寨旅游空间生产的市场监管体系，为旅游空间健康生产保驾护航。在具体工作中，给予地方政府在资源规划、资本管控、市场布局上更大的监督权、审批权以及其他行政职权，以充分发挥政府的行政职能优势。加大对旅游市场的监管力度，制定相应的规章制度与行业法规，以不断规范村寨旅游市场开发行为；培养与引进专业人才，提升村寨旅游经营管理水平；单独设置监管部门追踪落实旅游开发情况，全力构建一个设置科学、布局合理、功能完善、监管严格、权责明晰、集约高效的村寨旅游空间生产管理体系。同时，加大与第三方科研测评机构的合作，构建科学的评估体系和问责机制，对效益持续走低的旅游项目与相关企业进行取缔和驱逐，对不按照发展规划执行、造成资源浪费的企业与相关负责人进行问责，努力推动形成民族村寨旅游健康有序发展的新局面。

综上所述，要实现中国民族特色村寨旅游空间生产过程中"政府力量"的回归，就要充分发挥政府的引领与保障作用，通过行政手段与政策法规支持村寨旅游空间开发建设，弥补旅游市场本身的缺陷，维护广大村民的合法权益，同时协调好政府与市场的关系，通过市场良性互动与竞争不断促进生产力的发展，提升村寨旅游产品与服务的质量与创意，共同解决民族村寨旅游空间生产中日益突出的区位发展不平衡问题、资源开发不可持续问题、村寨旅游承载力危机问题和空间非正义问题，推动中国民族特色村寨旅游空间生产持续健康发展。

（四）"国有经济"回归，提供民族村寨旅游空间生产保障

"国有经济"和"民营经济"作为中国特色社会主义市场经济体系的核心组成部分，二者之间的本质区别就在于生产目的。中国作为社会主义国家，民族村寨旅游空间生产的收入应该全部表现为劳动收入，不应该存在资本利润，即不存在占有劳动者的剩余价值。在"国有经济"主导的村寨旅游开发中，这些剩余价值一部分用于公共基础服务建设的开支，另一部分用于村寨公共资本与福利的积累，最终都是为了村寨的公共空间的建设，提升村民的生活质量与收入水平。而由"民营经济"主导的村寨旅游空间建设本质上还是为了实现个体利益的最大化，其间生产的剩余价值还是受到剥削，被资本家们垄断独享，用以在未来生产出更多的私人资本。国有经济是中国共产党执政兴国的重要支柱和依靠力量，在关系国家安全、国民经济命脉和国计民生等关键基础领域中发挥着至关重要的作用，不断巩固和维护着社会主义公有制性质，引领和推动国家经济向前发展。自我国乡村旅游业兴起以来，国有经济在交通、物流、通信、医疗、卫生、教育等公共基础服务设施建设方面的支持与投入，在民族地区特色村寨旅游业的发展和市场竞争力的提升等方面起到了重要的基础性作用，为推动民族村寨产业结构升级、村民生活改善、技术观念进步注入了动能。因此，必须坚持"国有经济"在民族村寨旅游空间生产中的主体地位，继续发挥国有经济的支持带动作用，同时协调发动"民营经济"的创造力与竞争力，助推民族村寨旅游空间不断向前发展。

第一，"国有经济"回归，优化了民族村寨旅游空间产业结构。民族村寨旅游空间生产以维护村民的主体地位为核心原则、产业发展为基础、村寨环境承载力为支撑、体制机制创新完善为保障，进而实现产业兴旺、生态宜居、乡风文明、治理有效、生活富裕的美丽乡村图景。具体到民族特色村寨旅游空间生产来说，产业结构的优化调整应该是由传统农业、家庭手工业不断向电商零售业与现代服务业过渡。然而在产业结构转型过渡的过程中，由于技术水平与文化观念的差异和资本力量的介入，出现了环境污染、资源浪费、职业壁垒、市场垄断等一系列经济社会矛盾。尤其是当私人资本不断涌入村寨旅游空间后，一方面的确推动了村寨旅游市场的发展成熟，提升了旅游市场竞争力与产品质量品类，另一方面也造成了难以调和的经济社会矛盾，进一步加深了村寨贫富群体间的发展差距。民族村寨旅游空间生产与产业结构调整应是一种相互促进、耦合联系的关系，传统农业和手工业是村寨长久以来的基础产业，而电商零售业和现代服务业是随着旅游市场开发兴起的产业，二者各有其价值与作用，在相互作用与共同发

展的过程中,需要"国有经济"的不断协调引导。因此,我们全力主张村寨旅游空间建设中"国有经济"的回归,逐步引导民众主动参与到旅游空间建设中来,拓展村民的生计渠道,发展分时体验式民族村寨旅游,促进村寨空间产业结构多样化、合理化、现代化,不断动态优化村寨产业发展结构。

第二,"国有经济"回归,促进了民族村寨旅游空间生产公平高效。在当前我国民族村寨旅游空间生产实践中,公平与效率之间的矛盾愈演愈烈,村寨旅游空间的配置效率与空间资源分配公平性之间的矛盾也日益凸显。追求公平与效率都是为了实现民族村寨旅游市场环境的优化完善,提高村寨的宜居度与旅游市场竞争力,改善广大村民的生活质量,满足村民们对美好生活的需求,促进民族地区经济社会的和谐稳定发展。然而过度的"民营经济"注入,村寨旅游空间生产在缺乏宏观统筹、盲目逐利的资源开发形式下,只会造成资源环境的破坏与经济利益的垄断。因此,我们全力呼吁民族特色村寨旅游空间生产进程中"国有经济"的回归与主导,长远规划旅游空间发展目标,科学高效配置村寨旅游空间,公平合理分配空间生产成果,努力实现生产效率与分配公平的统一,推动村寨旅游空间生产公平高效发展。村寨旅游空间结构反映了村寨的土地开发规律和组织权力特征,所以应通过深入研究村寨空间的区位环境、道路交通、土地利用、人口分布之间的关联,最大限度地保留原有的村寨空间功能分区,充分发挥"国有经济"在市场基础建设中的主体作用,不断加强旅游空间格局的合理化配置。在道路交通方面,民族村寨旅游发展与村寨交通便利性密切相关,村寨的可到达性是游客选择目的地的基本标准之一,"国有经济"发挥其在交通基础设施建设方面的支持性作用,极大地促进了山地民族的特色村寨旅游发展。在资源环境开发利用方面,"国有经济"作为社会主义公有制的重要载体,时刻体现着以人为本的基本要求,注重村寨旅游空间资源的科学性、渐次性、协调性、持续性开发,始终牢记保护优先的原则,实现村寨旅游空间的持续健康发展。在人口分布方面,村寨旅游市场空间格局应同人口分布的总趋势相匹配,在"国有经济"的领导下充分体现出村民的主体地位,提升村民在旅游空间生产中的话语权和参与度,满足村民的发展诉求,以获得村寨旅游空间生产在广大村民之中的支持与共建,最终实现协调、高效、可持续发展。

第三,"国有经济"回归,提升了民族村寨旅游空间生产质量品牌。以往受"民营经济"过度影响的村寨旅游空间生产,往往重物质形式而轻产品内涵,重规模速度而轻质量品牌,重投资回报而轻文化体验,资源开发与产品设计缺乏科学规划和深入了解,整体性、传承性、独特性、连贯性较差,结果常常适得其反,村民的参与热情逐渐消减,麻木机械地重复舞台化、表面化的民俗文化和简单的手工制作体验加剧了村寨旅游空间的阶层分化和社会矛盾。因此，我们全力呼吁民族特色村寨旅游空间生产进程中"国有经济"的回归，正是为了村寨历史文化的挖掘研究和民族特色文旅品牌的塑造，遵循旅游市场发展规律，努力提升民族特色旅游产品与体验服项目的质量和创意，避免出现同质化、资本化、表面化的旅游空间塑造。同时，"国有经济"作为社会主义经济发展的重要抓手，也更容易实现民族村寨旅游空间生产的人本性和科学性，将村民的需求与发展置于首要地位，通过引进专业人才，实施广泛教育培训，不断提升村民的思想文化素质和旅游服务技能水平。在"国有经济"的回归和引领下，可以加快打造民族特色旅游村寨品牌，提高村寨旅游空间整体品质和人文体验感，实现村寨旅游空间的高质量发展。

要实现民族特色村寨旅游空间生产进程中"国有经济"的回归，关键要做到以下两点：完善产权制度与行业规范，保障村寨旅游空间有序发展，包括对村寨土地所有权、旅游市场承包经营权、资源开发处置权和收益分配制度的改革与完善，同时，依据政府部门制定的行业要求，规范有序展开村寨旅游空间生产；处理好国有经济与民营经济的关系，共同推动村寨旅游发展进步。民营经济作为我国社会主义市场经济的重要组成部分，在促进创新、增加就业、改善民生等方面发挥了积极作用，因而在民族特色村寨旅游空间生产中要统筹协调好国有经济与民营经济的市场分工，各种所有制经济充分发挥其所长，共同推进民族村寨旅游市场的持续健康发展。

综上所述，要实现中国社会主义民族特色村寨旅游空间生产过程中"国有经济"的回归，就必须确保在村寨旅游空间生产中"国有经济"的主导地位不动摇，同时以"民营经济"作为补充，共同解决区位发展不平衡、资源开发不可持续、村寨旅游空间承载力危机和空间非正义等一系列问题，推动中国民族特色村寨旅游空间生产不断向前发展。

第八章

中国民族特色村寨旅游空间生产的社会主义道路

一、促进区位空间平衡发展，缩小村寨旅游发展差距

（一）"人民逻辑"与"资本逻辑"并行，以"人民逻辑"为主导，实现民族村寨旅游均衡发展

在中国民族特色村寨旅游空间生产进程中，需要坚持"资本逻辑"与"人民逻辑"二者并行。资本力量作为村寨旅游经济发展的重要驱动引擎之一，为村寨旅游空间生产开发手段与方法模式提供了经验参考，为村寨旅游市场建设集聚了必要的资金、技术、劳动力等生产要素，为村寨旅游产业的建设运营转向和空间布局优化奠定了市场资本保障，进而充分实现了"资本逻辑"应有的旅游市场价值。然而，趋利避害是资本的根本属性特点，受其影响，"资本逻辑"主导下的村寨旅游空间生产实践也以追求最大化的经济利益为最终目标，这与中国特色社会主义发展的本质要求全然背道而驰。我国民族特色村寨旅游空间生产的根本目标是通过旅游产业的经济联动效应，推动民族落后地区振兴发展，最终实现各

族同胞共同富裕，在此过程中一切的生产活动都是以人的现实需求为出发点，人民群众始终处于旅游生产的核心地位。因此，为了实现民族特色村寨旅游空间的全面均衡发展，在旅游空间生产实践中我们必须始终坚持贯彻"人民逻辑"的核心主导地位，同时辅以资本手段，明确"以人民为中心"的根本立场与目标诉求。

第一，"人民逻辑"与"资本逻辑"并行，坚持"人民逻辑"的主导作用，推进村寨社会公共基础服务的均等化。首先，各级政府必须明确民族特色村寨旅游空间生产中"人民逻辑"的核心主导作用与基本建设宗旨，以全面提升村民生活水平作为发展目标，协调和改变村寨旅游资本化、市场化发展下出现的区位间的发展失衡问题，充分发挥政府在村寨旅游开发中的主导作用，同时为民族村寨的民生基础设施的建设完善提供行政保障；其次，各级政府应当通过多种方式与手段不断补足民族地区不同村寨在交通条件、基础设施、公共服务水平、旅游开发程度、产业辐射效应等方面存在的差异，妥善处理不同村寨因地理环境、人口规模、市场知名度等因素造成的旅游开发资本投入不均等、发展不平衡的问题，构建起以全面多维覆盖、公平公正合理为基本准则的民族村寨空间公共基础服务体系，并在旅游开发进程中不断提升建设标准；最后，各级政府应当充分发挥开发主导作用，组织引导各类市场资本、民间非营利性组织等多样化的实施主体积极参与到村寨旅游市场建设进程中，不断优化完善民族村寨公共基础设施与民生服务体系，实现多方共商共建共享的民族村寨公共基础设施均等化的现实愿景，与此同时，地方政府可以通过行政手段持续敦促村寨旅游空间基础设施及公共服务质量与水平不断改进与提升，与时俱进，真正做到满足人民群众的现实需求。

第二，"人民逻辑"与"资本逻辑"并行，坚持"人民逻辑"的主导作用，推动实现村寨旅游空间发展成果的全面共享。首先，各级政府应当充分依托自身的行政优势，通过多样化的行政手段与政策措施，全面推进民族村寨旅游欠发达地区基础设施环境的建设、提升，在充分立足不同区位民族村寨的自身资源优势和经济社会发展基础的情况下，敦促号召旅游市场资本的投入与针对性帮扶，在最大程度上推动欠发达地区旅游空间的全面跨越式发展；其次，各级政府可以通过财政补贴、政策引导、转移支付、政企合作等多种行政手段不断缩小民族地区不同区位村寨之间在道路交通、市场规模、社会保障等方面的发展差距，促进村寨旅游空间生产惠及全体人民；最后，各级政府应当充分发挥自身的能动性，运用多种方式渠道努力提升村民的生产生活水平，改善村寨的民生服务保障环境，不断优化与改良民族村寨旅游资源收益分配结构，以此完善旅游收益公平分配机制，切实提升低收入人群的收入水平与生活保障，不断扩大普通村民的市场参与比重，努力缩小区位间、行业间的发展差距，实现旅游资源与收益分配格局的相对平衡。

第三，"人民逻辑"与"资本逻辑"并行，坚持"人民逻辑"的主导地位，推动实现村寨旅游市场发展的动态平衡。首先，各级政府必须将"以人为本"的核心生产理念贯彻落实于规划引导民族地区特色村寨旅游空间生产建设的全过程，明确"以人民为中心"的生产逻辑的全局战略性高度，完善新时代民族特色村寨旅游空间生产模式体系，充分发挥旅游业在乡村振兴中的作用；其次，各级政府应当准确把握进入新时代后我国社会主要矛盾的变化，将实现人民对美好生活的需要作为当前民族特色村寨旅游市场建设的阶段性目标与现实性需求，在旅游空间生产过程中要牢固树立、强化和坚持以人民为中心的宗旨和原则，立足各村寨的现实情况和村民的具体诉求，不断调整旅游空间生产投入和开发模式，在村民日常生活得到保障的基础上满足其对美好生活的向往，实现区位间、城乡间的发展平衡；最后，各级政府必须及时研究学习我国整体发展战略规划，准确把握不同发展时期民族村寨旅游经济发展的建设要点，以全局性、长远性、动态化的目光审视和统筹协调村寨资源环境、人民现实需求与旅游发展现状之间的冲突与矛盾，切实解决好人民群众当下最关心的生产生活问题。

（二）"交换价值"与"使用价值"并重，以"使用价值"为目标，实现民族村寨旅游均衡发展

在中国民族特色村寨旅游空间生产过程中，需要坚持"使用价值"和"交换价值"并重。市场交换价值是村寨旅游生产活动的固有属性，为我国民族村寨旅游空间生产模式的调整转型、产业市场结构的优化延伸、资源开发经营理念的改进创新提供了必须的生产资料与资本动力，进而充分实现了旅游空间生产实践中应有"交换价值"。然而，市场交换价值从本质上说还是为了获取最大化的利益。受此影响，以"交换价值"主导的民族特色村寨旅游空间生产实践必然也以追求经济利益的最大化作为终极生产目标，这与中国特色社会主义发展的本质要求和理想愿景全然相悖。过去单纯追求市场交换价值的生产模式彻底背离了社会主义国家以人民为中心的核心发展原则，没有发挥出旅游业对民族村寨经济社会发展最大化的帮扶效果与辐射带动作用。因此，在我国民族特色村寨旅游空间生产实践中必须明确"使用价值"的核心主导地位，从不同村寨的资源基础和人民群众的现实需求出发规划实施生产活动，同时辅以市场交换价值的实现手段，最

终实现普通村民旅游空间的"使用价值",进而不断促进民族村寨旅游空间的均衡发展。

第一,"交换价值"与"使用价值"并重,坚持以"使用价值"为主导,科学制定民族地区旅游发展规划。首先,在民族村寨旅游空间生产规划设计的过程中,各级政府必须全面协调处理好以下三组关系:旅游空间生产与民族村寨经济社会发展之间的联动关系;村寨旅游开发与村民生活改善之间的矛盾关系;村寨旅游空间生产与资源权力分析正义之间的协同关系。在明确了以上三组生产关系的基础上,科学制定空间生产规划,并遵循灵活调整的原则。其次,各级政府必须始终坚守"使用价值"为主导的逻辑底线,制定完善外部市场的监督管控机制与行业市场标准,加大资本力量对村寨空间资源的肆意开发与破坏行为的行政处罚力度,在科学的规划限制下发挥资本所追求的市场交换价值。最后,各级政府在制定与实施政策规划时,应当充分立足于中国民族特色村寨的发展现实,在民族村寨旅游开发的各个环节中牢记以村寨现实条件为标尺,以"使用价值"为导向,以实现生产发展、生活富裕、全面小康为目标,推动新时代社会主义民族特色村寨的建设进程。

第二,"交换价值"与"使用价值"并重,坚持以"使用价值"为主导,推动形成旅游区位平衡发展布局。首先,各级政府应当坚持全局性、长远性的眼光,从顶层设计和整体战略布局出发,统筹规划民族地区不同村寨的旅游市场资源开发,设计实施不同地区个性化的旅游市场经营模式与产品服务空间布局,协调处理好不同区位之间民族村寨旅游的发展差异与现实矛盾,发挥典型知名民族特色旅游村寨的辐射带动作用;其次,各级政府应当促进民族村寨旅游空间生产建设各个环节之间相协调,通过引导形成少数民族特色旅游经济带的协调发展新模式,促进地区之间、城乡之间、村寨之间的均衡可持续发展,提升旅游空间生产的全面性,实现民族地区村寨旅游经济发展的平衡与结构的合理;最后,各级政府还应当注重村寨空间内部发展的均衡性,以"使用价值"为中心,提升村民的文化技能素质和旅游开发理念,推动民族村寨特色旅游资源的开发模式与利用效率的全方位革新升级,尽可能规避因旅游市场空间的盲目扩张或旅游资源的粗放、同质化开发利用而造成的环境破坏与资源无效损耗,最终实现民族特色村寨旅游市场空间的健康长远发展。

第三,"交换价值"与"使用价值"并重,坚持以"使用价值"为主导,实现村寨旅游经济与人文生态的协调发展。首先,各级政府必须严格落实绿色持续的发展战略,深刻认识到民族特色村寨旅游资源开发中生态环境保护的重要意义,一切旅游市场规划行为都必须立足于地方生态环境优势,深入挖掘地方自然生态价值与人文历史记忆，严格落实"保护优先"的旅游开发原则，主动承担起保护村寨自然生态的社会责任；其次，各级政府应当尊重村寨发展的客观规律，正如矛盾是普遍存在的一样，不同村寨之间地势环境、资源禀赋、人口规模以及村寨内部的差异性也是广泛存在的，这是区域经济发展的现实基础和客观规律，因此，我们必须正视这一现象，从当前差异化的现实条件出发，在制定民族地区经济发展政策和旅游空间设计规划的过程中，充分运用好不同地理区位下村寨形成的独特资源环境优势，同时加大对资源劣势地区的投入帮扶，努力缩小民族村寨间旅游市场的发展差距；最后，各级政府可以以旅游业为突破口，全力号召发动各类旅游市场资本和社会群体参与民族村寨旅游空间生产建设，促进农业农村现代化与乡村振兴战略的协同发展，实现民族村寨的产业发展、生活富裕、生态优美、文化多元，民族特色村寨旅游空间均衡和谐发展。

（三）"政府调控"与"市场手段"并施，以"政府力量"为引导，实现民族村寨旅游均衡发展

在我国民族特色村寨旅游空间生产实践中，需要坚持"政府调控"与"市场手段"并施。市场手段作为村寨旅游经济建设发展的关键手段之一，虽然在资源配置、产品开发与市场交易等微观领域中能够有效发挥出主导作用，及时更新淘汰村寨旅游市场中冗余落后的经营形态，但是"市场手段"是以资本逻辑为生产价值导向的，在此作用下的旅游市场生产目标是获取最大程度的经济利益，而全然没有关注到人民群众的切身利益诉求，因而单纯依托市场手段展开的民族村寨旅游空间生产规划与中国特色社会主义发展的本质要求是相违背的。所以我们需要坚决秉持"政府调控"的发展理念，始终牢记以人民为中心的底层逻辑，推动民族地区旅游经济的全面均衡发展，同时可以辅以市场手段，协调促进民族特色村寨的持续建设振兴。因此，为了实现我国民族特色村寨旅游市场空间的发展持续与协调，在村寨旅游空间生产实践中必须坚持以"政府力量"为主导，同时协调发挥"市场手段"的积极影响。

第一，"政府调控"与"市场手段"并重，坚持以"政府力量"为主导，发展协调我国民族村寨旅游空间生产水平。首先，各级政府必须坚持贯彻落实区域经济协调发展战略，在宏观调控与政策引导的作用下，交流讨论典型项目的发展经验与辐射效应，引导培育欠发达山地民族村寨的旅游空间生产开发，找准自身的发展特点，努力缩小不同地理区位间的旅游市场建设差距；其次，各级政府应

当在深入调查并分析处于不同区位环境、不同市场开发阶段的民族村寨旅游开发现状与问题需求的基础上，有针对性地制定政策指示文件与市场投融资方案，既要保持老牌民族旅游村寨的持续高质量发展，促进旅游产品与技术创新，同时也要着力弥补欠发达地区的缺憾，通过资金帮扶、人才引进、政策倾斜等手段加快建设村寨旅游空间，完善旅游市场资源；最后，各级政府也必须充分尊重市场客观规律与其自身的调节机制，科学合理规划村寨旅游市场空间与产业结构，在政府统筹与市场机制的协同作用下，推动民族欠发达村寨旅游市场的发展成熟，实现少数民族特色旅游经济带的高质量健康发展。

第二，"政府调控"与"市场手段"并重，坚持以"政府力量"为主导，努力缩小民族村寨旅游发展差距，持续改善村寨间旅游市场发展不平衡的现状，认清此问题在民族村寨旅游发展中的重要性，因地制宜展开旅游市场空间的规划建设。首先，各级政府可以通过组织经验交流会等形式，学习借鉴典型知名旅游村寨的空间规划建设经验，进一步发挥成果发展案例在我国民族特色村寨旅游空间生产中的联动示范作用，讨论制定出民族特色村寨聚居区旅游路径协同开发规划，指导提升区域间的市场联动发展水平，推动村寨旅游空间生产模式的转型升级，进而实现相连区域之间民族村寨旅游空间生产水平的全面协调与共同提升；其次，各级政府应当引导带动欠发达民族村寨的产业布局和旅游空间规划，以村寨优良的生态环境与独特的文化历史作为其旅游市场核心竞争力，完善村寨的交通、卫生、饮食、住宿等旅游基础设施，借鉴学习典型旅游村寨的开发理念与市场布局，以实现后发地区民族特色村寨旅游空间的协调发展和水平提升；最后，各级政府应当适当加大对欠发达民族地区旅游市场建设的支持力度，通过国家财政补贴、企业对口帮扶、专业人才引进等形式，为民族落后村寨的旅游市场建设聚集大量资金、技术、信息、人才等必需的旅游市场开发要素，推动民族落后村寨的全面振兴发展。对经济社会发展相对滞后的村寨而言，必须充分认识到自身资源环境与基础设施条件的优势与不足，并在专业人士的指导建议下制定出科学合理的村寨旅游市场发展规划，在旅游空间生产进程中时刻牢记合理开发和保护传承自然生态优质资源与民族特色文化历史，突出村寨旅游空间的特色，吸引市场资本。

第三，"政府调控"与"市场手段"并重，坚持以"政府力量"为主导，推进民族村寨空间产业结构的融合创新。首先，各级政府必须从政策规划层面准确把握民族地区旅游市场建设的现实背景，通过村寨旅游空间生产建设丰富民族村寨的产业结构，拓宽村民的收入来源，促进村寨社会的产业升级，最大程度上发挥出旅游产业的全局辐射效应；其次，地方政府可以通过改革与完善当前民族村寨社会人口、土地和市场开发制度,促进资金、技术、劳动力等旅游空间生产要素在地区间自由流动,从而为村寨旅游市场的建设发展提供源源不断的建设活力,推动实现民族村寨旅游市场资源与产业结构的合理高效配置;最后,各级政府还应当加强与地区旅游市场的联动,加快构建区域特色明显、协调分工明确、市场发展完备的民族村寨旅游空间经济带,促进各村寨间和村寨内部的经验交流与人才流动,不断建设完善村寨间的交通运输与技术交流条件,与此同时,各民族特色村寨也应当抓住自身独有的文化特质,着力打造推广村寨文化旅游品牌,在中心村寨旅游辐射作用下带动周边欠发达区域的市场发展,形成民族特色全域旅游功能区,在民族地区振兴发展进程中展现出其强大的发展活力。

(四)"国有经济"与"民营经济"并存,以"国有经济"为主导,实现民族村寨旅游均衡发展

在我国民族特色村寨旅游空间生产过程中,需要坚持"国有经济"与"民营经济"共同发力。"国有经济"与"民营经济"是我国社会主义市场经济的两大核心要素,其中民营经济作为我国国民经济体系中的重要组成部分,具有较强的市场竞争力、灵活性与创造性,对促进就业、增加收入、改善民生、转变生产方式、更新产业结构等民族村寨旅游空间生产中的多个层面都发挥了重要作用。而国有经济作为社会主义公有制经济的典型代表,是推动我国经济社会稳步发展、保障人民生活水平不断提升的支柱力量,也是我国社会主义生产活动人本逻辑的集中体现。因此,在中国民族特色村寨旅游空间生产进程中,必须始终明确国有经济的主导地位,充分发挥公有制经济在交通、通信、医疗、教育等核心民生领域中的基础性作用,同时协调发挥"民营经济"在微观市场竞争中的辅助作用,推动实现民族村寨旅游空间全面均衡发展。

第一,"国有经济"与"民营经济"并存,积极发挥"国有经济"的主导作用,促进村寨旅游开发主体的战略性调整。首先,坚持以公有制为主体,多种所有制经济共同发展是我国社会主义初级阶段基本经济制度的要求,因此,在我国民族特色村寨旅游空间生产实践中,各级政府必须始终坚持公有制经济的主体地位,坚决保证国有经济在交通运输、资源开发、土地流转、民生建设等关键基础领域中的绝对主导,坚定民族村寨旅游空间生产的社会主义属性不动摇;其次,我国经济社会发展进入新时代,对我国旅游业的发展提出了新的要求,各级政府应当在深入研究学习政策指示与战略规划的基础上,明确现阶段民族特色村寨旅

游空间生产的投资主体，结合不同村寨形态各异的资源环境条件与旅游开发现状，针对性地发挥国有经济的基础主导作用，调整改革以往由市场资本决定的旅游空间生产模式与投资结构，推动实现村寨旅游市场空间的均衡发展；最后，在民族特色村寨旅游发展过程中，各级政府应当通过政策引导与战略调整，充分发挥国有经济的兜底保障作用，促使国有经济的资源优势与技术力量向发展落后的村寨转移，全力帮扶民族落后村寨的基础设施建设与产业市场开发，以旅游产业为着力点引领村寨的振兴，进而实现民族地区特色村寨旅游空间生产的均衡发展。

第二，"国有经济"与"民营经济"并存，积极发挥"国有经济"的主导作用，统筹推进民族村寨旅游空间生产。首先，各级政府必须牢固树立国有经济的主导地位，统筹民族特色旅游资源要素，实现不同区位间旅游空间生产的协同并进，充分发挥国有经济雄厚的资金要素保障与强大的人才技术支持，为交通区位闭塞不便、基础设施环境落后的民族落后村寨的振兴发展注入大量的生产要素与技术动力，同时，以村寨旅游空间生产为逻辑主线，通过产业结构的更新调整、设施环境的建设完善、技术信息的革新推广、技能水平的培训提升等手段措施，引领民族村寨经济市场、民生保障、社会关系与村民的个体发展等全方位发展提升，进而实现全面小康的阶段性目标；其次，各级政府可以依托自身的行政手段优势，主动实现与国有经济的协同作用，在民族村寨旅游开发的同时不断优化完善地区的基础设施环境，建设提升村寨公共服务水平，为不同地理区位间民族村寨社会的全面振兴发展奠定优厚的现实基础；再次，各级政府可以立足各地的旅游特色资源禀赋与市场空间开发实际，依托国有经济坚实的资源技术优势与地方政府的行政决策力量，制定出最为科学合理的资源要素分配方案，实现努力缩小民族地区间、城乡间特色村寨旅游产业的发展差距，进而形成资金、信息、劳动力等旅游空间生产要素自由流动的现实愿景；最后，各级政府应当把民族地区乡村发展问题放在重要位置，通过大力发展旅游经济，更新村寨单一产业结构，改善村寨的公共基础条件，增加村民的经济收入，提高村民的生活质量，促进民族村寨经济社会发展，以旅游经济为杠杆引领民族特色村寨走上致富之路，最终实现民族村寨社会的全面振兴与均衡协调发展。

第三，"国有经济"与"民营经济"并存，积极发挥"国有经济"的主导作用，推动民族村寨旅游空间发展平衡。首先，各级政府应在国有经济的规模优势和兜底保障作用下，加快更新旅游市场开发模式，提升民族村寨旅游市场建设中国有经济的参与度与话语权，与此同时，统筹发挥民营经济的灵活性与创造性，在以国有经济为主，民营经济为辅的协同建设模式下，推动民族特色村寨旅游空间生产理念模式的转型升级与旅游空间开发水平的全面提升；其次，各级政府应当贯彻落实新发展理念，提升村寨旅游空间生产的创新能力，推动民族地区旅游市场协调、开放发展，这些政策理念对促进国有经济改革、营造公平开放的旅游市场、加快村寨经济社会发展意义重大；最后，各级政府应当进一步完善旅游市场开发制度与所有权制度，以制度创新保障民族村寨旅游空间生产的平等性与公平性，进一步明确国有经济的主体地位，规范村寨旅游空间开发的资本市场力量，推动形成社会主义民族特色村寨旅游空间平等创新发展新格局。

二、协调村寨空间开发速度，优化提升旅游发展水平

（一）"人民逻辑"与"资本逻辑"并行，以"人民逻辑"为宗旨，协调村寨旅游开发速度质量

在中国民族特色村寨旅游空间生产进程中，需要坚持"资本逻辑"与"人民逻辑"二者并行。虽然资本力量作为村寨旅游经济发展的重要驱动引擎之一，为村寨旅游空间生产开发手段与方法模式提供了经验参考，为村寨旅游市场建设集聚了必要的生产要素，为村寨旅游产业的建设运营转型和空间布局优化奠定了市场资本保障，充分实现了"资本逻辑"应有的旅游市场价值。但是，趋利避害是资本的根本属性特点，受其影响，"资本逻辑"主导下的村寨旅游空间生产实践也以追求最大化的经济利益为最终目标，这与中国特色社会主义发展的本质要求全然相悖。我国民族特色村寨旅游空间生产的根本目标是通过旅游产业的经济联动效应，推动民族落后地区振兴发展，最终实现各族同胞的共同发展富裕，在此过程中，人民群众始终处于旅游空间生产的核心地位。因此，为了推动民族特色村寨旅游市场开发速度与空间承载能力的全面协调，在旅游空间生产实践中，我们必须坚决秉持以"人民逻辑"为主导的发展理念，明确"以人民为中心"的根本立场与目标诉求，一切的生产活动都以人的现实需求为出发点，真正做到中国民族特色村寨的空间生产的发展方向与中国特色社会主义事业相一致，同时辅以资本手段，最终实现村寨旅游产业的高质量可持续发展。

第一，"人民逻辑"与"资本逻辑"并行，牢记"人民逻辑"的生产宗旨，全面评估村寨旅游承载力水平。首先，由于不同村寨的历史沿革与资源禀赋存在

巨大差异，旅游市场的具体开发情况也不尽相同，因此，各级政府在民族特色村寨旅游空间规划生产进程中应当具体问题具体分析，全面了解村寨的资源环境条件，明确村寨社会的承载能力，完善村寨的公共基础服务设施，保障广大村民的基本空间权利，实现村寨旅游空间的协调健康发展；其次，对那些严重超出承载力限度的村寨旅游空间开发行为，应当从资源环境、经济发展、旅游市场建设等方面一起入手，严格把控旅游市场开发速度规模，改善提升村寨旅游承载能力，加强行业法规建设，对违反市场开发政策规范的行为进行严厉处罚，保证村寨旅游空间发展的长久协调；最后，各级政府应当加强与社会组织和科研机构的合作，制定出村寨旅游资源禀赋与承载能力的评估体系，明确不同村寨旅游空间生产的最优选择，同时持续、定期评估民族特色村寨旅游空间发展效果，促进村寨旅游市场空间高质量发展。

第二，"人民逻辑"与"资本逻辑"并存，牢记"人民逻辑"的生产宗旨，提升村寨旅游空间开发经营水平。首先，各级政府必须明确民族特色村寨旅游空间生产的根本目的，在此基础上深入调研分析不同村寨的资源禀赋、市场条件与产业优势，精准把握民族村寨的文化特色，合理规划、循序渐进展开民族村寨旅游市场的建设开发进程，推动实现村寨旅游空间的科学开发建设与高质量发展；其次，各级政府应当严格控制村寨旅游市场开发速度与规模，提高已建成区域的资源开发利用效率，深入挖掘各种自然景观、历史遗迹、人文传统、风俗民情背后的潜在价值，避免对资源环境的浪费与破坏，从而实现村寨旅游空间的高效紧凑型发展；最后，各级政府还应当加强与科研院所之间的合作联系，实时更新学习最新的旅游市场经营开发理论与建设经验，持续优化完善当下村寨旅游市场经营门类与村寨产业发展结构，通过引进专业人才，开发设计高质量创新性民族特色旅游产品，通过培训提升村民及旅游市场相关人员的技术水平与服务理念，从而实现民族特色村寨旅游资源开发经营水平和空间生产规划布局的全面提升，进一步推动旅游经济高效优质发展。

（二）"使用价值"与"交换价值"并重，以"使用价值"为导向，协调村寨旅游开发速度质量

在中国民族特色村寨旅游空间生产过程中，需要坚持"使用价值"和"交换价值"并重。市场交换价值是村寨旅游生产活动的固有属性，为我国民族村寨旅游空间生产模式的调整转型、产业市场结构的优化延伸、资源开发经营理念的

改进创新提供了必需的生产资料与资本动力,进而充分实现了旅游空间生产实践中应有"交换价值"。然而,市场交换价值从本质上说还是为了获取最大化的利益,受此影响,以"交换价值"主导的民族特色村寨旅游空间生产实践必然也以追求经济利益的最大化作为终极生产目标,这与中国特色社会主义发展的本质要求和理想愿景全然相悖。过去单纯追求市场交换价值的生产模式彻底背离了社会主义国家以人民为中心的核心发展原则,没有发挥出旅游业对民族村寨经济社会发展最大化的帮扶效果与辐射带动作用。因此,在我国民族特色村寨旅游空间生产实践中,必须坚决秉持"使用价值"的核心主导地位,从不同村寨的资源基础和人民群众的现实需求出发规划实施生产活动,同时辅以市场交换价值的实现手段,最终实现普通村民旅游空间的"使用价值",不断建设协调民族村寨旅游开发速度与空间承载能力,最终实现民族村寨旅游空间的高质量发展。

第一,"使用价值"与"交换价值"并重,坚持"使用价值"的生产主导,合理界定村寨旅游空间规模与开发速度。首先,各级政府应当在权衡对比村寨旅游资源禀赋与开发影响的基础上,因地制宜科学规划推进村寨旅游空间的协调健康发展。在规划时着重考虑好旅游市场边界问题,科学合理把握旅游空间的生产进程与扩张规模,以村寨自然生态环境与民族特色文化资源的开发状态作为关键考察指标,确保村寨旅游空间生产进程的科学高效与渐进可控;其次,各级政府应当充分发挥自身的行政影响,制定完善旅游资源开发利用的限度标准与权责体系,从制度层面上尽可能避免对村寨资源环境的滥用与损害,同时以交通、卫生、住宿等配套服务条件和地区的产业发展基础作为配合,努力提升村寨旅游空间开发质量与资源利用效率,实现旅游开发的质速协调;最后,各级政府还应当广泛调动村民的旅游生产积极性和参与度,充分发挥当地村民的产品创造性与市场监督作用,保障旅游空间的规模质量与其自身的资源权益,实现民族村寨旅游发展的全面协调并进。

第二,"使用价值"与"交换价值"并重,坚持"使用价值"的生产主导,科学测算村寨旅游承载能力。首先,各级政府需要构建起民族村寨旅游承载力的研究路径体系,通过对相关理论研究成果梳理归纳,结合实践中不同村寨旅游空间承载力水平的考察记录,尝试提炼出村寨旅游承载力的影响因素,并构建出初始作用路径模型,借助数据分析软件与实践案例的重复多次验证,不断提高该路径模型的准确性与科学性,进而以此作为民族村寨旅游空间生产活动的理论指导;其次,各级政府需要筛选出适合衡量民族村寨旅游空间承载力与旅游空间开发规模速度的观测指标,通过理论推演与现实案例的分析验证,探寻解释两个变量之间的影响关系与内在逻辑机理,科学规避因过度追求旅游开发的速度、规模而造成资源的浪费与生态、人文环境的破坏，为实现民族特色村寨旅游空间的高质量协调发展提供理论依据；最后，各级政府应当开展常态化、动态化的民族特色村寨旅游发展效果的评估分析报告，对村寨旅游空间扩张发展、资源环境开发利用、承载力水平稳步提升进行数字化、可视化、动态化监管，持续提升对村寨旅游空间潜在危机的预测准确度，尽可能提前规避市场风险，并制定好应急处理预案，最终实现民族村寨旅游空间的高质量协调发展。

（三）"政府调控"与"市场手段"并施，以"政府力量"为引导，协调村寨旅游开发速度质量

我国在民族特色村寨旅游空间生产实践中，需要坚持"政府调控"与"市场手段"并施。市场手段作为村寨旅游经济建设发展的关键手段之一，虽然在资源配置、产品开发与市场交易等微观领域中能够有效发挥出主导作用，及时淘汰村寨旅游市场中冗余落后的经营形态，但是"市场手段"是以资本逻辑为生产价值导向的，在此作用下的旅游市场生产目标是获取最大程度的经济利益，全然没有关注到人民群众的切身利益诉求，因而单纯依托市场手段而展开的民族村寨旅游空间生产规划与中国特色社会主义发展的本质要求是相违背的。所以，我们需要坚决秉持以"政府调控"为主导的发展理念，始终牢记以人民为中心的底层生产逻辑，推动民族地区旅游经济的全面均衡发展，同时可以辅以市场手段，协调促进民族特色村寨的持续建设振兴。因此，为了推动民族地区旅游经济高质量发展，保障全体人民的空间权益，实现民族村寨社会的全面建设协调，在村寨旅游空间生产实践中必须坚持以"政府力量"为主导，同时发挥"市场手段"的积极影响。

第一，"政府调控"与"市场手段"并施，坚持以政府力量为主导，明确村寨旅游开发质量评估标准。首先，各级政府应当制定出台一整套民族村寨旅游空间生产评价体系，将旅游空间扩张速度规模、村寨资源环境承载力及旅游市场开发经营水平作为考察村寨旅游开发质量的重要标准，推动实现民族特色村寨旅游空间开发速度规模与生产质量的协调统一；其次，各级政府应当立足各村寨的旅游开发现状，对村寨旅游空间生产速度、规模及承载接待能力问题进行科学评估判断；最后，各级政府还应当结合特色旅游功能区规划设计，将民族村寨旅游市场规模与承载经营能力间的影响机理研究更为系统化、规范化，从而指导民族特色村寨旅游空间规划设计与旅游市场开发经营水平，推动村寨旅游空间高质量协调发展。

第二，"政府调控"与"市场手段"并施，坚持以政府力量为主导，优化提升民族村寨旅游空间承载能力。首先，各级政府应当充分重视民族村寨资源环境承载能力问题，将其置于旅游市场开发规划和村寨空间结构设计等问题的同等地位，并纳入村寨旅游发展效果评估体系中，科学管控旅游空间开发速度与规模，促进民族村寨资源环境、服务接待水平、产品开发质量等旅游市场接待承载能力的全面协调提升；其次，各级政府应当全面掌握民族地区各个村寨的旅游空间的辐射带动效应以及市场边界、承载能力的动态演化规律，通过与科研院所和第三方机构的项目委托合作，对各民族村寨旅游承载能力进行系统性、综合性、完整性的研究分析，精准指导提升各村寨旅游承载力水平；最后，各级政府应当将旅游空间生产水平作为考量村寨经济社会发展现状的重要参考指标，深入分析村寨旅游空间开发速度、市场规模和整体发展水平与村寨旅游承载能力之间的内在联系，实现民族特色村寨旅游空间开发速度与质量的共同提升。

（四）"国有经济"与"民营经济"并存，以"国有经济"为主导，协调村寨旅游开发速度质量

我国在民族特色村寨旅游空间生产过程中，需要坚持"国有经济"与"民营经济"共同发力。"国有经济"与"民营经济"是我国社会主义市场经济的两大核心要素，其中民营经济作为我国国民经济体系中的重要组成部分，具有较强的市场竞争力、灵活性与创造性，对促进就业、增加收入、改善民生、转变生产方式、更新产业结构等民族村寨旅游空间生产中的多个层面都发挥了重要作用。国有经济作为社会主义公有制经济的典型代表，是推动我国经济社会稳步发展、保障人民生活水平不断提升的支柱力量，也是我国社会主义生产活动人本逻辑的集中体现。因此，在中国民族特色村寨旅游空间生产进程中，必须始终明确国有经济的主导地位，充分发挥公有制经济在交通、通信、医疗、教育等核心民生领域中的基础性作用，同时协调发挥"民营经济"在微观市场竞争中的辅助作用，在二者的共同作用下建设协调村寨旅游开发速度规模与空间接待承载能力，最终实现民族特色村寨旅游空间生产的高质量可持续发展。

第一，"国有经济"与"民营经济"并存，积极发挥国有经济的主导作用，加强村寨旅游空间基础设施建设。首先，各级政府必须始终明确国有经济在民族特色村寨旅游生产实践中的主导地位，不断建设完善民族村寨旅游市场的配套设施，充分依托国有经济雄厚的资源技术与人才信息优势，及时更新优化村寨资源

产品的开发生产模式与旅游市场空间的运营推广理念，全力避免因盲目高速扩张而造成的村寨旅游空间承载力危机；其次，各级政府应当建立健全村寨旅游空间基础设施投入建设体制机制，从投资主体与制度设计的角度严格控制旅游空间开发速度与规模，避免村寨旅游市场的盲目扩张与粗放经营，从而促进民族特色村寨旅游生产发展实现科学高效、有条不紊地推进；最后，各级政府还可以通过强化不同村寨之间、地区之间的旅游市场空间互动效应，进一步实现民族特色旅游市场活动在更大范围内的辐射效应，协同提升民族村寨旅游空间生产水平，建设完善村寨旅游空间的基础服务设施，推进民族地区各村寨之间的协调一体化发展，实现民族村寨经济社会协调高质量发展提升。

第二，"国有经济"与"民营经济"并存，积极发挥国有经济的主导作用，优化提升村寨旅游空间生产水平。首先，各级政府应当充分发挥国有经济的全局引导与宏观调控作用，在明确当地旅游空间生产的目标定位与旅游市场核心竞争力的基础上，持续修改完善民族特色村寨旅游发展规划的科学性、协调性和实操性，不断提升村寨旅游承载接待能力，优化旅游市场开发经营质量，进而实现民族特色村寨旅游市场空间的持续性建设、高质量发展与品牌化推广；其次，各级政府应牢记将旅游市场开发速度与村寨人口增长、资源环境条件、旅游空间经营管理水平紧密结合在一起，持续提升国有经济在旅游空间生产中的影响力与话语权，科学把控民族村寨旅游市场建设的速度与规模，避免因受资本逻辑的影响而造成旅游空间承载危机，保障民族特色村寨旅游空间生产规模速度与产品服务质量的全面协调；最后，各级政府还应当引导帮扶民族村寨旅游空间健康发展，通过加大国有经济的支持投入，更新旅游空间开发经营理念，转换升级生态、人文资源的开发方式，全面提升民族村寨旅游空间承载接待能力与产品服务水平，既满足村民的发展需求，同时又实现村寨旅游空间的高质量协调性开发。

三、转变旅游资源开发模式，突出民族村寨文化特色

（一）"人民逻辑"与"资本逻辑"并行，坚持"人民逻辑"底线，推动村寨旅游持续健康发展

在中国民族特色村寨旅游空间生产的过程当中，需要坚持"人民逻辑"与

"资本逻辑"并重。虽然"资本逻辑"能够有效为中国民族村寨旅游空间生产配置基本的生产要素保障,推动民族村寨特色产业的结构转型升级,发挥出市场在推动民族村寨特色产业的重要推力,但是"资本逻辑"始终以盈利为最终目的,单一的追求利润最大化与中国特色社会主义事业相违背。所以,只有秉持着"人民逻辑"的理念,充分发挥出人民群众在中国特色社会主义事业中的主体地位,才能够真正实现中国民族特色村寨的空间生产的发展方向与中国特色社会主义事业相一致。因此,中国民族特色村寨旅游空间生产的社会主义道路需要以"人民逻辑"为主导,充分发挥出"资本逻辑"的积极性,让中国民族特色村寨旅游提质增速。

第一,"人民逻辑"与"资本逻辑"并行,坚持"人民逻辑"底线,转变村寨旅游空间生产理念。首先,各级政府应当准确把握国家战略布局与旅游业发展规划,以创新、协调、绿色、开放、共享五大新发展理念为指导,科学开发村寨生态资源,深入挖掘民族传统文化历史,推动建成生态友好、特色突出、产品创新的民族村寨旅游空间新格局;其次,各方利益主体应当处理好利益和环保之间的关系,牢记"保护优先"的开发原则,摒弃唯利益论的民族村寨旅游开发理念,通过政府部门与市场资本的合作,实现民族村寨旅游空间的绿色健康发展;最后,各级政府还应明确民族特色文化资源在村寨旅游发展中的重要地位,正确处理历史文化传承与旅游产品开发之间的关系,提升村寨旅游发展的社会文化价值,形成村寨旅游文化品牌。

第二,"人民逻辑"与"资本逻辑"并行,坚持"人民逻辑"底线,建立完善资源开发补偿机制。首先,各级政府应当提前制定旅游空间开发规划,完善村寨旅游生产的具体制度标准,推进旅游空间标准化、规范化管理,实现村寨生态、人文环境的健康发展;其次,各级政府应当建立旅游资源开发补偿机制,利用好科研院所以及高等院校的智囊作用,科学制定出旅游开发补偿方案,减少在发展过程中由于空间扩张和资源利用导致对当地人民的土地所有权、资源环境权益的损害,从而更好推动村寨旅游高质量发展;最后,各级政府还可以通过制定政策法规进一步规范旅游资源开发利用,以制度标准和惩戒手段双重措施督促旅游市场开发的科学有序,避免资源过度开发带来的各类次生问题,实现村寨旅游高质量可持续发展。

第三,"人民逻辑"与"资本逻辑"并行,坚持"人民逻辑"底线,优化提升旅游空间生产方式。首先,各级政府应当以"使用价值"为导向,优化旅游空间资源要素配置,从开发观念出发,出台系列指导意见转变资源开发观念,着力推进资源开发可持续进程;其次,各级政府应充分发挥村寨旅游市场的辐射带动效应，推动村寨产业结构、村民生活质量、资源开发效率、旅游服务水平的全面提升，促进旅游市场的可持续发展；最后，各级政府需要着眼于体制机制的改革创新，充分发挥出各类旅游资源要素的价值功能，减少由于工作机制滞后导致的环境破坏和资源浪费，着力优化空间生产的上层工作机制，进而推动旅游空间持续健康发展。

（二）"使用价值"与"交换价值"并重，坚持"使用价值"导向，推动村寨旅游持续健康发展

在中国特色民族村寨旅游空间生产的过程当中，需要坚持"使用价值"和"交换价值"并重。虽然"交换价值"能够为中国民族村寨旅游空间生产配置基本的物质资料，利用资本实现旅游市场空间的转型升级，但是"交换价值"更着眼于追求利益增值，单一地追求利益增值与中国特色社会主义事业相违背。所以，只有秉持"使用价值"的理念，坚持以人民为中心的核心发展理念，充分考虑到不同村寨的资源基础和人民群众的现实需求，才能够真正实现中国民族特色村寨的空间生产的发展方向与中国特色社会主义事业相一致。因此，中国民族特色村寨旅游空间生产的社会主义道路需要以"使用价值"为主导，充分发挥出"交换价值"的积极作用，实现中国民族特色村寨旅游的可持续发展。

第一，"使用价值"与"交换价值"并重，坚持"使用价值"导向，调整民族村寨空间产业结构。首先，各级政府引导村寨产业结构进行调整与优化，通过技术升级与整合创新改造村寨传统产业，将传统农业、养殖业与家庭手工业与旅游业相结合，构建新型产业发展体系，实现村寨旅游与新型农业的协同发展，共同进步；其次，各级政府可以通过出台产业发展扶植政策，打造地区支柱产业，合理分布旅游市场资源，加快推进旅游开发、经营理念创新，推动村寨旅游生产优化升级，在高效利用资源的同时保障市场的可持续发展；最后，各级政府还应当进一步协调发展与环保之间的关系，避免旅游空间盲目扩张、环境资源粗放开发造成的浪费与破坏，积极构建起绿色健康可持续的旅游空间生产格局。

第二，"使用价值"与"交换价值"并重，坚持"使用价值"导向，构建绿色协调的旅游经济体系。首先，各级政府需要对现有空间生产中产生的资源问题进行评估分析，找准核心症结，在此基础之上有的放矢，构建起完善的绿色协调旅游经济体系；其次，在村寨旅游空间生产和旅游市场开发建设的过程当中，各级政府要对以往以牺牲资源环境为代价换取发展速度的做法予以摒弃，通过多种

方法提升旅游空间生产效率；再次，各级政府要构建完善旅游市场污染治理机制，以责任到人、权责统一的原则抑制资本在介入村寨旅游空间生产建设过程中给当地资源和环境带来的负面影响，推动资本对当地资源的高效利用；最后，各级政府需要更加重视提升资源利用效率和增强服务水平，因为提升资源利用效率将大大推动当地旅游空间生产的可持续进程，增强服务水平将大大推动当地旅游空间生产的发展质量，二者相互作用，在政府的科学指导下可以积极打造特色品牌，彰显地方文化魅力，综合构建起绿色协调的旅游经济体系，实现中国民族特色村寨旅游空间生产的绿色协调可持续发展。

第三，"使用价值"与"交换价值"并重，坚持"使用价值"导向，优化特色旅游资源的开发利用。首先，各级政府在旅游开发过程中应当立足本土文化特色，深入挖掘民族村寨独特文化资源，开发具有地方特色的旅游产品和文化体验项目，形成具有民族村寨的文化品牌个性，吸引各地游客前往消费，提升旅游市场竞争力；其次，各级政府应当根据地方民族特色修建基础设施与指示标牌，合理改造旅游空间建筑，设计村寨文化品牌标识，营造民族特色文化氛围，在深入了解的基础上进行文化资源的高质量开发，形成民族特色村寨沉浸体验式旅游空间生产模式；最后，在村寨旅游空间生产过程中，各级政府还应当以当地丰富的自然和历史资源为依托，以优势特色产业为载体，不断彰显民族文化的独有内涵，构建起抢救、保护、修复、传承的民族文化保护传承体系，激发民族文化的生命力，在此基础之上利用独具特色的民族文化创新旅游产品，走村寨旅游空间特色发展之路。

（三）"政府调控"与"市场手段"并施，坚持"政府力量"引导，推动村寨旅游持续健康发展

在中国特色民族村寨旅游空间生产的过程当中，需要坚持"政府调控"和"市场手段"并施。虽然"市场手段"能够有效地为中国民族村寨旅游空间生产进行资源配置，激发其内在发展动力，淘汰产业当中多余、滞后的部分，但是"市场手段"以资本为核心，不关注人民在生产当中的主体作用，单一以市场发展中国民族特色村寨旅游空间生产与中国特色社会主义事业相违背。所以，需要秉持着"政府调控"的理念，在发展的过程当中将人民作为工作的中心，以政府的职能力量保证人民的各项权益，减少市场力量在发展过程中为人民带来的负面影响，推动民族地区的旅游经济高质量发展，激发民族村寨社会的发展活力。因

此，中国民族特色村寨旅游空间生产的社会主义道路需要以"政府力量"为引导，充分发挥出"市场手段"的积极作用，实现中国民族特色村寨旅游的可持续发展。

第一，"政府调控"与"市场手段"并施，坚持"政府力量"引导，完善村寨旅游开发监管体系。首先，各级政府应当建立完善村寨旅游发展监管制度法规，充分发挥政府部门的行政力量，加强相关政策的宣传执行力度，保证政策法规的广泛实施；其次，各级政府应当根据实际情况建立村寨旅游市场专职监管部门，规范旅游资源开发、配套设施建设等方面的管理，加强日常指导与监督，严厉处罚环境污染、资源浪费等现象，做到"责任到人""权责统一"，减少村寨旅游空间生产粗放、同质化、不可持续的现象；最后，各级政府还应当明确村寨旅游发展与生态、人文环境之间的关系，牢固树立"保护优先"的旅游开发观念，对市场资本力量与广大村民加强资源保护意识与可持续发展理念的宣传，做到科学保护与合理开发并重，实现村寨旅游空间的持续健康发展。

第二，"政府调控"与"市场手段"并施，坚持"政府力量"引导，培养组建专业化旅游开发团队。首先，各级政府在旅游市场建设过程中应当加强旅游从业人员的培训，构建专业人才队伍，学习借鉴先进的旅游市场经营开发理念，提高从业人员的服务技能与综合素质水平，实现旅游资源的高质量深入开发；其次，各级政府机构相关工作人员还应当提升旅游市场监管能力，学习交流资源开发管理经验，加大对环境污染、过度开发、恶性竞争等现象的整治力度，营造和谐热情、温馨舒适、规范健康的村寨旅游空间环境；最后，各级政府还应该加强与高校、企业之间的合作，为村寨旅游开发建设提供强有力的人才资源，同时针对专业人才引进出台相关优惠政策，鼓励本地毕业生回乡创业发展，引领民族村寨旅游空间走上可持续发展之路。

第三，"政府调控"与"市场手段"并施，坚持"政府力量"引导，多元参与村寨旅游空间生产。村寨旅游空间生产需要多元参与才能够有效实现，在此当中除了政府需要发挥主导作用，市场资本发挥推动作用，还需要社会组织、当地居民等其他主体的有效参与，综合构建起分工有序的空间生产主体。首先，各级政府应当充分调动村民的积极主动性，拓宽普通村民参与旅游开发的途径和渠道，让村民参与到旅游空间规划决策与市场经营管理中来，充分听取群众意见和开发诉求，在取得村民的支持和认可后再展开旅游开发，从而提升村寨旅游开发的科学性；其次，各级政府应重视倾听群众在村寨旅游空间生产当中的意见建议，需要加快提升人民群众的监督水平，提升人民群众的整体素质，同时还要打通群众监督反映的有效渠道，确保群众的意见和监督能够有效向上传递，推动政府工作的民主化进程；最后，各级政府需要健全完善各项制度，保障人民群众的各项基本权益，通过人民反映、政府监察等各种方式减少市场在空间生产中的失误，实现民族村寨旅游空间品牌化、高质量、可持续发展。

（四）"国有经济"与"民营经济"并存，坚持"国有经济"主导，推动村寨旅游持续健康发展

在中国特色民族村寨旅游空间生产的过程当中，需要"国有经济"和"民营经济"并存。"民营经济"作为我国国民经济的重要组成部分，对推动我国经济社会发展，完善国民经济结构有着不可替代的作用，由于其拥有较好的灵活性和创造力，因此能够从推动生产方式创新，增加就业岗位，优化产业结构等方面对村寨旅游空间生产发挥重要作用。"国有经济"在我国国民经济中起到了主导作用，在更新发展观念和调整发展导向等方面有着至关重要的作用，能够从根本上解决村寨旅游空间生产问题。因此，中国民族特色村寨旅游空间生产的社会主义道路需要以"国有经济"为主导，充分发挥出"民营经济"的积极作用，实现中国民族特色村寨旅游的可持续发展。

第一，"国有经济"与"民营经济"并存，积极发挥"国有经济"在村寨旅游空间生态文明建设中的主体作用。首先，国有经济应当承担更多的社会责任，在各地政府的支持引导下从生态环境、资源利用、社会治理等角度多方位加大力度，确保经济社会发展与生态环境保护的协调发展；其次，各级政府应当提高站位，推进村寨旅游空间生产与乡村振兴、产业结构转型等国家重大战略对接，充分发挥出其辐射带动作用，利用好国有经济的基础性力量，为民族地区贫困群体提供基本生活保障，以旅游空间生产为立足点，全面提升落后地区生产、交通、卫生、医疗、教育等基础设施与公共服务建设现状，完善村寨空间产业结构，带领民族村寨实现振兴发展；最后，各级政府应当利用好国有经济的主导作用，从转变观念、调整方向等方面入手，对旅游市场的资源开发模式和经营生产理念进行优化重塑，立足实际加快创新，研发推广新型生产技术。

第二，"国有经济"与"民营经济"并存，积极发挥"国有经济"在村寨产业结构整合与旅游产品开发中的重要作用。首先，旅游市场发展离不开其他产业的支持和联动，各级政府应当坚持以国有经济为主体，科学规划整合村寨空间的旅游生产资源，依据资源竞争力与开发难度调整村寨产业结构，提升旅游空间的功能效率和整体效用，提升市场竞争力；其次，各级政府应当充分发挥国有经济

在交通、运输、科技、通信、教育等方面的绝对优势，加快完善村寨旅游市场产业基础，发挥产业组合优势，助推旅游产业的高质量可持续发展；最后，各级政府应当发挥国有经济的人才技术优势，不断拓展村寨旅游发展新业态，加强旅游业与农业、教育文化、医疗健康等产业的创意融合，打造创意体验农业、旅游文创周边、康养旅游小镇等多种产业形态，丰富村寨旅游开发模式，为旅游空间持续健康发展不断注入活力。

第三，"国有经济"与"民营经济"并存，积极发挥"国有经济"在村寨旅游空间文化品牌打造中的主导作用。首先，各级政府应当清楚掌握不同村寨独特的区位条件、特色资源和历史文化底蕴，在旅游空间生产过程中注重村寨文化品牌与精神性格的塑造，充分借助国有经济产业资本、经营理念、人才技术的优势，努力推动民族村寨旅游市场高质量品牌化发展，形成民族村寨社会的文化名片；其次，在村寨旅游空间生产过程中，各级政府应当充分发挥国有经济以人为本的社会主义性质，培育弘扬地方特色，避免现代化、工业化、消费主义文化对村寨旅游空间造成负面影响，注重对传统文化的保护与创造性开发，发掘文化优势的经济效用；最后，国有经济主体还可以在民族村寨旅游发展进程中，不断地实践探索出文化传承开发的新思路，同时加大市场宣传力度，发挥国有经济的力量优势，通过高质量多样化的旅游文化产品开发，将民族特色文化传承保护发展成村寨旅游生产的重要渠道，促进优质资源的高效健康发展，提升广大村民的文化自信，实现民族村寨旅游品牌化可持续发展。

四、平等共享村寨发展成果，实现村寨旅游空间正义

（一）"人民逻辑"与"资本逻辑"并行，坚持"人民逻辑"底线，全力推进村寨旅游空间正义

在中国民族特色村寨旅游空间生产的过程当中，需要将"人民逻辑"与"资本逻辑"并重。虽然"资本逻辑"能够有效为中国民族村寨旅游空间生产配置基本的生产要素保障，推动民族村寨特色产业的结构转型升级，发挥出市场在推动民族村寨特色产业的重要推力，但是"资本逻辑"始终以盈利为最终目的，单一追求利润最大化与中国特色社会主义事业相违背。所以，只有秉持着"人民

逻辑"的理念，充分发挥出人民群众在中国特色社会主义事业中的主体地位，才能够真正实现中国民族特色村寨的空间生产的发展方向与中国特色社会主义事业相一致。因此，中国民族特色村寨旅游空间生产的社会主义道路需要以"人民逻辑"为底线，实现村寨旅游的空间正义。

第一，"人民逻辑"与"资本逻辑"并行，从"人民逻辑"出发，强化村民的旅游空间主体意识。首先，各级政府应当明确村民在旅游空间生产中的主体地位，将村寨旅游开发与村民的现实发展利益紧密结合起来，充分发挥旅游经济的带动作用，推动村民生活质量改善、技能水平提升、思想观念更新，实现旅游发展成果惠及全民；其次，各级政府应当通过村寨旅游空间建设为村民提供广泛的就业机会，鼓励村民积极参与到旅游建设中，更新陈旧落后的发展观念，提升技能服务水平和市场综合能力，让广大群众切实享受到村寨旅游开发的积极成果；最后，各级政府还应当通过政策宣传与组织培训等手段，加深村民对自身旅游空间主体地位的认知，从村民的切身利益和现实需求出发展开村寨旅游空间建设，提升村民的参与度与话语权，让村寨旅游的发展成果真正解人民所急，为人民所用。

第二，"人民逻辑"与"资本逻辑"并行，从"人民逻辑"出发，促进村寨旅游空间发展成果全民共享。首先，各级政府应当从构建起完备的全民共享体制机制，保障广大村民的旅游空间权益，切实发挥旅游经济的辐射带动效应，建设完善村寨公共基础服务条件，提升村民的生活质量与生活水平，逐渐缩小地区间、城乡间的发展差距；其次，各级政府应当限制管控市场资本对村寨空间资源的开发占用，通过建立健全旅游开发规范、收益分配制度与社会保障体系，促进旅游发展收益与市场权益的全面公平共享；最后，各级政府还应当在旅游空间生产中避免市场资本对村寨文化情感空间的过度侵蚀，在公共基础服务建设与旅游资源开发过程中充分反映出普通民众意见和情感诉求，强化村民的主体地位，让全体村民在村寨旅游空间生产当中有效参与建设，有效享受发展成果。

第三，"人民逻辑"与"资本逻辑"并行，从"人民逻辑"出发，实现村寨的生产生活空间协调布局。首先，各级政府应当以优化产业结构为契机，利用好旅游产业在经济发展中的带动作用，促进各种生产要素的有效分配利用，更好地将村寨内部的生产生活空间进行有效分配布局，避免村寨内部空间的过度资本化；其次，各级政府应当将空间规划进行科学研讨，将不同区域进行功能划分，并进行有效混合，将生产区域和生活区域进行科学布局，充分发挥资源配置对不同功能区域的支撑作用，使得村寨旅游空间功能体系更加健全，覆盖基础交通、公共服务、就业教育等领域，实现旅游空间的全面协调和区域功能的平衡互补；

最后，各级政府还应当加大力度解决低收入群体的生活保障与就业公平问题，通过政策引导、产业帮扶等手段，完善现有资源收益分配机制与旅游空间就业结构，保障村寨旅游开发收益的公平共享与村民的平等就业，尽可能避免资本力量对旅游资源、市场竞争、人口就业的绝对垄断，实现村寨内部布局的空间正义。

（二）"使用价值"与"交换价值"并重，坚持"使用价值"导向，全力推进村寨旅游空间正义

在中国特色民族村寨旅游空间生产的过程当中，需要着重发挥"交换价值"的促进作用。虽然"交换价值"能够为中国民族村寨旅游空间生产配置基本的物质资料，利用资本实现旅游市场空间的转型升级，但是"交换价值"更着眼于追求利益增值，单一追求利益增值与中国特色社会主义事业相违背。所以，只有秉持着"使用价值"的理念，坚持以人民为中心的核心发展理念，充分考量不同村寨的资源基础和人民群众的现实需求，才能够真正实现中国民族特色村寨的空间生产的发展方向与中国特色社会主义事业相一致。因此，中国民族特色村寨旅游空间生产的社会主义道路需要以"使用价值"为主导，加快实现村寨旅游空间的"使用价值"，最终实现村寨旅游的空间正义。

第一，"使用价值"与"交换价值"并重，以"使用价值"为主导，注重村民空间平等权益的实现。首先，各级政府应当通过旅游空间生产开发与社会福利保障的体制机制改革，充分发挥村寨旅游开发对产业发展、民生就业等多维度的引领带动作用，促进欠发达村寨的经济社会发展，推动民族村寨旅游空间的全面平等发展；其次，各级政府应当加大对村寨旅游空间基础设施建设、公共服务项目的投入，为保障村民多方面空间权益提供政策支撑，不断削弱村寨空间内部的二元结构隔阂，推动空间权益的平等共享；最后，各级政府还应当通过建立"政府—市场—社会"三位一体的村寨旅游空间开发管理体系，推动形成旅游资源开发和收益分配结构的动态平衡新格局，避免各方利益相关者之间出现矛盾冲突，实现民族村寨旅游空间的全面公平正义。

第二，"使用价值"与"交换价值"并重，以"使用价值"为主导，推动村寨旅游经济公平健康发展。首先，各级政府应当突出"使用价值"的主导地位，在村寨旅游空间规划设计时坚决贯彻公平共享的发展理念，以体制机制保障"使用价值"，防止旅游空间被市场所独占，防止生产收益被资本所垄断；其次，各级政府还应当组织引导村寨旅游多主体协同开发，推动旅游经济发展惠及全民，

不断减少地区间、地区内部、城乡间、不同社会主体之间的生活差异,充分保障人民共享发展成果;最后,各级政府应当不断提升村寨空间基础设施建设与社会公共服务水平,在全面提升物质生活水平的同时,着眼于人民在精神层面的新型需求,实现人的全面发展。

第三,"使用价值"与"交换价值"并重,以"使用价值"为主导,落实村寨旅游资源收益全面共享。首先,各级政府要牢记旅游市场开发的最终目的就是实现共同富裕,实现人的自由全面发展,因此在制定相关政策时要充分考虑村民的现实需求与既定利益,完善旅游收益分配、就业保障以及市场监管制度,通过行政手段推动旅游发展收益的全面共享,推动村寨旅游空间的公平正义;其次,村民是村寨旅游空间的基础建设者、土地资源的所有者和民族文化的传承者,因此在旅游开发过程中各级政府应当规范限制市场资本的影响力和话语权,推动市场开发收益的全面公平共享;最后,各级政府在村寨旅游空间规划经营时,也应当充分考虑当地村民的发展意愿和切身诉求,对积极参与旅游市场活动、从事餐饮住宿等配套服务的村民提供政策优惠与资金扶持,为空间资源开发占用行为建立合理完善的补偿机制,落实旅游资源权益的公平共享,推动实现民族村寨旅游空间全面正义。

(三)"政府调控"与"市场手段"并施,坚持"政府力量"引导,全力推进村寨旅游空间正义

在中国特色民族村寨旅游空间生产的过程当中,需要坚持"政府调控"和"市场手段"并施。虽然"市场手段"能够有效为中国民族村寨旅游空间生产进行资源配置,激发其内在发展动力,淘汰产业当中多余、滞后的部分,但是"市场手段"以资本为核心,不关注人民在生产当中的主体作用,单一以利用市场发展中国民族特色村寨旅游空间生产与中国特色社会主义事业相违背。所以,需要秉持"政府调控"的理念,在发展的过程中将人民作为工作的中心,以政府的职能力量保证人民的各项权益,减少市场力量在发展过程中为人民带来的负面影响,推动民族地区的旅游经济高质量发展,激发民族村寨社会的发展活力。因此,中国民族特色村寨旅游空间生产的社会主义道路需要以"政府力量"为引导,利用好各级政府的行政职能,为村寨旅游空间生产的公平正义保驾护航。

第一,"政府调控"与"市场手段"并施,坚持"政府力量"引导,优化村寨旅游收益公平分配。首先,各级政府应当加强旅游空间规划设计,完善资源财

产制度与社会保障体系，不断优化改革旅游空间收益分配制度，建立公平合理的村寨旅游空间生产模式，并且将村寨旅游开发融入当地经济发展规划当中，实现资源配置的公平高效；其次，各级政府在旅游空间生产建设过程中应当充分发挥其行政职能，通过制度手段切实保障普通村民在民族村寨旅游开发中的空间权益不受侵害；最后，各级政府还应当充分发挥社会服务和市场监管作用，明确政府在村寨旅游发展中的统筹调控的重要职能，切实保障最广大人民群众的社会福利与空间正义。

第二，"政府调控"与"市场手段"并施，坚持"政府力量"引导，有效化解村寨旅游空间生产现有问题。首先，各级政府需要从收入分配的方面入手，切实保障广大村民空间权益，进而实现空间生产的公平正义，避免因市场无序性与资本垄断性剥削占用村民合法的资源收益消减村民的参与机会；其次，各级政府应当通过消除市场资本垄断、合理分配资源收益、保障就业机会均等、尊重地区文化传统等政策措施，不断削弱民族村寨旅游开发的负面影响，从空间资源的公平正义角度出发，构建起空间生产的分配机制，协调空间生产内不同主体之间的矛盾；最后，各级政府应当以行政职能为手段，通过不断对规划布局进行科学研讨，带动在市场当中不占优势的地区发展，推动实现地区整体范围内的全面发展与空间正义。

第三，"政府调控"与"市场手段"并施，坚持"政府力量"引导，提升村民旅游开发参与度和话语权。首先，各级政府需要重新构建市场博弈制度与资源收益公平分配制度，从保障广大村民的合法权益的角度更好推动当地经济社会的公平正义发展；其次，各级政府应在村寨旅游空间生产中加强市场监管，避免资本力量对村寨公共空间、村民资源权益、社会权力结构的侵占与破坏；再次，各级政府应当着眼于保障村民的主体责任地位，构建多元参与、多方协商的旅游空间生产结构，提升村民的旅游市场参与度与话语权，维护旅游空间正义性，满足村民的发展意愿与情感诉求，实现人的自由发展；最后，各级政府还应当建立健全村寨旅游空间生产的制度规范与法律法规，完善旅游空间生产的多元主体参与机制，充分发挥民众在市场开发过程中的创造力与监督作用，从法律的层面有效保障人民的各项基本权益，实现民族村寨旅游空间生产的公平正义。

（四）"国有经济"与"民营经济"并存，坚持"国有经济"主导，全力推进村寨旅游空间正义

在中国特色民族村寨旅游空间生产的过程当中，需要坚持"国有经济"和

"民营经济"并存。"民营经济"作为我国国民经济的重要组成部分，对推动我国经济社会发展，完善国民经济结构有着不可替代的作用，由于其拥有较好的灵活性和创造力，能够从推动生产方式创新、增加就业岗位、优化产业结构等方面对村寨旅游空间生产发挥重要作用。"国有经济"在我国国民经济中起到了主导作用，在更新发展观念和调整发展导向等方面有着至关重要的作用，能够从根本上解决村寨旅游空间生产问题。因此，中国民族特色村寨旅游空间生产的社会主义道路只有以"国有经济"为主导，才能够真正实现村寨旅游空间生产的空间正义。

第一，"国有经济"与"民营经济"并存，发挥"国有经济"主体作用，重点关注人的全面发展。首先，各级政府应当加快旅游开发理念与方式的转变，充分发挥村寨旅游业改善民生、拓展产业结构的重要作用，以国有经济为主要支持引导力量，注重村寨生产能力提升与生产关系调整，推动经济社会高质量发展，推动民族地区实现全面小康，满足人们对美好生活与自由发展的需求；其次，各级政府在旅游空间生产规划中应当更加注重人的自由全面发展，将村寨旅游空间开发、产业市场建设与人的发展相结合，突出社会主义国家以人民为中心的核心特点，加强村寨旅游发展过程中对广大村民生活水平、就业发展、地位提升、文化传承等社会现实需求的满足，发挥国有经济的主体优势，实现旅游经济与人的共同发展；最后，各级政府还应当充分发挥国有经济在旅游空间生产转型中的作用，将经济发展与人的技能水平提升、职业发展诉求、精神文化需求标准相统一，在国有经济为主体的基础下不断调整改革旅游空间建设与资源分配模式，落实旅游经济发展服务全民，实现村寨的共同进步与人的全面自由发展。

第二，"国有经济"与"民营经济"并存，发挥"国有经济"主体作用，推动村寨旅游空间共建共享。首先，各级政府应当贯彻落实共享发展理念，推进乡村振兴与全面小康战略规划，以国有经济产业为基本依托和支持性力量，通过制度设计、税收手段、财政补贴等方式推动村寨旅游空间生产成果的全民共享；其次，各级政府应当联合国有经济主体，构建共商共建共享的旅游空间开发模式，充分调动村民的旅游参与积极性，增加村民的收入来源，提供广泛平等的就业机会；最后，各级政府应当以优化现有收益分配制度与社会保障体制机制为手段，通过国有经济的主体作用与制度优势，推动村寨旅游空间的高校公平开发与人民空间权益平等实现，切实保障各方利益主体在村寨旅游发展中实现全面发展与自我价值。

第三，"国有经济"与"民营经济"并存，发挥"国有经济"主体作用，让人民平等共享旅游发展成果。首先，各级政府应当坚持我国按劳分配为主体的基本分配制度，在此基础之上充分发挥出市场的调节作用，推动旅游开发收益、职业发展机会、生态文化资源的公平合理配置，实现民族村寨旅游发展成果最广泛平等的共享；其次，各级政府应当进一步建立健全我国产权体制机制，充分发挥公有制经济在村寨旅游开发中的主体作用，尊重和保护包括土地生态资源、劳动生产力、人文历史传统等旅游空间生产要素，明确资源要素的产权归属，推动旅游空间权益分配的公平合理性，实现生产资料与开发收益的共同占有；最后，各级政府应当充分发挥国有经济的主体性作用，贯彻发扬社会主义制度的优越性，落实全面公平共享的村寨旅游发展理念，保障广大群众公平合理的资源权益和发展诉求，展现社会主义国家发展成果全民共享的重要特征，实现民族特色村寨旅游空间正义。

第九章

结　论

　　本书以中国民族特色旅游空间生产为研究对象，以马克思主义政治经济学、新马克思主义城市学派、新经济地理学、区域经济学等领域的相关理论观点为主要理论来源，以分析阐释现阶段我国民族特色村寨旅游空间生产中的矛盾问题及其内在成因为出发点和着力点，尝试构建出一套具有中国特色、符合中国实际、契合中国问题的中国民族特色村寨旅游空间生产理论体系框架，并通过结构方程数据模型与典型案例双重实证验证，从定性与定量两方面对本书所提出的民族特色村寨旅游空间生产理论进行了检验，为进一步指导中国民族特色村寨旅游空间的生产实践提供了科学系统的理论依据和路径参考。总体而言，本书所进行的创新性工作和所得出的主要结论如下。

　　第一，梳理搭建了中国民族特色村寨旅游生产的理论与现实基础。通过对马克思主义政治经济学、区域经济发展理论、新经济地理学、新马克思主义城市学派和民族文化旅游发展等相关理论观点的梳理分析，结合对以日本为代表的发达资本主义国家、以泰国为代表的欠发达资本主义国家和以中国为代表的社会主义国家民族村寨（乡村）旅游空间生产的现状问题、实践特征和发展异同的比较研究，创造性地搭建出中国民族特色村寨旅游空间生产的理论和现实基础。具体而言，分别从核心观点、代表人物、方法原则、学术影响，以及关于乡村旅游发展的研究成果和理论思考等方面，归纳整理出马克思主义政治经济学、区域经济发展理论、新经济地理学、新马克思主义城市学派等相关指导理论中，能够对中国民族特色村寨旅游空间生产理论构建提供参考作用或启发的内容，进而构建出中国民族特色村寨旅游空间生产的理论基础。通过比较分析以日本为代表的发达资本主义国家、以泰国为代表的欠发达资本主义国家和以中国为代表的社会主义国家的民族特色村寨旅游空间生产的实践经验、现实问题和共性特征，总结梳理出其中对中国民族特色村寨旅游空间生产理论构建具有参考作用和启发的内容，进而构建中国民族特色村寨旅游空间生产的现实基础。

第二，建立了中国民族特色村寨旅游空间生产的理论体系框架。在明晰了中国民族特色村寨旅游空间生产的内涵、特征的基础上，以"社会过程决定空间形式"的过程辩证法作为方法原则，立足现阶段我国民族村寨旅游开发实践与现实难题，划分出底层逻辑、价值导向、开发动力与投资主体四个理论分析维度，并针对当前凸显出的旅游区位发展不平衡、旅游开发速度与村寨承载力不协调、旅游资源开发不可持续和旅游空间生产非正义四个主要问题，试图从空间生产—资本积累—地理景观三者之间的内在逻辑关联的角度展开深入剖析，进而构建了中国民族特色村寨旅游空间生产理论体系框架。同时，在此基础上结合国内外关于民族特色村寨建设和旅游空间生产演化的现有研究成果和现阶段我国民族村寨旅游空间生产实践，具体展开对特色资源禀赋型、民族历史文化型和生态康养旅游型三种典型民族特色村寨建设路径作用下，村寨旅游商业地产区、文化传承示范区和自然生态保护区三类典型旅游空间的生产演化的实证研究，搭建起民族特色村寨建设进程中旅游空间生产演化的分析框架，根据相应的作用路径提出研究假设，并构建了民族特色村寨建设进程中旅游空间生产演化的理论模型。

第三，对民族特色村寨建设进程中旅游空间生产演化进行了结构方程实证分析。根据问卷研究数据的收集整理，借助计量软件，对特色资源禀赋型民族村寨建设进程中旅游商业地产区的生产演化、民族历史文化型特色村寨建设进程中文化传承示范区的生产演化和生态康养旅游型民族村寨建设进程中自然生态保护区的生产演化的结构方程模型与理论研究假设加以检验，并对所得到的实证分析结果展开讨论。研究表明，特色资源禀赋型民族村寨建设既表现出对旅游商业地产区生产演化显著的直接正向作用，同时在生产要素吸引力提高、产业综合发展水平提升等方面也发挥了显著的间接正向作用；民族历史文化型特色村寨建设既表现出对文化传承示范区生产演化显著的直接正向作用，同时在生产要素吸引力提高、文化传承保护体系建设完善等方面也发挥了显著的间接正向作用；生态康养旅游型民族村寨建设既表现出对自然生态保护区生产演化显著的直接正向作用，同时在生产要素吸引力提高、资源开发监管水平提升等方面也发挥了显著的间接正向作用。

第四，对民族特色村寨建设进程中旅游空间生产演化进行了案例验证。通过

SPS 单案例研究的方法，立足本书构建的中国民族特色村寨旅游空间生产理论体系，结合上文针对具体实践提出的研究假设、理论模型和结构方程实证分析结果，分别展开对特色资源禀赋型民族村寨建设进程中旅游商业地产区的生产演化、民族历史文化型特色村寨建设进程中文化传承示范区的生产演化和生态康养旅游型民族村寨建设进程中自然生态保护区的生产演化的典型实践案例验证。具体而言，以新疆维吾尔自治区吐鲁番市葡萄沟为案例地，来验证特色资源禀赋型民族村寨建设进程中旅游商业地产区的生产演化效果；以云南大理白族自治州喜洲镇喜洲村为案例地，来验证民族历史文化型特色村寨建设进程中文化传承示范区的生产演化效果；以广西巴马瑶族自治县甲篆乡平安村为案例地，来验证生态康养旅游型民族村寨建设进程中自然生态保护区的生产演化效果。

第五，针对现阶段我国民族特色村寨旅游空间生产中的现实问题展开了理论批判。基于本书提出的中国民族特色村寨旅游空间生产理论的四个分析维度，通过对当前我国民族特色村寨旅游空间生产过程中，因"资本逻辑"过度、"交换价值"过度、"市场力量"过度、"民营经济"过度而造成的民族村寨旅游区位发展不平衡、旅游开发速度与村寨承载力不协调、旅游资源开发不可持续和旅游空间生产非正义四大突出问题及其背后的逻辑影响展开深入剖析与理论批判；借由"人民逻辑""使用价值""政府统筹""国有经济"的回归与主导，推动双方共同作用、互为补充，为民族特色村寨旅游空间生产的持续健康发展提供有力保障。具体而言，重点批判了因"资本逻辑"过度导致的民族村寨旅游空间生产异化、"交换价值"过度造成的民族村寨旅游空间生产发展阻碍、"市场力量"过度引发的民族村寨旅游空间生产问题恶化、"民营经济"过度造成的民族村寨旅游空间生产矛盾等具体发展问题，并提出了"人民逻辑"的回归与主导能促进民族村寨旅游空间生产协调，"使用价值"的回归与主导能提升民族村寨旅游空间生产质量，"政府力量"的回归与主导能推进民族村寨旅游空间生产进程，"国有经济"的回归与主导能提供民族村寨旅游空间生产保障等具体理论价值转向，最终实现中国民族特色村寨旅游空间生产的价值回归。

第六，针对现阶段中国民族特色村寨旅游空间生产中的现实困境提出了政策规划与实施路径。基于本书构建的中国民族特色村寨空间生产理论的四个分析维度，针对当前我国民族特色村寨旅游空间生产过程中出现的村寨旅游区位发展不平衡、旅游开发速度与村寨承载力不协调、旅游资源开发不可持续和旅游空间生产非正义四大突出问题，创造性地提出了"人民逻辑"与"资本逻辑"共同作用、"使用价值"与"交换价值"共同指导、"政府统筹"与"市场手段"协同发力、"国有经济"与"民营经济"二者并行的发展模式与相应政策实施路径。

具体而言，在促进区位空间平衡发展、缩小村寨旅游发展差距方面，必须坚持"人民逻辑"与"资本逻辑"并行，时刻强调"人民逻辑"的主导地位；"交换价值"与"使用价值"并重，始终明确"使用价值"的目标导向；"政府调控"与"市场手段"并重，不断强化"政府力量"的主导作用；"国有经济"与"民营经济"并进，贯彻落实以"国有经济"为主，"民营经济"为辅的发展原则，推动实现民族村寨旅游均衡发展。在协调村寨空间开发速度、优化提升旅游发展水平方面，必须坚持"人民逻辑"与"资本逻辑"并行，时刻强调"人民逻辑"的主导地位；"交换价值"与"使用价值"并重，始终明确"使用价值"的目标导向；"政府调控"与"市场手段"并重，不断强化"政府力量"的主导作用；"国有经济"与"民营经济"并进，贯彻落实以"国有经济"为主，"民营经济"为辅的发展原则，协调提升村寨旅游开发速度质量。在转变旅游资源开发模式、突出民族村寨文化特色方面，必须坚持"人民逻辑"与"资本逻辑"并行，时刻强调"人民逻辑"的主导地位；"交换价值"与"使用价值"并重，始终明确"使用价值"的目标导向；"政府调控"与"市场手段"并重，不断强化"政府力量"的主导作用；"国有经济"与"民营经济"并进，贯彻落实以"国有经济"为主，"民营经济"为辅的发展原则，推动实现村寨旅游空间持续健康发展。在平等共享村寨发展成果、实现村寨旅游空间正义方面，必须坚持"人民逻辑"与"资本逻辑"并行，时刻强调"人民逻辑"的主导地位；"交换价值"与"使用价值"并重，始终明确"使用价值"的目标导向；"政府调控"与"市场手段"并重，不断强化"政府力量"的主导作用；"国有经济"与"民营经济"并进，贯彻落实以"国有经济"为主，"民营经济"为辅的发展原则，全力推进村寨旅游空间的公平正义。

附 录

我国民族特色村寨建设进程中旅游空间生产演化的访谈提纲

（一）村民方面

1. 全面发展村寨旅游后自身感受到的变化：收入水平、就业前景、教育观念、生活保障、村寨面貌、文化归属感、村民关系等
2. 生产生活：目前生活来源、旅游收入占总收入的比重、前后变化的感受等
3. 社会保障：基础设施水平、公共服务体系、生活质量、就业保障、前后的变化等
4. 文化传统：传统节事活动、风俗习惯、仪式技艺、村民交往前后的改变等
5. 村寨发展旅游业后，自身以及周边村寨、城镇之间的显著区别
6. 对民族特色村寨旅游建设的态度：居住意愿、就业参与意愿、旅游发展的好感度、不满之处、期望与建议
7. 是否支持居住村寨的民族特色旅游继续发展，支持或不支持的理由

（二）政府人员方面

1. 全面建设民族特色村寨旅游后的整体变化：经济、民生、社会关系、文化、生态等
2. 地方政府在推进村寨旅游建设的政策措施有哪些，产生的影响如何

3. 在推进民族特色村寨旅游发展中遇到的困难，解决的思路与办法

4. 当前村寨经济社会发展的相关情况：就业结构、产业结构、收入结构、旅游收入及所占比重、物价、公共服务水平、基础设施环境、人口结构与数量等

5. 村民参与村寨旅游业的情况：是否存在技术文化的门槛，具体从事旅游相关行业的情况

6. 对于本地民族村寨旅游发展的期望

优势产业引领型民族村寨旅游空间生产作用的调查问卷

尊敬的先生/女士：

您好！我是"中国民族特色村寨旅游空间生产的理论与实践研究"课题组的调查员，为了完成相关研究工作，希望您抽出一点宝贵的时间，根据自身的实际经历填写以下问题。您的回答将是本研究的重要依据，敬请您耐心作答，避免错漏。

我郑重向您承诺，本问卷只用于学术研究分析，绝不做他用。问卷不会涉及您的隐私，且获得的全部数据也将绝对保密，敬请安心作答。再次感谢您的支持！请在所选项上打√即可。

（一）被访问者的基本情况

1. 请问您是：
A. 本地居民　　　B. 外来游客
2. 请问您属于：
A. 汉族　　　　　B. 少数民族
3. 您的年龄：
A. 15 岁以下　　B. 15~24 岁　　C. 25~45 岁　　D. 45 岁以上
4. 您在本地居住的时间：
A. 5 年以下　　　B. 5~9 年　　　C. 10~20 年　　D. 20~30 年
E. 30 年以上
5. 您的职业：
A. 工人　　　　　B. 职员　　　　C. 农民　　　　D. 管理人员

E. 政府工作人员　　F. 技术人员　　　G. 服务人员　　　H. 教育工作者
I. 学生　　　　　　J. 军人　　　　　K. 自由职业者　　L. 退休人员
M. 其他

6. 您的家庭人口数：
A. 5 人以上　　　　B. 2~5 人　　　　C. 单身

7. 您的家庭年收入是：
A. 3000 元以下　　　　　　　　　　B. 3000~5000 元
C. 5001~10000 元　　　　　　　　　D. 10001~20000 元
E. 20001~30000 元　　　　　　　　　F. 30001~50000 元
G. 50000 元以上

（二）被访问者从事旅游业的情况

8. 您的家庭是否有从事旅游业的成员：
A. 是　　　　　　　　B. 否

9. 您的家庭成员主要从事的旅游经营活动：
A. 餐饮　　　　　　B. 住宿　　　　　C. 交通出行　　　D. 导游
E. 旅游产品销售　　F. 景区管理　　　G. 旅游规划　　　H. 休闲娱乐
I. 其他旅游活动

10. 您的旅游收入占家庭总收入：
A. 80% 以上　　　B. 50%~80%　　　C. 20%~49%　　　D. 10%~19%
E. 10% 以下

（三）被访问者的旅游感知情况

请您根据您的判断进行选择，1 表示最低（最少、最不好、最不满意），2 表示较低（较少、比较不好、比较不满意），3 表示中等（一般、无所谓高也无所谓低），4 表示较高（较多、较好、比较满意），5 表示最高（最多、最好、最满意）。

第一部分：优势产业引领型民族村寨建设发展状况

序号	测量指标	现在的状态				
		1	2	3	4	5
1	我认为优势产业引领型村寨建设实施主体与村寨资源状况符合旅游商业地产空间形态变化要求					
2	我认为优势产业引领型村寨建设实施主体与村寨发展状况符合旅游商业地产空间形态变化要求					
3	我认为优势产业引领型村寨建设进程中内在驱动力符合旅游商业地产空间形态变化要求					
4	我认为优势产业引领型村寨建设进程中外部驱动力符合旅游商业地产空间形态变化要求					
5	我认为优势产业引领型村寨建设进程中实施路径的选择符合旅游商业地产空间形态变化要求					
6	我认为优势产业引领型村寨建设进程中实施路径的稳健性符合旅游商业地产空间形态变化要求					
7	我认为优势产业引领型村寨建设进程中开发保障能力符合旅游商业地产空间形态变化要求					
8	我认为优势产业引领型村寨建设进程中开发保障措施符合旅游商业地产空间形态变化要求					

第二部分：旅游商业地产空间形态变化状况

序号	测量指标	现在的状态				
		1	2	3	4	5
1	我认为村寨旅游空间规划理念水平符合旅游商业地产空间形态变化要求					
2	我认为村寨旅游空间开发运营模式符合旅游商业地产空间形态变化要求					

续表

序号	测量指标	现在的状态				
		1	2	3	4	5
3	我认为村寨空间规划开发理念转变方向符合旅游商业地产空间形态变化要求					
4	我认为村民生活方式水平符合旅游商业地产空间形态变化要求					
5	我认为村民生产方式结构符合旅游商业地产空间形态变化要求					
6	我认为村民生产生活方式转变方向符合旅游商业地产空间形态变化要求					
7	我认为村寨空间社会关系结构转变方向符合旅游商业地产空间形态变化要求					
8	我认为村寨空间文化传统结构转变方向符合旅游商业地产空间形态变化要求					

第三部分：村寨生产要素吸引力发展状况

序号	测量指标	现在的状态				
		1	2	3	4	5
1	我认为村寨物资投入数量符合旅游商业地产空间形态变化要求					
2	我认为村寨物资投入种类符合旅游商业地产空间形态变化要求					
3	我认为村寨物资投入范围符合旅游商业地产空间形态变化要求					
4	我认为村寨技术支持门类符合旅游商业地产空间形态变化要求					
5	我认为村寨技术支持水平符合旅游商业地产空间形态变化要求					
6	我认为村寨人才引进结构符合旅游商业地产空间形态变化要求					
7	我认为村寨人才引进数量符合旅游商业地产空间形态变化要求					
8	我认为村寨环境设施的完备程度符合旅游商业地产空间形态变化要求					
9	我认为村寨环境设施的分布范围符合旅游商业地产空间形态变化要求					

续表

序号	测量指标	现在的状态				
		1	2	3	4	5
10	我认为村寨环境设施的承载水平符合旅游商业地产空间形态变化要求					

第四部分：村寨产业综合发展水平状况

序号	测量指标	现在的状态				
		1	2	3	4	5
1	我认为村寨产业发展布局符合旅游商业地产空间形态变化要求					
2	我认为村寨产业关联效应符合旅游商业地产空间形态变化要求					
3	我认为村寨产业选择定位符合旅游商业地产空间形态变化要求					
4	我认为村寨市场规模范围符合旅游商业地产空间形态变化要求					
5	我认为村寨市场规模结构符合旅游商业地产空间形态变化要求					
6	我认为村寨市场规模效应符合旅游商业地产空间形态变化要求					
7	我认为村寨产品区域竞争力符合旅游商业地产空间形态变化要求					
8	我认为村寨资源区域竞争力符合旅游商业地产空间形态变化要求					
9	我认为村寨品牌区域竞争力符合旅游商业地产空间形态变化要求					

第五部分：村寨空间正义实现情况

序号	测量指标	现在的状态				
		1	2	3	4	5
1	我认为村寨发展收益公平分配符合旅游商业地产空间形态变化要求					
2	我认为村寨权力资源公平分配符合旅游商业地产空间形态变化要求					

续表

序号	测量指标	现在的状态				
		1	2	3	4	5
3	我认为村寨经济市场平等共建符合旅游商业地产空间形态变化要求					
4	我认为村寨社会关系平等共建符合旅游商业地产空间形态变化要求					

民族历史文化型特色村寨旅游空间生产作用的调查问卷

尊敬的先生/女士：

您好！我是"中国民族特色村寨旅游空间生产的理论与实践研究"课题组的调查员，为了完成相关研究工作，希望您抽出一点宝贵的时间，根据自身的实际经历填写以下问题。您的回答将是本研究的重要依据，敬请您耐心作答，避免错漏。

我郑重向您承诺，本问卷只用于学术研究分析，绝不做他用。问卷不会涉及您的隐私，且获得的全部数据也将绝对保密，敬请安心作答。再次感谢您的支持！请在所选项上打√即可。

（一）被访问者的基本情况

1. 请问您是：
A. 本地居民　　　B. 外来游客
2. 请问您属于：
A. 汉族　　　　　B. 少数民族
3. 您的年龄：
A. 15 岁以下　　B. 15~24 岁　　C. 25~45 岁　　D. 45 岁以上
4. 您在本地居住的时间：
A. 5 年以下　　　B. 5~9 年　　　C. 10~19 年　　D. 20~30 年
E. 30 年以上
5. 您的职业：
A. 工人　　　　　B. 职员　　　　C. 农民　　　　D. 管理人员

E. 政府工作人员　F. 技术人员　　G. 服务人员　　　H. 教育工作者
I. 学生　　　　　　J. 军人　　　　K. 自由职业者　　L. 退休人员
M. 其他

6. 您的家庭人口数：

A. 5 人以上　　　B. 2~5 人　　　C. 单身

7. 您的家庭年收入是：

A. 3000 元以下　　　　　　　B. 3000~5000 元

C. 5001~10000 元　　　　　 D. 10001~20000 元

E. 20001~30000 元　　　　　F. 30001~50000 元

G. 50000 元以上

（二）被访问者从事旅游业的情况

8. 您的家庭是否有从事旅游业的成员：

A. 是　　　　　　B. 否

9. 您的家庭成员主要从事的旅游经营活动：

A. 餐饮　　　　　 B. 住宿　　　　C. 交通出行　　　D. 导游

E. 旅游产品销售　 F. 景区管理　　 G. 旅游规划　　　H. 休闲娱乐

I. 其他旅游活动

10. 您的旅游收入占家庭总收入：

A. 80% 以上　　　B. 50%~80%　　 C. 20%~49%　　　D. 10%~19%

E. 10% 以下

（三）被访问者的旅游感知情况

请您根据您的判断进行选择，1 表示最低（最少、最不好、最不满意），2 表示较低（较少、比较不好、比较不满意），3 表示中等（一般、无所谓高也无所谓低），4 表示较高（较多、较好、比较满意），5 表示最高（最多、最好、最满意）。

第一部分：民族历史文化型村寨建设发展状况

序号	测量指标	现在的状态				
		1	2	3	4	5
1	我认为民族历史文化型村寨建设实施主体与村寨资源状况符合文化传承示范空间形态变化要求					
2	我认为民族历史文化型村寨建设实施主体与村寨发展状况符合文化传承示范空间形态变化要求					
3	我认为民族历史文化型村寨建设进程中内在驱动力符合文化传承示范空间形态变化要求					
4	我认为民族历史文化型村寨建设进程中外部驱动力符合文化传承示范空间形态变化要求					
5	我认为民族历史文化型村寨建设进程中实施路径的选择符合文化传承示范空间形态变化要求					
6	我认为民族历史文化型村寨建设进程中实施路径的稳健性符合文化传承示范空间形态变化要求					
7	我认为民族历史文化型村寨建设进程中开发保障能力符合文化传承示范空间形态变化要求					
8	我认为民族历史文化型村寨建设进程中开发保障措施符合文化传承示范空间形态变化要求					

第二部分：文化传承示范空间形态变化状况

序号	测量指标	现在的状态				
		1	2	3	4	5
1	我认为村寨旅游空间规划理念水平符合文化传承示范空间形态变化要求					
2	我认为村寨旅游空间开发运营模式符合文化传承示范空间形态变化要求					

续表

序号	测量指标	现在的状态				
		1	2	3	4	5
3	我认为村寨空间规划开发理念转变方向符合文化传承示范空间形态变化要求					
4	我认为村民生活方式水平符合文化传承示范空间形态变化要求					
5	我认为村民生产方式结构符合文化传承示范空间形态变化要求					
6	我认为村民生产生活方式转变方向符合文化传承示范空间形态变化要求					
7	我认为村寨空间社会关系结构转变方向符合文化传承示范空间形态变化要求					
8	我认为村寨空间文化传统结构转变方向符合文化传承示范空间形态变化要求					

第三部分：村寨生产要素吸引力发展状况

序号	测量指标	现在的状态				
		1	2	3	4	5
1	我认为村寨物资投入数量符合文化传承示范空间形态变化要求					
2	我认为村寨物资投入种类符合文化传承示范空间形态变化要求					
3	我认为村寨物资投入范围符合文化传承示范空间形态变化要求					
4	我认为村寨技术支持门类符合文化传承示范空间形态变化要求					
5	我认为村寨技术支持水平符合文化传承示范空间形态变化要求					
6	我认为村寨人才引进结构符合文化传承示范空间形态变化要求					
7	我认为村寨人才引进数量符合文化传承示范空间形态变化要求					
8	我认为村寨环境设施的完备程度符合文化传承示范空间形态变化要求					
9	我认为村寨环境设施的分布范围符合文化传承示范空间形态变化要求					
10	我认为村寨环境设施的承载水平符合文化传承示范空间形态变化要求					

第四部分：村寨文化传承保护体系建设状况

序号	测量指标	现在的状态				
		1	2	3	4	5
1	我认为村寨产业发展布局符合文化传承示范空间形态变化要求					
2	我认为村寨产业关联效应符合文化传承示范空间形态变化要求					
3	我认为村寨产业选择定位符合文化传承示范空间形态变化要求					
4	我认为村寨市场规模范围符合文化传承示范空间形态变化要求					
5	我认为村寨市场规模结构符合文化传承示范空间形态变化要求					
6	我认为村寨市场规模效应符合文化传承示范空间形态变化要求					
7	我认为村寨产品区域竞争力符合文化传承示范空间形态变化要求					
8	我认为村寨资源区域竞争力符合文化传承示范空间形态变化要求					
9	我认为村寨品牌区域竞争力符合文化传承示范空间形态变化要求					

第五部分：村寨空间正义实现情况

序号	测量指标	现在的状态				
		1	2	3	4	5
1	我认为村寨发展收益公平分配符合文化传承示范空间形态变化要求					
2	我认为村寨权力资源公平分配符合文化传承示范空间形态变化要求					
3	我认为村寨经济市场平等共建符合文化传承示范空间形态变化要求					
4	我认为村寨社会关系平等共建符合文化传承示范空间形态变化要求					

生态休闲康养型民族村寨旅游空间生产作用的调查问卷

尊敬的先生/女士：

您好！我是"中国民族特色村寨旅游空间生产的理论与实践研究"课题组的调查员，为了完成相关研究工作，希望您抽出一点宝贵的时间，根据自身的实际经历填写以下问题。您的回答将是本研究的重要依据，敬请您耐心作答，避免错漏。

我郑重向您承诺，本问卷只用于学术研究分析，绝不做他用。问卷不会涉及您的隐私，且获得的全部数据也将绝对保密，敬请安心作答。再次感谢您的支持！请在所选项上打√即可。

（一）被访问者的基本情况

1. 请问您是：
A. 本地居民　　　B. 外来游客
2. 请问您属于：
A. 汉族　　　　　B. 少数民族
3. 您的年龄：
A. 15 岁以下　　B. 15~24 岁　　C. 25~45 岁　　D. 45 岁以上
4. 您在本地居住的时间：
A. 5 年以下　　　B. 5~9 年　　　C. 10~20 年　　D. 20~30 年
E. 30 年以上
5. 您的职业：
A. 工人　　　　　B. 职员　　　　C. 农民　　　　D. 管理人员

E. 政府工作人员　　F. 技术人员　　G. 服务人员　　H. 教育工作者
I. 学生　　　　　　J. 军人　　　　K. 自由职业者　　L. 退休人员
M. 其他

6. 您的家庭人口数：
   A. 5 人以上　　　B. 2～5 人　　　C. 单身

7. 您的家庭年收入是：
   A. 3000 元以下　　　　　　　　B. 3000～5000 元
   C. 5001～10000 元　　　　　　 D. 10001～20000 元
   E. 20001～30000 元　　　　　　F. 30001～50000 元
   G. 50000 元以上

（二）被访问者从事旅游业的情况

8. 您的家庭是否有从事旅游业的成员：
   A. 是　　　　　　B. 否

9. 您的家庭成员主要从事的旅游经营活动：
   A. 餐饮　　　　　　B. 住宿　　　　C. 交通出行　　　D. 导游
   E. 旅游产品销售　　F. 景区管理　　G. 旅游规划　　　H. 休闲娱乐
   I. 其他旅游活动

10. 您的旅游收入占家庭总收入：
    A. 80% 以上　　B. 50%～80%　　C. 20%～49%　　D. 10%～19%
    E. 10% 以下

（三）被访问者的旅游感知情况

请您根据您的判断进行选择，1 表示最低（最少、最不好、最不满意），2 表示较低（较少、比较不好、比较不满意），3 表示中等（一般、无所谓高也无所谓低），4 表示较高（较多、较好、比较满意），5 表示最高（最多、最好、最满意）。

第一部分：生态休闲康养型村寨建设发展状况

序号	测量指标	现在的状态				
		1	2	3	4	5
1	我认为生态休闲康养型村寨建设实施主体与村寨资源状况符合自然生态保护空间形态变化要求					
2	我认为生态休闲康养型村寨建设实施主体与村寨发展状况符合自然生态保护空间形态变化要求					
3	我认为生态休闲康养型村寨建设进程中内在驱动力符合自然生态保护空间形态变化要求					
4	我认为生态休闲康养型村寨建设进程中外部驱动力符合自然生态保护空间形态变化要求					
5	我认为生态休闲康养型村寨建设进程中实施路径的选择符合自然生态保护空间形态变化要求					
6	我认为生态休闲康养型村寨建设进程中实施路径的稳健性符合自然生态保护空间形态变化要求					
7	我认为生态休闲康养型村寨建设进程中开发保障能力符合自然生态保护空间形态变化要求					
8	我认为生态休闲康养型村寨建设进程中开发保障措施符合自然生态保护空间形态变化要求					

第二部分：自然生态保护空间形态变化状况

序号	测量指标	现在的状态				
		1	2	3	4	5
1	我认为村寨旅游空间规划理念水平符合自然生态保护空间形态变化要求					
2	我认为村寨旅游空间开发运营模式符合自然生态保护空间形态变化要求					

续表

序号	测量指标	现在的状态				
		1	2	3	4	5
3	我认为村寨空间规划开发理念转变方向符合自然生态保护空间形态变化要求					
4	我认为村民生活方式水平符合自然生态保护空间形态变化要求					
5	我认为村民生产方式结构符合自然生态保护空间形态变化要求					
6	我认为村民生产生活方式转变方向符合自然生态保护空间形态变化要求					
7	我认为村寨空间社会关系结构转变方向符合自然生态保护空间形态变化要求					
8	我认为村寨空间文化传统结构转变方向符合自然生态保护空间形态变化要求					

第三部分：村寨生产要素吸引力发展状况

序号	测量指标	现在的状态				
		1	2	3	4	5
1	我认为村寨物资投入数量符合自然生态保护空间形态变化要求					
2	我认为村寨物资投入种类符合自然生态保护空间形态变化要求					
3	我认为村寨物资投入范围符合自然生态保护空间形态变化要求					
4	我认为村寨技术支持门类符合自然生态保护空间形态变化要求					
5	我认为村寨技术支持水平符合自然生态保护空间形态变化要求					
6	我认为村寨人才引进结构符合自然生态保护空间形态变化要求					
7	我认为村寨人才引进数量符合自然生态保护空间形态变化要求					
8	我认为村寨环境设施的完备程度符合自然生态保护空间形态变化要求					
9	我认为村寨环境设施的分布范围符合自然生态保护空间形态变化要求					
10	我认为村寨环境设施的承载水平符合自然生态保护空间形态变化要求					

第四部分：村寨资源开发管理水平状况

序号	测量指标	现在的状态				
		1	2	3	4	5
1	我认为村寨产业发展布局符合自然生态保护空间形态变化要求					
2	我认为村寨产业关联效应符合自然生态保护空间形态变化要求					
3	我认为村寨产业选择定位符合自然生态保护空间形态变化要求					
4	我认为村寨市场规模范围符合自然生态保护空间形态变化要求					
5	我认为村寨市场规模结构符合自然生态保护空间形态变化要求					
6	我认为村寨市场规模效应符合自然生态保护空间形态变化要求					
7	我认为村寨产品区域竞争力符合自然生态保护空间形态变化要求					
8	我认为村寨资源区域竞争力符合自然生态保护空间形态变化要求					
9	我认为村寨品牌区域竞争力符合自然生态保护空间形态变化要求					

第五部分：村寨空间正义实现情况

序号	测量指标	现在的状态				
		1	2	3	4	5
1	我认为村寨发展收益公平分配符合自然生态保护空间形态变化要求					
2	我认为村寨权力资源公平分配符合自然生态保护空间形态变化要求					
3	我认为村寨经济市场平等共建符合自然生态保护空间形态变化要求					
4	我认为村寨社会关系平等共建符合自然生态保护空间形态变化要求					

参 考 文 献

[1] 安虎森,肖欢. 我国区域经济理论形成与演进 [J]. 南京社会科学,2015 (9):23-30.

[2] 安虎森. 增长极理论评述 [J]. 南开经济研究,1997 (1):31-37.

[3] 白永秀,任保平. 区域经济理论的演化及其发展趋势 [J]. 经济评论,2007 (1):124-130.

[4] 包亚明. 现代性与空间的生产 [M]. 上海:上海教育出版社,2003:47.

[5] 蔡克信,杨红,马作珍莫. 乡村旅游:实现乡村振兴战略的一种路径选择 [J]. 农村经济,2018 (9):22-27.

[6] 陈名杰. 发挥旅游业在城乡统筹发展中的支撑带动作用 [J]. 旅游学刊,2011,26 (12):8-9.

[7] 陈庆德,潘盛之,覃雪梅. 中国民族村寨经济转型的特征与动力 [J]. 民族研究,2004 (4):28-37,108.

[8] 陈瑞萍. 基于日本经验的我国乡村旅游低碳化发展对策研究 [J]. 农业经济,2015 (6):87-88.

[9] 陈思莲. 旅游开发与民族村寨社会变迁 [J]. 中南民族大学学报(人文社会科学版),2013,33 (4):46-49.

[10] 陈秀山,石碧华. 区域经济均衡与非均衡发展理论 [J]. 教学与研究,2000 (10):12-18.

[11] 陈志永,梁涛,吴亚平. 关于少数民族村寨旅游开发中的几个问题 [J]. 黑龙江民族丛刊,2011 (3):56-60.

[12] 程开明. 结构方程模型的特点及应用 [J]. 统计与决策,2006 (10):22-25.

[13] 崔丽华. 大卫·哈维空间理论的三个视角 [J]. 南京社会科学,2019 (11):67-71,87.

[14] 邓小平文选 第 2 卷 [M]．北京：人民出版社，1983．

[15] 邓小平文选（第三卷）[M]．北京：人民出版社，1993．

[16] 丁赛．民族地区旅游经济可持续发展分析 [J]．西南民族大学学报（人文社科版），2005（4）：123 – 126．

[17] 丁晓燕，孔静芬．乡村旅游发展的国际经验及启示 [J]．经济纵横，2019（4）：79 – 85．

[18] 董慧．大卫·哈维的不平衡地理发展理论述评 [J]．哲学动态，2008（5）：65 – 69．

[19] 豆建民．区域经济理论与我国的区域经济发展战略 [J]．外国经济与管理，2003（2）：2 – 6，29．

[20] 段超．保护和发展少数民族特色村寨的思考 [J]．中南民族大学学报（人文社会科学版），2011，31（5）：20 – 24．

[21] 段会利．结合日本经验论我国乡村观光旅游产业的发展策略 [J]．农业经济，2017（9）：35 – 37．

[22] 段进军，翟令鑫．关于特色小镇空间生产实践的思考 [J]．苏州大学学报（哲学社会科学版），2018，39（5）：112 – 119．

[23] 段强．邓小平旅游经济思想与当代中国旅游经济的发展 [J]．中国特色社会主义研究，2002（2）：20 – 24．

[24] 段学军，虞孝感，陆大道等．克鲁格曼的新经济地理研究及其意义 [J]．地理学报，2010，65（2）：131 – 138．

[25] 付清松．大卫·哈维不平衡地理发展思想的理论化进程 [J]．学习与探索，2012（5）：25 – 29．

[26] 高鸿，张强，李承蔚等．"旅游 +" 理念下的巴马县总体规划实践 [J]．规划师，2017，33（6）：73 – 78．

[27] 郭焕成，韩非．中国乡村旅游发展综述 [J]．地理科学进展，2010，29（12）：1597 – 1605．

[28] 郭景福，赵奥．民族地区乡村旅游助力乡村振兴的制度与路径 [J]．社会科学家，2019（4）：87 – 91．

[29] 郭腾云，徐勇，马国霞等．区域经济空间结构理论与方法的回顾 [J]．地理科学进展，2009，28（1）：111 – 118．

[30] 郭文．"空间的生产" 内涵、逻辑体系及对中国新型城镇化实践的思考 [J]．经济地理，2014，34（6）：33 – 39，32．

[31] 郭文．空间的生产与分析：旅游空间实践和研究的新视角 [J]．旅游

学刊，2016，31（8）：29-39.

[32] 郭玉琼. 中国乡村旅游发展报告（2017）[C]. 两岸创意经济研究报告（2018）：厦门理工学院文化产业与旅游学院，2018：185-200.

[33] 韩俊. 新时代乡村振兴的政策蓝图[N]. 人民日报，2018-02-05（4）.

[34] 韩勇，余斌，朱媛媛等. 英美国家关于列斐伏尔空间生产理论的新近研究进展及启示[J]. 经济地理，2016，36（7）：19-26，37.

[35] 何艺玲. 如何发展社区生态旅游？——泰国Huay Hee村社区生态旅游（CBET）的经验[J]. 旅游学刊，2002（6）：57-60.

[36] 贺雪峰. 关于实施乡村振兴战略的几个问题[J]. 南京农业大学学报（社会科学版），2018，18（3）：19-26，152.

[37] 赫曦滢. 曼纽尔·卡斯特城市理论的思想谱系与论域构建[J]. 社会科学战线，2013（12）：261-262.

[38] 赫曦滢. 新马克思主义城市理论的逻辑及启示[J]. 理论月刊，2014（1）：22-25.

[39] 赫曦滢，赵海月. 马克思主义空间理论的批判性重构[J]. 社会科学战线，2011（7）：185-188.

[40] 华章，周武忠. 基于空间生产理论的乡村旅游社区空间演化与治理研究——以无锡市鸿山街道大坊桥旅游社区为例[J]. 江苏社会科学，2021（2）：232-240.

[41] 黄非亚，陈小妹. 浅论泰国北部山地民族生态旅游[J]. 中南民族学院学报（人文社会科学版），2002（2）：105-107.

[42] 黄力远，徐红罡. 巴马养生旅游——基于康复性景观理论视角[J]. 思想战线，2018，44（4）：146-155.

[43] 黄亮. 国内外少数民族村寨旅游研究进展[J]. 资源开发与市场，2010，26（6）：563-566.

[44] 坚定不移沿着中国特色社会主义道路前进为全面建成小康社会而奋斗[N]. 人民日报，2012-11-09（2）.

[45] 简王华. 广西民族村寨旅游开发与民族文化旅游品牌构建[J]. 广西民族研究，2005（4）：187-191.

[46] 金松兰，黄金丽，林泽. 民族地区旅游扶贫开发实现路径思考[J]. 延边大学学报（社会科学版），2019，52（1）：93-101，144.

[47] 雷鸣，叶全良. 日本乡村旅游发展的路径与启示[J]. 亚太经济，

2008 (5): 61-63.

[48] 李安辉. 少数民族特色村寨保护与发展政策探析 [J]. 中南民族大学学报（人文社会科学版），2014，34 (4): 42-45.

[49] 李春火. 大卫·哈维空间视域的资本批判理论 [J]. 学术界，2010 (12): 142-148，286.

[50] 李春敏. 大卫·哈维的"历史—地理唯物主义"及其理论建构 [J]. 天津社会科学，2013，5 (5): 21-28，43.

[51] 李春敏. 列斐伏尔的空间生产理论探析 [J]. 人文杂志，2011 (1): 62-68.

[52] 李达. 近十年中国少数民族特色村寨建设回顾与思考 [J]. 北方民族大学学报（哲学社会科学版），2020 (2): 156-163.

[53] 李国平，张芳. 我国西部民族地区特色旅游业发展的关键问题探讨 [J]. 西藏大学学报（社会科学版），2015，30 (2): 46-50.

[54] 李建平，张华荣，黄茂兴. 马克思主义经济学方法论的理论演进与变革趋向 [J]. 当代经济研究，2007 (5): 1-6，73.

[55] 李巧莎. 日本乡村旅游模式探索及案例分析 [J]. 现代日本经济，2020，39 (2): 72-80.

[56] 李小建，苗长虹. 西方经济地理学新进展及其启示 [J]. 地理学报，2004 (S1): 153-161.

[57] 李昕，郑岩. 新农村建设中乡村旅游发展路径探索 [J]. 学术交流，2007 (4): 105-107.

[58] 李秀玲，秦龙. "空间生产"思想：从马克思经列斐伏尔到哈维 [J]. 福建论坛（人文社会科学版），2011 (5): 60-64.

[59] 李亚娟. 国内外民族社区旅游开发模式研究 [J]. 贵州社会科学，2016 (8): 36-43.

[60] 李燕琴，Kanokporn Uttasing，徐晓等. 旅游开发与乡村振兴耦合模式研究——以泰国湄康蓬村为例 [J]. 西北民族研究，2020 (1): 112-125.

[61] 李忠斌，陈剑. 村寨镇化：城镇化背景下民族地区乡村振兴路径选择 [J]. 云南民族大学学报（哲学社会科学版），2018，35 (6): 51-58.

[62] 李忠斌，李军，文晓国. 固本扩边：少数民族特色村寨建设的理论探讨 [J]. 民族研究，2016 (1): 27-37，124.

[63] 梁滨，邓祖涛，梁慧等. 区域空间研究：经济地理学与新经济地理学的分歧与交融 [J]. 经济地理，2014，34 (2): 9-13.

[64] 林嵩，姜彦福. 结构方程模型理论及其在管理研究中的应用 [J]. 科学学与科学技术管理，2006（2）：38-41.

[65] 刘安国，杨开忠，谢燮. 新经济地理学与传统经济地理学之比较研究 [J]. 地球科学进展，2005（10）：1059-1066.

[66] 刘国斌，高英杰，王福林. 中国特色小镇发展现状及未来发展路径研究 [J]. 哈尔滨商业大学学报（社会科学版），2017（6）：98-107.

[67] 刘怀玉，陶慧娟. 理解列斐伏尔：以黑格尔—马克思—尼采的"三位一体"为主线 [J]. 山东社会科学，2018（5）：49-57.

[68] 刘俊. 旅游空间正义，谁的正义？[J]. 旅游学刊，2017，32（3）：8-9.

[69] 刘姝萍，车震宇，侯艳梅. 旅游小城镇居住主体置换的空间实践研究——以丽江束河为例 [J]. 华中建筑，2014，32（11）：86-89.

[70] 刘晓春. 民族旅游与民族地区旅游业发展问题探讨 [J]. 黑龙江民族丛刊，2016（4）：76-80.

[71] 龙钰. 列斐伏尔城市空间思想探析 [J]. 世界哲学，2018（6）：24-30.

[72] 卢宏. 我国民族村寨旅游综述 [J]. 贵州民族研究，2008（1）：118-128.

[73] 鲁宝，刘怀玉. 列斐伏尔"空间生产的知识"及其当代影响与启示 [J]. 新视野，2018（2）：108-114.

[74] 陆林，任以胜，朱道才等. 乡村旅游引导乡村振兴的研究框架与展望 [J]. 地理研究，2019，38（1）：102-118.

[75] 罗剑宏，叶卉宇. 民族旅游村寨可持续发展困境及路径探讨 [J]. 中华文化论坛，2016（10）：184-190.

[76] 罗明义. 发展乡村旅游与社会主义新农村建设 [J]. 经济问题探索，2006（10）：4-7.

[77] 罗永常. 民族村寨旅游发展问题与对策研究 [J]. 贵州民族研究，2003（2）：102-107.

[78] 罗永常. 民族村寨社区参与旅游开发的利益保障机制 [J]. 旅游学刊，2006（10）：45-48.

[79] 马冰琼，秦弋茗，唐茌稜等. 泰国"一乡一品"战略对广西乡村旅游发展的借鉴研究 [J]. 度假旅游，2019（4）：84-86，93.

[80] 马东艳. 民族村寨居民抵制社区旅游的内在机理及对策研究 [J]. 云南社会科学，2014（3）：89-93.

[81] 马东艳. 民族村寨旅游发展中主要社会问题研究 [J]. 贵州民族研究, 2015, 36 (6): 162-164.

[82] 毛峰. 乡村旅游扶贫模式创新与策略深化 [J]. 中国农业资源与区划, 2016, 37 (10): 212-217.

[83] 毛绎然, 洪远朋. 新时代坚持和发展马克思主义政治经济学——访复旦大学经济学院洪远朋教授 [J]. 马克思主义理论学科研究, 2019, 5 (6): 4-12.

[84] 蒙睿, 刘嘉纬, 杨春宇. 乡村旅游发展与西部城镇化的互动关系初探 [J]. 人文地理, 2002 (2): 47-50.

[85] 明庆忠, 段超. 基于空间生产理论的古镇旅游景观空间重构 [J]. 云南师范大学学报 (哲学社会科学版), 2014, 46 (1): 42-48.

[86] 欧阳文婷, 吴必虎. 旅游发展对乡村社会空间生产的影响——基于开发商主导模式与村集体主导模式的对比研究 [J]. 社会科学家, 2017 (4): 96-102.

[87] 潘善琳, 崔丽丽. SPS案例研究方法: 流程、建模与范例 [M]. 北京: 北京大学出版社, 2018.

[88] 盘晓愚. 中国乡村旅游的发展阶段和新趋势 [J]. 河北农业科学, 2009, 13 (9): 87-88.

[89] 齐康. 泰国旅游产业发展启示——以贵州省为比较样本 [J]. 人民论坛, 2010 (32): 132-133.

[90] 齐勇. 西方马克思主义空间生产理论探析 [J]. 理论视野, 2014 (7): 39-41.

[91] 邱玉华, 吴宜进. 城镇化进程中我国乡村旅游发展的路径选择 [J]. 社会主义研究, 2012 (1): 101-104.

[92] 任军. 增长极理论的非均衡发展观与我国中西部经济增长极构建 [J]. 工业技术经济, 2007 (6): 72-75.

[93] 任政. 资本、空间与正义批判——大卫·哈维的空间正义思想研究 [J]. 马克思主义研究, 2014 (6): 120-129.

[94] Nelson Graburn, 撒露莎. 论中国民族旅游发展的策略 [J]. 中南民族大学学报 (人文社会科学版), 2016, 36 (5): 39-47.

[95] 盛丹萍. 浅析日本乡村旅游发展成功经验及其借鉴 [J]. 农业经济, 2017 (8): 126-127.

[96] 盛正发. 以科学发展观指导乡村旅游开发 [J]. 商场现代化, 2006

(6): 214-215.

[97] "十三五" 旅游业发展规划 [N]. 中国旅游报, 2016-12-27 (2).

[98] 苏贾. 后现代地理学: 重申批判社会理论中的空间 [M]. 北京: 商务印书馆, 2004: 56.

[99] 孙九霞, 苏静. 多重逻辑下民族旅游村寨的空间生产——以岜沙社区为例 [J]. 广西民族大学学报 (哲学社会科学版), 2013, 35 (6): 96-102.

[100] 谭宏. 古镇保护与开发的保障机制 [J]. 城市问题, 2010 (10): 55-60.

[101] 汤文霞, 李武陵, 薛洁. 旅游业对民族传统社区居民现代化的影响——基于吐鲁番葡萄沟风景区的实证研究 [J]. 贵州民族研究, 2013, 34 (3): 119-122.

[102] 汤学兵. 新经济地理学理论演进与实证研究述评 [J]. 经济评论, 2009 (2): 142-146.

[103] 唐莉霞. 泰国旅游业发展的原因和正负面影响 [J]. 东南亚纵横, 2004 (7): 29-32.

[104] 滕腾. 深度旅游视角的巴马乡村养生旅游业竞争力提升路径 [J]. 安徽农业科学, 2011, 39 (24): 14868-14870.

[105] 汪姣. 乡村振兴战略下的民族地区旅游可持续扶贫研究 [J]. 农业经济, 2018 (8): 30-32.

[106] 王大悟. 用科学发展观指导旅游业的和谐发展 [J]. 旅游学刊, 2005 (4): 9-10.

[107] 王丰龙, 刘云刚. 空间的生产研究综述与展望 [J]. 人文地理, 2011, 26 (2): 13-19, 30.

[108] 王金叶. 新农村建设视角下的西部少数民族村寨乡村旅游开发 [J]. 旅游论坛, 2011, 4 (1): 36-39.

[109] 王蕾蕾, 张河清. "空间正义" 视角下资本契入旅游空间实践的耦合效应——以肇兴侗寨为例 [J]. 兴义民族师范学院学报, 2019 (5): 34-39.

[110] 王立胜, 郭冠清. 论中国特色社会主义政治经济学理论来源 [J]. 经济学动态, 2016 (5): 4-13.

[111] 王敏, 王盈盈, 朱竑. 精英吸纳与空间生产研究: 民宿型乡村案例 [J]. 旅游学刊, 2019, 34 (12): 75-85.

[112] 王汝辉, 刘旺. 民族村寨旅游开发的内生困境及治理路径——基于资源系统特殊性的深层次考察 [J]. 旅游科学, 2009, 23 (3): 1-5.

[113] 王伟光. 当代中国马克思主义的最新理论成果——习近平新时代中国特色社会主义思想学习体会 [J]. 中国社会科学, 2017 (12): 4-30, 205.

[114] 王伟光. 学习和掌握马克思两个伟大发现的重要意义 [J]. 马克思主义研究, 2016 (8): 5-11, 159.

[115] 王新哲, 雷飞. 西南少数民族地区特色小镇发展的机理与模式探究 [J]. 广西民族大学学报 (哲学社会科学版), 2019, 41 (5): 153-159.

[116] 王亚妮, 杨宏伟. 共享发展是中国特色社会主义的本质要求 [J]. 思想政治教育研究, 2019, 35 (1): 18-22.

[117] 王章基. 民族地区乡村振兴的"村寨模式"研究——以黔东南45个民族特色村寨为样本 [J]. 广西大学学报 (哲学社会科学版), 2019, 41 (3): 101-107.

[118] 王志刚. 曼纽尔·卡斯特的结构主义马克思主义城市理论 [J]. 马克思主义与现实, 2014 (6): 90-96.

[119] 卫兴华, 聂大海. 马克思主义政治经济学的研究对象与生产力的关系 [J]. 经济纵横, 2017 (1): 1-7.

[120] 魏守华, 王缉慈, 赵雅沁. 产业集群: 新型区域经济发展理论 [J]. 经济经纬, 2002 (2): 18-21.

[121] 魏小安, 黄爱莲. 邓小平旅游经济思想再认识 [J]. 旅游论坛, 2010, 3 (1): 1-4.

[122] 温权. 发达资本主义社会的集体消费危机与国家干预限度——曼纽尔·卡斯特的马克思主义城市政治经济学批判 [J]. 国外理论动态, 2018 (10): 29-39.

[123] 吴红涛. 大卫·哈维空间理论研究的逻辑架构及方法取径 [J]. 河南师范大学学报 (哲学社会科学版), 2012, 39 (6): 24-28.

[124] 吴志才, 张凌媛, 郑钟强等. 旅游场域中古城旅游社区的空间生产研究——基于列斐伏尔的空间生产理论视角设计研究 [J]. 广西民族研究, 2017 (3): 133-140.

[125] 吴忠军, 代猛, 吴思睿. 少数民族村寨文化变迁与空间重构——基于平等侗寨旅游特色小镇规划 [J]. 旅游学刊, 2019, 34 (12): 86.

[126] 伍乐平, 肖美娟, 苏颖. 乡村旅游与传统文化重构——以日本乡村旅游为例 [J]. 生态经济, 2012 (5): 154-157.

[127] 武剑, 林金忠. 马克思主义空间政治经济学: 研究进展及中国启示 [J]. 江苏社会科学, 2013 (4): 76-83.

[128] 奚建武. 邓小平城乡发展观的科学内涵及其当代诉求 [J]. 华东理工大学学报（社会科学版），2010，25（5）：57-63，73.

[129] 习近平. 在省部级主要领导干部学习贯彻党的十八届五中全会精神专题研讨班上的讲话 [N]. 人民日报，2016-05-10（2）.

[130] 谢萍，朱德亮. 论人类学视角下民族村寨旅游可持续发展模式 [J]. 贵州民族研究，2014，35（6）：105-108.

[131] 熊小果. 大卫·哈维"空间政治经济学"思想的批判限度 [J]. 当代经济研究，2021（2）：55-63，112.

[132] 熊正贤. 旅游特色小镇同质化困境及其破解——以云贵川地区为例 [J]. 吉首大学学报（社会科学版），2020，41（1）：123-130.

[133] 徐姗姗. 教育人类学视野中的少数民族文化遗产开发——以大理喜洲民居为例 [J]. 贵州民族研究，2015，36（7）：77-81.

[134] 颜鹏飞，邵秋芬. 经济增长极理论研究 [J]. 财经理论与实践，2001（2）：2-6.

[135] 颜燕. 基于互联网+民宿的村落发展新模式研究——以海南中部地区少数民族村落为例 [J]. 现代商业，2016（30）：40-42.

[136] 杨春蓉. 建国后少数民族村寨脱贫与文化保护的政策引导分析 [J]. 西南民族大学学报（人文社科版），2017，38（11）：199-204.

[137] 杨芬，丁杨. 亨利·列斐伏尔的空间生产思想探究 [J]. 西南民族大学学报（人文社科版），2016，37（10）：183-187.

[138] 杨华. 日本乡村旅游发展研究 [J]. 世界农业，2015（7）：158-161.

[139] 杨洁莹，张京祥，张逸群. 市场资本驱动下的乡村空间生产与治理重构——对婺源县Y村的实证观察 [J]. 人文地理，2020，35（3）：86-92，114.

[140] 杨静，周钊宇. 马克思恩格斯民生思想及其在当代中国的运用发展 [J]. 马克思主义研究，2019（2）：61-67.

[141] 杨丽，陆易农，白洋等. 新疆吐鲁番葡萄沟景区旅游市场营销组合策略 [J]. 新疆大学学报（哲学人文社会科学版），2008（1）：35-39.

[142] 杨荣彬，车震宇，李汝恒. 社区居民视角下乡村旅游发展模式比较研究——以环洱海地区喜洲、双廊为例 [J]. 农业现代化研究，2015，36（6）：1050-1054.

[143] 杨莎莎. 旅游城市化进程中的新型城乡形态演化：内涵、机制及过程 [J]. 社会科学，2018（3）：48-60.

[144] 杨霞. 少数民族连片特困地区旅游与城镇化协同发展研究 [J]. 贵州民族研究, 2018, 39 (6): 152-155.

[145] 叶超, 柴彦威, 张小林. "空间的生产"理论、研究进展及其对中国城市研究的启示 [J]. 经济地理, 2011, 31 (3): 409-413.

[146] 叶凤刚. 改革开放以来党的领导核心对三农问题的探索 [J]. 云南行政学院学报, 2011, 13 (4): 54-57.

[147] 银元, 李晓琴. 乡村振兴战略背景下乡村旅游的发展逻辑与路径选择 [J]. 国家行政学院学报, 2018 (5): 182-186, 193.

[148] 余春林. 毛泽东邓小平江泽民胡锦涛社会主义农村建设战略思想考略 [J]. 探索, 2008 (3): 18-20.

[149] 曾鹏, 曹冬勤. 西南民族地区高速公路交通量与特色旅游小城镇慢旅游模式协同研究 [J]. 数理统计与管理, 2018, 37 (5): 761-777.

[150] 曾鹏, 曹冬勤, 章昌平. 西南民族地区高速公路服务区与特色旅游小城镇旅游功能开发协同研究 [J]. 产业组织评论, 2018, 12 (2): 88-111.

[151] 曾鹏, 陈嘉浩. 空间正义转向: 中国民族地区空间发展转型及路径 [J]. 广西民族研究, 2019 (3): 151-158.

[152] 曾鹏, 侯岚芬. 中国城市空间生产研究现状——一个文献计量学的综述 [J]. 海派经济学, 2020, 18 (2): 123-136.

[153] 张广才. 毛泽东、邓小平区域经济发展理论比较研究 [J]. 当代世界与社会主义, 2006 (1): 69-71.

[154] 张佳. 大卫·哈维的空间正义思想探析 [J]. 北京大学学报 (哲学社会科学版), 2015, 52 (1): 82-89.

[155] 张洁, 杨桂华. 社区居民参与旅游积极性的影响因素调查研究 [J]. 生态经济, 2005 (10): 303-306, 311.

[156] 张雷声. 马克思的资本积累理论及其现实性 [J]. 山东社会科学, 2017 (1): 13-18.

[157] 张莉, 邵俭福. 精准扶贫视角下发展乡村旅游的意义、困境及路径探究 [J]. 农业经济, 2019 (3): 30-32.

[158] 张笑夷. 列菲伏尔的"空间"概念 [J]. 山东社会科学, 2018 (9): 38-43.

[159] 张燕. 西方区域经济理论综述 [J]. 当代财经, 2003 (12): 86-88.

[160] 张应祥, 蔡禾. 新马克思主义城市理论述评 [J]. 学术研究, 2006 (3): 85-89.

[161] 章仁彪, 李春敏. 大卫·哈维的新马克思主义空间理论探析 [J]. 福建论坛（人文社会科学版）, 2010 (1): 55-60.

[162] 赵纯. 旅游影响下乡村空间治理中的伦理重塑——基于空间生产理论视角 [J]. 云南师范大学学报（哲学社会科学版）, 2019, 51 (3): 142-148.

[163] 赵文, 马嫚. 中国与日本乡村旅游优势比较分析 [J]. 农村经济与科技, 2019, 30 (5): 82-84.

[164] 郑丽莹. 论新马克思主义城市学派对资本主义城市空间的三重批判 [J]. 重庆社会科学, 2020 (1): 46-53.

[165] 中共中央关于制定国民经济和社会发展第十三个五年规划的建议 [N]. 人民日报, 2015-11-04 (1).

[166] 中共中央国务院关于实施乡村振兴战略的意见 [N]. 人民日报, 2018-02-05 (1).

[167] 钟洁, 陈飙, 杨桂华. 中国民族村寨旅游效应研究概述 [J]. 贵州民族研究, 2005 (5): 90-95.

[168] 钟瑞添. 论《共产党宣言》与中国共产党的初心 [J]. 马克思主义与现实, 2018 (3): 15-22.

[169] 周彬. 论邓小平、江泽民的旅游经济思想 [J]. 财贸研究, 2002 (4): 114-117.

[170] 周娉. 旅游发展对民族地区社会经济文化效应的影响 [J]. 贵州民族研究, 2015, 36 (11): 162-165.

[171] 周毅, 李京文. 区域经济发展理论演化及其启示 [J]. 经济学家, 2012 (3): 14-19.

[172] 周玉璇, 李郇, 申龙. 资本循环视角下的城市空间结构演变机制研究——以海珠区为例 [J]. 人文地理, 2018, 33 (4): 68-75.

[173] 朱锦晟, 穆莉莉. 中泰乡村旅游比较研究——以中国龙脊梯田与泰国黎敦山发展项目为例 [J]. 桂海论丛, 2013, 29 (3): 71-74.

[174] 朱琳琳. 国外发展经验借鉴视角下的我国农村旅游开发分析 [J]. 农业经济, 2014 (12): 44-45.

[175] 邹明妍, 周铁军, 潘崟. 基于行动者网络理论的乡村建设动力机制 [J]. 规划师, 2019, 35 (16): 62-67.

[176] Castells M. City, Class and Power [M]. New York: St. Martin's Press, 1978.

[177] David Harvey. Social Justice and the City [M]. University of Georgia

Press, 2010: 307.

[178] David Harvey. Space of hope [M]. Edinburgh: Edinburgh University Press, 2000: 133 - 157.

[179] David Harvey. The Limits to Capital [M]. Verso, 2006: 415.

[180] David Harvey. The Urbanization of Capital [M]. Oxford: Basil Blaclcwell Ltd., 1985: 15 - 16.

[181] Lefebvre H. The Production of Space [M]. Oxford: Blackwell, 1991: 31 - 39.

[182] Moya Kneafsey. Rural Cultural Economy Tourism and Social Relations [J]. Annals of Tourism Research, 2001 (3): 762 - 783.

[183] Yiping Li. Ethnic Tourism a Canadian Experience [J]. Annals of Tourism Research, 2000 (1): 115 - 131.

后 记

本书为国家民委民族研究委托项目"中国民族特色村寨旅游空间生产的理论与实践研究"（项目编号：2019-GMF-039）的研究成果，本书是研究团队共同努力的研究成果，从选题确定到提纲写作，从实地调研到论文撰写，从理论分析到数据处理，其中艰辛唯有自知。在本书的写作过程中，团队也曾多次遇到写作误区和理论盲点，所幸最终能坚持下来，但囿于学识，书中的不足之处请诸位批评指正。

首先，我要感谢各位专家和同行们的帮助与指点，为本书的撰写提出了宝贵的建议，让我受益匪浅。同时，书中所涉及的案例分析离不开团队成员的共同努力，从大纲撰写到理论整合、从模型构建到实地调研、从数据分析到案例选取，正因他们的辛勤付出，才使得本书内容得以丰富呈现，在此一并感谢。

其次，我要感谢广西民族大学的党委书记卞成林教授，本书的出版受到了广西民族大学党委书记卞成林教授的大力支持。作为我工作单位的领导，卞书记为我创造了大量的机会和良好的科研环境，才使得我能够在繁忙的行政和科研工作中有时间静下心来思考，最终完成本书的撰写。同时在此一并感谢在本书的校对和出版过程中付出心血的朋友们。

最后，我要感谢一直以来大力支持我的家人，作为我最坚强的后盾，你们的支持与鼓励始终是支撑着我前进的动力，你们在我遇到困难与瓶颈时总是能给予我安慰与鼓励，让我重拾信心。感谢在本书写作过程中陪伴着我的朋友们，感谢大家对我的帮助与支持。

此外还要特别感谢经济科学出版社李晓杰编辑，感谢您的辛苦与努力，才使本书得以呈现。

路漫漫其修远兮，吾将上下而求索。

曾 鹏
2021 年 11 月